数字中国·数字经济创新规划教材

陈思翀　白小滢　董志华　主编

AN INTRODUCTION TO
DIGITAL TECHNOLOGY
AND MODERN BANKING

数字技术与现代银行业导论

图书在版编目（CIP）数据

数字技术与现代银行业导论 / 陈思翀，白小滢，董志华主编. -- 北京：北京大学出版社，2025.4. -- (数字中国·数字经济创新规划教材). -- ISBN 978-7-301-36091-0

Ⅰ. F832-39

中国国家版本馆CIP数据核字第2025LD3950号

书　　名	数字技术与现代银行业导论 SHUZI JISHU YU XIANDAI YINHANGYE DAOLUN
著作责任者	陈思翀　白小滢　董志华　主编
责任编辑	曹　月
策划编辑	裴　蕾
标准书号	ISBN 978-7-301-36091-0
出版发行	北京大学出版社
地　　址	北京市海淀区成府路205号　100871
网　　址	http://www.pup.cn
电子邮箱	编辑部em@pup.cn　总编室zpup@pup.cn
新浪微博	@北京大学出版社　@北京大学出版社经管图书
电　　话	邮购部010-62752015　发行部010-62750672　编辑部010-62750667
印　刷　者	北京市科星印刷有限责任公司
经　销　者	新华书店
	720毫米×1020毫米　16开本　23.75印张　499千字 2025年4月第1版　2025年4月第1次印刷
定　　价	69.00元

未经许可，不得以任何方式复制或抄袭本书之部分或全部内容。
版权所有，侵权必究
举报电话：010-62752024　电子邮箱：fd@pup.cn
图书如有印装质量问题，请与出版部联系，电话：010-62756370

中南财经政法大学校级本科教材立项资助项目（编号：JC2023003）
数字技术与现代金融学科创新引智基地资助项目（B21038）
教育部首批银行管理课程虚拟教研室建设教材系列
国家自然科学基金面上项目资助项目（批准号：71973152）

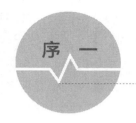

序 一　数字技术与现代银行业：变与不变

在卓越的校友前辈以及领导和同事们的大力支持下，我于2022年3—6月在中国建设银行湖北省分行住房金融与个人信贷部副总经理岗位上挂职工作了四个月。挂职实践更加坚定了我提出的一个理论猜想：GTC是影响金融业发展最重要的三股力量。其中，G（Globalization）是指全球化的发展与退潮，T（Technology）是指科技的力量，C（Carbon）是指气候变化下的"双碳"目标。我将主要聚焦科技特别是数字技术，分析它对现代银行业以及财经类人才培养与就业方向的影响。

那么，数字技术究竟给现代银行业带来了哪些变化？作为服务实体经济的金融业代表，银行其实本质上没有变。银行业的核心仍然可以浓缩为两个词：信息和风险。但是，就像汽车行业，虽然仍然聚焦衣食住行中的"行"，重心却已经从丰田和大众转向比亚迪和特斯拉，进行轰轰烈烈的电动化和智能化转型，银行业也正在进行一场重大变革，即数字化转型。2022年年初国务院发布的《"十四五"数字经济发展规划》明确指出，要"加快金融领域数字化转型。合理推动大数据、人工智能、区块链等技术在银行、证券、保险等领域的深化应用"。

例如，大数据+人工智能在市场营销和风险管理等场景的广泛应用，已经重新定义了课本中传统的银行规模经济与范围经济。这使得银行业的服务方式与服务对象都出现了重大变化。这些变化首先在国有大行发生，今后也将逐步扩散至中小型银行。随着从传统的重视单笔业务规模向重视客户规模转变，银行采取了"建生态、搭场景、扩用户"的数字化经营策略。银行不再"嫌贫爱富"，而是向零售业务转型。同时，银行的服务方式也由专业化转向开放平台化，探索"B端赋能、C端突围、G端链接"，朝着轻资产的大财富管理业务转型。

在银行数字化转型中，"人"尤为重要，而且转型也必将对"人"产生深远的影响。我刚才不断提到数字技术给银行业带来的变化，也包括对就业市场的影响。银行校招越来越青睐数字化人才尤其是复合型人才。那是不是说，未来我们中南财经政法大学（以下简称"中南大"）财经类的本科生与研究生，要想在市场上具有竞争力，就一定要精通计算机语言，成为算法或者数据工程师？我想答案应该是否定的。虽然对于天赋异禀的学生，你完全可以选择你所热爱的任何一条路，我也非常鼓励同学们成为数字技术专家。但是，对于大多数财经类学生来讲，我们更需要思考一些问题：中南大财经类学科的优势是什么？中南大毕业生在就业市场的核心竞争力是什么？换句话说，用人单位为什么选择你，而不是其他人？为什么选择金融专业毕业生，而不是其他专业的毕业生？为什么选择中南大的毕业生，而不是其他学校的毕业生？

虽然我强烈建议你努力具备一定的数据分析能力，毕竟无论是银行利率还是股票价格都是数字，特别需要具备与大数据打交道的能力，并了解人工智能的基本逻辑，但我们也许并不需要成为这方面的顶级技术人才。银行录用你，通常不是因为你是一名技术工程师，而是因为你是具备一定数字化背景的复合型可塑之才。借用我曾经的一位老师所言：你学习经济学最大的收获，可能是在将来不会轻易地被所谓的经济学家"忽悠"。从这个意义上来讲，数字技术与现代银行业导论之类的精品课程对本科生也许更加重要。之后你可以选择进入社会大学或继续深造的方向。

而对于研究生来讲，研究能力才是你的核心竞争力。具体可见我在金融学院2021年研究生开学典礼上的导师代表发言——"研究生的核心竞争力是什么？"[①] 更加通俗地讲，你需要具备又快又好地独立完成一个项目的能力，最好还能够带领一个多元化团队完成一项跨领域的艰巨任务。研究生在银行业更受欢迎的一个原因，正是研究生是具有专业逻辑与数字分析能力的复合型应用人才与潜在的团队领导者。因此，研究生最重要的工作，仍然是跟随导师完成研究项目并高质量地撰写毕业论文。

以上就是我所理解的现代银行业的变与不变。一方面，我们要牢牢抓住银行业不变的本质。另一方面，数字技术给现代银行业带来的重大变化，又必将影响财经类人才的培养体系与就业方向。而这个传导的速度与质量会直接决定中南大毕业生们的市场竞争力。

陈思翀

2023 年 3 月

较原文有修改，原文发表于中南财经政法大学校报2023年3月第三版《数字技术与现代银行业：变与不变》。

[①] 陈思翀. 研究生的核心竞争力是什么？——中南财经政法大学金融学院 2021 年研究生开学典礼研究生导师代表发言 [EB/OL]. (2021-09-10) [2024-10-09]. https://mp.weixin.qq.com/s/i8kcQ9ZvZhat3Dj7XRLjuA.

序二　现代银行业的产教融合

近年来,"产教融合"已作为热词而被大众熟知,是政府、高校、产业界等各方致力于推进的工作重心之一,国家为此连续出台一系列纲领性文件推进产教融合改革。以习近平同志为核心的党中央高度重视产教融合,在党的二十大报告中明确提出推进产教融合。从长远来看,"产教融合"有助于推动整个高等教育系统性变革,使高校与产业界围绕产业与技术变革中的核心要素,构建新型的高等教育系统和产业体系之间的互动演进关系。由此观之,"产教融合"远超出人才培养的范畴,被视为以人才发展引领产业转型升级的"助推器"、促进毕业生就业的"稳定器"、人才红利的"催化器"。

中南财经政法大学由中国共产党在解放战争时期创建,有着鲜明的红色底色,创建的初衷就是为革命事业和即将成立的新中国培养急需人才。为了继承这一红色基因,学校始终坚持"由党创建、建校为党、成长为国、发展为人民"的初心使命,把"办人民需要的大学"作为目标。新时代下,学校积极响应国家"产教融合"的号召,以服务国家重大战略需求和经济社会发展需要为导向,充分发挥学科特色优势,通过财经、政法的深度融通,产出了一批具有标志性、原创性的创新科研成果。其中,选拔专任教师赴中国建设银行挂职是中南财经政法大学和中国建设银行合作办学框架协议中的一个重要的产教融合项目。

作为任教十余年的高校教师,我享受做研究、教学生带给我的成就感和满足感。但是,在高校这个"象牙塔"里的时间长了,我逐渐发现了教学和科研中存在的"知识脱节"现象,即教师所传授的知识和理论仿佛和社会发展需求脱轨了。在担任本科班级导师和研究生导师的过程中,也有不少学生向我反映,"不少知识在工作中没有用武之地,与其花大量时间学习理论知识,不如拿同样的时间考证和实习"。于是我开始反思如何能真正汲取到来自社会的"养分",迫切地希望有一个能接触到我国经济改革前沿、直面社会需求的机会,一个能重塑知识体系、提升自身能力的机会,从而能让我重新回答象牙塔里学生们有关知识悖论的疑问。

四个月前，学校与中国建设银行的产教融合项目给予了我一个这样的机会，让我去中国建设银行湖北省分行进行挂职锻炼。相较于网上不少人把它称为"镀金行动"，我更愿意把它视作博士毕业后再一次的"大充电"。作为金融学院的一名教师，我很荣幸地被学校和建行学院选中，承担此次挂职任务，担任中国建设银行湖北省分行公司业务部副总经理的职位。与以前的学习过程不同，这次我是在"社会大学"中学习，中国建设银行教会了我如何把知识和社会需求深层次结合，如何理论联系实际"思人民之所思、急人民之所急"，以及如何根据社会发展趋势调整学生的培养方案。

在中国建设银行湖北省分行挂职锻炼的四个月里，我学习了许多、成长了许多，主要有如下三点感悟：

一是挂职重在"挂"字，要把解决问题常"挂"心间。高校与企业合作打造产教融合项目的初衷是希望教师走出象牙塔，到社会上、企业里。我一方面努力发挥"智库"的作用，尽到科研工作者应尽的社会责任；另一方面是向一线工作者学习，学习如何理论联系实际、如何用前沿的知识创造性地解决实际难题。挂职锻炼期间，我切身参与到了中国建设银行公司部支持湖北省疫后全面振兴的十大工程项目和武汉市国企改革的具体过程中，包括制造业贷款、绿色信贷、保障性租赁住房贷款、"保交楼"、普惠金融等诸多业务。在工作中，我发现对于许多在学术上难以解决和探究的问题，在现实中人们会协同合作，在现有条件下创造性地找到主要矛盾并解决它们。比如绿色信贷业务，近年来，中国人民银行、生态环境部和银保监会相继出台了一系列有关绿色信贷的政策，已基本形成较为完善的政策体系。但也要看到，这些政策以自愿性为主，而且政策文件大多是原则性、指导性的内容，缺少一些绿色信贷的相关标准，针对性和可操作性不强。实施过程中，发生环境风险问题时，从业人员能力不足，无法评估、判断出风险点所在，直接影响绿色信贷的推进。为更好地服务绿色发展，中国建设银行湖北省分行成立了绿色金融委员会和"双碳"工作领导小组，加强绿色产业研究和绿色金融专业化服务团队建设，完善绿色信贷认定流程和绿色金融考核激励制度，强化绿色信贷业务培训，建立重大项目绿色信贷认定会商机制，进一步放宽绿色信贷定价授权、审批授权，实行重大绿色信贷项目"容缺"受理，建立重大绿色信贷项目"绿色通道"审批机制，这些举措都为绿色金融领域的创新和实践扎扎实实落地提供了非常重要的机制保障。截至 2022 年 8 月底，中国建设银行湖北省分行绿色贷款余额 909 亿元，较年初新增 246 亿元，绿色贷款占比较年初增加 2.8 个百分点。

二是挂职难在"挂"字，要把服务社会常"挂"心间。产教融合的目的之一就是希望发挥教师的"智库"作用，帮助企业把把脉、开药方、找方向。在这个过程中，只有敢于刨根问底，敢于"较真"和"求真"，才能真正地帮助到企业。在挂职锻炼的四个月里，凡是我参与的业务和项目，我都会主动地和一线业务人员交流，询问他们业务进展程度、遇到的困难以及改进的办法，和他们一起商讨项目能不能做下去、如何做下去和如何更好地做下去。例如，2021年湖北省国企改革和重组之后，中国建设银行总行需要重新熟悉新的国有企业和申报项目，信息不对称则容易导致授信业务受挫，进而严重影响企业发展。在这个过程中，中国建设银行湖北省分行的授信业务中心对各家企业进行了深度调研，就如何更好地服务客户和开展信贷工作展开细致入微的研判工作。上到省分行领导，下到一线客户经理都尽心尽力参与其中，形成了重要的判断依据，最后向总行进行了详尽的沟通和汇报，达到了非常好的沟通效果。我全程参与其中，从国有企业发展和服务湖北经济发展的视角做了多次发言。之所以这样做，一方面是因为我知道我在挂职期间所代表的是中南财经政法大学的"智库水平"，只要参与了某个项目和业务，就务必做到尽善尽美；另一方面我也想运用我的学识去"求真"，去服务社会，帮助银行提供更好的金融产品和服务，帮助湖北经济快速振兴，让金融真真正正做到服务实体经济。

三是挂职妙在"挂"字，要把引导学生常"挂"心间。正如习近平总书记所言，"培养社会主义建设者和接班人，迫切需要我们的教师既精通专业知识、做好'经师'，又涵养德行、成为'人师'，努力做精于'传道授业解惑'的'经师'和'人师'的统一者。"[①] 要想做兼顾"经师"和"人师"的好教师，就必须把学生挂在心间、揣在心里，想学生之所想，急学生之所急，解学生之所难。从我2010年博士毕业来到中南财经政法大学当老师到如今已经是第12个年头了，这12年里，我十分享受与学生们一起学习和成长的时光，享受这种亦师亦友的相处模式。作为老师，我希望他们在我的教育培养下能够更好地融入社会；作为朋友，当他们因就业难而犯愁时，我也会跟着一起着急、一起想办法解决。因此，我申请参加中国建设银行挂职锻炼项目的原因之一就是希望走出象牙塔，到我国金融的第一线去看看社会对人才的需求到底是什么，从而更好地回到学校教育、培养学生。正是这份动力支撑着我经常去和银行领导交流，和业务人员交流，也和技术人员交流。在挂职期间，我遇到许多院系校友，我们一同追溯青春岁月，共述中南大情怀，讲述着从中南大毕业后到建行工作的点点滴滴，如何一步步完成了由"金融人""投资人"向"建行人"的转换，并且一直谨记着、践行着中南大的校训——"博文明理，厚德济世"。每次我都会认真地倾听他们的经历，也会主动询问并记录他们对培养学生的建议以及对中南大未来的期望。我希望等到正式回归学校时，能找到最适合我院学生的培养模式和方案，让他们走出学校时更自信、更具有竞争力。

四个月前，我带着困惑走出了象牙塔，希望能在我国金融的第一线找到想要的答案，现如今即将带着我所认为最适合的答案回到象牙塔里，继续从事热爱的研究和教

---

① 习近平在中国人民大学考察时强调 坚持党的领导传承红色基因扎根中国大地 走出一条建设中国特色世界一流大学新路 [EB/OL]. (2022-04-26) [2024-12-21]. http://jhsjk.people.cn/article/32408765.

育事业。总的来说，挂职锻炼是对我的一场洗礼、一次"大充电"，让我实现了对自身知识体系的大更新，找到了培养学生的新方向。最后，感谢学校和中国建设银行给予我这次洗礼和充电的机会，在未来我会常怀感恩之心，为学校培养更多优秀学生，也为中国银行业培养输出更多优秀人才。

白小滢
2023 年 3 月

较原文有修改，原文发表于中南财经政法大学校报 2023 年 3 月第三版《走出象牙塔应是为了更好地回到象牙塔——中国建设银行湖北省分行挂职体会》。

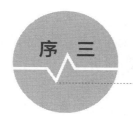

商业银行数字化转型亟需复合型人才

随着数字经济成为经济增长新引擎,数据作为生产要素的重要作用日益凸显。银行业具有天然的数字化基因,不断催生着行业的自我革新,随着数字中国建设的浪潮,银行业的数字化转型进一步提速。

在当前金融业生态发生巨大变化的新形势下,中国建设银行在国内同业中率先启动实施金融科技战略,在数字化转型方面取得了突出的成绩。作为首批赴中国建设银行湖北省分行挂职的专任教师,我有幸近距离地观察到国有大型银行的内部运作流程与发展动向,并能够参与到一线的金融科技工作中,这不仅加深了我对金融实务的认识,更让我对金融人才的培养有了更深的思考。

复合型人才是商业银行数字化经营中的关键要素。波士顿咨询公司(Boston Consulting Group,BCG)认为,商业银行在数字经营中需要构建"金三角"团队,即业务经理(熟悉金融业务,负责金融业务拓展)、产品经理(聚焦线上产品的设计、迭代)、IT经理(关注产品开发、测试与上线)。从商业银行数字化经营的现实情况来看,"金三角"团队中最为薄弱的环节在于产品经理。

一方面,业务经理普遍不懂技术,对于数字化经营工具的使用时常持有怀疑态度。对于技术部门开发的一些大数据产品,业务经理常会抱怨大数据给出的结果"不准",殊不知,一个完整的大数据应用项目,除了使用丰富的数据产品和合适的算法,更需要在应用阶段反复进行迭代调优,才能形成"越用越准"的"飞轮效应"。例如,相较于传统的获客方式,大数据获客的边际成本非常低,即使短期成效不大,但从长期的投入产出来讲,也是值得尝试的。所以,从这一点来看,业务部门需要多一些耐心,更需要对大数据应用的特点多一些认识。

与此同时,IT经理对银行实际业务了解有限,与业务条线的沟通效率不高。例如,在大型银行的大数据项目开发过程中,尤其是对于精准营销类项目,经常会出现重复开发的问题。出现这种现象一部分是由于大银行条线分割问题长期存在,但主要原因还是技术部门对复杂多样的银行业务缺少全面且深入的理解。为了应对这类问题，中国建设银行湖北省分行专门建立了ITBP（IT Business Partner）团队，以提高技术和业务之间的跨部门敏捷协作效率，这个团队的成员的角色就是"金三角"中的产品经理。有趣的是，这个团队的成员流动性非常高，一个项目做下来，可能就会被业务部门"挖墙脚"。既理解业务逻辑也熟悉技术路线的"技术＋业务"型的复合人才，俨然已经成为商业银行的"香饽饽"。

《中国银保监会办公厅关于银行业保险业数字化转型的指导意见》指出，要"大力引进和培养数字化人才"。为了迎合金融行业对复合型数字人才的迫切需要，高校在对金融人才培养的过程中，一方面当然是要继续增强学生对金融市场实务的了解，另一方面则是要着重提升学生的"科技素养"。对于金融学专业的学生而言，尤其要培养他们的"数字素养"——能够熟悉商业银行大数据应用主要业务场景，并能根据业务场景来匹配数据挖掘的方法，在技术部门开发相应的产品后，能够对模型实施的成效进行评估，并将评估结果用于指导业务的优化。我们希望金融专业的毕业生在银行数字化经营的"飞轮效应"中发挥关键作用，这便是我们编写这本教材的初衷。

董志华

2024年4月

前言

2023年10月的中央金融工作会议提出,加强党中央对金融工作的集中统一领导,深刻把握金融工作的政治性、人民性,坚定不移走中国特色金融发展之路,做好科技金融、绿色金融、普惠金融、养老金融和数字金融五篇大文章。五篇大文章之间不仅存在着深刻的内在联系,而且彼此之间相互促进,共同构筑了一个全面推进金融高质量发展的框架体系。其中,科技金融支持科技创新和产业升级,为创新驱动发展提供金融支持。绿色金融关注绿色低碳,为经济、社会和环境的协调可持续发展提供资金支持。普惠金融致力于提高金融服务的普及度,旨在更好地满足小微企业和弱势群体等经济体系中薄弱环节的金融需求。养老金融应对人口老龄化带来的挑战,满足老龄化社会的金融需求,实现老有所养。数字金融则旨在利用区块链、云计算、大数据和人工智能等数字技术,提高金融服务效率,扩大金融服务范围,促进金融创新,增强金融监管能力,支持实体经济发展,加快形成新质生产力。数字金融不仅深刻反映了当前数字技术与数字经济迅猛发展的时代特征,也为科技金融、绿色金融、普惠金融、养老金融等领域的创新性发展提供了技术保障和动力源泉。可以说,数字技术为金融强国建设提供了重要的技术支撑和发展动能。

党的二十大提出加快发展数字经济,加快建设数字中国。近年来银行业认真贯彻落实党中央的决策部署,大力推进数字化转型,不断提高金融服务实体经济的能力和水平,为构建新发展格局持续提供金融新动能。与此同时,教育部也在大力推动新文科建设,即哲学社会科学与新一轮科技革命和产业变革交叉融合形成交叉学科、交叉融合学科及交叉专业的新文科的一系列建设事项和建设工作,特别是深入实施教育数字化战略行动,推动人工智能、大数据等现代信息技术与文科教育深度融合,持续推动教育教学的理念变革、体系变革、方法变革、实践变革,形成中国特色的文科教育教学新范式,培养造就大批哲学家、社会科学家、文学艺术家等各方面人才,为中国特色社会主义伟大实践提供思想和智力支持。

在新文科建设背景下，一方面，中国的信息基础设施全球领先，产业数字化转型稳步推进，数字政府建设成效显著，数字经济国际合作不断深化；另一方面，尽管涌现出了一大批总结企业数字化转型及制造业数字化转型的书籍，但是关于走在时代发展前列的金融业，特别是银行业数字化转型的书籍却显露出空白。虽然国际上有对数字化银行的经验总结或者理论探讨，但是同样缺乏具有中国式现代化背景，并且理论与实践相结合的银行业数字化转型教材。因此，紧跟新一轮科技革命和产业变革新趋势，进一步推动人工智能、大数据等现代信息技术与经管学科深入融合，将数字化和经济与管理学科结合的新理论、新实践、新技术、新成果、新趋势梳理成书，在构建世界水平、中国特色的经济与管理学科人才培养体系中，有着极为重要的地位与作用。新文科建设的重要任务是文科的融合化、文科的时代化、文科的中国化以及文科的国际化。《数字技术与现代银行业导论》正是在此背景下应运而生的。本教材聚焦银行业的数字化转型，从理论上探索数字技术对银行业战略方向、发展目标以及组织实施等的重要影响，同时从实践上总结国内外银行数字化转型的案例、经验和成果。

本教材是在充分的教学改革与实验基础上推出的。首先，本教材的三位作者不仅长期在相关领域开展学术研究，具有扎实的理论基础与深厚的理论功底，产出了一大批学术研究成果，而且在教学改革与教学成果领域，同样是经验丰富、成果丰硕。其次，三位作者通过在中国建设银行的挂职活动（分别担任中国建设银行湖北省分行住房金融与个人信贷部、公司业务部以及金融科技部副总经理），有机会对数字技术在现代银行业的实践进行近距离的观察与思考，在国有大行的数字化转型实践中，对现代银行业进行系统性的学习与梳理。在这一过程中，三位作者不仅了解到了业务前沿还积极参与了业务实践，积累了最前沿、最新鲜、最丰富的素材和经验，对银行数字化转型进行了深入的思考和探索。最后，三位作者在本科生与研究生课堂、公益讲座、银行内部培训以及师资研修班等场合多次讲授本教材相关内容，反复多次对讲义资料进行打磨和完善。这些教学实践不仅产生了良好的教育与社会效益，也成了撰写本教材的重要基础。

具体而言，本教材一共分为十二章。第一章是金融体系中的银行业金融机构，从功能和结构等多个方面阐述中国银行业的历史沿革与发展现状。第二章是商业银行的资产负债表管理，介绍商业银行资产负债表的基本概念与结构特征，并使读者了解商业银行资产负债表管理的主要原则及做法。第三章是商业银行的风险与净息差管理，进一步讨论商业银行的风险管理与净息差管理的具体内容。第四章是金融科技与银行业数字化转型，旨在帮助读者掌握金融科技的基本概念与应用场景，了解银行数字化转型的重要意义、演进历史、阶段特征与发展现状。第五章是商业银行大数据应用，帮助读者掌握大数据应用的基本概念及在银行业的主要应用场景。第六章是机器学习与商业银行数据挖掘，旨在介绍商业银行场景中常用的机器学习算法，使读者熟练掌握商业银行数据挖掘项目的流程。第七章是商业银行的非结构化数据分析，进一步帮助读者掌握非结构化数据的基本概念、特点及在商业银行中的应用场景，了解对非结构化数据处理和分析的主要技术方法。第八章是生成式人工智能与商业银行数字化转型，主要介绍 ChatGPT 与生成式人工智能的基本概念，帮助读者了解生成式人工智能在商业银行数字化经营与管理中的主要应用场景、潜在风险与发展趋势。第九章是数字普惠下的商业银行零售业务，介绍银行零售业务与数字普惠金融的基本概念，以及数字普惠金融为银行零售业务带来的创新。第十章是数字化助力银行对公业务关联协同，介绍商业银行对公业务的基本概念，并考察数字化技术在商业银行对公业务不同场景中的应用。第十一章是数字化与银行业 ESG 实践，介绍 ESG（环境、社会和治理）的基本概念以及它们如何与银行业务活动相互关联，并着重解析数字化如何促进银行业在 ESG 三个维度上的可持续实践。第十二章是商业银行的数字政务、新市民与养老金融服务，描述银行业数字化平台的基本逻辑与实践前沿，以及如何通过数字技术实现 G（Government，政府）端链接、B（Business，商业）端赋能、C（Consumer，消费者）端突围的商业银行经营战略。

陈思翀

白小滢

董志华

2024 年 5 月

第一章　金融体系中的银行业金融机构 // 1

　　第一节　金融体系概览 // 1
　　第二节　银行业金融机构 // 13
　　第三节　金融监管体系 // 26

第二章　商业银行的资产负债表管理 // 32

　　第一节　商业银行资产负债表结构 // 33
　　第二节　代表性银行的资产负债表 // 43
　　第三节　商业银行的资产管理 // 49
　　第四节　商业银行的负债管理 // 53
　　第五节　商业银行的资本管理 // 56

第三章　商业银行的风险与净息差管理 // 62

　　第一节　商业银行的市场风险管理 // 63
　　第二节　商业银行的流动性风险管理 // 70
　　第三节　商业银行的净息差管理 // 78

第四章　金融科技与银行业数字化转型 // 86

　　第一节　数字化是金融科技3.0 // 87
　　第二节　金融科技的分类、底层技术与应用场景 // 92
　　第三节　数字化与银行业规模经济、范围经济 // 108
　　第四节　银行数字化转型的演进路径与阶段特征 // 112

第五节　银行数字化转型的问题与挑战 // 123

第五章　商业银行大数据应用 // 127

第一节　大数据应用基础概念 // 127
第二节　商业银行大数据应用的主要场景 // 131
第三节　商业银行大数据应用的挑战与应对 // 137
第四节　商业银行大数据应用发展趋势 // 139

第六章　机器学习与商业银行数据挖掘 // 143

第一节　机器学习 // 144
第二节　商业银行数据挖掘流程 // 158

第七章　商业银行的非结构化数据分析 // 175

第一节　非结构化数据概述 // 176
第二节　非结构化数据的特征提取 // 185
第三节　建模与高维统计方法 // 191

第八章　生成式人工智能与商业银行数字化转型 // 198

第一节　ChatGPT与生成式人工智能概述 // 199
第二节　商业银行数字化转型的背景 // 207
第三节　生成式人工智能在商业银行的应用场景 // 212
第四节　生成式人工智能在商业银行应用中的风险 // 217
第五节　生成式人工智能在商业银行应用的趋势 // 220

第九章　数字普惠下的商业银行零售业务 // 224

第一节　商业银行的数字普惠之路 // 224
第二节　数字普惠下的小微企业供应链金融 // 234
第三节　商业银行的零售贷款业务 // 238
第四节　大数据和人工智能的新范式 // 246
第五节　大数据从哪里来 // 251

第十章　数字化助力银行对公业务关联协同 // 262

第一节　商业银行对公业务概述 // 263
第二节　数字化技术在商业银行对公业务中的应用 // 267

第三节 数字化助力商业银行对公业务实践案例 // 284

第十一章 数字化与银行业 ESG 实践 // 287

第一节 ESG 概念 // 287
第二节 商业银行 ESG 理念与实践 // 288

第十二章 商业银行的数字政务、新市民与养老金融服务 // 314

第一节 商业银行的机构业务 // 314
第二节 商业银行搭建社会治理的数字化平台 // 319
第三节 商业银行的新市民金融服务 // 327
第四节 商业银行的养老金融服务 // 338
第五节 数字技术与商业银行的住房租赁业务 // 350

参考文献 // 359

后　记 // 361

第一章
金融体系中的银行业金融机构

学习目标

【知识目标】概览金融体系的结构与功能,了解银行业金融机构在金融体系中的位置,熟悉中国银行业及其监管机构的历史沿革。

【能力目标】理解金融体系尤其是银行业金融机构的重要作用,掌握银行业金融机构的主要业务模式。

【素养目标】通过加深对中国金融体系尤其是银行业的了解,树立加快金融强国建设的意识,坚定走中国特色金融发展之路的决心。

导言:金融是国民经济的血脉,是国家核心竞争力的重要组成部分。金融强国应当具备一系列关键核心金融要素,即强大的货币、强大的中央银行、强大的金融机构、强大的国际金融中心、强大的金融监管、强大的金融人才队伍。加快金融强国建设,推动金融服务高质量发展,离不开现代金融机构。系统性推动银行业的数字化转型,坚持金融供给侧结构性改革,在加快构建金融强国过程中尤为关键。因此,本书旨在针对数字技术变革下的现代银行业,从理论前沿和业务实践两个方面进行系统性的梳理与阐述。其中,本章将在概览金融体系结构与功能的基础上,对中国银行业金融机构及其监管体系的历史沿革与发展现状进行梳理。

第一节 金融体系概览

金融体系(Financial System)在国民经济中发挥着重要的作用。这主要体现在,金融体系承担着将资金从资金剩余者手中,引导到那些有投资项目却面临资金短缺的资金需求者手中的任务。从宏观视角来看,一个典型经济体中的资金剩余者,通常是那些收入少于支出从而拥有剩余资金的家庭、企业以及政府等部门。其中,家庭部门作为一个整体，往往是最大且最重要的资金剩余者。典型的资金需求者则主要是那些支出超过收入，从而面临资金短缺的企业和政府部门。其中，企业部门作为一个整体，通常是最大的资金需求方。政府部门出现财政赤字时，就是资金需求方。反之，当有财政盈余时，政府部门就成为资金剩余者。

如图 1.1 所示，将一个经济体划分为四个部门，左边是按照重要性排列的资金剩余者，分别是：家庭部门、政府部门、企业部门和海外部门。类似地，右边是按照重要性排列的资金需求者，分别是：企业部门、政府部门、家庭部门和海外部门。也就是说，左边是金融体系中那些具有储蓄并提供资金的贷款人，即**资金剩余者**（Lender-Savers）；右边则是金融体系中那些虽然有投资项目但必须寻求资金资助的借款人，即**资金需求者**（Borrower-Spenders）。

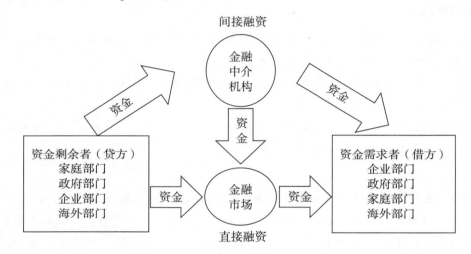

图 1.1　金融体系概览

资料来源：作者整理。

一、直接融资

如图 1.1 所示，按照资金从剩余者流向需求者的过程中是否通过金融中介机构，金融体系可以分为**直接融资**（Direct Financing）和**间接融资**（Indirect Financing）。具体而言，如图 1.1 的下部路径所示，在直接融资中，借款人通过向金融市场上的贷款人出售有价证券（也称金融工具），直接从贷款人那里借入资金。这些有价证券就代表着对借款人未来收入或资产的**索取权**（Claim）。证券对于购买有价证券的人来说是一种资产，但对于出售（发行）它们的个人或公司来说，则是负债（借条或债务）。

（一）债券市场与股票市场

在金融市场上，通常有两种工具来筹集资金：债务性金融工具和权益性金融工具。

最常见的方法是通过发行债务性金融工具进行融资，如债券或抵押贷款。债券是债券发行人与债券持有者之间的合同协议，承诺在规定的**到期日**（Maturity）之前，定期支付固定金额的利息和本金的有价证券。举个例子，如果现在比亚迪公司需要借款来支付建造新工厂以生产电动汽车的费用，那么比亚迪可能会通过在金融市场向储蓄者出售债券来进行借款。债券就是比亚迪公司承诺在特定时间内定期支付款项的债务性金融工具，交易的场所就是债券市场。债务性金融工具的到期时间是从发行到到期的期限。一般而言，如果债券的到期期限少于一年，则称短期债券；如果到期期限为十年或更长，则称长期债券；到期期限在一到十年之间的债券通常被认为是中期债券。

另外，还可以在金融市场上通过发行股票，如普通股，来筹集资金。股票交易的场所就是股票市场。让我们继续以比亚迪公司为例。比亚迪公司在中国的香港和深圳两地上市。其中，比亚迪在香港联交所主板 H 股上市，股票代码为 01211.HK；同时，比亚迪也在深交所主板 A 股上市，股票代码为 002594.SZ。一方面，比亚迪作为资金需求者，通过发行股票获得融资；另一方面，股票也是一种使证券持有者有权获得比亚迪公司利润和资产份额的权益性有价证券。也就是说，股权是对公司资产以及扣除费用和税后的净收入的索取权。如果你拥有一家发行了 100 万股的公司的 100 股普通股，那么你就有权获得公司净收入以及公司资产的万分之一。股权通常会定期向其持有者支付股息。由于股票是没有到期日的，因此股票被认为是一种长期证券。此外，拥有股票意味着拥有公司的一部分，因此有权对公司重要的事务进行投票，并选举其董事。

综上所述，股票和债券作为金融市场上用于筹集资金的两种主要金融工具，投资者可以在金融市场上对其自由买卖。然而，它们在所有权、收益来源、风险与回报、索取权顺位、参与企业经营管理、市场波动性、期限性以及税务处理等方面具有显著的不同。具体来说，股票代表着公司所有权，股东有权参与公司决策并从公司盈利和资产价值增长中获益；而债券则代表着对公司的债权关系，债权人主要期望从固定利息支付中获得回报，所以债券也通常被称为**固定收益证券**（Fixed Income Securities）。在风险方面，股票通常风险较高，因为股东的回报依赖于公司的盈利能力，且索取权顺位较低，在公司清算时位于债权人之后才能获得偿付，是一种**剩余索取权**（Residual Claim）；相对地，债券的风险较低，因为债权人有优先获得偿还的权利。此外，股票没有固定到期日，而债券则有明确的到期期限。

（二）金融市场的其他分类

金融市场是涵盖股票、债券、外汇和大宗商品等不同产品的市场。因此，除了股票和债券市场，金融市场可以按照交易对象分为外汇市场及大宗商品市场等。不仅如此，金融市场还可以根据交易的性质、对象、产品、期限、场所、地域范围及功能等多个维度进行划分。首先，按照期限，金融市场可以分为短期**货币市场**（Money Market）和长期**资本市场**（Capital Market）。其中，交易短期金融工具的是货币市场。例如，在中国金融市场上的余额宝等"宝宝类"产品，通常指的是与货币市场基金挂钩的互联网金融产品。货币市场基金主要投资于短期（通常期限小于一年）高信用高流动性的债务性金融工具，如政府债券、商业票据和银行存款等。交易长期金融工具的则是资本市场，包括股票以及长期债券市场。

其次，按照功能，金融市场可以分为**一级市场**（Primary Market）和**二级市场**（Secondary Market）。一级市场也叫发行市场，是公司发行新的有价证券（如股票和债券）以筹集资金的市场。在一级市场中，投资者直接从发行公司购买证券，这是证券首次向公众出售的过程。例如，**首次公开募股**（Initial Public Offering，IPO）是公司首次向公众投资者出售股票的过程，这通常是通过一级市场进行的。也就是说，IPO是一级市场的一部分，是公司通过一级市场向公众投资者发行股票的过程。在IPO中，公司确定发行股票的数量和价格，并通过证券公司等**承销商**（Underwriter）向投资者销售这些股票。

二级市场也叫流通市场，是已发行的有价证券在投资者之间买卖的场所。例如，一旦IPO完成，公司股票将在二级市场上交易，投资者可以在交易所买卖这些股票。二级市场虽然并不实现资金由剩余者转移到需求者手中的过程，但是仍然具有非常重要的作用。例如，二级市场可以实现价格发现功能并提供流动性。如果没有二级市场，一级市场的定价机制将面临重大挑战，难以实现对有价证券的合理估值。此外，投资者在一级市场购入的有价证券也将难以在短期内以较低成本实现流动性转化。

在二级市场中，证券公司通常扮演**经纪人**（Broker）和**做市商**（Dealer）等不同的角色，在交易过程中发挥不同的职能。其中，经纪人是指代表客户买卖证券的中介机构或个人，他们不直接持有证券存货，而是通过匹配买卖双方来促成交易。经纪人收取佣金作为服务费用，他们的主要任务是执行客户的交易指令，包括寻找最佳价格和执行交易。经纪人为客户提供市场信息告知、交易执行和订单管理等服务，帮助客户以最有利的条件完成交易。做市商是指那些持有证券存货并愿意直接与公众投资者进行买卖交易的金融机构或个人。做市商通过买卖差价（即买入价和卖出价之间的差额）来盈利。他们通常会同时报出**买入价**（Bid Price）和**卖出价**（Ask Price），并随时准备以这些价格买入或卖出证券。做市商为市场提供流动性，确保投资者能够快速买卖证券。他们承担价格风险，并在市场供需不平衡时稳定价格。例如，中国的上海证券交易所和深圳证券交易所主要是经纪人市场，而纽约证券交易所则根据交易类型，既可以是经纪人市场也可以是做市商市场。纳斯达克是一个以做市商制度为主的市场，中国的科创板也引入了做市商制度。外汇市场在全球范围内通常由做市商提供流动性。

最后，按照交易性质和交割时间，金融市场既可以是**现货市场**（Spot Market），也可以是**期货市场**（Futures Market）。按照交易场所，金融市场可以分为交易所内的场内市场和交易所外的场外市场。场内市场是在交易所，如股票交易所内进行交易的市场。

场外市场也叫**柜台市场**（Over-the-Counter，OTC），是在交易所外进行交易的市场，如银行间市场。按照参与者的差异，金融市场还可以分为**零售市场**（Retail Market）和**批发市场**（Wholesale Market）。其中，零售市场面向个人投资者，批发市场则面向机构投资者和大额交易。如果按照地域划分，金融市场还可以分为**国内市场**（Domestic Market）和**国际市场**（International Market）。以上这些分类方式，有助于我们更好地理解金融市场的运作机制并参与其中。

二、间接融资

如图1.1的上部路径箭头所示，资金还可以通过第二种路径从资金剩余者流向资金需求者。这种路径被称为间接融资，因为它涉及金融中介机构。金融中介机构位于资金剩余者和资金需求者之间，帮助资金从一方转移到另一方。也就是说，金融中介机构从资金剩余者那里借入资金，然后使用这些资金向资金需求者发放贷款。例如，一家银行可能通过向公众发行负债的形式，即储蓄存款的形式，来获得资金。然后，这家银行可能使用这些存款资金，通过向比亚迪公司发放贷款或在金融市场上购买比亚迪公司发行的债券来获得资产。最终的结果是，在金融中介机构（银行）的帮助下，资金已经从作为资金剩余者的社会公众（家庭部门）转移到了作为资金需求者的比亚迪公司（企业部门）。

那么，既然已经有了金融市场的直接融资，为什么我们还需要通过金融中介机构进行间接融资？为了回答这个问题，我们需要理解交易成本、风险分散、风险分担和信息不对称等因素在金融市场中的作用。

（一）交易成本

交易成本（Transaction Cost）是在执行金融交易过程中所投入的时间与资金成本。举个例子，雷小君需要1万元去研发新的一体化压铸生产工具，而且这是一个进入新能源汽车产业千载难逢的良机。这个时候，你刚好拥有1万元现金并有意出借。但是，为了保障投资安全，你必须聘请律师起草贷款合同，明确雷小君将向你支付多少利息、何时支付利息以及何时偿还1万元本金。然而，向律师获取该合同需花费5 000元。当你将这笔交易成本计入贷款成本时就会发现，由于交易成本太高，你将无法从该交易中获得足够的收益。因此，你不得不遗憾地通知雷小君，他需要另寻融资渠道。

交易成本过高的问题是否有办法解决？有。金融中介机构正是解决这一问题的关键所在，这也是银行这样的金融中介机构存在的重要原因。银行这样的金融中介机构能够大幅度降低交易成本，这是因为银行能够利用规模经济的优势，即随着交易规模的扩大，降低每笔交易的交易成本。例如，银行可以请长期合作的优秀律师制定一份严密的贷款合同，而这份合同可以在其贷款交易中被反复使用，从而降低每次交易的合同起草成本。甚至银行可以支付1万元聘请一位顶尖律师来起草一份严密的贷款合同。如果该合同可用于1万笔贷款，那么每笔贷款的合同起草成本仅为1元。在每笔贷款的交易成本为1元的情况下，银行这样的金融中介机构向雷小君借出1万元的交易就变得有利可图了。

（二）风险分散和风险分担

除此之外，银行这样的金融中介机构还可以充分发挥规模经济的优势，帮助减少投资者面临的风险敞口，即投资者在资产上获得回报的不确定性。银行这样的金融中介机构通过**风险分散**（Risk Diversification）和**风险分担**（Risk Sharing）的过程来实现这一点。银行创造并销售具有人们乐于接受的风险特征的资产，然后使用通过销售这些资产获得的资金去购买可能具有更高风险的资产。这种具有更低风险、更高流动性、更小规模等人们乐于接受的风险特征的资产就是存款；具有更高风险、更低流动性、更大规模的资产就是贷款。通过发挥规模经济优势，银行可以以低成本实现风险分担，从而能够在它们投资风险资产（贷款）所获得的回报与它们对已售出资产（存款）所付的成本之间赚取利差。这一过程有时也被称为资产转换，因为银行实现了将更高风险、更低流动性、更大规模的贷款，转换成具有更低风险、更高流动性、更小规模特征的存款。

不仅仅是银行，各种金融中介，如基金公司和保险公司，都在通过帮助个人进行多样化投资来促进风险分散和风险分担，从而降低他们所面临的风险。多样化的风险分散意味着投资于一个资产组合，而不是一个资产。由于各单个资产的回报并不总是同步变动的，因此资产组合的总体风险往往低于单一资产。本质上，这就是所谓的**大数定理**（The Law of Large Numbers）。民间也有一句谚语："不要将鸡蛋放在同一个篮子里。"

（三）信息不对称

依赖于金融中介机构的间接融资在金融体系中扮演着如此重要的角色，还有一个重要原因在于，金融市场中的交易一方通常没有足够的信息来对交易另一方作出准确的判断。这种现象被称为**信息不对称**（Information Asymmetry）。例如，一般而言，借款人对于他们的自身状况以及他们所申请资金的特定投资项目的潜在回报和风险，会比贷款人更加清楚和了解。信息不对称在金融交易中带来了两个问题：一个发生在交易发生之前，被称作**逆向选择**（Adverse Selection）；一个发生在交易发生之后，被称作**道德风险**（Moral Hazard）。

逆向选择是由交易发生前的信息不对称所产生的问题。金融市场中的逆向选择是指最有可能产生不良（逆向）结果的潜在借款人，即信用风险最高的借款人，反而最积极地寻求贷款，并且最有可能被选中。由于逆向选择使得贷款给信用风险较高的借款人的可能性增加，因此贷款者可能会决定不发放任何贷款，尽管市场上也存在着信用良好的借款人。

道德风险是由交易发生后的信息不对称所产生的问题。金融市场中的道德风险是指借款人可能从事贷款人认为不合理（不道德）活动的风险，因为这些活动可能会降低贷款得到按时、足额偿还的可能性。由于道德风险降低了贷款被偿还的概率，即提高了违约概率，贷款人可能决定不发放贷款。

综上所述，金融市场中的信息不对称导致了逆向选择和道德风险问题，这些问题干扰了市场的高效运作。解决这些问题的方法包括：生产和销售信息、加强政府监管以提高金融市场的信息透明度、充分利用**抵押品**（Collateral）和**净值**（Net Worth）在债务合同中的作用，以及加入可监督和执行的限制性条款。理论分析和金融实践都反复表明，对于股票和债券等证券交易过程中存在的信息不对称问题，金融中介，尤其是银行，在为企业融资方面应该比金融市场发挥更大的作用。不仅如此，对逆向选择和道德风险等信息不对称所造成后果的经济分析，还有助于解释金融体系的一些基本特征。

三、金融体系发挥着重要作用

（一）金融让企业家大展拳脚，同时增加人民的财产性收入

为什么将资金从资金剩余者手中引导向资金需求者对于国民经济如此重要？这是因为，那些有资金剩余的储蓄者，通常并不是有投资机会的人。掌握投资机会的，往往是企业家。但是，他们通常在市场上是资金需求者。这里我们首先考虑一个假想的例子。假设你今年辛勤工作存下了1万元。但是，你并没有可以让你的储蓄获得收益的投资机会。如果没有金融市场，你将无法通过借贷赚取利息。也就是说，你只能自己持有这1万元，而不会获得任何利息。然而，这个时候有一位企业家雷小君正在为缺少1万元资金而发愁。因为雷小君发现，他有一个非常好的投资生产新能源汽车的机会。他如果有这1万元，就可以用来研发一种新的一体化压铸生产工具，这将显著缩短他制造新能源汽车所需的时间，从而每年多赚1万元。如果你能联系到雷小君，你可以以每年1 000元的租金（利息）将1万元借给他。这样你们两个人都会变得更好。你通过把1万元借给雷小君，可以每年赚取1 000元的利息。而雷小君的新能源汽车工厂得以投资新的一体化压铸工具，每年将多赚取9 000元，即每年额外的1万元收益减去使用1万元资金的1 000元租金。

在没有金融市场的情况下，你和雷小君可能永远也无法走到一起。这样一来，你们两个人都会变得更糟，至少不会变得更好。因为没有金融市场，我们将很难把资金从没有投资机会的人手中转移到有投资机会的人那里。因此，金融市场对于促进经济

效率是至关重要的。

（二）金融助力人民群众实现中国梦

即使借款的目的并不是扩大生产，金融市场的存在也是有益的。假设你最近刚刚大学毕业，在大城市找到了一份满意的工作，租住在一间小小的公寓。这个时候，你正计划结婚，对美好生活的向往更加强烈，所以想购买一套住房改善生活。作为普通人民群众的一员，虽然你的收入还不错，但是由于你刚开始工作，并没有存下多少钱。随着时间的推移，未来你支付购房款肯定没有问题，但是当你存下足够多的钱可以买下你梦想中房子的时候，你可能已经太老而无法充分享受它。那么，如何才能实现你改善住房的愿望呢？

这个时候，如果存在一个金融市场，让那些有储蓄积累的人可以把钱借给你买房子，你也非常乐意支付他们一些利息，这样你就可以在还年轻的时候拥有一套大房子。然后，你将慢慢偿还你的贷款。也就是说，如果你能够从金融市场上借到这笔贷款购买房屋，你的生活会变得更美好。同样，给你贷款的人也会变得更好，因为他们现在可以多赚取一些利息。但是，如果没有金融市场，你可能就无法购买房屋，而必须继续住在你租赁的小公寓里。那些可以借钱给你的人，也没有办法赚取利息。

现在我们可以看到金融市场在经济中为什么有如此重要的功能。它们允许资金从那些缺乏生产性投资机会的人转移到那些具有这样机会的人。金融市场对于生产性资本的有效配置，无论是金融还是实物，对于国民经济而言都是至关重要的。资源的有效配置有助于提高整体经济的生产效率。运作良好的金融市场还通过允许消费者更好地安排他们的购买时间，直接提高了消费者的福利。金融市场尤其为年轻人提供了资金，让他们购买他们所需要而且能够负担得起的东西，而不是强迫他们等到存够了全部资金后再去购买。因此，金融市场还有助于提高社会上每个人的福利。

四、金融体系的结构特点

如前所述，金融体系在国民经济中扮演着至关重要的角色，它每年将大量资金从资金剩余者的储户转移到那些拥有生产性投资机会的个人或企业。金融体系的结构看起来非常简单，主要由直接金融和间接金融两个部分组成。但是当我们放眼全球，金融体系的结构似乎又是非常错综复杂且功能广泛多样的。它涵盖了众多不同类型的金融机构：商业银行、保险公司以及投资基金等；也包括了众多不同的金融市场：股票与债券市场等。这些金融机构和市场均受到政府的严格监管。如果我们探究世界各地的金融体系结构，我们还能够发现一些普遍的基本规律。发现这些基本规律并给出合理的解释，对于我们理解金融体系的运作机制具有重要意义。

（一）部分主要发达国家的金融体系结构

图 1.2 展示了 1970—2000 年间，美国、德国、日本和加拿大的非金融企业如何从

自身之外获得资金来支持其经济活动的基本情况。企业部门是一个经济体中最重要的资金需求者。企业部门获得的外部资金分为四个组成部分：银行贷款、非银行贷款、债券融资以及股票融资。其中，银行和非银行贷款属于间接融资；债券和股票融资属于直接融资。在银行贷款类别中，存款类金融机构提供的贷款占主要地位；非银行贷款则主要来源于其他非银行金融中介机构；债券类别涵盖了可交易的债务性有价证券，包括公司债券和商业票据等；股票部分则由市场上新发行的股票融资组成。

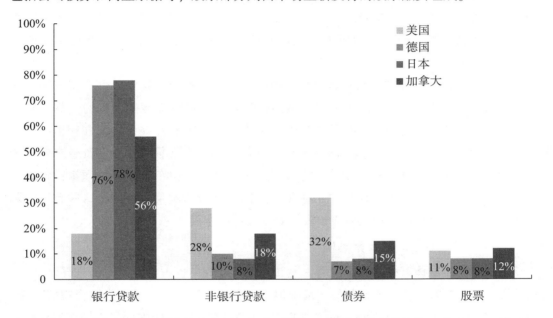

图 1.2　非金融企业的外部资金来源：美国、德国、日本和加拿大的比较（1970—2000）

资料来源：HACKETHAL A, SCHMIDT R H. Financing patterns: measurement concepts and empirical results [R]. Johann Wolfgang Goethe-Universitat working paper No. 125, 2004.

图 1.2 揭示了若干关键性的基本事实。首先，股票并非企业最重要的外部融资渠道。媒体对股市的密集报道可能使公众形成了一个错误的印象：股票是企业融资的核心来源。但是，上述 1970—2000 年间的数据显示，即使在以市场为中心的美国金融体系中，股票市场在企业外部融资中所占的份额也仅为 11%。这一比重在图 1.2 所示的其他比较国家中同样很低。

其次，即使债券和股票加在一起也并非企业外部融资的主要手段。例如，图 1.2 表明，对于美国企业而言，债券作为融资来源的重要性远超过股票（分别为 32% 和 11%）。但是，即便将股票和债券合并考虑，它们在直接融资的有价证券总份额中所占的 43% 亦未能满足美国公司超过半数的融资需求。此外，其他国家在直接融资方面的份额甚至低于美国。这表明直接在金融市场发行有价证券并非全球企业融资的主要途径。不仅如此，金融市场的准入通常仅限于那些规模较大且经营成熟的公司。对于不够成熟的个人和小微型企业而言，通过发行有价证券来筹集资金的可能性相对较低。

所以，这类市场主体往往只能通过银行等金融机构来获取融资。

再次，间接融资，即通过金融中介机构的融资活动，其重要性远超直接融资。虽然图 1.2 显示股票和债券合计占美国企业外部融资来源的 43%，但是，这一数字实际上高估了直接融资在金融体系中的作用。自 1970 年以来，直接销售给美国家庭部门的新发行公司债券和商业票据不足 5%，股票则不足 1/3。剩余的证券主要由保险公司、养老基金和共同基金等金融中介机构购买。这些数据表明，直接融资在美国企业外部融资中所占比重实际上可能还不足 10%。鉴于图 1.2 中其他国家的直接融资来源的重要性还远不及美国，我们可以推断，全球其他地区的直接融资重要性亦远不及间接融资。

最后，金融中介机构，尤其是银行，构成了企业融资的最重要外部资金来源。如图 1.2 所示，企业外部资金的主要来源是银行和其他非银行金融中介机构（如保险公司、养老基金和财务公司等）提供的贷款，在美国这一比重为 46%，而在德国、日本和加拿大则超过 70%。在德国、日本和加拿大等国家，银行贷款是外部资金来源的最大类别（在德国和日本超过 70%，在加拿大超过 50%）。由于在发展中国家，银行在金融体系中所扮演的角色往往比在工业化发达国家中更为重要，因此，这些数据实际上表明，银行在全球的企业融资方面发挥着最关键的作用。

（二） 中国的社会融资规模

在中国的金融体系中，间接融资，尤其是银行融资，也占据着绝对的主导性地位。我们可以从中国社会融资规模指标中清晰地识别出这一特点。所谓**社会融资规模**（Aggregate Financing to the Real Economy，AFRE），是指在一定时期内，实体经济从金融系统中获得的全部资金总额。它包括了间接融资、直接融资和其他融资。间接融资包括两个大类，即银行类金融机构的表内融资，以及表外融资。

社会融资规模中的表内融资，是指那些反映在金融机构资产负债表上的融资活动。如图 1.3 所示，社会融资规模中的表内融资主要包括人民币贷款和外币贷款。与之相对，社会融资规模中的表外融资指的是那些不直接反映在金融机构资产负债表上的融资活动。如图 1.3 所示，社会融资规模中的表外融资主要包括未贴现银行承兑汇票、委托贷款、信托贷款等。其中，未贴现银行承兑汇票和委托贷款也被称为非标准化债权资产。直接融资包括政府债券、企业债券、非金融企业境内股权融资。其他融资包括保险公司赔偿、投资性房地产、小额贷款公司贷款、存款性金融机构资产支持证券、贷款核销等。

结合图 1.3，中国人民银行的调查统计数据显示：以流量计算，2023 年中国社会融资规模增量累计为 35.58 万亿元，比上年多 3.41 万亿元。其中，2023 年全年社会融资规模对实体经济发放的人民币贷款增加 22.22 万亿元，同比多增 1.18 万亿元，占同期社会融资规模的 62.46%。政府债券净融资 9.6 万亿元，同比多 2.48 万亿元，占比

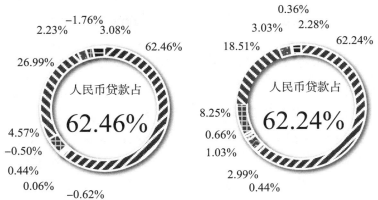

图 1.3　中国社会融资规模中的人民币贷款

注：左图是 2023 年的社会融资规模增量，右图是 2023 年年底的社会融资规模存量。
资料来源：中国人民银行。

26.99%，同比提高了 4.9 个百分点，显示出政府债券在社会融资规模增量中的比重显著增加。企业债券净融资 1.63 万亿元，同比少 4 254 亿元，占比 4.57%，同比降低了 1.8 个百分点。非金融企业境内股票融资 7 931 亿元，同比少 3 826 亿元，占比达 2.23%，同比降低了 1.5 个百分点。

以存量计算，2023 年年末社会融资规模存量为 378.08 万亿元，同比增长 9.5%。其中，截至 2023 年年底中国社会融资规模中人民币贷款高达 235 万亿元，同比增长 10.4%，占比达 62.24%。政府债券余额为 67.71 万亿元，同比增长 14.3%，占比达 18.51%，同比提高了 0.8 个百分点。企业债券余额为 31.44 万亿元，同比下降 0.7%，占比达 8.25%，同比降低了 0.8 个百分点。非金融企业境内股票融资余额为 11.34 万亿元，同比增长 8.9%，占比达 3.03%，与上年持平。从上述数据可以看出，2023 年中国金融体系的规模增长主要依赖于间接融资，尤其是人民币贷款。同时，直接融资中的政府债券占比提升，企业债券和非金融企业境内股票融资的比重有所下降或保持稳定。在中国的金融体系中，银行占据着核心和主导地位。银行是实体经济最主要的资金来源，通过发放贷款为企业提供资金支持，这种方式在中国金融体系中居于核心地位。

五、加快金融强国建设

金融是国民经济的血脉，是国家核心竞争力的重要组成部分。金融活，经济活；金融稳，经济稳。党的十八大以来，在以习近平同志为核心的党中央坚强领导下，我国金融事业发展取得新的重大成就，金融业保持快速发展，金融改革开放有序推进，金融产品日益丰富，金融服务普惠性增强，金融监管得到加强和改进，金融服务经济高质量发展的能力和效率大幅提升，金融在促进经济平稳健康发展、支持打赢脱贫攻坚战、满足人民群众金融服务需求等方面发挥了重要支撑作用，为如期全面建成小康社会、实现第一个百年奋斗目标作出了重要贡献。

（一）中央金融工作会议提出加快建设金融强国目标

当前，我国已成为重要的世界金融大国，拥有全球最大的银行体系，第二大保险、股票和债券市场，外汇储备规模稳居世界第一，普惠金融走在世界前列，经济社会发展和人民群众日益增长的金融需求不断得到满足，金融已经成为推动经济社会发展的重要力量。2023年中央金融工作会议明确提出加快建设金融强国的目标，这是党中央立足中国式现代化建设全局作出的战略部署。

会议指出，加强党中央对金融工作的集中统一领导，是做好金融工作的根本保证；坚持以习近平新时代中国特色社会主义思想为指导；全面贯彻党的二十大精神，完整、准确、全面贯彻新发展理念；深刻把握金融工作的政治性和人民性；坚定不移走中国特色金融发展之路；明确以加快建设金融强国为目标；理解推进金融高质量发展的主题；聚焦深化金融供给侧结构性改革主线，做好科技金融、绿色金融、普惠金融、养老金融、数字金融五篇大文章；保持金融队伍的纯洁性、专业性、战斗力是重要支撑；突出全面加强监管、防范化解风险的重点。

（二）强大的金融机构是金融强国建设的关键核心要素

在2024年省部级主要领导干部推动金融高质量发展专题研讨班开班式上，习近平总书记深刻阐释了金融强国应当具备的关键核心金融要素。金融强国应当基于强大的经济基础，具有领先世界的经济实力、科技实力和综合国力，同时具备一系列关键核心金融要素，即拥有强大的货币、强大的中央银行、强大的金融机构、强大的国际金融中心、强大的金融监管、强大的金融人才队伍。我们可以看到，金融强国建设目标的一个重要方面，就是拥有强大的金融机构。金融机构不仅是金融强国建设的核心要素，也是重要微观基础。真正强大的金融机构，应当以服务实体经济为出发点和落脚点，不断提升服务能力和质效，为实现经济高质量发展提供有力支撑。

（三）银行业金融机构需要由"大"变"强"

经过持续发展，我国已形成了覆盖银行、证券、保险、信托、基金、期货等领域，种类齐全、竞争充分的金融体系。银行在中国的金融机构体系中居于核心地位。"大"已经成为我国银行业金融机构的显著特征。中国人民银行金融机构信贷收支统计报告显示，截至2023年年底，我国银行业金融机构信贷收支总额近330万亿元。从全球范围看，我国银行业资产总规模居全球第一。但也要清醒认识到，我国银行业金融机构还存在发展水平参差不齐、竞争力不够强等问题，金融服务实体经济的质效仍不够高，国际影响力有待进一步提升。加快建设金融强国，必须不断优化不同类型银行的发展路径，培育更多具有国际竞争力的银行业金融机构，推动银行业由"大"变"强"。

纵观全球金融发展史，金融强国无不拥有强大的金融机构。新时代新征程，着力打造现代金融机构，完善机构定位，建立健全分工协作的金融机构体系，就一定能够不断提升金融服务实体经济的质效，以金融高质量发展助力强国建设、民族复兴伟业。

第二节　银行业金融机构

一、规模与结构

中国银行业是一个多元化和层次化的金融体系，它由不同类型的银行机构组成，以满足不同层面的金融需求。2023年3月，中共中央、国务院印发《党和国家机构改革方案》提出，中央金融委员会和中央金融工作委员会领导下，国务院的"一行一局一会"为中国人民银行、国家金融监督管理总局、中国证券监督管理委员会。国家金融监督管理总局公布的银行业金融机构法人名单显示：截至2023年12月31日，全国共有4 490家银行业金融机构，机构类型包括开发性金融机构、政策性银行、国有大型商业银行、股份制商业银行、城市商业银行、住房储蓄银行、民营银行、外资法人银行、农村商业银行、农村信用社、农村合作银行、农村资金互助社、村镇银行、信托公司、金融租赁公司、贷款公司、金融资产管理公司、企业集团财务公司、消费金融公司、汽车金融公司、货币经纪公司、直销银行以及其他金融机构等。

随着我国金融业的发展，中国银行业金融机构的总规模也在不断扩大，国家金融监督管理总局统计，2023年第四季度，我国银行业金融机构的总资产达到417万亿元，该季度比上年同期增长9.9%，总负债达到383万亿元，比上年同期增长10.1%。其中，商业银行的总资产与总负债在银行业金融机构的总资产与总负债中占比最高，商业银行的总资产达到354万亿元，该季度比上年同期增长11%，占银行业金融机构的85%，总负债达到357万亿元，比上年同期增长11.2%，占银行业金融机构的85.4%。

下面，我们先简要介绍一下各类银行机构的基本情况。

1. 开发性金融机构与政策性银行

开发性金融机构是政策性金融机构的深化和发展，以国家信用为基础，以市场业绩为支柱，通过融资贯彻国家政策，实现政府的发展目标的金融机构，在世界上以世界银行、亚洲开发银行等为代表。2015年3月，国务院明确国家开发银行定位为开发性金融机构，将其从政策性银行序列中剥离。因此，国家开发银行分类为开发性金融机构。

政策性银行在中国金融体系中扮演着特殊的角色，它们主要负责实施国家的经济政策和提供长期融资。目前中国有两家政策性银行：中国进出口银行、中国农业发展银行。政策性银行的主要作用是执行国家的经济政策和提供长期融资，支持国家重大战略和关键领域的发展。它们不以营利为主要目的，而是以服务国家宏观调控和经济发展为目标。

2. 国有大型商业银行

国有大型商业银行是中国银行业的主体，它们规模庞大，服务网络广泛，提供全面的金融服务，是指由国家（财政部、中央汇金公司）直接管控的大型商业银行。一共有六家，具体包括：中国工商银行、中国银行、中国农业银行、中国建设银行、交通银行、中国邮政储蓄银行。

国有大型商业银行作为中国金融体系的支柱，提供全面的金融服务，包括个人银行业务、企业银行业务、国际业务等。它们在维护金融市场稳定、促进经济发展、支持大型企业和重点项目融资方面发挥着重要作用。

3. 股份制商业银行

股份制商业银行由多个不同的投资者拥有。股份制商业银行的所有权分散于众多不同的投资者手中，这些投资者包括外国实体、政府实体、企业及个人。所有权通常是通过购买银行股票获得的。每个投资者都拥有银行总资产的一定比例，这足以获得实质性的投票权并影响金融机构的战略政策。我国现有十二家全国性股份制商业银行：招商银行、浦发银行、中信银行、中国光大银行、华夏银行、中国民生银行、广发银行、兴业银行、平安银行、浙商银行、恒丰银行、渤海银行。

股份制商业银行在提供金融服务的同时，更加注重市场化运作和效率。它们通过创新金融产品和服务，满足市场多样化的金融需求，尤其在银行零售、中小企业融资、资产管理等方面表现活跃。

4. 城市商业银行

城市商业银行（如北京银行、上海银行）起源于地方性的城市信用合作社，主要服务于城市地区的中小企业和个人客户。这些银行通常规模较小，但数量众多。城市商业银行能提供灵活和个性化的金融服务，它们在促进地方经济发展、支持中小企业成长方面发挥着重要作用。

5. 民营银行

民营银行（如微众银行）是由私人资本发起设立的银行，它们更加灵活，能够快速响应市场需求。近年来，随着金融改革的深入，民营银行得到了快速发展，民营银行作为金融体系的新兴力量，以灵活性和创新性为特点。它们通常更加注重科技驱动的金融服务，如互联网银行、移动支付等，为消费者提供便捷、高效的金融服务体验。

6. 农村中小银行

农村中小银行主要是指农村合作银行、农村商业银行和农村信用社等，它们专注于农村地区的金融服务。它们在支持农业发展、促进农村经济增长、改善农村金融服务等方面发挥着关键作用。

7. 外资银行

外资银行在某些领域如国际贸易融资、外汇交易等方面具有竞争优势。一些国际知名的外资银行（如汇丰银行和花旗银行）在中国设有分支机构，外资银行在中国金融市场中扮演着补充者和竞争者的角色。它们通过引入国际先进的管理经验和服务模式，促进了中国金融市场的开放和创新。外资银行在跨境金融服务、国际贸易融资、高端个人理财等方面具有优势。

中国的银行业金融机构结构如图 1.4 所示。

二、功能与业务

（一） 商业银行的基本功能

商业银行的基础功能是提供金融服务。商业银行主要指围绕货币为经济活动提供便利，包括货币兑换、支付结算等。金融中介的核心职能在于促进货币资本的融通和货币业务的经营。商业银行，作为社会经济活动中的出纳和支付中心，通过账户存款转移为客户代理支付，保管客户货币并协助结算账款，构建了一个持续循环的支付链条和债权债务网络。此外，商业银行还承担着信用创造的角色，通过信贷活动生成新的货币供应，进而推动货币流通和经济增长。

商业银行的核心功能是进行资源配置。商业银行利用合理测算估计货币的时间成本和真实价值，从而进行合理的资金资源调配，提升社会经济活动对资金的使用效率，实际上是金融中介功能的复杂化和主动化。例如，开展储蓄动员而不是被动负债；对投资项目进行筛选来控制风险，而不再仅仅通过提升利息水平覆盖风险。

商业银行的扩展功能是风险管理并实现对经济的调节。银行业务涉及大量的资金运作和信用风险。有效的风险管理能够帮助银行维护资产安全、保护客户利益、确保银行的稳健运营，并提高银行的市场竞争力。而且，银行的风险管理功能不仅关系到银行自身的稳健经营，也是维护整个金融体系和国民经济稳定的重要保障。通过采取有效的风险管理措施，不断优化风险管理策略和技术，银行能够更好地适应经济环境的变化，为经济体系的稳定和持续健康发展提供支持。不仅如此，中国特色社会主义市场经济就其本质特征来说，仍然属于商品经济即信用经济的范畴。因此，作为信用制度发展起来的信用机构——银行，就自然成为整个社会经济活动的枢纽，发挥着管理、监督、调节、反映经济生活的作用，从而达到促进有计划的经济发展的目的。

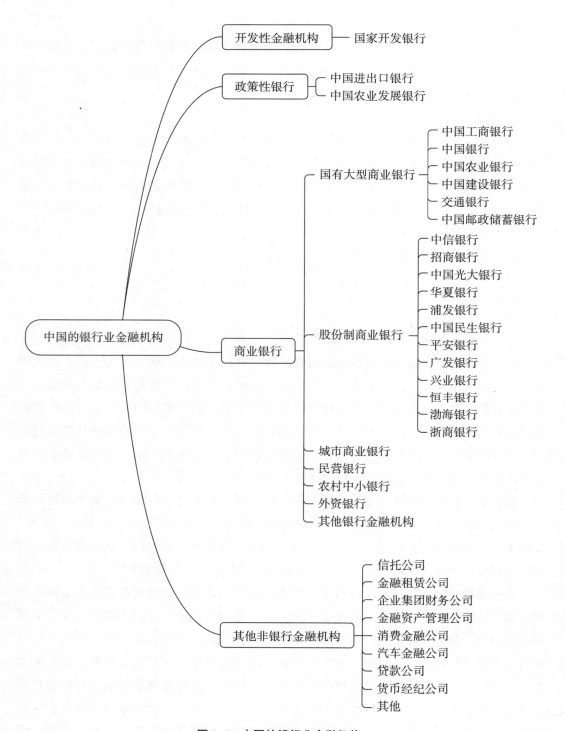

图 1.4　中国的银行业金融机构

资料来源：国家金融监督管理总局及作者整理。

（二）商业银行的主要业务

中国的银行业金融机构提供包括活期存款、定期存款、储蓄存款在内的存款业务，涵盖企业贷款、个人贷款、房地产贷款的贷款业务，以及通过现金管理、借记卡、信用卡、网上银行和移动支付等渠道实现的支付结算业务，同时在风险管理上识别和控制信用风险、市场风险、流动性风险和操作风险，并在信用评级上评估借款人信用状况以降低风险；除此之外，还提供外汇、个人理财和投资银行、资金中介业务，为社会进步和繁荣提供有力支持。

存款业务（Deposit Services）是银行扮演资金中介的基础，银行通过吸收存款来形成资金池，从而向其他客户提供贷款和投资等服务。银行的存款业务包括储蓄存款、定期存款、活期存款等多种形式。因为储蓄存款主要是为个人和小微企业提供的存款业务，所以通常带有一定的利率优惠和贷款优惠等政策支持；定期存款是指客户将资金存入银行一定期限内不可动用，一般存款期限越长，利率越高；活期存款则是客户随时可以支取的存款，利率相对较低。

贷款业务（Lending Business）是银行的主要收入来源之一，银行通过向客户提供贷款来实现资金的再分配和再利用。银行的贷款业务可分为个人贷款和企业贷款两种类型。个人贷款主要包括消费贷款、房屋按揭贷款等，企业贷款则包括流动资金贷款、投资性贷款等。并且银行在提供贷款服务时，通常会根据客户的信用状况、还款能力、担保情况等因素进行风险评估，制定相应的贷款利率和还款方式。

支付结算业务（Payment and Settlement Services）是银行的基本业务之一，也是银行实现资金流动性的重要手段。银行会提供支付结算服务，实现客户之间的资金交换和结算。银行的支付结算业务包括现金管理、借记卡、信用卡、网上银行、移动支付等多种形式，所以银行通过支付结算业务，能够为客户提供方便快捷的支付服务，促进经济的快速发展。

风险管理业务（Risk Management Services）能够识别、评估和控制各类风险，从而降低风险对银行经营的影响，所以风险管理业务是银行实现稳健经营的关键。银行的风险管理业务范围包括信用风险、市场风险、流动性风险、操作风险等多种类型。银行由于进行风险管理，能不断提高自身的风险控制能力，从而保护客户的资金安全和自身的稳健经营。

信用评级业务（Credit Rating Services）是银行对借款人信用状况进行评估的重要手段。因为银行通过信用评级业务，能够对借款人的信用状况进行准确评估，所以能够降低信用风险和违约风险。银行的信用评级业务包括提供借款人信用评估、信用报告、信用证明等多种形式。银行通过信用评级业务，能够提高贷款业务的风险控制能力，从而保护客户的利益和自身的稳健经营。常见的信用评级包括AAA、AA、A、BBB、BB、B、CCC、CC、C等，这些评级代表不同的信用质量和债务偿还能力水平。

例如，AAA 代表极高的信用质量，而 C 代表违约风险较高。信用评级业务在金融市场中起着重要作用，帮助投资者和借款人更好地了解债务发行人的信用状况，从而进行投资决策和借贷行为。

除了上述基本业务和功能，银行业还涉及其他多种业务。例如，银行还可以提供外汇兑换、保险业务、基金销售，以及金融咨询、投资顾问等服务，为客户提供专业的金融建议和服务。

综上所述，银行业的基本功能和作用包括存款、贷款、资金中介、支付结算、风险管理、信用评级等。银行通过这些基本功能和作用，为经济发展提供了有力支持，促进了社会的进步和繁荣。同时，银行也需要不断创新和提高服务质量，以满足客户需求和金融市场的不断变化。

三、起源与发展

银行业的最早形式可以追溯到古代文明，如古巴比伦、古希腊、古罗马以及中国古代等。但是，银行业的起源和发展是一个历史悠久且复杂的过程，涉及多个阶段和地区，并呈现出不同的形式和发展脉络。

（一）英国的金匠银行与西方现代银行业

西方现代银行业的起源与**金匠**（Goldsmith）紧密相关。在中世纪的欧洲，金匠不仅是贵重金属的加工者，由于经常与金银等贵重金属打交道，他们自然而然地也成为贵重金属的保管者。后来，金匠不仅负责保管金银，还签发保管凭条，并可以根据顾客要求将金银划拨给第三方。金匠的这些活动已经是现代银行业的早期形式，因而金匠也成了早期的银行家，在经济活动中扮演了重要的金融角色。

以英国为例，在 17 世纪中叶，英国商人们为了安全，将金银存放在金匠处，并交付一定的保管费用。金匠为存放金银的客户提供收据，开立凭证。金匠承诺这些收据凭证可以随时兑换等值的金银。随着时间的推移，这些收据凭证开始被用作支付手段，逐渐演变成早期的银行券或纸币。不仅如此，金匠还发现，他们持有的金银始终保持着一定的量。也就是说，并不是所有存放的金银都会被同时提取。于是，他们开始将这部分"不动用"的金银借贷出去，以获得利息收入，从而开展了信贷业务。随着信贷业务的发展，金匠就逐渐转变为银行家。在 17 世纪的英国，金匠银行还开始发行纸质信用货币。

1694 年，英格兰银行成立。这被认为标志着西方现代银行制度的开始以及现代银行业的产生。随着股份制商业银行的发展，早期的英国金匠银行也逐渐向现代银行转变，到了 18 世纪末已经基本完成。之后，随着中央银行的建立和现代银行体系的完善，金匠银行家的地位逐渐被新兴的银行家所取代，金匠银行最终退出了历史舞台。

综上所述，西方银行业的起源和发展，与金匠的金融活动密切相关。金匠在西方现代银行业的发展中起到了关键的桥梁作用。

（二）古代中国的银行业

中国古代银行业金融机构的发展脉络与实体经济和货币交易息息相关。中国是世界上最早使用货币的国家之一，早在商周时期就已有金属铸币。春秋战国时期，货币流通范围扩大，青铜铸币被广泛使用。随着货币流通数量的增加和经济贸易的繁荣，开始出现货币兑换商，以满足不同货币之间、不同地区之间、不同时点之间的兑换需求。因此，中国古代的银行业金融机构可以说是由货币兑换商逐步发展而来的。例如，唐朝的"飞钱"和宋朝的"交子"都是汇兑凭证。

中国自周朝便设立"泉府"由官方办理赊贷业务，标志着中国古代信用事业的开始。南北朝时期出现寺院经营借贷的"质库"，是中国古代进行押物放款收息的商铺。在唐代，长安的西市存在大量专营钱币和贵重物品存放与保管，并提供兑换与借贷服务的机构，称"柜坊"。上述这些信用机构后来逐渐演化为当铺，并发展出明清时代的"钱庄"和"票号"。晚清时期的山西票号，作为一种金融信用机构主要承揽汇兑业务，同时也进行存放款等业务。著名山西票号"日升昌"就是其中的典型代表。至清末时期，中国已经广泛出现以钱庄行会为主要形式的早期银行交互网络，汇兑、存款、放款等银行业金融机构的基本功能均已具备。

总体来说，虽然古代中国的银行业不同于现代银行体系，在不同时期的表现形式也各不相同，但是它们始终与实体经济发展相伴，在商业贸易和货币交易中发挥了重要作用，为经济活动提供了资金流通和信用支持，极大促进了中国古代货币经济发展和贸易繁荣。

（三）近代中国的银行业

中国近代的银行业起源于19世纪末至20世纪初。按照资金来源，近代中国的现代银行包括外资银行、中外合资银行、中资银行。其中，中资银行又分为官办银行、官商合办银行、商办银行（又称私人银行）。[①] 伴随着外资银行的进入和本国钱庄、票号的转型（见专栏1.1），中国近代的银行业初步形成，但是业务相对简单，以存贷款和汇兑为主。随着民族资本主义的兴起，在20世纪初期至中期，中资银行逐渐发展壮大，与外资银行竞争日益激烈。在此阶段，中国银行业的业务逐渐多样化，投资、保险、信托等新型业务也逐渐出现。

---

① 武岩，刘春红. 中国近代中资银行的发展与变迁［J］. 国际金融，2023（8）：69-80.

19 世纪末的票号、钱庄和外资银行

自 1840 年的第一次鸦片战争开始，在外国武装力量的多次入侵之下，封建的中国逐渐沦为半殖民地半封建社会。西方国家为把中国变为其原材料供给和商品倾销的地点，持续施压清政府不断开放市场和通商口岸，也在客观上推动了中国国际贸易的发展。中国需要与国际金融市场接轨，满足日益增长的贸易和金融需求。清政府为挽救财政危机，开始制定一系列相关政策，并推动现代银行业的发展。同时，民间资本和商业力量也逐渐崛起，成为推动银行业发展的重要力量。

在 19 世纪末期的中国，票号、钱庄和外资银行呈现出三分天下的格局。其中，票号垄断了国内汇款业务，钱庄主导着中国商人的融资，外资银行主要为从事中国进出口贸易的外商融资。例如，杨荫溥指出："外资银行、票号、钱庄鼎足而立，各有其特有地位。洋商之事，外资银行任之；本埠之事，钱业任之；埠与埠间，省与省间之联络，则非如票号之分号遍布，臂指相联者，决不能胜其任。"①

票号是通过参与清政府的汇款业务发展起来的。但是随着外资银行的进入，以及户部银行、交通银行等现代新式银行的设立，传统的票号业务受到冲击，保守的票号总部却屡次拒绝改组为现代银行。过度依赖官方业务又固步自封，盈利的表象掩盖了潜在危机，清政府的灭亡最终使票号退出历史舞台。钱庄则在民间有比较深厚的工商业根基，大多数中国商人都依赖钱庄融资。得益于民国时期中国经济的发展，钱庄快速发展，并在 20 世纪 20 年代末达到顶峰，但其随后的进一步扩张受到了现代银行业的挑战。这一过程中，很多钱庄也逐渐改组为现代银行。

鸦片战争以后，外国资本大量进军中国，其中也包括开办商业银行。1845 年，英国东方银行在中国香港设立分支机构。英国东方银行也被称为丽如银行，前身为西印度银行，总行原本设在印度孟买。1845 年，该银行改名为东方银行，并将总行迁至英国伦敦。这是中国出现的第一家现代商业银行。随后欧洲，以及俄国、日本、美国等地银行陆续进入中国市场。在此后直到 1949 年中华人民共和国成立的大约一个世纪的时间里，外资在华成立了数十家商业银行，其中影响力最大的可能是汇丰银行。汇丰银行，全称为香港上海汇丰银行有限公司（The Hongkong and Shanghai Banking Corporation Limited），通常简称为汇丰银行（HSBC）。汇丰银行成立于 1864 年，1865 年于香港正式开业，同年在上海开设分支机构，中国是其主要业务地。

---

① 杨荫溥. 上海金融组织概要 [M]. 上海：商务印书馆，1930.

一方面，外资银行在近代中国不仅拥有诸多特权，而且还从财政经济等方面全面控制中国经济。例如，汇丰银行等外资银行控制着清政府的财政命脉。1874—1890 年期间，汇丰银行向清政府发放贷款 17 笔，合计 2 897 万两白银，占清政府外债总额的约七成。在每一笔贷款中，汇丰银行都提出了严格甚至苛刻的前置条件，例如必须由英国人担任中国海关总税务司，并以关税作为担保。1911 年辛亥革命之后，中国关税由德华、汇丰、华俄道胜三家外资商业银行进行管理，归集和解付则由汇丰银行的上海分支机构承担。不仅如此，汇丰等外资银行还操控着当时中国的汇价，垄断国际汇兑，控制外贸活动。另一方面，外资银行也将西方现代银行实践引入中国，倒逼中国金融行业进行创新和进步，促进了中国现代银行业的诞生。

19 世纪末及以前，在华外资银行中英国处于绝对的领先地位，汇丰银行是其中最重要的代表。第一次世界大战和国内反帝运动使外资银行大量倒闭或歇业，开始步入衰退。第二次世界大战更是严重削弱了欧洲各国的实力，再加上中资银行的激烈竞争，外资银行在中国金融总资力的比重从 1894 年的 32% 下跌至 1936 年的 10%。

资料来源：武岩和刘春红（2023）[1] 及作者整理。

清末到民国初期，中资银行以官办和官商合办为主。1897 年，中国第一家商业银行——中国通商银行成立。[2] 内忧外患的时局迫使清政府推出更多改革。1905 年，清政府成立了官商合办的户部银行，1908 年改名为大清银行，1912 年又改组为中国银行。1908 年，邮传部在北京成立了交通银行。从 1897 年中国通商银行成立到 1911 年辛亥革命，有 17 家中资银行开业，其中有 11 家是政府创办的。1911 年辛亥革命后，有官方背景的剩 4 家，私人银行有 3 家。

1906 年，中国第一家没有官方背景的纯私人中资银行——信成银行在上海成立，由曾做过清政府顾问的实业家周舜卿和后来参与辛亥革命的商人沈缦云发起创办。尽管信成银行存续时间只有 8 年，却有不少创新。例如，信成银行十分重视吸收民间小额存款，是中国第一家一元开户的银行。"凡有洋银满一元以上，不论多寡，不论士农工商，男女老少，均可存储生息"，改变了当时银行只为有钱人服务的观念，开创了中资银行小额存款的先河。

最具有代表性的重要中资银行共有 9 家：中国银行、交通银行、盐业银行、金城银行、中南银行、大陆银行、浙江兴业银行、上海商业储蓄银行和浙江实业银行。其

---

[1] 武岩，刘春红. 中国近代中资银行的发展与变迁 [J]. 国际金融，2023（8）：69-80.
[2] 李昆. 近代中国商业银行风险管理研究 [D]. 北京：中央财经大学，2021.

中，中国银行和交通银行是实力最强的 2 家中资银行。其余 7 家代表性中资银行，有的更靠近中国银行，如被称作"南三行"的浙江兴业银行、上海商业储蓄银行和浙江实业银行；有的更靠近交通银行，如被称作"北四行"的盐业银行、金城银行、中南银行和大陆银行。根据程麟荪的数据，在 1935 年的 156 家中资银行中，28 家重要银行积累了约 66% 的资本，吸收了 87% 的存款，提供了 85% 的贷款，占中资银行总资产的 84%，其中，中交两行、"北四行"和"南三行"这 9 家代表性银行的资本合计占比 26%，存款、贷款、资本和总资产占比均超过一半。①

但是在 20 世纪初，中资银行并没有欣欣向荣地蓬勃发展，外资银行仍在相当长的时间内在中国的金融行业占据重要地位。北洋政府时期，中国经济出现大发展与大动荡并存的情况。伴随着票号的衰落，尽管在华外资银行与中资银行资产水平大体均势，但若剔除中国通商银行、中国银行和交通银行三大行，则外资银行的资产实力远超中资银行，它们对中资银行的挤压仍在持续。南京国民政府时期，外资银行发展减速，且出现了明显的内部分化。尤其是 1927 年以后，相较于中资银行的蓬勃发展，外资银行出现明显衰退。整体而言，在中国近代，外资银行持续对中资银行进行挤压，中资银行面临较为困难的内外环境，发展较为艰难。抗日战争时期，中国的银行业面临着更为严峻的挑战，许多银行倒闭或搬迁。解放战争胜利后，中华人民共和国政府开始进行银行业的整合和再建，建立了现代银行制度框架，发展了国有银行体系。

综上所述，中国近代银行业的历史经历了从初步接触西方银行制度到逐步发展壮大的过程。这一时期银行业的发展对中国的经济现代化和金融体系建设起到了重要作用，为中国现代化进程奠定了基础。

（四）现代中国银行业

中华人民共和国成立后，中国银行业经历了多个发展时期。如图 1.5 所示，我们分成三个时期，回顾中华人民共和国成立七十多年来中国银行业的发展历程。

图 1.5　中国现代银行业发展时期划分

资料来源：王国刚②及作者整理。

---

① 程麟荪. 近代中国的银行业 [M]. 徐昂，袁煦筠，译. 北京：社会科学文献出版社，2021.
② 王国刚. 中国银行业 70 年：简要历程、主要特点和历史经验 [J]. 管理世界，2019（7）：15-25.

1. 探索符合中国国情的银行体系时期（1948—1978）[①]

第一阶段：1948—1952年。中国银行业初建阶段，采取了包括统一货币、组建新的银行机构、集中统一管理外汇和遏制通货膨胀等措施。

第二阶段：1953—1960年。新中国银行体系建设中的第一次起伏波动阶段，主要建立了高度集中的银行管理体制和存贷款管理机制。

第三阶段：1961—1978年。第二次起伏波动阶段，主要是对体制机制的调整和重建。

2. 建设中国特色社会主义银行体系时期（1979—2017）

第一阶段：1979—1992年。银行业探寻市场化发展的阶段，包括银行业的恢复和市场化探索。

第二阶段：1993—2001年。中国银行体系的市场化改革阶段，包括专业化经营、政策性与商业性业务分离、法治化建设、银行间市场的建立等。

第三阶段：2002—2017年。中国银行体系国际化改革阶段，包括国有商业银行的股改上市、货币政策调控机制创新、银行业监管强化等。

3. 构建新时代条件下中国现代银行体系时期（2017年至今）

2017年以后，在新时代背景下，中国银行业的改革发展进入新阶段，重点在于构建现代银行体系，包括防范金融风险、调整完善金融监管框架、规范资产管理业务机制、加大对外开放范围、深化金融供给侧结构性改革等。

近年来，中国银行业加快金融创新步伐，推动电子支付、互联网金融、普惠金融等新业务模式和产品的创新发展，提高金融服务效率和普及度。随着金融科技的发展，尤其是数字技术的应用，中国银行业正积极推动数字化转型和智能化发展，提升金融服务体验和风险管理水平，参与全球金融市场竞争和合作，助力加快构建金融强国。

综上所述，1949年后中国银行业经历了从计划经济到市场经济的转型和改革，逐步实现了体制机制的优化和金融体系的现代化发展，为中国经济的快速增长和国际化提供了重要支撑。在七十多年的发展历程中，中国银行业始终坚持服务实体经济、探索符合国情的银行业发展模式、发挥国有银行的功能、稳步推进金融创新和依法严格监管五个方面的经验。这些经验不仅促进了银行业自身的发展，也为中国经济的快速增长提供了强有力的金融支持。

四、中央金融工作会议与银行业的"五篇大文章"

在过去近三十年里，为了促进中国金融体系的发展，历史上一共召开了五次全国金融工作会议（图1.6）。自1997年11月首次召开，大致遵循五年一次的规律，一般

[①] 王国刚. 中国银行业70年：简要历程、主要特点和历史经验[J]. 管理世界，2019（7）：15-25.

在年初举行，而2017年的第五次全国金融工作会议则延期至当年7月举行。全国金融工作会议是金融领域最高规格会议，每次均对我国下一步重大金融改革指明方向并作出决策部署。通过回顾五次全国金融工作会议情况，我们可以对多年来中国金融体系发展的内在逻辑和演进路径进行梳理。纵观过去的五次全国金融工作会议，会议主线集中在金融体系与监管体制改革、金融服务实体经济、对外开放等议题上。

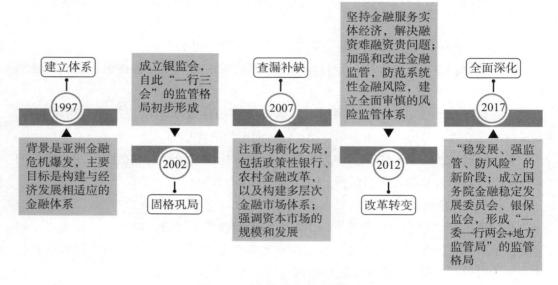

图1.6　五次全国金融工作会议

资料来源：作者整理。

（一）历史上的五次全国金融工作会议

第一次全国金融工作会议（1997）是在亚洲金融危机背景下召开的，主要目的是加强金融监管，防范金融风险，强调了金融监管体系的建设，提出了金融改革和开放的措施。

第二次全国金融工作会议（2002）着重讨论了金融业的改革和发展问题，提出了加强金融监管、促进金融业健康发展的方针；为应对中国加入世界贸易组织（World Trade Organization，WTO）后对传统银行服务能力的压力，加强对银行业、证券业和保险业的监管，推动金融监管体系的完善，增强我国金融业的竞争力；成立银监会，自此"一行三会"（中国人民银行、证监会、保监会、银监会）的监管格局初步形成。

第三次全国金融工作会议（2007）是在2008年国际金融危机前夕召开的，重点讨论了金融风险的防范和金融监管体系的完善；提出加强金融监管、促进金融市场健康发展的政策措施；提出注重均衡化发展，包括政策性银行、农村金融改革，以及构建多层次金融市场体系；强调资本市场的规模和发展。

第四次全国金融工作会议（2012）强调金融监管体系的改革，提出金融创新和风险管理的重要性；推动金融市场化改革，加强对影子银行等非正规金融活动的监管；明确要坚持金融服务实体经济，解决融资难融资贵问题；加强和改进金融监管，防范系统性金融风险，建立全面审慎的风险监管体系；强调加强资本市场和保险市场建设。

第五次全国金融工作会议（2017） 提出金融监管体系改革的新方向，强调金融监管的全面性和系统性；强调金融监管的协调性和有效性，提出加强金融监管、防范金融风险的措施；进入"稳发展、强监管、防风险"的新阶段；成立国务院金融稳定发展委员会、银保监会，形成"一委一行两会+地方监管局"的监管格局；科创板正式开市交易，注册制试点积极推进，推动直接融资发展和多层次资本市场建设；推动经济去杠杆化，推进"一带一路"建设金融创新。

（二）中央金融工作会议

2023年10月30—31日，市场期待已久的金融领域重磅会议终于召开，且升级为中央金融工作会议。会议提出"做好科技金融、绿色金融、普惠金融、养老金融、数字金融五篇大文章"，为牢牢把握推进金融高质量发展这一主题，做好相关金融工作指明了方向。

2024年5月9日，国家金融监督管理总局印发《关于银行业保险业做好金融"五篇大文章"的指导意见》（简称《意见》），为深入贯彻落实中央金融工作会议关于做好科技金融、绿色金融、普惠金融、养老金融、数字金融五篇大文章的决策部署，在中央金融委员会的统筹指导下，围绕发展新质生产力，切实把做好金融"五篇大文章"落地落细，提高金融服务实体经济的质量和水平，提出指导意见和具体举措。

根据《意见》精神，主要目标如下：未来5年，银行业要基本形成多层次、广覆盖、多样化、可持续的"五篇大文章"服务体系，相关工作机制更加完善、产品更加丰富，服务可得性、覆盖面、满意度大幅提升，有力推动新质生产力发展。相关监管制度和配套机制进一步健全，评价体系更加健全有效，政策协同性不断增强。优化"五篇大文章"金融产品和服务，发挥银行业金融机构服务"五篇大文章"的职能优势，完善银行业金融机构"五篇大文章"组织管理体系，做好"五篇大文章"的监管支持工作。

科技金融。针对科技型企业全生命周期的金融服务进一步增强，对研发活动和科技成果转移转化的资金和保险保障水平明显提升，科技金融风险分担机制持续优化，努力形成"科技—产业—金融"良性循环。

绿色金融。绿色金融标准和评价体系更加完善，对绿色、低碳、循环经济的金融支持不断加强，绿色保险覆盖面进一步扩大，银行保险机构环境、社会和治理（ESG）表现持续提升。

普惠金融。基本建成高质量普惠金融体系，助力共同富裕迈上新台阶。普惠金融服务体系持续优化。普惠信贷体系巩固完善。普惠保险体系逐步健全。

养老金融。第三支柱养老保险规范发展，养老金融产品更加丰富，对银发经济、健康和养老产业的金融支持力度持续加大，更好地满足养老金融需求。

数字金融。银行业数字化转型成效明显，数字化经营管理体系基本建成，数字化服务广泛普及，为数字经济发展提供有效助力。数字化监管架构流程基本建成，监管数字化智能化水平大幅提升。

其中，数字技术在"五篇大文章"中将发挥至关重要的作用。数字技术如大数据和人工智能等可以提高金融服务的效率，降低成本，减少信息不对称。数字技术可以使得金融服务更加普及，特别是对于偏远地区和小微企业，能够提高金融服务的可得性。数字技术还能增强金融风险管理能力，通过数据分析和模型预测，可以更有效地识别和管理风险。数字技术将推动金融产品和服务的创新，如基于区块链的农产品溯源、基于人工智能的农业卫星遥感监测等，支持乡村振兴。数字化监管架构和流程的建立，能有效提升监管的智能化水平，加强数据安全和风险管理。综上所述，数字技术是实现金融"五篇大文章"目标的关键驱动力，它不仅可以提高金融服务的效率和质量，还能促进金融创新和监管的现代化。

第三节 金融监管体系

金融体系，尤其是银行业金融机构，往往是一个经济体中受到监管最为严格的经济部门之一。政府对金融体系施加监管的动机主要基于两点：第一，保障金融体系的稳健性；第二，保护投资者和消费者，减少信息不对称。

在金融体系的市场交易中，信息不对称现象可能导致投资者面临逆向选择和道德风险的双重困境，进而影响市场效率的正常发挥。例如，那些风险性较高的企业，甚至不法之徒，可能更倾向于从金融体系中获取资金，哪怕承担高昂的成本。而且，一旦获得融资，借款方还可能因激励机制而倾向于涉足高风险活动，甚至实施欺诈。逆向选择和道德风险的存在，都可能抑制金融体系中市场交易的达成。政府监管的介入，通过在广度与深度上降低信息不对称程度，有助于促进金融体系运行效率的提升。

更重要的是，信息不对称等问题还可能触发金融市场恐慌和金融中介机构的集体崩溃，从而引发金融危机。例如，金融体系中的资金提供者未必能够准确评估金融中介机构的资金和经营状况是否稳健。一旦他们对金融中介机构的稳健性产生疑虑，便可能倾向于从金融机构撤回资金，无论这些金融机构的经营状况是否稳健。这一行为不仅会给社会公众带来重大损失，而且可能对经济造成深远的负面影响。为了防范金融风险，保护社会公众的利益和宏观经济的稳定，避免金融恐慌和危机的发生，政府往往制定并实施严格的金融监管政策。

一、中国金融监管体系的历史沿革

1. 起步阶段（1949—1978）

1948年12月1日，中国人民银行在河北省石家庄市宣布成立。1949年9月，中国人民政治协商会议通过《中华人民共和国中央人民政府组织法》，把中国人民银行纳入政务院的直属单位系列，接受财政经济委员会指导，确立了其作为国家银行的法定地位，承担发行国家货币、经理国家金库、管理国家金融、稳定金融市场等任务，中国人民银行从此成为银行业监管的主体。

这一时期，在计划经济体制的背景下，我国金融市场完全以银行业为主，中国人民银行既作为监管机构承担中央银行的职能，又作为商业银行开展存款和贷款等业务。这段时间我国金融业由行政主导、管理体制高度集中，中国人民银行承担着金融领域"大一统"的全部职能工作。在当时的经济体制与金融发展水平条件下，这样一种以中国人民银行为单一主体的金融集中管理体制，保证了全国金融体系的统一与高效，也为日后以央行监管为主导的金融监管提供了一定的经验、组织机构和人员方面的储备。

2. 过渡阶段（1979—1992）

1978年年底，我国实行改革开放政策，并逐步确立了社会主义市场经济体制，这极大促进了中国金融业的发展，并对金融市场体制和机制提出了更高的要求。为了适应新的经济体制，工农中建等银行相继从中国人民银行剥离出来，成立专业银行。同期，保险、信托、证券等非银金融机构也在快速发展。直到1986年《中华人民共和国银行管理暂行条例》出台，中国人民银行被正式确立为中央银行，在负责制定货币政策的同时，监督管理银行、保险、证券、信托等金融业务，这标志着我国金融监管体系初步形成。从此中国人民银行开始独立行使央行职能，保障了经济秩序的稳定，为改革开放的顺利推进作出了巨大的贡献，同时负责金融体系的监管工作，维护我国金融系统稳定发展。

3. 发展和完善阶段（1992—2017）

随着社会主义市场经济体制的确立和发展，我国资本市场发展步入快车道。1992年，国务院决定成立国务院证券委员会和证券监督管理委员会，承接中国人民银行对证券期货市场的监督管理。为了更好发挥金融在国民经济中宏观调控和优化资源配置的作用，1993年年底国务院颁布《关于金融体制改革的决定》，要求保险业、证券业、信托业和银行业实行分业经营，并出台相应的金融监管法律。直到1998年，国务院证券委员会和证券监督管理委员会合并成立证监会，统一监管全国证券和期货经营机构。同年，保监会成立，统一监管保险经营机构。2003年，银监会成立，统一监管全国银行经营机构。至此，我国"一行三会"分业监管的金融监管格局正式形成。

2004年以来，我国金融分业监管体系不断完善。这一时期"一行三会"共同协调,对《中华人民共和国证券法》《中华人民共和国公司法》等多部法律进行了修订,加强了对金融创新和部分跨金融领域经营的监管,助力我国金融领域的高速发展,在宏观调控、金融监管、防范系统性风险等方面发挥了重要的作用。

4. 变革阶段（2018—2022）

这一时期我国金融业迎来混业经营的时代,金融创新和监管套利不断涌现,分业监管的模式下暴露出了一些较为严重的问题,发生系统性金融风险的潜在可能性有所增加。为有效防范系统性金融风险,进一步加强金融监管协调,2017年召开的第五次全国金融工作会议提出成立国务院金融稳定发展委员会,统筹协调金融监管政策间、部门间及其与其他相关政策的配合。2018年,按照国务院机构方案,银监会和保监会合并成立银保监会,作为国务院直属事业单位。"一委一行两会"的金融监管格局由此形成。

国务院金融稳定发展委员会和银保监会的成立,进一步推动了行业监管的协同,避免了此前存在的一些监管重叠和监管漏洞的问题,保留证监会的相对独立也有进一步鼓励和支持直接融资市场发展的政策意图。在新的监管格局下,人民银行货币政策和宏观调控的双支柱框架也更加清晰。

二、当前"一行一局一会"的金融监管体系

（一）中国金融监管体系的组织架构

2023年3月,中共中央、国务院印发《党和国家机构改革方案》（以下简称《改革方案》）,决定组建中央金融委员会。中央金融委员会是党中央决策议事协调机构。中央金融委员会下设中央金融委员会办公室,作为中央金融委员会的办事机构,列入党中央机构序列。不再保留国务院金融稳定发展委员会及其办事机构,将国务院金融稳定发展委员会办公室职责划入中央金融委员会办公室。同时,改革方案决定组建中央金融工作委员会,将中央和国家机关工作委员会的金融系统党的建设职责划入中央金融工作委员会。中央金融工作委员会同中央金融委员会办公室合署办公。改革方案旨在加强党中央对金融工作的集中统一领导,负责金融稳定和发展的顶层设计、统筹协调、整体推进、督促落实,研究审议金融领域重大政策、重大问题等。

同时,改革方案决定在银保监会的基础上组建国家金融监督管理总局,统一负责除证券业外的金融业监管,不再保留银保监会。2023年5月18日上午,国家金融监督管理总局揭牌成立。从此,北京金融街15号由银保监会办公地变为国家金融监管总局办公地。国家金融监管总局的成立对于加强和完善现代金融监管,解决金融领域长期存在的突出矛盾和问题具有十分重要的意义。因此在业内看来,此前运行的"一行两会"金融监管体制虽然有效保障了金融发展稳定,但存在一些问题,比如各监管机构

都有一定的监管职能，使得监管职能分散、力量分散、监管标准不统一、处罚裁量有差异。同时，新的经济金融形势需要更加夯实金融监管体制，以防化重大系统性金融风险的发生。随着其揭牌成立，中国金融监管体系从"一行三会"到"一行两会"，再到当前的"一行一局一会"。

当前"一行一局一会"的中国金融监管体系新架构如图 1.7 所示。"一行"指的是中国人民银行，作为中央银行，主要负责制定和执行货币政策，维护金融稳定，进行宏观审慎管理，并监管金融市场。"一局"指的是国家金融监督管理总局，在银保监会的基础上组建而成。国家金融监督管理总局的职责是统一负责除证券业外的金融业监管，包括银行、保险公司、信托公司、金融租赁公司等金融机构的监管，强化机构监管、行为监管、功能监管、穿透式监管和持续监管。值得指出的是，国家金融监督管理总局还统一负责金融消费者权益保护。这将有助于形成统一的保护标准和流程，提高保护效率；及时发现并处理可能损害消费者权益的风险事件；依法查处违法违规行为，打击非法金融活动，减少对消费者的损害。"一会"指的是中国证券监督管理委员会，主要负责资本市场监管，包括证券、期货市场的监管，以及公司债和企业债的发行审核工作。

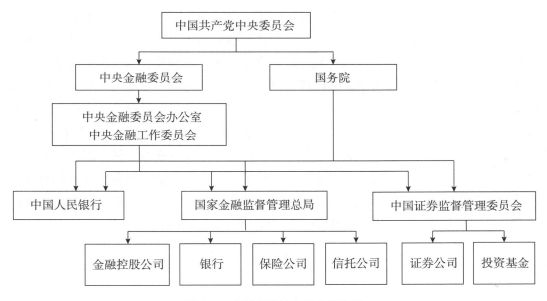

图 1.7　中国现行的金融监管体系

资料来源：中共中央、国务院 2023 年 3 月印发的《党和国家机构改革方案》和作者整理。

（二）中国金融监管体系改革的目标与手段

当前中国金融监管体系改革的首要目标，是通过强化监管来防范和化解金融风险，维护金融体系的稳定性；同时，通过改革金融监管体制，进一步提升监管效率和效果，促进金融创新与健康发展，推动高水平对外开放，从而实现中国金融体系的高质量发展。为了达成以上监管目标，中国金融监管体制改革在进一步强化行为监管和功能监管的同时，还旨在实现穿透式监管。首先，通过强化对金融机构经营行为的监管，确保其合规运作。其次，关注金融机构的功能和风险，通过功能监管来防范系统性金融风险。最后，通过实施穿透式监管，厘清金融机构的真实风险状况，确保金融市场的宏观稳定性。

因此，中国金融监管体系通过制定和修订金融监管相关法规，为金融监管提供法律依据；同时，对金融机构进行定期或不定期的监督检查，确保其遵守法律法规；对违反规定的金融机构和个人进行行政处罚，起到震慑作用。通过以上各种监管手段的实施，新的监管体系将有助于提高金融体系的稳定性，减少和防范金融风险。而且，合理的金融监管体系还能够促进金融创新。强化金融监管还能够更好地保护金融消费者的合法权益，提高金融服务质量。

当然，中国的金融监管体系也面临着金融市场的快速发展和金融创新的挑战，监管需要不断适应新情况。在全球化背景下，中国的金融监管体系还需要与国际监管标准接轨，加强国际协作。而且，金融监管也亟须利用科技手段，如大数据、人工智能等，提高监管的效率和精准度。

总体而言，中国金融监管体系目前正经历一场深刻的变革，这一变革旨在响应中国金融体系不断演变的需求与挑战。本轮改革的核心目标是通过提升监管效能、确保监管的全面性、消除监管的空白区域，以促进金融体系的稳健性与可持续发展，并更有效地服务于实体经济。改革方案体现了金融监管体系的进一步优化与完善，旨在保障金融体系的稳定性与成长性。新架构的确立，使得中国的金融监管体系在集中度和统一性上得到加强，实现更为高效和全面的监管覆盖，这将有助于增强监管的协调性，提升监管效能，并有效防范与化解金融风险。展望未来，随着监管体系的持续完善与实践经验的不断积累，中国的金融监管预计将更加精准与高效，为金融体系的高质量发展提供坚实的支撑。鉴于金融监管在维护金融体系稳定及防范金融风险方面扮演的关键角色，其对于实现建设金融强国的战略目标而言，具有不可或缺的重要性。

本章小结

本章在对金融体系进行概览的基础上，围绕中国的银行业金融机构及金融监管进行详细介绍，旨在帮助读者深入理解中国银行业的历史演变与发展现状。具体而言，第一节为金融体系概览，将金融体系分类为直接融资和间接融资，阐述金融体系所发挥的重要作用及结构特点，并指出加快金融强国建设的目标和意义。第二节为银行业金融机构，详细论述其规模与结构、功能与业务，以及起源与发展，并揭示中央金融工作会议与银行业的"五篇大文章"的重要意义。第三节为金融监管体系，在简要介绍中国金融监管体系的历史沿革的基础上，重点描述当前中国金融监管体系的"一行一局一会"新格局。

思考题

1. 金融体系主要由哪些部分组成？每个部分分别具有哪些功能和作用？
2. 银行业金融机构如何实现风险的分担与分散？
3. 银行业金融机构是如何减轻和克服信息不对称带来的逆向选择和道德风险问题的？
4. 全球金融体系具有哪些结构特征？产生这些特征的原因是什么？
5. 从社会融资规模的角度考虑，银行业在中国金融体系中占据着怎样的地位？
6. 现代中国银行业经历了哪些发展阶段？每个阶段具有哪些重要特征？
7. 加快建设金融强国有哪些具体目标？中国银行业应如何做好金融强国"五篇大文章"？
8. 为什么要对银行业金融机构进行严格监管？中国的银行业监管具有哪些特点？

关键词

金融体系；银行业金融机构；直接金融；间接金融；资金剩余者；资金需求者；信息不对称；逆向选择；道德风险；风险分散；交易成本；金融中介机构；金融市场；有价证券；到期日；债券市场；股票市场；剩余索取权；货币市场；资本市场；一级市场；二级市场；经纪人市场；做市商市场；现货市场；期货市场；场内市场；场外市场；零售市场；批发市场；金融体系结构；社会融资规模；表内融资；表外融资；开发性金融机构；政策性银行；国有大型商业银行；股份制商业银行；城市商业银行；民营银行；农村中小银行；外资银行；存款；贷款；支付结算；风险管理；信用评级；金匠银行；金融强国；科技金融；绿色金融；普惠金融；养老金融；数字金融；中央金融工作会议；中央金融委员会；金融监管；监管体系；"一行一局一会"；国家金融监督管理总局；金融消费者保护；行为监管；功能监管；穿透式监管

第二章
商业银行的资产负债表管理

学习目标

【知识目标】掌握商业银行资产负债表的基本概念与结构，理解其作为反映商业银行财务状况和经营成果重要工具的功能作用，熟悉商业银行资产负债表管理涉及的主要方面。

【能力目标】能够分析和解读商业银行资产负债表的主要特征与发展趋势，对商业银行的整体运营情况作出全面客观的评价，总结商业银行资产负债表管理过程中面临的主要问题与挑战。

【素养目标】了解中国特色现代银行业的资产负债表现状，强调诚信合规等价值观在银行经营中的重要性，加深对如何实现金融高质量发展的理解。

导言：截至2023年年底，中国银行业金融机构的总资产规模超过409万亿元人民币，位居全球第一（见图2.1）。《银行家》（The Banker）杂志发布的世界银行1 000强榜单中，来自中国的银行有140家；全球银行前20强中有一半来自中国（见表2.1），包括：中国工商银行、中国建设银行、中国农业银行、中国银行、交通银行、招商银行、中国邮政储蓄银行、兴业银行、浦发银行以及中信银行。工建农中四大行甚至占据了全球前四位。

那么中国银行业如此巨额的资金究竟是从哪里来的，又是如何被使用的？银行如何发放贷款，如何获利，如何进行资产、负债和资本管理？为了回答以上问题，本章将详细介绍商业银行资产负债表的构成及管理。

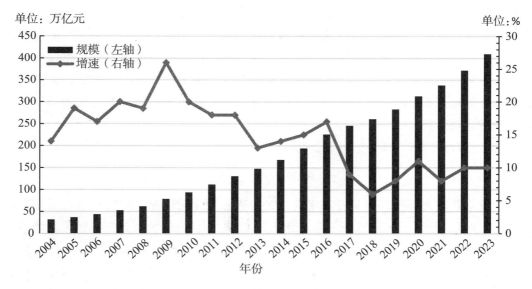

图 2.1　中国银行业的总资产规模和增速

注：左轴是银行业金融机构资产规模总额，右轴是资产规模的年增长率。

资料来源：国家金融监督管理总局。

表 2.1　全球银行 1 000 强的前 20 名

排名	银行名称	国家	排名	银行名称	国家
1	中国工商银行	中国	11	招商银行	中国
2	中国建设银行	中国	12	中国邮政储蓄银行	中国
3	中国农业银行	中国	13	法国农业信贷银行	法国
4	中国银行	中国	14	三菱日联银行	日本
5	摩根大通银行	美国	15	法国巴黎银行	法国
6	美国银行	美国	16	高盛银行	美国
7	花旗银行	美国	17	兴业银行	中国
8	富国银行	美国	18	浦发银行	中国
9	交通银行	中国	19	中信银行	中国
10	汇丰银行	英国	20	桑坦德银行	西班牙

注：本表根据 2023 年全球银行的一级资本进行排名（Top 1 000 World Banks by Tier 1 – 2023）。

资料来源：《银行家》（*The Banker*）。

第一节　商业银行资产负债表结构

商业银行的**资产负债表**（Balance Sheet）是一份关键的财务报表，旨在在特定会计期末准确反映银行的整体财务状况，包括其所有的资产、负债以及所有者权益。资产负债表是帮助我们了解银行如何管理和使用资金的一把钥匙，对于评估银行的财务状况、运营效率以及稳健性至关重要。而且，商业银行的资产负债表的各个组成部分有助于揭示其面临的各种风险，如信贷风险、市场风险和流动性风险。例如，大量的长期贷款可能意味着更高的信贷风险。不仅如此，资产回报与负债成本之间的差异还影响银行的盈利能力。

商业银行的资产负债表依据如下会计恒等式编制而成：

$$资产 = 负债 + 所有者权益$$

其中，资本负债表的左边列示资产项目，表示资金的使用情况；右边列示负债及资本（所有者权益）项目，表示资金的来源情况。需要注意的是，银行资产负债表是静态的会计报表，反映该银行在一年、半年、一个季度或一个月期末时（最后一天）所持有的资产、负债和所有者权益的存量状况。下面，我们将通过对一份简化的商业银行资产负债表进行分析，帮助读者了解商业银行的财务实力、偿债能力、资本结构、经营风险以及财务风险等基本情况。

具体而言，一份典型的商业银行资产负债表经过简化后，大致具有如表 2.2 所示的科目。

表 2.2　简化的商业银行资产负债表

资产	负债和所有者权益
准备金和现金项目	存款
库存现金	活期存款
在中央银行的存款	定期存款
在其他存款类金融机构存款和在途现金	储蓄存款
有价证券	借款
利率债（主要包括国债、政策性金融债、央行票据以及地方政府债等）	向中央银行借款
信用债（主要包括企业和金融机构发行的公司和企业债、中期票据及短期融资券等）	同业拆借
贷款	其他借入资金
工商企业贷款	**其他负债**
不动产贷款	**所有者权益**
消费者贷款	资本
其他贷款	资本盈余
其他资产	未分配利润
资产总计	**所有者权益和负债总计**

一、资金来源：负债业务

负债业务（Liability Business）是商业银行的主要业务之一，主要解决资金来源问题。首先，负债业务体现了商业银行作为信用中介的职能。商业银行通过吸收存款（被动负债）和借款（主动负债）筹集所需资金，并将获得的资金用于购买有价证券和发放贷款等获得利息收入，从而实现其利润最大化的目标。其次，负债业务使得商业银行能够保持充足的流动性。商业银行通过负债业务可以聚集起大量的可用资金，以应对贷款需求和存款外流的资金需求。最后，负债业务在促进经济发展上有重要作用。商业银行可通过负债业务将社会上的闲置资金筹集起来并加以运用，最终达到扩大社会资金总量的效果，促进经济发展。

（一）存款

商业银行的负债形成主要包括吸收**存款**（Deposit）和**借款**（Borrowing）。其中，存款业务是立行之本。存款是商业银行的被动负债，在负债业务中占有最重要的地位。存款主要包括活期存款、定期存款和储蓄存款。

1. 活期存款

活期存款（Demand Deposit），又称支票存款，是指不规定存款期限，客户可以随时存取的存款。活期存款是商业银行重要的资金来源，由于该类存款存取频繁、手续复杂，因此商业银行一般不向存款客户支付利息。因而活期存款也是商业银行利息成本最低的资金来源。

为了满足客户获得一定的利息收入，同时又不丧失可随时存取的流动性需求，从20世纪70年代开始，部分发达国家的活期存款中出现了货币市场存款账户以及可转让支付命令等更具有吸引力的金融工具。

货币市场存款账户（Money Market Deposit Account，MMDA）是商业银行为竞争存款而开办的一种业务。开立这种账户，可支付较高利息，并可以浮动，还可使用支票。这一账户的存款者可定期收到一份结算单，记载所得利息、存款余额、提款或转账支付的数额等。

可转让支付命令（Negotiated Order of Withdrawal，NOW），又称"付息的活期存款"，是一种对个人和非营利机构开立的、可签发支付命令并计算利息的支票账户。这种账户的特点是在提款时需要使用预先规定的支付命令，而不是使用支票。这种账户不仅可以用于日常的转账结算，还可以用于支付活期利息。

2. 定期存款

定期存款（Time Deposit）是指存款人与银行在存款时事先规定好存款的利率和期限，到期时支取本息的存款。定期存款是银行稳定的资金来源。虽然利息成本更高，但是营业成本通常低于活期存款。定期存款的期限从 3 个月到 5 年不等。一般而言，存款期限越长，利率越高。

定期存款的存款方式也比较多样，包括：整存整取、零存整取、存本取息、整存零取。其中，整存整取是指存款人选择存款期限，整笔存入，到期提取本息的一种存款；零存整取是指存款人与银行事先约定存款金额，逐月按约定金额存入，到期支取本息；存本取息是指存款人一次存入本金，分次支取利息，到期支取本金；整存零取是指存款人将整笔金额一次存入，分期平均支取本金，到期支取利息的一种定期存款。

除了上述普通定期存款，定期存款还包括大额可转让定期存单、货币市场存单以及定活两便存款账户等。

大额可转让定期存单（Certificate of Deposit，CD）指银行发行的可以在金融市场上转让流通的一定期限的银行存款凭证。大额可转让定期存单是商业银行为吸收资金而开出的一种收据，即具有转让性质的定期存款凭证，通过注明存款期限、利率，到期时持有人可向银行提取本息。

货币市场存单（Money Market Certificate of Deposit，MMCD）是一种浮动利率存单，其利率以某种货币市场的指标利率为基础，按约定的时间间隔浮动。这种存单的特点是面额固定，面值小，可以在资金市场上自由出售，周转较快，属定期存款性质，按一定利率计息。它是银行吸收社会闲散资金的一种方式，也是完善金融市场不可缺少的金融工具。

定活两便存款账户（Demand and Time Deposit，D&T Deposit）是指客户在存款时不约定存期，可以随时存取款，银行根据存款时间给予不同的利率的一种存款账户。这种账户的特点是存取方便，利率较高，适合短期资金需求，其利率通常比活期存款利率高，但比定期存款利率低。需要注意的是，定活两便存款账户的支取方式与定期存款有所不同。如果需要提前支取，银行会按照活期存款利率计息，而不是按照定期存款利率计息。因此，在决定是否选择定活两便存款账户时，需要根据自己的资金需求和实际情况。

3. 储蓄存款

储蓄存款（Savings Deposit）是指居民个人将其闲置资金存入银行，可随时或按约定时间一次或分次支取本息的一种存款行为。其类型包括活期储蓄存款、定期储蓄存款、定活两便存款、个人通知存款、教育储蓄存款等。

其中，活期储蓄存款是指不规定存款期限，客户可以随时存取的存款，存款银行对存款人支付较低的利息；定期储蓄存款是个人在存款开户时约定存款期限，一次或分次存入本金，整笔或分期支取本金或利息的一种储蓄方式，其存款利率高于活期储蓄存款；个人通知存款是指在存入款项时不约定存期，支取时需要事先通知银行约定支取存款日期和金额的一种个人存款方式；教育储蓄存款是为鼓励城乡居民以储蓄方式为其子女接受非义务教育储蓄基金，促进教育事业发展而开办的一种储蓄存款。

定期存款和定期储蓄存款在多个方面存在不同。首先，在存期上，定期存款的期限选择更为灵活，涵盖了从短期到长期的各种期限，而定期储蓄存款则更侧重于长期存款。其次，在计息方式上，定期储蓄存款提供了不同的存取和利息计算策略，以满足不同储户的需求，而定期存款虽然也有其特定的计息方式，但相比之下可能较为单一。最后，在稳定性上，定期存款由于期限的多样性，其资金稳定性可能受到一定影响，特别是在短期存款较多时，而定期储蓄存款由于其长期性和固定性，通常具有更高的资金稳定性。

（二）借款

商业银行的借款业务通常被称为"主动性负债"，是指商业银行通过各种方式从金融市场借入资金的行为，借款可分为短期借款与长期借款两种。其中，短期借款包括同业拆借、向中央银行借款和出售回购协议等；长期借款主要为发行金融债券。此外，商业银行还可以从国际金融市场上借款以获得所需资金。

1. 同业拆借

同业拆借（Inter-bank Lending）是指金融机构之间进行的短期资金融通行为，目的在于调剂头寸和临时性资金余缺。在金融机构的日常经营中，往往会出现资金收支不平衡的情况，一些机构收大于支，另一些金融机构支大于收。资金不足者通常向资金多余者融入资金以求收支平衡，金融机构之间短期资金相互拆借的行为即同业拆借。

同业拆借的利率相对较低。一般来说，同业拆借利率是以中央银行再贷款利率和再贴现率为基准，再根据社会资金的松紧程度和供求关系由拆借双方自由议定的。由于拆借双方都是商业银行或其他金融机构，其信誉比一般工商企业要高，拆借风险较小，加之拆借期限较短，因而利率水平较低。

2. 向中央银行借款

世界各国的中央银行都充当着"**最后贷款人**"（Lender of Last Resort）的角色，商业银行向中央银行借款以获取资金融通。借款形式包括直接借款和间接借款，直接借款又称再贷款，即商业银行把合格票据，如银行承兑汇票、政府债券等有价证券作为抵押品在中央银行获得抵押贷款；间接贷款又称**再贴现**（Re-discounting），即商业银行把申请贴现业务时购买的未到期票据，如短期商业票据、国库券等，转售给中央银行获取现金。我国商业银行向中央银行借款基本采取直接借款形式。

商业银行向中央银行借款有着严格的限制。这是因为中央银行对商业银行的放款数量会影响到社会的信贷规模和货币供应量，从而影响到金融业的安全。此外，商业银行向中央银行的借款利率一般也高于同业拆借利率。

3. 出售回购协议

回购协议（Repurchase Agreement）是指商业银行或其他金融机构在出售证券等金

融资产的同时，与另一方签订协议，约定在一定期限后以约定的价格回购该金融资产。这种交易方式实质上是一种短期融资方式，通过出售和回购的组合，商业银行或其他金融机构可以获得短期的资金来源。

在回购协议中，出售方（通常是商业银行或其他金融机构）将所持有的证券等金融资产转让给另一方（通常是投资者或资金提供方），并获得相应的资金。在约定的回购期限内，出售方按照约定的价格回购该金融资产，并支付相应的利息。这种交易方式的优点在于，出售方可以在短期内获得资金，同时保留回购该金融资产的权利。

4. 发行金融债券

金融债券（Financial Bond）是银行及其他金融机构所发行的债券，期限一般为3—5年，是一种固定收益投资工具，通常具有较低的风险和相对稳定的收益。

商业银行通过向社会公开发行银行的债务证券募集资金，这种债务证券是银行的一种稳定的资金来源。与存款负债相比，以发行债券的方式借入资金，其特点在于不需要提取法定存款准备金，属于主动性负债。此外，债券购买人除到期还本付息外，不承担其他责任和义务。然而，发行金融债券也存在局限性。如金融债券的发行数量、期限等要受到管理机构有关规定的严格限制；利率较同期银行存款要高，还要承担一定的发行费用；债券的流动性受有关因素制约等。

商业银行可以发行的债券有资本性债券、一般性金融债券和国际金融债券三种。**资本性债券**（Capital Bond）是为弥补银行资本不足而发行的介于存款、负债和股票资本之间的一种债务，《巴塞尔协议》称之为附属资本或次级长期债务。它对银行收益的资产分配要求权优先于普通股和优先股，次于银行存款和其他负债。**一般性金融债券**（General Financial Bond）是指商业银行为筹集用于长期贷款、投资等业务的资金而发行的债券，这类债券的形式种类颇多。**国际金融债券**（International Financial Bond）是指在国际金融市场上发行的面额以外币表示的金融债券，例如外国金融债券，即债券发行银行通过外国金融市场所在国的银行或金融机构发行的以该国货币为面值的金融债券。

5. 从国际金融市场上借款

商业银行从国际金融市场上借款是指商业银行跨越国界，从国外的金融机构或投资者那里筹集资金的行为。这些借款可能是短期的，用于满足流动资金的需求，也可能是长期的，用于资本支出或扩展业务。

商业银行通常从以下国际金融市场借款：

国际货币市场（International Money Market），提供短期资金借贷，通常期限不超过一年。它允许商业银行满足短期流动性需求，比如支付应付账款或进行季节性库存采购。

国际资本市场（International Capital Market），涉及长期资金借贷，通常用于资助大型项目、购买设备或扩展业务。这些贷款的期限通常超过一年。

国际债券市场（International Bond Market），商业银行可以通过发行债券的方式从国际市场上筹集资金。这些债券可以是政府债券、企业债券或私募债券，通常面向非居民投资者。

离岸金融市场（Offshore Financial Market），也称境外金融市场或海外金融市场，这些市场通常位于金融中心，如伦敦、纽约和新加坡，主要为非居民提供金融服务。这些服务包括但不限于境外货币借贷、投资、贸易结算、外汇买卖、黄金买卖、保险服务、证券交易以及其他衍生工具交易等。离岸金融市场的特点是高度的金融创新和较为宽松的监管环境。

商业银行从国际金融市场借款具有能够获得更大规模的资金、分散融资风险以及获得更优惠的利率等优势，然而，这也伴随着一定的风险，如汇率波动、政治和经济不稳定以及可能的融资成本增加。因此，商业银行在选择从哪个国际金融市场借款时，应综合考虑各种因素。

（三）资本

商业银行的**资本**（Capital）是银行自身拥有的或能永久支配、使用的资金。商业银行资产负债表右边的最后一个类别表示其资本，又称银行的净资产，即银行的总资产与总负债的差额，可通过出售新股本（股票）或留存收益筹集。

银行资本大体可分为**权益资本**（Equity Capital）、**经济资本**（Economic Capital）、**监管资本**（Regulatory Capital）三类。权益资本是直接反映在资产负债表上的银行资本，即银行总资产与总负债账面价值的差额；经济资本是银行抵御非预期风险、吸收损失必须拥有的最低所需资本；监管资本是银行监管机构对各商业银行实施监管的资本要求，通常用于计算资本充足率。

银行资本对商业银行的经营管理具有重要作用。首先，资本是银行成立、正常运转和发展壮大的必要前提和保证。资本不仅能满足监管机构对商业银行提出的从开设时领取营业执照到营运过程中的最低资本要求，而且还是商业银行开设之初的铺底资金和经营过程中的营运资金。其次，资本对商业银行具有保护作用。它既可以弥补银行经营过程中发生的损失，以免银行遭到兼并、倒闭和破产，又能提升社会公众对商业银行的信心，避免在经济不景气时公众出现集体存款导致银行面临挤兑危机。最后，银行资本也为管理当局提供了控制银行风险的管理杠杆。各国金融管理当局都对银行资本作出了具体的规定和要求，如新建银行的最低资本额、资本与贷款的比率、资本与投资的比率等。

二、资金运用：资产业务

商业银行的**资产业务**（Asset Business）是指银行运用资金的业务，是银行获取收益的主要途径。通过贷款、投资等资产业务，商业银行可以获取利息收入和资本利得，因此，资产业务的盈利能力直接影响商业银行的盈利水平和经营绩效。商业银行的资产业务主要包括现金和同业存款、贷款、证券投资以及其他资产，其中，贷款是其资产业务中获取收益的最主要途径。

（一）现金、准备金和同业存款

现金、准备金和同业存款包括库存现金、存放中央银行的存款、存放其他金融机构的存款以及在途应收现金项目，是商业银行为应对客户提款需求及法定准备金要求而准备的资金，被看作银行的一级准备。商业银行经营货币的特殊属性决定了现金等货币资产在商业银行资产项目中的特殊意义，是商业银行流动性的基本保障。虽然这类资产不能产生收益或者收益极小，但它为银行提供了最基本的流动性供给，保证银行能持续稳健经营。由于它的盈利性很低，一般情况下，银行会将该类型的资产维持在较低的水平。

现金存款是银行准备金的重要组成部分。当客户将现金存入银行时，这些现金就成为银行的负债。这些现金通常储存在金库中，所以被称为**库存现金**（Vault Cash）。而且，所有商业银行在中央银行都开立有账户，并持有部分资金作为存款。**准备金**（Reserves）是指商业银行为满足客户的提取存款和资金清算需要，以及保证银行自身资金的流动性和安全性，而在中央银行或自身业务库中保留的一部分存款。准备金可以是现金形式，也可以是存放在中央银行的存款形式。

虽然储备金的利率较低，但银行出于两方面原因而持有它们。第一，银行需要遵守储备金要求，即按照规定比例保留一部分存款作为法定存款准备金。第二，银行持有超出法定要求的额外储备金，通常被称为超额存款准备金。这些是银行资产中流动性最强的部分。也就是说，银行准备金可分为法定存款准备金和超额存款准备金，它们在维护银行流动性和金融稳定方面发挥着重要作用。当存款被提取时，无论是直接取款还是通过支票，银行都可以利用这部分储备金来履行其财务义务。

法定存款准备金（Required Reserves）是指商业银行按照法律规定必须存放在中央银行的一部分存款。这部分存款的比例，即法定存款准备金率，由中央银行规定，并作为商业银行吸收存款后必须履行的法定义务。法定存款准备金的主要目的是确保银行在面临流动性风险时，有足够的资金来应对客户的提款需求，从而维护金融体系的稳定。截至2024年2月5日，中国银行业金融机构的平均法定存款准备金率约为7.0%。**超额存款准备金**（Excess Reserves）则是指商业银行在法定存款准备金之外，自愿存放在中央银行或其他安全性高、流动性好的资产中的资金。与法定存款准备金不同，超额存款准备金可以由商业银行自主决定保有金额，并且可以随时用于支付清算、头寸调拨或作为资产运用的备用资金。因此，超额存款准备金有的时候还被称作可贷资金或备付金。商业银行超过法定存款准备金而保留的准备金占全部存款的比重则被称为超额存款准备金率或者备付金率。

总的来说，法定存款准备金是商业银行必须履行的法定义务，主要用于维护金融体系的稳定；而超额存款准备金则是商业银行根据自身经营需要自主决定的资金，用于应对突发情况或作为资产运用的备用资金。两者共同构成了银行准备金，为商业银行提供应对流动性风险的重要保障。

（二）贷款

贷款（Loan）是指商业银行将吸收的资金按一定的利率贷放给客户，并约定还本付息期限的一种资产业务。由于贷款是商业银行的主要盈利性资产，决定银行的资产规模和盈利水平，因此它在银行的资产业务中处于最重要的地位。与此同时，贷款也是面临的违约风险和流动性风险最高的资产。

银行贷款的种类多样，根据主体和用途的不同，可以分为：工商企业贷款、不动产贷款以及消费者贷款等。其中，工商企业贷款指发放给工商企业的贷款。商业银行放出的款项一般以这类贷款居多，其偿还期有长有短，视企业的需要而定。不动产贷款是商业银行以不动产为对象提供的贷款。它要求以不动产作为抵押担保，有直接不动产贷款、间接不动产贷款和其他不动产贷款三种。消费贷款也称消费者贷款，是商业银行和金融机构以消费者信用为基础，对消费者个人发放的，用于购置耐用消费品或支付其他费用的贷款。

此外，不同贷款的保障程度也有所不同，根据保障程度的不同，贷款又可分为以下三类：

1. 抵押贷款

抵押贷款（Mortgage Loan），又称"抵押放款"，要求借款方提供一定的抵押品作为贷款的担保，以保证贷款的到期偿还。抵押品一般为易于保存、不易损耗、容易变卖的物品，如有价证券、票据、股票、房地产等。贷款期满后，如果借款方不按期偿还贷款，银行有权将抵押品拍卖，用拍卖所得款偿还贷款。拍卖款清偿贷款的余额会归还借款人。如果拍卖款不足以清偿贷款，由借款人继续清偿。

2. 担保贷款

担保贷款（Guaranteed Loan）是以第三人为借款人提供相应担保为条件发放的贷款。担保可以是人的担保或物的担保。人的担保，是指有偿还能力的经济实体出具担保文件，当借款人不能履约归还贷款本息时，由担保人承担偿还贷款本息的责任。物的担保，是以特定的实物或某种权利作为担保，一旦借款人不能履约，银行可通过行使对该担保物的权利来保证债权不受损失。

3. 信用贷款

信用贷款（Credit Loan）是指以借款人的信誉发放的贷款，借款人不需要提供担保。其特征就是债务人无须提供抵押品或第三方担保，仅凭自己的信誉就能取得贷款，并以借款人信用程度作为还款保证。

（三）有价证券

中国的商业银行主要持有多种类型的**有价证券**（Negotiable Securities），包括国债、政策性银行债、地方政府债、央行票据、金融债、同业存单、公司债、企业债、中期票据、短期融资券、**资产支持证券**（Asset-Backed Security，ABS）、优先股票、可转换债券、可交换债券、国际机构债、政府支付机构债等。

中国债券市场上的这些有价证券通常被划分为利率债和信用债两大类。其中，**利率债**（Rate Bond）是指直接以政府信用为基础或是以政府提供偿债支持为基础而发行的债券。由于有政府信用背书，正常情况下利率债的信用风险很小，所以收益率接近**无风险利率**（Risk-free Rate）。影响利率债价值的主要是市场利率或资金的机会成本等。在我国，狭义的利率债包括国债和地方政府债。国债由财政部代表中央政府发行，以中央财政收入作为偿债保障，其主要目的是解决由政府投资的公共设施或重点建设项目的资金需要和弥补国家财政赤字，其特征是安全性高、流动性强、收益稳定、享受免税待遇；地方政府债是指地方政府发行的债券，以地方财政收入为本息偿还资金来源，目前只有省级政府和计划单列市政府可发行地方政府债。市场机构一般认为，广义的利率债除了国债、地方政府债，还可包括中央银行发行的票据、国家开发银行等政策性银行发行的金融债、铁路总公司等政府支持机构发行的债券。

信用债（Credit Bond）是指以企业的商业信用为基础而发行的债券。债券发行人的信用是影响该类债券的重要因素。在我国，信用债包括非金融企业发行的债券和商业性金融机构发行的债券。非金融企业发行的信用债主要有三大类：一是银行间交易商协会注册的非金融企业债务融资工具，具体品种有中期票据、非公开定向债务融资工具、短期融资券、超短期融资券等；二是国家发展和改革委员会审批的企业债，具体品种有中小企业集合债、项目收益债和普通企业债等；三是证监会核准或证券自律组织备案的公司债，具体品种有普通公司债（包括可交换公司债）、可转换公司债等。其中，普通公司债按照发行对象的范围不同，又可细分为面向所有投资者公开发行的公司债（俗称"大公募"），面向合格投资者公开发行、人数没有上限的公司债（俗称"小公募"），面向合格投资者非公开发行、人数不超过200人的公司债（俗称"私募公司债"）。金融类信用债包括商业银行、保险公司、证券公司等金融机构发行的债券。

第二节　代表性银行的资产负债表

一、代表性银行

不同类型的银行由于业务范围、目标客户、运营模式和监管环境的差异，其资产负债表的内容和结构也会有所不同。在中国，除了作为中央银行的中国人民银行以及国家开发银行、中国进出口银行和中国农业发展银行等三大政策性银行，商业银行主要包括国有商业银行、全国性股份制商业银行、城市商业银行、农村商业银行、农村信用社、村镇银行以及外资银行等。其中，国有大型商业银行（简称"国有大行"）、全国性股份制商业银行（简称"股份制银行"）和城市商业银行（简称"城商银行"）是中国银行业金融业金融机构的三个主要类别，在中国银行业中占据着绝对主导地位。因此，下面我们以上述三类银行为例，对商业银行的资产负债表规模和结构进行详细分析。

1. 国有大型商业银行

在资产方面，国有大行的资产规模巨大，业务领域广泛，包括大量的贷款、投资（如债券、股票和证券化产品）以及现金和存放中央银行款项。在负债方面，国有大行拥有庞大的存款基础，这些存款来源广泛，包括个人、企业和政府机构等。此外，国有大行还有较大规模的其他债务工具和应付账款。国有大行的所有者权益包括普通股股本、优先股股本、资本公积和盈余公积等。国有大行的资本实力通常较强，还能得到国家资本的注入和支持。

中国的国有大行主要包括：中国工商银行、中国农业银行、中国银行、中国建设银行、交通银行、中国邮政储蓄银行[①]等。这些银行都由国家直接管控，拥有雄厚的金融资本和广泛的业务范围。其中，中国工商银行、中国农业银行、中国银行和中国建设银行被誉为中国的"四大银行"，在国内外享有很高的声誉和影响力。这些银行不仅在中国金融体系中占据重要地位，也是全球金融体系中的**系统性重要金融机构**（Systemically Important Financial Institution，SIFI）。

2. 全国性股份制商业银行

股份制银行的资产规模通常小于国有大行，但大于城商银行。它们的资产构成与

---

① 2019年2月，银保监会发布截至2018年12月31日的银行业金融机构法人名单，将单列的"邮储银行"首次调整为"国有大型商业银行"。但是，其网站发布的截至2021年12月31日的银行业金融机构法人名单显示，邮储银行机构类型为"国有控股大型商业银行"，不再与工建农中交被同列为"国有大型商业银行"。此处，我们仍然将邮储银行列为国有大型商业银行。

国有大行相似,但可能在某些业务领域更为专注于特定市场或客户群。在负债方面,股份制银行的负债结构与国有大行类似,均以存款为主,同时可能包含更多的同业拆借和市场借款。在所有者权益方面,股份制银行的所有者权益拥有相对较少的国家资本的支持,更多依赖于私人投资者和公开市场融资。

股份制银行包括以下几家:招商银行、浦发银行、中信银行、中国光大银行、华夏银行、中国民生银行、广发银行、兴业银行、平安银行、浙商银行、恒丰银行、渤海银行。这些银行在全国范围内开展业务,股权结构为股份制,不同于国有商业银行和政策性银行。这些银行同样在中国金融体系中发挥着重要的作用,为经济发展提供了强有力的金融支持。

3. 城市商业银行

城商银行的资产规模通常较小,主要集中于本地市场。它们的资产更多集中在个人贷款、小企业贷款和零售银行业务上。城商银行的负债相对较少,主要依赖本地存款,由于地域限制,它们的存款基础和市场借款规模小于国有大行和股份制银行。在所有者权益方面,城商银行的所有者权益规模可能较小,但通常更加灵活,因为它们更多依赖于本地投资者和较小规模的市场融资。

城商银行主要包括各地城市商业银行、城市信用社、农村信用社等。一些主要的城商银行有:北京银行、天津银行、河北银行、晋商银行、内蒙古银行、辽宁银行、吉林银行、黑龙江银行、上海银行、江苏银行、南京银行、浙江银行、安徽银行、福建银行、江西银行、山东银行、河南银行、湖北银行、湖南银行、广东银行、广西银行、重庆银行、四川银行、贵州银行、云南银行、西藏银行、陕西银行、甘肃银行、青海银行、宁夏银行、新疆银行、海南银行、深圳银行、大连银行、宁波银行、厦门银行、青岛银行等。

这些银行主要服务于本地经济,为当地居民和企业提供各种金融服务,如存款、贷款、汇款、理财等。同时它们也在不断创新和发展,提高自身的竞争力和服务质量,为中国金融体系的稳健发展作出了重要贡献。

在探讨商业银行资产负债表的一般特征和管理策略之后,我们现在转向具体的案例分析。下面我们以中国工商银行为例,通过深入剖析其资产负债表的构成,展示国有大行资产负债业务的运行情况和具体特征。

(一) 中国工商银行的资产负债表

表 2.3 为中国工商银行股份有限公司(以下简称"工商银行")2023 年第一季度的资产负债表,报表右侧列示了工商银行的负债和股东权益,左侧列示其资产。由表 2.3 可知,工商银行的资产规模为 4 203 389 500 万元,为全球最大的银行。

表 2.3 工商银行资产负债表   单位：100 万元

资产		负债	
现金和同业存款（14%）		**存款（91%）**	
库存现金及在中央银行存款	3 588 743	活期存款	34 563 794
存放同业及其他金融机构款项	452 641	定期存款	357 212
拆出资金	813 397	**借款（6%）**	
买入返售款项	1 161 510	向中央银行借款	195 673
贷款（57%）		拆入资金	561 933
客户贷款及垫款	23 865 875	卖出回购款项	655 121
证券投资（27%）		其他借入资金	1 084 479
衍生金融资产	80 900	**其他负债（3%）**	1 014 111
长期股权投资	64 725	**负债合计**	**38 432 323**
金融投资	11 032 677	**股东权益**	
其他资产（2%）	973 427	股本（10%）	356 407
资产总计	**42 033 895**	资本公积（4%）	148 174
		盈余公积（11%）	392 556
		未分配利润（52%）	1 860 928
		一般准备（14%）	496 862
		其他权益（9%）	346 645
		股东权益合计	**3 601 572**
		负债及股东权益总计	**42 033 895**

注：本表为工商银行 2023 年第一季度资产负债表，报表日期为 2023 年 3 月 31 日。
资料来源：工商银行年报。

负债项目中，存款按活期存款和定期存款等分类展开，其中活期存款（3 456 379 400 万元）所占比重最高，说明活期存款是其主要的负债形式。其次是借款部分，包括向中央银行借款（19 567 300 万元）等。此外，已发行债务证券以及其他负债等也是工商银行重要的资金来源。工商银行的股东权益主要来自未分配利润（186 092 800 万元），一般准备、盈余公积、股本等也是工商银行重要的资本形式。

在资产端，客户贷款及垫款（2 386 587 500 万元）是其最主要的资产运用形式，其次是金融投资（1 103 267 700 万元）。这说明工商银行通过客户存款和同业及其他金融机构存放款项等负债形式筹集而来的资金，主要被用于放贷和金融投资。此外，工商银行的资产部分以库存现金及在中央银行存款（358 874 300 万元）形式存在，这是为了满足客户的提款需求和法定准备金要求，是商业银行流动性的基本保障。

总的来讲，从规模上看，工商银行的资产总额达 42.03 万亿元人民币，负债总额达 38.43 万亿元人民币，显示出其作为中国最大的商业银行之一的地位。这些资产主要包括各类贷款、债券、现金等,而负债则主要包括各类存款等。从结构上看,工商银行的资产主要包括客户存款、现金及存放中央银行款项以及交易性金融资产等。其中,客户贷款占总资产的比重较高,表明工商银行在资产配置上更倾向于贷款业务,以获取更多的利息收入。在负债方面,吸收存款是工商银行主要的负债来源,占总负债的比重较高,这表明工商银行在市场上具有较强的吸金能力。此外,工商银行的资产负债表还反映了其股东权益的情况,包括股本、资本公积、盈余公积、未分配利润等。这些股东权益总额为3.60万亿元人民币,显示了工商银行的稳健经营和良好财务状况。

(二) 招商银行的资产负债表

为比较不同类型银行的资产负债结构,我们接下来将目光投向股份制银行和城商银行的资产负债表,分别以招商银行和宁波银行为例。作为股份制银行的招商银行,2023年第一季度的资产负债表如表2.4所示。

表2.4 招商银行资产负债表　　　　　　　　　单位:100万元

资产		负债	
现金和同业存款(11%)		存款(88%)	
库存现金及在中央银行存款	597 640	客户存款	7 832 912
存放同业及其他金融机构款项	102 385	同业存款	572 043
拆出资金	265 788	借款(9%)	
买入返售款项	153 641	向中央银行借款	195 122
贷款(58%)		拆入资金	245 488
客户贷款及垫款	6 080 449	卖出回购款项	128 654
证券投资(28%)		应付债券	265 472
衍生金融资产	12 677	其他负债(3%)	279 299
长期股权投资	24 758	负债合计	9 518 990
金融投资	2 971 729	股东权益	
其他资产(3%)	299 685	股本(2%)	25 220
资产总计	10 508 752	资本公积(7%)	65 435
		盈余公积(10%)	94 985
		未分配利润(54%)	531 592
		一般准备(13%)	132 689
		其他权益(14%)	139 841
		股东权益合计	989 762
		负债及股东权益总计	10 508 752

注:本表为招商银行2023年第一季度资产负债表,报表日期为2023年3月31日。
资料来源:招商银行年报。

招商银行的资产构成与工商银行相似,贷款(608 044 900万元,占比58%)是其最主要的资产来源,证券投资(28%)也占据着较高的资产份额。在负债端,同工商银行,二者均以存款为主,但招商银行的借款比例高于工商银行。在股东权益方面,招商银行的股东权益主要来自未分配利润(54%)。

从规模上看,招商银行资产规模庞大且总额稳步增长。2021 年年末至 2022 年 3 月末,其资产总额由 9.25 亿元增长至 9.42 万亿元。2023 年 3 月末,资产总额达到 10.51 万亿元。负债总额也随资产总额的增长而相应增加。例如,2021 年年末至 2022 年 3 月末,其负债总额由 8.38 万亿元增长至 8.51 万亿元。2023 年 3 月末,负债总额达到 9.52 万亿元。

从结构上看,在资产端,贷款业务占据主导地位。贷款和垫款总额在招商银行的资产中占比最大,且保持增长趋势。例如,客户贷款和垫款总额在 2021 年年末占总资产的比重达到 54%,2023 年 3 月末,这一比重上升至 58%。其次是各类有价证券。招商银行积极开展金融市场业务,如债券投资、衍生品交易等。在负债端,存款业务是招商银行的基础。大量的个人和企业存款为银行提供了稳定的资金来源,支持其贷款和其他业务的发展。存款主要来自客户存款,同业负债和应付债券比重相对都较低。同时可以看出,招商银行的股东权益主要来自未分配利润。

(三) 宁波银行的资产负债表

表 2.5 为宁波银行 2023 年第一季度的资产负债表。可以看出,相较于工商银行和招商银行,宁波银行的资产规模(252 579 500 万元)较小,主要集中在证券投资(48%)和贷款(42%)上,且二者相差不大。宁波银行的负债(235 050 700 万元)也相对较少,主要依赖本地存款(72%)。同工商银行和招商银行,宁波银行的股东权益也主要来自未分配利润(45%),但其股东权益在三者之中规模最小。

在规模上,宁波银行显示出了与招商银行类似的特征。其资产和负债规模较大,且通常呈现出持续增长的态势。宁波银行作为一家规模较大的商业银行,拥有大量的金融资源,能够为客户提供广泛的金融服务和支持,庞大的资产负债规模也体现了宁波银行在金融市场上的竞争力和影响力。

在结构上,在资产端,贷款是宁波银行的主要资产之一,其比重通常较高。同时,在负债端,存款业务是宁波银行的主要资金来源,为银行提供了稳定的负债基础。这种贷款和存款业务的主导地位反映了宁波银行作为金融中介的核心职能,即通过吸收存款等负债业务筹集资金,再通过贷款等资产业务投放资金。此外,宁波银行的资产负债表还呈现出投资类金融资产占比较高的特点。随着金融市场的不断发展和金融创新的不断推进,宁波银行逐渐增加了对投资类金融资产的配置,如债券投资、股权投资等。这些投资类金融资产在宁波银行的资产负债表中通常占有一定的比重,反映了其多元化经营和风险管理的能力。

表 2.5　宁波银行资产负债表　　　　　　　单位：100 万元

资产		负债	
现金和同业存款（8%）		存款（72%）	
库存现金及在中央银行存款	127 088	吸收存款	1 600 242
存放同业及其他金融机构款项	21 380	同业及其他金融机构存放款项	84 855
拆出资金	20 709	借款（25%）	
买入返售款项	40 926	向中央银行借款	71 018
贷款（42%）		拆入资金	124 340
客户贷款及垫款	1 059 807	卖出回购款项	40 566
证券投资（48%）		应付债券	360 737
衍生金融资产	17 915	其他负债（3%）	68 749
金融投资	1 200 740	**负债合计**	**2 350 507**
其他资产（2%）	37 230	股东权益	
资产总计	2 525 795	股本（4%）	6 604
		资本公积（21%）	37 666
		盈余公积（7%）	12 458
		未分配利润（45%）	78 041
		一般准备（12%）	20 994
		其他权益（11%）	19 525
		股东权益合计	**175 288**
		负债及股东权益总计	**2 525 795**

注：本表为宁波银行 2023 年第一季度资产负债表，报表日期为 2023 年 3 月 31 日。
资料来源：宁波银行年报。

二、不同银行的资产负债表比较

表 2.6 将工商银行、招商银行以及宁波银行的资产负债结构进行了比较。可以看出，资产主要集中在贷款和证券投资上，贷款主要来源于吸收存款，股东权益又以未分配利润居多。但不同类型的银行的资产负债比例会因其自身性质、所处区域关系等有所不同。

资产结构中，国有大行（工商银行）和股份制银行（招商银行）发放贷款占比较高（分别为 57% 和 58%），而城商银行（宁波银行）受制于贷款客户基础较弱，贷款比例（42%）低于国有大行和股份制银行。然而，城商银行的证券投资比例（48%）显著高于国有大行和股份制银行（分别为 27% 和 28%），部分原因在于城商银行经营立足本地，地方政府背景较强，城投平台和房地产融资需求大于其他类型银行，部分资金流向城投公司和房地产企业发行的公司债券或其他机构管理的资产管理计划等。

表 2.6 不同银行资产负债的结构比较

资产				负债				股东权益			
	工商	招商	宁波		工商	招商	宁波		工商	招商	宁波
合计	100%	100%	100%		100%	100%	100%		100%	100%	100%
贷款	57%	58%	42%	存款	91%	88%	72%	股本	10%	2%	4%
现金	14%	11%	8%	借款	6%	9%	25%	资本	4%	7%	21%
证券	27%	28%	48%	其他	3%	3%	3%	盈余	11%	10%	7%
其他	2%	3%	2%					未分配	52%	54%	45%
								一般	14%	13%	12%
								其他	9%	14%	11%

注：本表依据 2023 年第一季度工商银行、招商银行和宁波银行的年报整理而成。

负债结构中，国有大行和股份制银行的存款比例较高（分别为 91% 和 88%），借款比例偏低（分别为 6% 和 9%）。然而，城商银行吸收存款的比例（72%）低于国有大行和股份制银行，但是相应地，其借款比例（25%）高于前两者。主要原因在于城市居民理财观念较强，资产配置多元化程度高，存款产品不能满足其配置需求，导致城商银行表内存款占比相对较低而借款占比相对较高。

工商银行、招商银行和宁波银行的股东权益结构中，未分配利润均占较大比重。这表明在这三家银行的股东权益中，未分配利润是一个重要的组成部分。

第三节 商业银行的资产管理

商业银行的**资产管理**（Asset Management）指的是银行为实现资产的增值和收益最大化，对持有的各类资产进行的策略规划和运营管理。资产管理的目标是优化资产配置，降低风险，提高银行的整体财务表现和盈利能力。这是一个商业银行如何在安全性与流动性的条件约束下，将其资产在现金、证券、贷款等各种资产持有形式之间进行合理分配，以实现其利润最大化目标的问题。一方面，商业银行要通过各种手段管理其资产以增加流动性和收益性。另一方面，银行还需要考虑市场风险、信用风险、流动性风险等多种因素，以保障资产管理的有效性和风险控制。总的来讲，商业银行进行资产管理时必须符合**安全性**（Safety）、**流动性**（Liquidity）和**盈利性**（Profitability）三大原则。换句话说，商业银行在进行资产管理时应尽可能做到：在满足流动性原则的前提下，力图使多余的现金资产减少到最低限度；尽可能购买收益高、风险低的资产；尽可能选择信誉良好而又愿意支付较高利率的借款者；在不损失专业化优势的前提下，尽可能通过资产的多样化来降低风险；等等。下面，我们从现金资产管理、贷款管理和证券投资管理三个方面来阐述商业银行如何进行资产管理。

一、现金资产管理

现金和准备金资产是商业银行资产中流动性最好，但同时也是盈利性最低的资产。现金资产管理的目的是在保证流动性的前提下，尽可能地降低现金资产占总资产的比重，使现金资产达到适度规模。尽管现金资产的各个项目都是盈利性很低或者收益率为零的资产，但它是商业银行安全稳定的必要储备，是银行必须持有的资产。商业银行对现金资产的管理应该遵循流量适时调节、总量适度和安全保障三大原则。

对于现金资产的总量控制，商业银行需要确保其现金资产的总量在一个适度的规模上，以在盈利性、安全性和流动性之间找到平衡。现金资产过多会增加银行的机会成本，影响盈利性；现金资产过少则可能无法满足客户的流动性需求，导致流动性风险。

对于现金资产的结构安排，除了总量控制，合理安排现金资产的结构也非常重要。现金资产由库存现金、在途现金、存放同业存款和在中央银行存款等四类资产组成，这些资产在功能和作用上各有特点，合理的结构有利于实现现金资产的最优管理。

在 2008 年的国际金融危机中，雷曼兄弟银行破产倒闭的案例充分说明了商业银行在管理现金资产时保持谨慎和稳健的必要性。雷曼兄弟银行在金融危机前，其资产管理和投资策略过于激进，导致它在现金资产管理上出现了严重的问题。该银行在房地产市场繁荣时期大量投资房地产相关资产，而当房地产市场崩溃时，这些资产的价值大幅下跌，使得银行的现金流入严重不足。此外，雷曼兄弟银行在金融危机期间也面临严重的流动性问题。由于其资产价值的大幅下跌，雷曼兄弟银行的信用评级被下调，这使得它难以从市场上获得足够的融资。同时，由于内部的现金资产管理不善，其库存现金和在途现金等流动性资产严重不足，无法满足客户的提款和贷款需求。最终，雷曼兄弟银行因无法应对流动性危机而破产倒闭。可见，有效的现金资产管理一方面有助于银行应对流动性风险，另一方面也有助于提高银行的盈利性，从而实现银行的稳健和可持续发展。

二、贷款管理

商业银行进行贷款管理的目的是针对不同类型性质的贷款，采取不同的管理策略和管理方法来提高银行贷款资产的质量、提高贷款合同履约率、减少银行贷款坏账的发生，从而为银行盈利作出贡献。商业银行在进行贷款管理时，有一些重要的指标值得考虑：

一是贷款利率。这是贷款管理中的一个关键指标。合理的贷款利率可以帮助银行获得足够的利润，并吸引更多的客户进行贷款，同时也能保持贷款资产的质量。银行需要进行深入的市场调研和风险评估，确保贷款利率水平符合市场需求和风险承受能力。

二是**不良贷款率**（Non-performing Loan Ratio）。不良贷款率是指银行不良贷款占总贷款余额的比重，它是评价金融机构信贷资产安全情况的重要指标之一。不良贷款是指借款人未能按原定的贷款协议按时偿还商业银行的贷款本息，或者已有迹象表明借款人不可能按原定的贷款协议偿还商业银行的贷款本息。按照我国现行的贷款五级分类方法，不良贷款被划分为次级类、可疑类和损失类三类。这三类贷款的存在意味着银行在贷款发放后可能面临无法按时收回本金和利息的风险，从而给银行的资产质量和盈利能力带来负面影响。不良贷款率反映银行的风险承受能力和风险控制水平，因此银行需要建立科学的不良贷款率评估体系，及时发现并处理不良贷款，降低不良贷款比例，提高资产质量。

此外，银行在审批贷款时，还需考虑以下财务指标：

首先是盈利能力指标，如主营业务利润率、息税前营业利润率、总资产收益率和净资产收益率等，这些可以反映企业的盈利能力和投资价值。

其次是经营效率指标，如存货周转天数、应收账款周转天数、应付账款周转天数和总资产周转率等，这些可以反映企业的经营效率和运营状况。

再次是偿债能力指标，如流动比率、速动比率、担保比例、现金保障倍数、留存现金流与总资本支出比率、息税前利润利息保障倍数等，这些可以反映企业的短期和长期偿债能力。

最后是财务结构指标，如净资产与年末贷款余额比率、资产负债率等，这些可以反映企业的资产结构和财务稳定性。

除了贷款利率、不良贷款率以及部分财务指标，商业银行还需要关注存贷比和资本充足率两个指标，以衡量贷款的适度规模，以及银行对贷款损失和风险资产的承受能力。存贷比反映银行的资金运用于贷款的比例及贷款能力的大小，而**资本充足率**（Capital Adequacy Ratio，CAR）则反映银行资本的盈利能力以及对贷款损失和风险资产的承受能力。

总之，商业银行的贷款管理是一项全面而系统的工作，需要综合考虑多种指标，涉及银行资产负债表的方方面面。通过有效的贷款管理，商业银行可以降低风险，提高盈利水平，并为客户提供优质的金融服务。

贷款管理不善对商业银行的影响是深远的。同样以发生在2008年的国际金融危机期间的一家金融机构为例。美国国际集团（AIG）是一家全球性的保险和金融服务公司，其业务涵盖寿险、财产险、再保险等多个领域。AIG在金融危机期间的贷款管理出现了严重问题,导致该公司陷入了严重的财务困境。

具体来说,AIG 在贷款管理方面的失败主要体现在两个方面。

一是风险评估不足。AIG 在贷款审批过程中,对借款人的信用评估和风险控制不够严格,导致大量高风险贷款被批准。这些贷款在金融危机爆发后违约率大幅上升,给 AIG 带来了巨大的损失。

二是过度依赖信用衍生产品。AIG 在金融危机前大量投资了信用衍生产品,如信用违约掉期(Credit Default Swap,CDS)等。这些产品原本是为了对冲风险而设计的,但在金融危机期间,由于市场波动加剧和对手方违约风险上升,AIG 的这些投资遭受了巨大损失。再加上 AIG 在资本管理方面也存在严重问题,如资本结构调整不及时和融资渠道不畅等,最终 AIG 无法有效应对风险,面临破产。

三、证券投资管理

证券投资(Securities Investment)是商业银行的主要盈利性资产,对商业银行的证券投资进行管理不仅可以获取一定的收益,还能通过持有各种证券及投资组合来优化银行的资产组合,从而抵御风险,并增强银行流动性。首先,证券投资组合有助于分散风险。商业银行通过持有高质量证券,使得其资产结构更加多元化,能在一定程度上对冲信用风险。其次,在增强流动性方面,当商业银行面临现金储备不足以应对流动性需求的情况时,可通过出售部分证券来缓解流动性短缺,同时证券组合可作为贴现借款、回购协议的担保品,进而通过拆借资金以满足流动性需求。最后,证券资产流动性较高,风险权重小,在扩大收益的同时减少了资本金的占用。商业银行在进行证券投资管理时应综合考虑以下几个方面:

流动性管理。商业银行在证券投资中应优先考虑流动性,确保能够随时买卖证券以应对客户需求。管理时要保持证券的多样性和期限匹配,以确保在不同的市场环境下都能快速变现。

投资策略。商业银行应根据自身的资产负债表、资本充足率、风险偏好等因素,制定符合监管要求和自身能力的投资策略。这包括确定投资目标、投资期限、风险收益要求等。

资产配置。商业银行应根据投资策略和市场环境,合理配置资产。这包括确定各类证券的配置比例、选择具体的投资品种等。应对资产配置定期进行重新评估和调整。

信息披露。商业银行应建立完善的信息披露制度,及时披露投资状况、风险状况和业绩表现等信息,提高透明度。这有助于提升市场对银行的信任度,降低信息不对称带来的风险。

内部审计与监控。商业银行应建立内部审计机制,定期对证券投资业务进行审计和监督,通过内部审计,发现存在的问题并及时纠正,确保投资活动的规范性和有效性。

同贷款管理,商业银行在进行证券投资时也有一些重要指标需要考虑,以确保投资的安全性和盈利性,相关指标主要有:

证券投资收益率。这是衡量证券投资效益的核心指标。它涉及证券投资利息收益率、应税证券和免税证券在净收入中的比重等具体目标。通常,证券投资收益率应至少覆盖银行筹资成本加证券投资费用,且不低于资本净值收益率。

投资组合的风险与回报。银行需要评估不同证券的风险和预期回报,以构建一个平衡的投资组合。这通常涉及对市场风险、信用风险、流动性风险等的评估。

证券的流动性。流动性是指资产在不受损失的情况下迅速变现的能力。对于商业银行来说,能够随时以合理价格卖出证券是非常重要的,以确保在需要时能够及时获得资金。

证券的信用评级。信用评级机构会对证券发行人进行评级,以反映其偿还债务的能力和意愿。商业银行通常会倾向于投资信用评级较高的证券,以降低信用风险。

证券投资是一项专业性很强的工作,投资失败的案例在金融市场上不胜枚举。以花旗集团为例,花旗集团是全球最大的金融服务公司之一,其业务涵盖零售银行、投资银行、资产管理等多个领域。然而,在金融危机期间,花旗集团在证券投资方面遭受了巨大损失。具体而言,花旗集团在金融危机前大量投资了高风险的**抵押贷款支持证券**(Mortgage-Backed Securities,MBS)和**债务担保债券**(Collateralized Debt Obligation,CDO)。这些证券是由次级抵押贷款和其他高风险资产池组成的复杂金融产品。由于房地产市场崩溃和信贷市场紧缩,这些高风险资产的价值大幅下跌,导致花旗集团的投资组合遭受巨大损失。

此外,花旗集团还面临巨大的流动性压力和资本压力。由于投资损失和信贷违约的增加,花旗集团需要更多的资本来覆盖潜在的风险。然而,由于市场恐慌和投资者信心下降,花旗集团难以筹集到足够的资本。为了应对危机,花旗集团不得不采取一系列紧急措施,包括出售资产、削减开支、筹集资本等。然而,这些措施仍然无法完全弥补其证券投资方面的巨大损失。最终,花旗集团的股价大幅下跌,市值大幅缩水,声誉也受到了严重损害。

花旗集团的证券投资失败案例给商业银行带来了深刻的教训。银行在进行证券投资时,必须加强对投资产品的风险评估和管理,避免过度依赖高风险投资产品。同时,银行还需要保持足够的流动性和资本充足率,以应对市场风险和潜在损失。此外,银行还应建立完善的风险管理和内部控制机制,及时发现和应对潜在风险和问题,确保证券投资活动的稳健和有效。

第四节 商业银行的负债管理

20世纪60年代以前,市场上投资机会和品种较少,社会上的闲散资金多存放于银行,银行不必担心资金来源问题,加之银行存款的种类、利率等受到严格控制,银行主动进行负债管理的意愿并不强。第二次世界大战后,由于客户贷款需求增加,同时存款利率上限的规定导致银行难以通过吸收存款获得资金等,银行开始主动进行负债管理。

负债管理(Liability Management)是指商业银行通过有效管理负债结构和流动性,以确保资金供应充足,减少金融风险,并提高盈利能力和竞争力,包括负债规模的合理控制、负债结构的优化、负债质量的提升、负债渠道的多元化、负债成本的合理控制以及负债风险的监控和防范等。商业银行可以从负债成本和存款稳定性两个方面入手,对其负债进行有效管理。

一、负债成本管理

银行在进行负债成本管理时,主要考虑的成本有利息成本、营业成本、资金成本、可用资金成本以及其他成本等。**利息成本**(Interest Cost)是商业银行以货币的形式直接支付给存款人或者债权持有人、信贷中介人的报酬;**营业成本**(Operating Cost)是指银行在日常运营中发生的除利息支出外的所有开支,包括员工工资和薪金、广告宣传费用、设备折旧、办公费用、租金等;**资金成本**(Cost of Capital)是包括利息在内的花费在吸收负债上的一切开支,即利息成本和营业成本之和,它反映银行为取得负债而付出的代价;可用资金是指银行可以实际用于贷款和投资的资金,是银行总的资金来源扣除应交存的法定存款准备金和必要的储备金后的余额,可用资金成本是指相对于可用资金而言的银行资金成本;其他成本是指与增加存款有关,但未包括在以上四种成本之中的支出,如因存款增加引起银行风险增加而必须付出的代价。

负债成本分析法是银行进行负债管理的一种方法,它是指对银行各类负债成本的计算与比较,并分析其变动情况及原因,主要包括加权平均成本法和边际成本法。

(一)加权平均成本法

加权平均成本法是一种计算资本成本的方法,它将企业多种长期资金的风险和收益结合起来确定折现率。对于新建或新改组企业,或资产负债结构较合理的企业,采用加权平均成本法确定折现率是较适当的选择。其计算公式为:

$$\overline{X} = \frac{\sum (x_1 + x_2)f}{\sum f} \qquad (2.1)$$

其中，$\bar{X}$ 为银行全部资金来源的单位加权平均成本，f 为各类资金的金额，x_1 和 x_2 表示每种资金来源的单位利息成本和单位非利息成本。

（二）边际成本法

边际成本（Marginal Cost）是指银行增加一个单位的资金所增加的成本。每项负债都有不同的边际成本，其成本随着市场利率、管理费用等变化而变化，只有当新增资产的边际收益大于新增负债的边际成本时，银行才能获得利润。边际成本分为资金的边际成本和可用资金的边际成本。资金的边际成本（MC_1）计算公式为：

$$MC_1 = \frac{新增利息 + 新增其他开支}{新增资金} \times 100\% \quad (2.2)$$

若新增资金中有部分资金需作为现金存款、法定存款准备金等必需的储备，则可用资金的边际成本（MC_2）可表示为：

$$MC_2 = \frac{新增利息 + 新增其他开支}{新增资金 - 必要的储备} \times 100\% \quad (2.3)$$

二、存款稳定性管理

存款稳定性（Deposit Stability），也称存款沉淀率，是形成银行中长期和高盈利资产的主要资金来源。就存款波动程度而言，银行存款可划分为三大类：易变性存款，主要是活期存款，稳定性最差；准变性存款，主要是定活两便存款、通知存款等，稳定性稍强于易变性存款；稳定性存款，主要指定期存款、可转让定期存单及专项存款等，稳定性较强。银行对存款稳定性进行管理的重点是提高易变性存款的稳定性，增加存款客户数及提高户均存款额。此外，对准变性存款和稳定性存款也应加强管理，如设计多形式的存款品种，以延长存款的平均期限，提高存款的稳定性。

商业银行提高存款稳定性可以从以下几个方面着手：

1. 优化客户服务

商业银行应提高客户服务质量，增强客户满意度和忠诚度，从而提高客户的存款意愿和稳定性。例如，可以提供个性化的服务，满足不同客户的特殊需求，提高客户满意度。

2. 创新存款产品

商业银行应不断推出符合市场需求的存款产品，增加客户的投资选择，提高存款的吸引力和竞争力。例如，可以推出高收益的定期存款产品，吸引客户的资金。

3. 加强客户关系管理

商业银行应建立健全的客户关系管理体系，全面了解客户需求，提高客户满意度和忠诚度。例如，可以建立客户信息管理系统，对客户进行分类管理，提供个性化的服务。

4. 提高风险管理水平

商业银行应加强风险管理，确保存款的稳定性和安全性。例如，可以建立风险评估体系，对各类存款风险进行全面评估和管理，降低存款流失的风险。

5. 拓展市场份额

商业银行应积极拓展市场份额，增加存款来源。例如，可以拓展企业客户和机构客户的市场份额，增加存款来源。

6. 提升品牌形象

商业银行应提升品牌形象，提高社会认知度和信任度，从而提高客户对银行的信任度和存款意愿。例如，可以通过广告宣传和公关活动等方式提升品牌形象。

综上所述，提高商业银行存款稳定性需要从多个方面入手，通过这些措施的实施，商业银行可以提高客户的满意度和忠诚度，降低存款流失的风险，提高盈利能力，并保持长期的可持续发展。

第五节　商业银行的资本管理

商业银行进行**资本管理**（Capital Management）的主要目的是保护存款人的利益以及维护银行体系的稳定。银行资本不能过高或过低，必须适度。银行资本过低，当银行受到意外冲击时，没有足够多的资本来吸收损失，银行资不抵债，可能面临破产的风险；银行资本过高，会使银行的杠杆比率下降，降低普通股的每股净收益。商业银行进行资本管理时主要考虑下面几个因素。

一、银行经营面临的风险

银行资本有个重要的功能——吸收损失。当银行发生经营亏损甚至是破产倒闭时，一定量的资本可以保护存款人和债权人的利益，并提振公众对银行的信心。因此，每一家银行都应根据自身风险管理的需要确定最安全的资本量，进而达到资本抵御风险的目的。

二、股东权益最大化的目标

银行资本对于追求股东权益最大化的银行经营者而言是昂贵的资源。这是因为在**资产收益率**（Return on Assets，ROA）相同的条件下，资产负债率（或杠杆率）越低，银行**股本回报率**（Return on Equity，ROE）就越低，即每股净收益越低。

资产收益率是衡量银行盈利能力的基本指标，表示每单位资产所创造的净利润的多少，其计算公式为：

$$资产收益率（ROA）= \frac{税后净利润}{总资产} \tag{2.4}$$

股本回报率是衡量公司盈利能力和股东权益回报率的一个重要指标，表示银行所有者对净利润的收益率，在银行经营过程中，银行所有者往往更关心 ROE 这一指标，其计算公式为：

$$股本回报率（ROE）= \frac{税后净利润}{股权资本} \tag{2.5}$$

资产收益率和股本回报率有着直接的联系，即 ROE = ROA × EM。其中 EM（Equity Multiplier，权益乘数）= 总资产/股权资本，表示一单位权益资本的资产数量。

因此，银行资本既有收益，也有成本。其收益是通过吸收损失降低了银行破产的可能性进而使银行所有者的投资更安全，但银行资本成本高昂，在给定资产收益率下，资本越高，股本回报率就越低。银行所有者必须保证资本既能充分发挥其保护作用，又能兼顾银行股东利益最大化要求。

三、资本监管要求

资本监管（Capital Regulation）在国际银行监管体系中占据核心地位，对于维护全球金融稳定发挥着至关重要的作用。自 1988 年以来，巴塞尔银行监管委员会（以下简称"巴塞尔委员会"）先后出台了多个版本的《巴塞尔协议》（Basel Accord），这些协议逐步构建并完善了全球银行体系的资本管理框架。

（一）资本监管的形成及演进

商业银行的**资本充足性**（Capital Adequacy）是指资本数量的充足性和资本结构的合理性，资本充足性问题是银行监管的重要问题。巴塞尔委员会先后出台了三个《巴塞尔协议》，用以衡量和评判商业银行的资本充足性。

2010 年 12 月 16 日，巴塞尔委员会正式发布了新的全球资本标准及相应的过渡期安排，正式明确了《巴塞尔协议Ⅲ》的内容和范围。该协议主要涉及三个方面：首先，该协议明确了新的全球最低资本要求标准，银行更宽泛的一级资本充足率下限从 4% 上调至 6%；其次，该协议明确了相应的过渡期实施安排，规定了五年的过渡期，即从 2013 年引入到 2017 年年底全面实施；最后，该协议引入了新的监管标准——杠杆率。

中国银监会（2018 年改为中国银保监会，银保监会 2023 年改为国家金融监督管理总局）于 2012 年 6 月 7 日发布了《商业银行资本管理办法（试行）》，这是中国第一部也是现行的专门规范商业银行资本监管的部门规章，标志着中国商业银行资本监管进入了一个新阶段。随后，根据国际金融监管标准的变化，特别是2017年12月巴塞尔委员会发布的《巴塞尔协议Ⅲ：后危机时代监管改革最终版》（简称《新巴Ⅲ》），中国对资本管理办法进行了修订。2023年11月1日，国家金融监督管理总局发布了新的《商业银行资本管理办法》（总局令第4号），自2024年1月1日起施行。

首先，《商业银行资本管理办法（试行）》及其后续修订旨在响应《巴塞尔协议Ⅲ》的要求。这表明中国的资本管理办法是与国际**金融监管**（Financial Regulation）标准接轨的，遵循了《巴塞尔协议》的要求。

其次，《商业银行资本管理办法》对风险加权资产计量规则等进行了重构，全面对接了《巴塞尔协议Ⅲ》这一国际监管改革要求。这意味着中国的商业银行资本管理已经采纳了《巴塞尔协议》中关于风险加权资产的计算方法和风险管理原则。

最后，《商业银行资本管理办法》的发布被看作将《巴塞尔协议Ⅲ》中的监管要求进一步融入并落实到中国银行业的监管实践当中。这表明中国银行业在资本管理方面已经具备较好的风险管理基础，能够实施更高级的风险管理。

（二）商业银行资本监管的具体实践

《商业银行资本管理办法（试行）》规定了我国商业银行资本充足率的计算方法和监管要求。根据该办法，商业银行的资本充足率不得低于8%，**一级资本充足率**（Tier 1 Capital Adequacy Ratio）不得低于6%，**核心一级资本充足率**（Core Tier 1 Capital Adequacy Ratio）不得低于5%。此外，商业银行还需要计提储备资本和附加资本，以满足风险加权资产的资本要求。商业银行应当按照如下公式计算资本充足率：

$$资本充足率 = \frac{总资本 - 对应资本扣减项}{风险加权资产} \times 100\% \qquad (2.6)$$

$$一级资本充足率 = \frac{一级资本 - 对应资本扣减项}{风险加权资产} \times 100\% \qquad (2.7)$$

$$核心一级资本充足率 = \frac{核心一级资本 - 对应资本扣减项}{风险加权资产} \times 100\% \qquad (2.8)$$

其中，**风险加权资产**（Risk-weighted Assets）是商业银行为了反映自身的总体风险水平，将其资产通过分类方法，根据不同类别资产的风险性质确定不同的风险系数，并以各种资产确定的风险系数去乘以资产数额，最后加总而得到。这种方法将商业银行所面临的利率风险、信用风险、汇率风险及市场风险等风险因素均纳入考虑，具有全面性和代表性。

《商业银行资本管理办法（试行）》对中国商业银行的资本管理产生了深远的影响。一方面，它提升了资本充足率水平。该办法对于商业银行的资本充足率的规定促使商业银行增加资本，提升资本充足率水平，以抵御潜在风险。另一方面，它强化了商业银行的风险管理。该办法强调商业银行应加强风险管理，建立全面风险管理体系，对各类风险进行准确计量和有效控制。此外，它还有助于优化商业银行的资产结构。该办法要求商业银行优化资产结构，降低风险加权资产，提高资本使用效率。这有助于商业银行实现资产和负债的多元化，减少对单一资产或市场的依赖。

商业银行的资本管理是一个重要的环节，涉及对资本充足率、资本结构、资本运用等方面的管理，商业银行对资本进行管理的方法有：

1. 设定合理的资本充足率目标

商业银行应根据自身的经营状况、风险偏好和监管要求，设定合理的资本充足率目标。资本充足率是衡量银行抵御风险能力的重要指标，过低可能导致银行风险承受能力不足，过高则可能限制银行的业务扩张。

商业银行提高资本充足率的方法可分为**分子策略**（Numerator Strategy）和**分母策略**（Denominator Strategy）。

分子策略是指商业银行通过提高资本充足率中的分子，即提高核心资本和附属资本，来增强银行的资本实力和风险抵御能力。具体而言，商业银行可以通过发行股票、留存收益、增资扩股等方式增加核心资本；也可以通过发行次级债券、将贷款证券化等方式增加附属资本。

分子策略的优点是可以快速提高资本充足率，增强银行的资本实力和风险抵御能力，有助于提升银行的信誉和形象。但是，分子策略也存在一些缺点，如增加资本的来源可能会受到限制，需要承担一定的融资成本等。

分母策略是指商业银行通过降低资本充足率中的分母，即降低风险加权资产总额，来提高资本充足率。具体而言，商业银行可以通过控制资产规模、优化资产结构、降低高风险资产权重等方式来实现。

分母策略的优点是可以降低银行的经营风险和风险加权资产总额，提高资本充足率，增强银行的资本实力和风险抵御能力。但是，分母策略也存在一些缺点，如可能会限制银行的业务发展和市场份额，需要银行在业务发展与风险控制之间进行平衡。

2. 优化资本结构

商业银行应通过优化资本结构，提高资本使用效率和风险抵御能力。资本结构包括核心资本、附属资本以及资本充足率等指标，通过合理配置这些指标，可以提高银行的稳健性和竞争力。

3. 强化风险管理和内部控制

商业银行应建立健全的风险管理和内部控制体系，确保资本充足率达标且资本质量良好，通过完善风险管理流程、提升风险管理技术、加强内部控制等方式，降低银行面临的各种风险，从而保障资本的安全和有效使用。

4. 探索多元化的资本补充渠道

商业银行可以通过多种方式补充资本，如发行股票、债券，引入战略投资者等。

通过探索多元化的资本补充渠道，银行可以提高其资本实力和抵御风险能力。

商业银行的资本管理是一个复杂的过程，需要综合考虑多个因素。通过设定合理的资本充足率目标、优化资本结构、强化风险管理和内部控制以及探索多元化的资本补充渠道等方法，商业银行可以有效地进行资本管理，提高银行的稳健性和竞争力。

本章小结

商业银行的资产负债表基于"资产＝负债＋所有者权益"这一基本公式编制而成。通过该表，我们可以了解到银行在某一特定时点拥有或控制的、能以货币计量的经济资源的分布，以及银行的短期、长期偿债能力和财务弹性。不同银行类型的资产负债表在内容和结构上有所不同。为保持银行的稳健经营，需要对其资产、负债和资本进行相应的管理。其中，资产管理指的是银行为实现资产的增值和收益最大化，对持有的各类资产进行的策略规划和运营管理；负债管理是指商业银行通过有效管理负债结构和流动性，以确保资金供应充足，减少金融风险，并提高盈利能力和竞争力；资本管理的主要目的是保护存款人的利益以及维护银行体系的稳定。总的来说，商业银行的资产负债表是银行财务状况的重要体现，在其不同方面分别进行行之有效的管理对于了解银行的运营状况、评估银行的风险状况和作出投资决策具有重要意义。

思 考 题

1. 请选取一家代表性商业银行，对其最近三年的资产负债表进行分析，并总结该银行在规模和结构上具有哪些特点，出现了哪些新的变化。

2. 当你所在的商业银行面临准备金不足时，作为该银行的高级管理人员，你可以采取哪些方式帮助一个信誉良好的贷款客户获得他需要的资金？

3. 如果一家银行的资本不足以满足监管要求，作为该银行的高级管理人员，你可以采取哪三种措施来改善这种资本不足的情况？

4. 请解释商业银行资产负债表中的主要项目，并说明它们在资产负债表管理中的作用。

5. 在当前的金融市场环境下，中国不同类型商业银行的资产负债管理分别面临着哪些新的机遇和挑战？

关 键 词

资产负债表；负债业务；存款；借款；活期存款；货币市场存款账户；可转让支付命令；定期存款；大额可转让定期存单；货币市场存单；定活两便存款账户；储蓄存款；同业拆借；最后贷款人；再贴现；回购协议；金融债券；资本性债券；一般性金融债券；国际金融债券；国际货币市场；国际资本市场；国际债券市场；离岸金融市场；资本；权益资本；经济资本；监管资本；资产业务；库存现金；准备金；法定存款准备金；超额存款准备金；贷款；抵押贷款；担保贷款；信用贷款；有价证券；资产支持证券；利率债；无风险利率；信用债；资产管理；安全性；流动性；盈利性；不良贷款率；资本充足率；证券投资；抵押贷款支持证券；债务担保债券；负债管理；利息成本；营业成本；资金成本；加权平均成本法；边际成本；存款稳定性；资本管理；资产收益率；股本回报率；权益乘数；资本充足性；巴塞尔协议；资本监管；金融监管；一级资本充足率；核心一级资本充足率；风险加权资产；分子策略；分母策略

第三章
商业银行的风险与净息差管理

学习目标

【知识目标】掌握商业银行的风险与净息差管理中的基本概念和原理，熟悉商业银行在风险及净息差管理中面临的主要问题。

【能力目标】了解商业银行风险与净息差管理中的主要评估与度量方法，并能够利用理论与工具分析商业银行在风险与净息差管理中的典型案例。

【素养目标】了解中国商业银行管理的现状与不足，树立优化银行管理、增强竞争和服务能力的意识，提升金融强国战略下对何为强大的金融机构的认识。

导言：得益于2021年科技行业的快速发展，主要服务于科技行业的美国硅谷银行的存款出现大量增加。此后，硅谷银行购买了大量美国长期国债。但是，随着美联储从2022年3月开始大幅提高利率，这些债券的市场价值出现了大幅下降，硅谷银行账面出现巨额浮亏。同时，利率高企导致科技企业融资成本上升，所以大量硅谷银行的企业客户开始取出存款，以满足自身的资金流动性需求。硅谷银行在2023年3月8日发布公告，宣布为了筹集现金以应对这些存款人的提款需求，已出售价值超过210亿美元的证券，并借入150亿美元，同时还计划紧急出售部分库藏股以筹集22.5亿美元。伴随着公告的发布，加上硅谷著名投资者发出预警，硅谷银行遭遇了挤兑事件。仅2023年3月9日一天，就有共计420亿美元的存款被取走。2023年3月10日，在遭遇一天挤兑之后，硅谷银行宣布倒闭。

硅谷银行的倒闭事件再一次提醒我们，商业银行始终处于市场风险与流动性风险的巨大考验之中。对于市场和流动性风险的管理，商业银行一刻也不能懈怠。那么商业银行面临哪些市场和流动性风险？应如何管理？中国银行业市场风险与流动性风险的现状如何？作为商业银行主要利润来源的净息差又应该如何管理？为了回答以上问题，本章将详细讨论商业银行的风险与净息差管理。

第一节 商业银行的市场风险管理

风险(Risk)与**净息差**(Net Interest Margin,NIM)管理不仅是商业银行资产负债表管理的重要内容,也是商业银行业务经营的重要约束条件。商业银行的风险管理主要覆盖银行**市场风险**(Market Risk)和**流动性风险**(Liquidity Risk)。其中,市场风险主要包括利率风险和汇率风险等。有效的风险管理一方面可以保障银行资产的安全性和稳健性;另一方面也有助于银行减少损失和成本,进而提高盈利能力。净息差管理是商业银行从负债方向吸收资金后,对通过向资产方向放贷或投资获得的净收益与吸收资金规模的比率进行的管理。净息差是衡量银行盈利能力的重要指标之一,它直接反映了银行的盈利能力。通过控制净息差的大小,银行可以谋求收益最大化。此外,净息差的大小也反映了金融机构的风险管理能力,净息差越大,代表金融机构对风险的控制能力越强。

市场风险是商业银行面临的主要风险之一,它是指由市场价格不利变动而导致银行表内和表外业务发生损失的风险。这种风险主要存在于银行的交易和非交易业务中,主要包括**利率风险**(Interest Rate Risk)和**汇率风险**(Exchange Rate Risk)等。通过对市场风险进行管理,商业银行可以降低经营风险,确保业务的稳健发展。

一、利率风险管理

(一) 利率风险

利率风险是利率变动的不确定性给金融机构和投资者带来损失的可能性。商业银行面临的利率风险主要是指当市场利率变动时,商业银行所持有的贷款及债券等资产和存款及借款等负债的市场价值可能会发生变动,从而影响银行的经营业绩和稳健性。这种风险主要源于银行在存款、贷款和投资等业务中面临的利率变动。利率风险可以分为重新定价风险、基准利率风险、收益率曲线风险和期权性风险。

要理解利率风险,我们必须知道对于存贷款以及债券等债务性金融工具而言,其市场价值与利率是成反比的。当利率上升时,银行所持有的债券及贷款等资产价值会下降。部分读者容易混淆利率和回报率。对于任何债务性金融工具,如贷款和债券,回报率是指投资者持有该有价证券所得到的回报相对于成本的比率。贷款或债券的回报率通常由两部分组成:一个是利息,另一个是价格变化带来的资本利得。

为了进一步区分利率和回报率,让我们看看当利率上升时,不同期限债券的回报率会发生什么变化。表3.1展示了不同期限的票面利率同为10%的债券,当利率从

10%上升至20%时,回报率会发生怎样的变化。

表3.1 利率上升时不同期限债券的回报率变化

债券期限 (年)	当期收益率 (%)	当期价格 (元)	下期价格 (元)	资本利得率 (%)	回报率 (%)
30	10	1 000	503	-49.7	-39.7
20	10	1 000	516	-48.4	-38.4
10	10	1 000	597	-40.3	-30.3
5	10	1 000	741	-25.9	-15.9
2	10	1 000	917	-8.3	1.7
1	10	1 000	1 000	0.0	10.0

注:本表表示当利率从10%上升到20%时,票面利率为10%的不同期限的债券的回报率。假设债券均按面值购买。

资料来源:作者整理。

如表3.1所示,假设你购买了30年到期的长期债券,那么,在过去一年中利率从10%上升到20%时,你的资本损失为49.7%。损失太大,而且超过了目前10%的利息收入,导致了严重亏损(回报率为-39.7%)。仅在一种特殊情况下,即当债券的持有期限和到期期限相同时,债券的利率刚好等于回报率。如表3.1所示,当你持有一年期债券到期还本付息时,你就不会产生资本损失。但是,如果债券的到期期限大于你的持有期限,你就将面临利率风险:利率变化会导致资本利得或者损失,从而使回报率和你购买债券时的利率之间产生巨大差异。而且,利率风险对于长期贷款和长期债券而言尤其重要,因为长期债券的资本利得或损失可能非常大。这也是大家更加偏好期限更短的短期贷款和短期债券的一个重要原因。

简而言之,如果你持有债券,那么回报率能够显示你的投资在过去一段时间内的表现究竟如何。与之相对,如果我们以**到期收益率**(Yield-to-maturity)来计算利率,那么利率将使得该债务性金融工具未来现金流的现值之和等于当前的市场价值。利率和回报率不仅是两个完全不同的概念,而且在数值上也往往不同。

下面简要介绍几类利率风险:

1. 重新定价风险

重新定价风险(Repricing Risk),也称**期限错配**(Maturity Mismatch)风险,是最主要和最常见的利率风险形式,来源于银行资产、负债和表外业务到期期限(就固定利率而言)或重新定价期限(就浮动利率而言)所存在的差异。这种重新定价的不对称性使银行的收益或内在经济价值会随着利率的变动而变化。例如,如果商业银行以短期存款作为长期固定利率贷款的融资来源,那么当利率上升时,贷款的利息收入仍然是固定的,但存款的利息支出却会随着利率的上升而增加,从而使银行的未来收益减少、经济价值降低。因此,对重新定价风险的管理是商业银行市场风险管理的重要组成部分。

2. 基准利率风险

商业银行的**基准利率风险**（Benchmark Risk）是指市场利率水平变动可能对银行业务和财务状况产生的不利影响。这种风险源于银行资产、负债和衍生品等金融工具的利率敏感性，无论是固定利率还是浮动利率的资产和负债，其价值都会受到市场利率变动的影响。具体来说，市场利率上升，银行的净利息收入可能会增加，但同时贷款违约风险也会提高；反之，市场利率下降，净利息收入可能会减少，但贷款违约风险也会降低。

3. 收益率曲线风险

收益率曲线风险（Yield Curve Risk）是指收益曲线的非平行变动对银行的收益或内在经济价值产生不利影响的风险。收益率曲线风险包括以下几种：

斜率风险：收益率曲线的斜率发生变化，或长期债券的收益率与短期债券的收益率之差发生变化产生的风险。长期债券的收益率比短期债券的收益率高出很多，这意味着未来利率的预期变化对银行的收益产生不利影响。

形态风险：收益率曲线的形态发生变化，即不同期限的债券收益率之间的相对关系发生变化产生的风险。长期债券的收益率下降幅度小于短期债券的收益率，或者短期债券的收益率上升幅度大于长期债券的收益率，会对银行的收益产生不利影响。

利率波动风险：由于收益率曲线的不确定性，银行无法准确预测未来市场利率的变化，这可能导致银行的收益受到影响。

4. 期权性风险

期权性风险（Optionality Risk）是一种越来越重要的利率风险，来源于银行资产、负债和表外业务中所隐含的期权。一般而言，期权赋予其持有者买入、卖出或以某种方式改变某一金融工具或金融合同的现金流量的权利。期权可以是单独的金融工具，如场内（交易所）交易期权和场外期权合同，也可以隐含于其他的标准化金融工具之中，如债券或存款的提前兑付条款、贷款的提前偿还等选择性条款。期权性风险通常具有存在较高的杠杆效应、常见于商业银行的创新产品中等特点。

对利率风险进行管理对于商业银行来说至关重要。通过采取多种方法和措施，商业银行可以有效地降低利率风险，保障收益稳定增长，控制风险敞口，优化资产配置，提升风险管理水平，并适应金融市场环境的变化。下面介绍几种商业银行的利率风险管理。

（二）利率敏感性缺口管理

由于利率的变动可能导致商业银行筹集资金的成本和运用资金的收益出现差异，因此，对利率敏感性的预测和管理对于银行的稳健经营至关重要。**利率敏感性**（Interest Rate Sensitivity）是指银行资产和负债的利息收入与利息支出对市场利率变动的敏感程度，即银行净利息收入随市场利率变动而发生变动的幅度。它反映了银行在面临市场利率变动时，其资产和负债的价值以及相应的利息收支会受到多大程度的影响。利率敏感性的计算公式为：

$$\text{利率敏感性缺口（Gap）} = \text{利率敏感性资产}（A）- \text{利率敏感性负债}（L） \quad (3.1)$$

利率敏感性代表着银行资产的利息收入与负债的利息支出受市场利率变化的影响大小，以及它们对市场利率变化的调整速度。如果银行的资产和负债的利率随市场利率的变化而变化，那么这些资产和负债就被称为**利率敏感性资产**（Interest Rate Sensitive Assets）和**利率敏感性负债**（Interest Rate Sensitive Liabilities）。相反，如果资产和负债的利率是固定的，不随市场利率变化，则它们就不是利率敏感性的。利率敏感性分析则通过资产与负债的利率、数量和组合的变化来反映利息收支的变化，从而分析它们对银行利息差和收益率的影响，并在此基础上采取相应的缺口管理。

以**存款基准利率**（Benchmark Deposit Rate）调整为例，当活期存款利率维持不变，而不同期限的储蓄存款年利率进行下调时，银行面临的利率敏感性问题就凸显出来了。假设银行有大量利率敏感性负债（如储蓄存款），当市场利率下降时，这些负债的利息支出会减少。但如果银行的资产组合中缺乏相应期限的利率敏感性资产，那么银行的利息收入可能不会相应减少，进而导致银行的净利息收入下降。为了管理这种利率敏感性风险，银行可以采取缺口管理策略。例如，银行可以增加长期资产的配置，如购买长期债券或增加长期贷款，以增加利率敏感性资产。这样，当市场利率下降时，虽然负债的利息支出会减少，但由于资产组合的利率敏感性资产增加，银行的利息收入也会相应减少，从而保持净利息收入的稳定。

利率敏感性缺口（Interest Rate Sensitivity Gap）是指在一定时期内，银行的可变利率资产（如浮动利率贷款和投资）与可变利率负债（如浮动利率存款和债务）之间的差额。这个差额反映了银行在利率变动时的风险敞口。银行可能会面临三种情况：正缺口（利率敏感性资产多于利率敏感性负债）、零缺口（利率敏感性资产等于利率敏感性负债）、负缺口（利率敏感性负债多于利率敏感性资产）。以正缺口为例，当市场利率上升时，银行的资产收益会增加，但负债成本增加较少，从而增加净利息收入。相反，在利率下降时，资产收益减少，但负债成本减少的幅度更小，导致净利息收入减少。

商业银行进行利率敏感性缺口管理是为了控制和管理资产和负债之间的利率风险敞口，从而分析它们对商业银行净利息收入的影响。商业银行可以通过以下措施对之进行管理：

1. 对资产和负债进行匹配

商业银行可以通过购买或发行以不同利率计息的资产和负债来实现资产和负债的

匹配。例如，可以发行浮动利率债券或发放浮动利率贷款，以对冲固定利率负债或资产的风险。

2. 预测利率变动

商业银行需要对市场利率进行预测，根据预测结果调整计划期利率敏感性资产与负债的对比关系。例如，如果预测利率将上升，商业银行可能会采取正缺口战略，增加利率敏感性资产的比重，以期在利率上升时获得更高的收益。

3. 制定相应的策略

根据预测的利率变动和缺口值，商业银行可以制定相应的策略来管理利率风险。例如，当预测利率将上升时，采取正缺口战略，将大部分资产按较高利率重新定价，而只有较小部分资金来源按高成本定价；当预测利率将下降时，采取负缺口战略，将更多的资产维持在较高的固定利率水平上，而资金来源中有更多的部分利用了利率不断下降的好处。

此外，商业银行还可以通过构建高效的利率风险内部防范体系和营造良好的利率风险管理的外部环境，进而提高管理利率风险的能力。

（三）久期缺口管理

随着**利率市场化**（Interest Rate Liberalization）改革的深入推进，市场利率波动会对商业银行资产和负债价值产生影响，市场对其利率风险的衡量和管理水平提出了更高的要求。**久期**（Duration）便是一种衡量利率风险的有效工具，它考虑了所有来源于收益资产的现金流入和与负债相关的所有现金流出的时间，衡量了未来预期的现金流的平均期限。久期，也称持续期，是债券或其他金融工具在未来产生现金流的时间的加权平均数，权重与现金流的大小（通常是利息和本金支付）成正比。久期的计算公式如下：

$$久期 = \frac{\sum_{t=1}^{n}(t \times CF_t \times (1+y)^{-t})}{P} \qquad (3.2)$$

其中，CF_t 是时间 t 的现金流（包括利息支付和本金偿还），y 是债券的收益率，P 是债券的当前价格，n 是债券的到期时间。

久期代表债券或其他金融工具的未来现金流的加权平均到期时间。它考虑了现金流的时间价值，即越远的未来现金流的现值越小，因此对平均到期时间的贡献也越小。在固定收益证券中，久期衡量了债券价格对利率变动的敏感性。在商业银行中，久期被用于衡量银行资产和负债的利率风险。银行通过调整资产和负债的久期结构，可以降低或避免市场利率变动对其净值的影响。

假设某商业银行当前持有一笔 10 年期固定利率的贷款，总额为 1 亿元。同时，该银行也持有一部分短期存款和长期债券作为资金来源。为了管理利率风险，银行需要评估其资产和负债的久期结构。首先，使用久期公式计算贷款和资金来源（即存款和债券）的久期。其次，比较资产和负债的久期，银行可以评估其利率风险敞口。当银行的资产久期超过负债久期时，市场利率上升可能导致资产价值的下降幅度超过负债价值。这是因为资产对利率变动更为敏感。银行的净利息收入可能减少，因为资产端的利息收入减少速度可能超过负债端的成本增加速度。相反，如果负债久期超过资产久期，那么市场利率下降时，银行可能面临负债成本降低而资产收益增加的情况。这种情况下，银行的负债成本减少速度可能超过资产利息收入的增加速度，这同样可能导致净利息收入减少。最后，为了降低这种利率风险，银行可以采取相应的久期管理策略以调整资产和负债的久期结构。例如，如果银行的资产久期长于负债久期，那么它可以通过增加短期债券的持有或减少对长期贷款的投放来缩短资产久期。反之，如果负债久期长于资产久期，则银行可以通过增加长期存款的吸收或减少对短期债券的持有来延长负债久期。

久期缺口管理是一种常用利率风险管理策略，它通过调整资产和负债的久期，使银行在市场利率变动时保持稳定的净值。**久期缺口**（Duration Gap，DGap）的计算公式为：

$$\text{DGap} = \frac{\text{RSA} \times \text{DA} - \text{RSL} \times \text{DL}}{\text{VA}} \quad (3.3)$$

其中，DA 和 DL 分别代表总资产和总负债的加权平均久期，RSA 和 RSL 分别为利率敏感性资产和利率敏感性负债，VA 代表总资产的价值。

商业银行的久期缺口管理旨在对冲利率变动对银行资产和负债价值的影响，从而维持银行的市场价值和收益稳定性。对商业银行来说，久期缺口的管理包括以下几个步骤：首先，银行需要评估其资产和负债的久期，确定久期缺口；其次，银行需要对市场利率的未来变动进行预测；最后，确定久期缺口策略。

久期缺口策略包括以下几种：

1. 零缺口策略

当资产和负债的久期相匹配时，银行面临的风险最小，因为利率变动对资产和负债的影响是平衡的。

2. 正缺口策略

当银行预计利率上升时，它会增加资产的久期，以期望在利率上升时，资产价格下降的幅度小于负债价格上升的幅度，从而增加净价值。

3. 负缺口策略

当银行预计利率下降时，它会增加负债的久期，以期望在利率下降时，负债价格下降的幅度小于资产价格下降的幅度，从而增加净价值。

确定了久期缺口策略后，银行需要执行这些策略，同时需要结合使用其他风险管理工具，如利率衍生品交易、利率免疫策略等，以更全面地管理和对冲利率风险。

（四）其他利率风险管理方式

为了对冲利率风险，商业银行可以使用利率衍生工具，如**利率期货**（Interest Rate Futures）、**利率期权**（Interest Rate Options）和**利率互换**（Interest Rate Swaps）。通过这些工具，银行可以在利率变动时锁定利率水平，从而减少利率波动对资产和负债价值的影响。此外，通过定期进行利率风险评估，商业银行可以衡量其面临的利率风险水平。这包括模拟利率变动对银行资产和负债价值的影响，以及监控银行的利率风险暴露。商业银行还需要制定一系列内部风险管理政策，以确保银行在面临利率变动时能够采取适当的行动。这包括为相应的风险敞口分配经济资本、发展先进的定价模型和风险管理系统以及对银行员工进行持续的利率风险管理教育和培训等。

通过上述措施，商业银行能够对其利率风险进行有效管理，并维持稳定的经营。然而，尽管银行采取了这些措施，利率风险仍然存在，因此银行需要持续关注市场变化，并随时准备调整其利率风险管理策略。

二、汇率风险管理

汇率风险是指因汇率变动而蒙受损失的可能性。这种风险主要源于商业银行以现汇形式或远期形式持有的某种外汇头寸，当汇率发生不利变动时，这些头寸可能遭受损失。汇率风险的产生主要基于两个因素：一是代客或自营进行的外汇交易，包括外汇现货交易，外汇的远期、期货、期权和互换等金融合约的交易；二是持有非交易性的外币资产或外币负债，如外币存贷款、发行外币债券、海外投资等。

随着国际化业务的发展，我国商业银行外币业务规模逐渐扩大，汇率风险越来越不容忽视。汇兑损益是反映商业银行汇率风险的最直接的指标。由于不同银行的业务和敞口结构不同，其汇兑损益特征也有明显差异。以国有六大行为例，这些银行在国内经济中占据重要地位，不仅提供各类金融服务，如存贷款、汇款、信用卡等，还深度参与国际金融市场，进行外汇交易、跨境融资等业务。2023年国有六大行中，中国银行、中国农业银行和中国建设银行的汇兑盈利较多，分别为 99.34 亿元人民币、48.29 亿元人民币和 32.47 亿元人民币，中国邮政储蓄银行、交通银行和中国工商银行则出现了汇兑损失，分别为 –1.14 亿元人民币、–30.87 亿元人民币和 –77.85 亿元人民币。

商业银行的汇兑损益与当年的汇率波动密切相关，可能导致银行的资产和负债价值发生变化，影响其财务状况。因而有效的汇率风险管理有助于保护银行的资产和收入不受汇率波动的不利影响，确保银行能够持续经营。汇率风险管理是从管理全行汇率风险的角度出发，识别、计量、监测、管控和报告汇率风险的过程，商业银行通过严格管控汇率风险敞口，进而将汇率风险控制在可承受的合理范围内。商业银行可以通过以下措施对汇率风险进行管理：

1. 风险限额设定

银行应设定汇率风险的限额，以控制**风险敞口**（Risk Exposure）的大小，如设定头寸限额、敏感度限额等，以控制汇率风险的水平。同时银行应确保风险管理措施能够及时触发预警，并在超过限额时采取相应措施。

2. 风险对冲

风险对冲是指银行运用表外衍生工具避免新增外汇敞口，以及防范当前外汇敞口因汇率变动可能给商业银行带来的损失。一方面，银行可以运用货币互换或外汇掉期避免外汇敞口产生；另一方面，银行可以运用远期外汇买卖、外汇期货、外汇期权等防范当前已经存在的外汇敞口因汇率变化而可能带来的汇率风险。

3. 资产和负债管理

银行可以通过平衡资产和负债的期限匹配、货币匹配以及优化资产负债表的结构来管理汇率风险。一方面，银行可以增加对汇率变动较不敏感的资产，减少汇率波动导致的资产价值和收益的不确定性；另一方面，通过调整负债的币种、期限和利率等结构，银行可以降低汇率变动带来的负债成本上升风险。

4. 内部管理框架建立

银行需要建立一个有效的内部管理框架，包括风险管理政策、流程和内部控制。这有助于确保银行能够及时识别、评估和应对汇率风险。

此外，银行还应加强对员工的培训，增强他们对汇率风险管理的意识和理解，同时持续监测外部市场动态，包括汇率走势、宏观经济指标和其他可能影响汇率风险的因素。通过上述措施，商业银行可以更好地管理面临的汇率风险，并确保其业务活动的稳健和可持续发展。

第二节　商业银行的流动性风险管理

在对市场风险管理有了一些了解之后，让我们再来看看商业银行是如何进行流动性风险管理的。所谓流动性风险，是指商业银行可能无法以合理的价格和时间获取足够的资金来应对其流动性需求的情况。流动性风险的爆发通常是因为银行流动性管理不当。因此，流动性风险管理的主要目的就是要确保银行有足够的现金支付给存款人，特别是在存款人出现大额提款和产生支付要求的时候。换句话说，流动性管理必须使银行持有足够的现金或者足够有流动性的资产，随时满足对存款人的支付义务，从而有效应对存款外流给银行经营带来的冲击。

具体而言，一个典型的商业银行面临存款外流时，究竟会如何进行处理呢？我们假设当前面临存款外流的银行叫作"未来银行"，当前的法定存款准备金率为10%，且未来银行持有充足的超额存款准备金。我们假设未来银行的初始资产负债情况如下：存款总额为人民币100亿元；法定存款准备金为10亿元，即存款总额的10%。未来银行一共持有20亿元的存款准备金，其中有10亿元的法定存款准备金和10亿元的超额存款准备金，其资产负债表如下：

资产		负债	
准备金	20亿元	存款	100亿元
贷款	80亿元	银行资本	10亿元
证券	10亿元		

那么，如果发生10亿元的存款外流，未来银行的资产负债表将变成：

资产		负债	
准备金	10亿元	存款	90亿元
贷款	80亿元	银行资本	10亿元
证券	10亿元		

未来银行会流失10亿元的存款和10亿元的存款准备金。但是，尽管流失了10亿元的存款准备金，未来银行现在仍剩有共10亿元的存款准备金。由于未来银行现在仅须持有9亿元的法定存款准备金（即90亿元的10%），因此它仍有1亿元的超额存款准备金。简而言之，如果未来银行持有充足的超额存款准备金，那么存款外流不会影响其资产负债表的其他部分。

但是，当未来银行持有的超额存款准备金不足时，情况就完全不同了。现在，我们假设未来银行最初并没有持有10亿元的超额存款准备金，而是进行了10亿元的额外贷款。因此，未来银行不持有任何超额存款准备金，其资产负债表如下：

资产		负债	
准备金	10亿元	存款	100亿元
贷款	90亿元	银行资本	10亿元
证券	10亿元		

当未来银行发生10亿元的存款外流时，其资产负债表将变成：

资产		负债	
准备金	0	存款	90 亿元
贷款	90 亿元	银行资本	10 亿元
证券	10 亿元		

此时，未来银行面临严峻考验：尽管有 9 亿元（90 亿元的 10%）的法定存款准备金要求，但它并不持有任意金额的存款准备金！为了消除这一缺口，未来银行有如下四个选择：

第一，未来银行可以在银行间交易市场上向其他银行借款来获取所需的准备金。例如，如果未来银行通过从其他银行借入 9 亿元来弥补法定存款准备金的不足，那么其资产负债表将会相应调整。这种管理方式需要付出的相应成本对应市场上银行间互相借款的利率，即银行间拆借利率。调整后的资产负债表如下：

资产		负债	
准备金	9 亿元	存款	90 亿元
贷款	90 亿元	从其他银行借款	9 亿元
证券	10 亿元	银行资本	10 亿元

第二，未来银行可以选择出售部分有价证券以应对存款外流。例如，它可以出售价值 9 亿元的有价证券，并将所得款项存入中央银行，从而调整自身的资产负债表。虽然出售这些有价证券时，银行会产生一些经纪成本和其他交易成本。其中，国债等利率债作为次级准备金通常流动性较高，交易成本也相对较低；部分信用债等其他有价证券则可能流动性较差，交易成本也会更高。调整后的资产负债表如下：

资产		负债	
准备金	9 亿元	存款	90 亿元
贷款	90 亿元	银行资本	10 亿元
证券	1 亿元		

第三，未来银行可以通过向中央银行借款来获取存款准备金。在我们的例子中，未来银行可以保持其有价证券和贷款的持有量不变的同时，从中央银行借入 9 亿元的贴现贷款，从而调整其资产负债表。贴现贷款的成本对应支付给中央银行的利率，通常被称为贴现利率。调整后的资产负债表如下：

资产		负债	
准备金	9 亿元	存款	90 亿元
贷款	90 亿元	向中央银行借款	9 亿元
证券	10 亿元	银行资本	10 亿元

第四,未来银行(理论上)还可以通过减少9亿元的贷款,并将所得款项存入中央银行,从而增加存款准备金9亿元。调整后的资产负债表如下:

资产		负债	
准备金	9 亿元	存款	90 亿元
贷款	81 亿元	银行资本	10 亿元
证券	10 亿元		

这样一来,增加的9亿元的存款准备金就可以满足法定存款准备金要求。

但是,当发生存款外流时,减少贷款是银行获取准备金成本最高的一种方式。如果未来银行主要持有的是短期贷款,那么它可以通过在到期时不续签部分贷款来相对快速地减少贷款总额,即"断贷"。然而,断贷可能会给那些贷款未被续签的客户带来高昂的成本。这些客户今后就可能转移到其他银行。优质客户的流失对未来银行来讲是一个代价很高的后果。

如果银行持有的是长期贷款,在还未到协议规定的还款期限时,银行则只能选择提前收回贷款。这种行为通常被称作"抽贷"。抽贷不仅会使得企业陷入困境,而且往往无法保证银行能够全额收回贷款本金。

当然,未来银行也可以选择将贷款出售给其他银行,但是这么做同样成本很高。因为存在信息不对称,其他银行可能不了解这些贷款的风险,从而产生不小的风险溢价:其他银行仅以较低的价格进行购买。

上述例子解释了为什么即使贷款有更高的回报,银行仍愿意持有超额存款准备金。这是因为当发生存款外流时,超额存款准备金能够使银行避免向其他银行借款、出售证券、向中央银行借款、暂停或出售贷款所带来的成本。

超额存款准备金可以被看作针对存款外流成本的一种保险。与存款外流相关的风险和成本越高,银行就越希望持有更多的超额存款准备金。就像人们愿意向保险公司支付保费以防范交通事故造成的损失一样,银行也愿意支付持有超额存款准备金的机会成本——由于持有超额存款准备金而放弃贷款所产生的收益,以防范存款外流造成的损失。正是因为持有超额存款准备金会产生机会成本,所以银行往往也会采取其他措施来保护自己免受存款外流的影响。例如,银行可以选择持有流动性高的国债等有价证券。这些流动性高的有价证券有时候还被称作**二级准备金**（Secondary Reserve）。硅谷银行的破产案例便是一个流动性管理失败的典型例子（详见专栏3.1）。

专栏 3.1

硅谷银行倒闭事件

硅谷银行（Silicon Valley Bank，SVB）是一家总部位于美国加利福尼亚州圣塔克拉拉市的商业银行，成立于1983年。该银行以其对科技创新公司的融资支持而闻名。截至2022年年末，其总资产规模达到2 118亿美元，在全美银行中排名第16位。硅谷银行的主要服务对象包括科技、创新和创业公司，为这些公司提供各种金融服务，包括商业贷款、存款、财富管理、风险投资和国际银行业务等。硅谷银行作为一家专门为创新和创业公司提供金融服务的科技银行，在服务方式、服务内容、服务对象等方面有着与传统商业银行不同的特点。主要体现在以下几个方面：

（1）专业性强。硅谷银行专注于为科技、创新和创业公司提供金融服务，这些公司通常具有高风险、高增长的特性。硅谷银行通过深入了解这些公司的业务模式和需求，提供定制化的金融解决方案。

（2）服务范围广：硅谷银行不仅提供传统的商业贷款和存款服务，还提供财富管理、风险投资和国际银行业务等多元化的金融服务。这使得硅谷银行能够满足客户在不同发展阶段的不同需求。

（3）创新性强：硅谷银行在金融服务领域具有较强的创新能力，例如它开创的投贷联动模式就成功帮助过Facebook（现Meta Platforms）、Twitter（现X）等明星企业。此外，硅谷银行还通过引入**金融科技**（Financial Technology）等手段，提高服务效率和客户体验。

（4）全球化布局：硅谷银行在欧洲、亚洲和以色列等地拥有分支机构，为客户提供全球化的金融服务。这使得硅谷银行能够更好地满足全球范围内客户的需求。

随着科技行业的迅速发展，众多初创企业涌现，对金融服务的需求日益旺盛。硅谷银行凭借它在科技金融领域的专业性和创新性，迅速崛起为科技企业的首选合作伙伴。同时，这也要求它在风险管理方面具备较强的能力。

但是，宏观金融环境很快发生了剧变。美联储从2022年3月开始进行连续的激进加息和缩表行动，以控制不断高涨的通货膨胀水平。截至2023年2月，美联储已经连续加息8次，累计加息450个基点，使得联邦基金利率达到4.5%—4.75%区间。这一轮快速大幅加息操作在美联储历史上极为罕见，堪称近30年来美联储最陡峭也是最激进的一轮加息。这一年间的快速加息，不仅导致科技初创企业投融资环境恶化，而且使得全美大量银行的资产负债表出现巨额浮亏，面临着重大安全和偿付能力风险。

硅谷银行也不例外。一方面，硅谷银行的存款总额从 2020 年 3 月的 620 亿美元激增至 2021 年 3 月的 1 240 亿美元。另一方面，为了追求更高的收益率，硅谷银行选择将这些存款中的大部分投资于美国的长期国债。但是当利率快速上升时，硅谷银行持有的这些长期国债的市值出现了大幅下降。据《纽约时报》（*The New York Times*）的报道，在硅谷银行倒闭的前一周，穆迪投资者服务公司已经通知硅谷银行的控股公司硅谷银行金融集团，由于其未实现亏损等原因，硅谷银行的信用评级可能面临双重下调。于是，在 2023 年 3 月 8 日，硅谷银行宣布出售约 210 亿美元的证券资产，承担约 18 亿美元的亏损，并尝试通过出售普通股和优先股募集约 22.5 亿美元。

这一消息暴露了该银行的困境，导致其股票价格在 3 月 9 日暴跌超过 60%，市值一日之内蒸发了约 94 亿美元。同时，由于信心受到了严重影响，其客户开始纷纷从硅谷银行取出存款。而且，硅谷传奇投资人彼得·蒂尔（Peter Thiel）的风险投资基金、对冲基金以及创业孵化器等机构此时也纷纷建议他们所投资的科技公司应该考虑尽快从硅谷银行撤出资金。由于硅谷银行的储户主要集中在风险资本支持的科技公司及其从业者，因此这进一步引发了市场恐慌情绪，导致硅谷银行出现了大规模挤兑现象。仅在 3 月 9 日这一天之内，投资者和储户就从硅谷银行账户中取出 420 亿美元，几乎相当于硅谷银行存款总额 1 700 亿美元的四分之一。

2023 年 3 月 10 日，美国加州金融保护和创新部宣布硅谷银行因流动性不足和资不抵债而破产，并指定联邦存款保险公司为接管人。于是，硅谷银行倒闭成为自 2008 年雷曼兄弟银行破产以来美国最大的银行倒闭案。硅谷银行在资产配置上倾向于长期债券，这在利率上升时带来了较大的市场利率风险。而且，硅谷银行缺乏对所持有资产的流动性的管理，导致它在需要时没有足够的**流动性缓冲**（Liquidity Buffer）。因此，硅谷银行的破产事件凸显出商业银行市场风险管理和流动性风险管理的重要性。

资料来源：作者整理。

硅谷银行的流动性管理问题主要表现在以下几个方面：

1. 资产负债期限错配

在资产端，硅谷银行配置了大量长期债券，包括抵押贷款支持证券。在美联储加息的背景下，这些长期债券的价格下跌导致银行的账面价值出现了损失。同时，由于市场利率上升，新发行的债券收益率提高，使得这些长期资产的吸引力下降。在负债端，尽管 2021 年它达到存款高峰，但主要是以活期存款和其他交易类账户存款为主，占存款总额的 76.72%，而储蓄和定期存款仅为 66.93 亿美元。硅谷银行的负债（主要是存款）的期限通常较短，而资产（如长期债券）的期限通常较长，在加息环境下，这种期限错配会导致银行在资产端面临较大的利率风险，同时需要在负债端不断吸引新的存款以维持运营，增加了流动性管理的难度。

2. 流动性缓冲不足

硅谷银行在面临存款流失和资产价值下降的情况下，没有足够的流动性缓冲来应对赎回潮。通常，银行会保持一定比例的流动资产，如现金、短期国债等，以应对可能的流动性需求。但硅谷银行在配置长久期资产的同时未预留出充足的现金及现金等价物，加之未对不稳定的负债结构进行积极有效的管理，导致这部分资产不足以提供流动性支持。

3. 存款大量流失

硅谷银行宣布破产前，面临大规模的存款提取潮。这是因为硅谷银行的客户主要是科技初创公司，由于市场环境变化和美联储加息的影响，它们需要大量的现金来维持运营或偿还其他债务。这些公司通常在硅谷银行存款利率较高的时候存入资金，一旦市场条件发生不利变化，从硅谷银行取出现金存款以缓解自身资金压力便成了大多数初创公司的共同选择。

4. 融资成本上升

随着美联储加息，市场整体资金成本上升，硅谷银行需要以更高的成本筹集资金。这不仅增加了银行的融资成本，也降低了其盈利能力，进一步加剧了流动性压力。

综上，资产负债期限错配、流动性缓冲不足、存款大量流失以及融资成本上升等因素导致硅谷银行的流动性不足，进而导致了银行的破产。

基于硅谷银行的破产案例，我们认识到商业银行在进行流动性管理时，通常需要做到以下几点：

（1）平衡资产和负债的期限结构。在硅谷银行的资产负债表中，资产和负债的期限错配是一个重要问题。商业银行应该通过管理资产和负债的期限结构，尽量减少原始期限、重定价期限和剩余期限之间的不匹配。例如，可以通过发行不同期限的债务工具来匹配不同期限的资产，降低流动性风险和利率风险。此外，商业银行还应建立科学合理的贷款定价机制，特别是中长期贷款定价机制，通过主动调整贷款定价期限，尽量缩短贷款再定价的周期期限。

（2）控制负债质量。在硅谷银行的负债结构中，客户存款占比高，且主要为公司客户存款，这使得负债来源单一且质量不高，稳定性较差。商业银行应注重提升负债的质量，提高零售客户存款的比重，同时控制负债的集中度，避免过度依赖某一类客户或行业。此外，商业银行还可以通过合理的定价策略和成本控制措施，降低负债成本，提高银行的盈利能力，同时关注负债成本与市场利率的变动关系，及时调整负债策略，避免成本过高带来的风险。

（3）保持充足的流动性缓冲。商业银行应该保持足够的流动性缓冲，包括现金、中央银行存款、短期国债等高流动性资产，以应对可能的流动性需求。这样可以在面临存款流失或其他流动性压力时，提供及时的流动性支持，如积极寻找多种资金来源，减少对单一来源的依赖，或将流动性较差的表内资产（如长期贷款）进行结构化并发售，以此获得新的资金。

（4）采取灵活的融资策略。商业银行应根据市场环境和自身需求，灵活调整融资策略。在利率上升周期中，可以选择增加短期融资比重，以降低融资成本。在利率下降周期中，可以选择增加长期融资比重，以锁定较低的融资成本。

（5）采用金融衍生工具对冲风险。商业银行可以利用金融衍生工具，如远期合约、利率期货等对冲流动性风险。通过与交易对手进行衍生交易，商业银行可以转移或降低流动性风险敞口，从而降低潜在的资金流出风险。具体而言，可分为期货对冲、互换对冲、期权对冲以及组合对冲。

其中，**期货对冲**（Futures Hedging）是一种常见的风险对冲策略，它利用期货合约与现货资产之间的价格相关性来抵消风险。通过购买或出售与现有资产或预期现金流方向相反的期货合约，投资者可以锁定未来的价格，从而对冲潜在的价格波动风险。**互换对冲**（Swap Hedging）主要用于对冲利率风险和汇率风险。银行通过与其他交易对手进行互换，可以调整资产或负债的利率或汇率，从而达到对冲风险的目的。**期权对冲**（Option Hedging）指投资者购买或出售期权合约来对冲潜在风险。例如，投资者可以购买看跌期权来对冲股票价格下跌的风险。此外，通过构建多元化的投资组合，投资者可以分散特定风险，即**组合对冲**（Portfolio Hedging）。将不同类型的金融衍生品组合在一起，可以实现对冲风险的效果，同时获得更稳定的回报。

（6）控制成本。首先，商业银行应建立一套完整的成本控制体系，包括预算制度、成本核算制度、成本分析制度等。这些制度应确保成本数据的准确性和真实性，为风险管理提供有力的数据支持。其次，银行应合理配置资源，提高运营效率。优化资源配置不仅可以降低银行的运营成本，还可以减少资源分配不当引发的风险。最后，随着金融科技的发展，越来越多的技术手段被应用于银行的风险管理中。商业银行可以利用大数据、人工智能等技术手段，对成本数据进行深入挖掘和分析，发现潜在的风险趋势和规律，为风险管理提供更为精准的数据支持。

（7）建立流动性风险预警机制。商业银行应建立流动性风险预警机制，通过监测和分析各项指标，及时发现潜在的流动性风险。预警机制可以帮助商业银行提前采取应对措施，降低流动性风险的发生概率。

通过上述措施，商业银行可以更好地管理流动性，提高资产负债管理的效率和风险控制能力，从而保持稳健的经营和盈利能力。

第三节　商业银行的净息差管理

一、净息差管理目标

净息差，又称净利息收益率，是指商业银行净利息收入与平均生息资产的比率，用公式表示为：净息差＝净利息收入/平均生息资产。由于净利息收入等于利息收入减去利息支出，因此净息差也可以表示为：（利息收入－利息支出）/平均生息资产。净息差反映了银行在资金成本与投资收益之间的获利能力，代表着每单位平均生息资产所能创造的净利息收入，是银行利润的重要来源之一，也是货币市场的重要决定因素。

净息差的变动可以反映市场资金流动、借贷需求差异以及经济的趋势，因此净息差管理对于银行的盈利能力和风险管理能力具有重要意义。

首先，净息差能够反映银行的资金运用效率。净息差反映了银行在资金成本与投资收益之间的获利能力，即银行通过利用资金赚取的收入与资金成本之间的差额。净息差越高，说明银行在资金运用方面的效率越高，盈利能力越强。

其次，净息差体现银行的风险管理能力。净息差的高低还受到银行风险管理能力的影响。银行在贷款和投资过程中面临各种风险，如信用风险、市场风险等。银行的风险管理能力越强，越能够有效地控制风险，减少不良贷款和投资损失，从而提高净息差水平。

最后，净息差影响银行的资产负债结构。净息差的高低与银行的资产负债结构密切相关。银行需要根据市场环境和经济形势，合理配置资产和负债，以优化资产负债结构，提高净息差水平。因此，净息差也反映了银行在资产负债管理方面的能力。

净息差与商业银行资产负债管理紧密联系，既是银行资产负债业务在利润表中展现的运行结果，又是资产负债管理效果的全面体现，并对资产负债管理形成反馈。如果资产负债管理科学、合理、有效，那么在净息差方面就会体现出一定的优势，净利息收入就会实现较快增长；反之，若净息差对比同业竞争优势在收窄，净利息收入增幅放缓，则意味着资产负债结构安排或定价策略可能出现了一些问题，需要银行人员针对性地加以改正。因此，银行有必要保持合理的净息差水平。

合理的净息差意味着商业银行在经营过程中，根据自身的风险承受能力、市场环境、经济形势等因素，确定的符合银行稳健经营和风险偏好的净息差水平。由此可见，资产负债管理的目标，就是一方面要追求并保持较高的净息差水平，另一方面要降低净息差的波动性，特别是要熨平经济周期的波动性，保持净息差长期的相对稳定。

具体而言，商业银行对净息差进行管理的主要目标有：

1. 稳健经营

银行要保持净息差在合理范围内，确保自身有足够的收益来覆盖运营成本和风险损失，维护稳健财务状况。同时，银行要根据自身的风险承受能力、市场环境等要素，合理调整净息差水平，避免过度追求利润而带来风险。

2. 提高盈利能力

银行可以通过优化资产负债结构、提高资金运用效率等手段，扩大净息差水平，增加收益来源，提高盈利能力；同时，要加强对贷款和投资项目的风险识别和评估，控制不良贷款和投资损失，降低风险成本，提高净息差水平。

3. 防范金融风险

保持合理的净息差水平，有助于银行防范金融风险。控制净息差可以优化银行的资本充足率，提高银行的风险抵御能力。同时，银行要加强对市场风险的监测和管理，及时调整资产负债结构，避免市场风险对净息差产生不利影响。

4. 支持实体经济发展

商业银行作为经济体系中的重要一环，承担着支持实体经济发展的重任。通过保持合理的净息差水平，银行可以增加对实体经济的信贷投入，支持实体经济的发展；同时，要加强对实体经济的风险评估和服务创新，提高金融服务的质量和效率。

二、净息差管理原则

可以看出，合理的净息差管理是商业银行经营管理的重要组成部分，对于提高银行的盈利能力和风险管理能力具有重要意义。然而，尽管净息差能够有效衡量商业银行的盈利能力，但也存在一些缺陷和局限性。首先，该指标主要关注的是银行在资金成本与投资收益之间的获利能力，忽略了风险因素对银行盈利的影响。银行在贷款和投资过程中面临各种风险，如信用风险、市场风险、操作风险等，这些风险可能对银行的资产质量和盈利能力产生重大影响。其次，净息差指标的大小受市场环境的影响较大。在经济繁荣时期，市场资金需求旺盛，银行可以适当提高净息差水平；而在经济下行时期，市场资金供应相对充裕，银行可能需要降低净息差水平以吸引客户。这导致净息差指标在不同经济周期下可能存在较大波动，难以准确反映银行的长期盈利能力。最后，净息差主要关注的是银行的贷款和投资业务，忽略了银行其他业务对盈利的贡献。现代商业银行的业务结构越来越多元化，包括金融市场业务、中间业务、资产托管等，这些业务对银行的盈利也有重要影响。因此，仅仅依靠净息差指标来评估银行的盈利能力是片面的。银行对于净息差目标的设定，应在评估自身盈利能力的同时，综合考虑其他指标和因素，以更全面、准确地评估经营状况和风险状况。

具体来说，净息差管理应遵循以下原则：

（一）要平衡好净息差与信用风险的关系

银行信用风险偏好不同会对银行净息差产生显著影响。**信用风险偏好**（Credit Risk Appetite）是指银行在贷款和投资过程中对不同信用等级的客户和项目所愿意承担的风险程度。不同的信用风险偏好会导致银行在贷款定价、资产组合配置以及风险管理策略上存在差异，从而影响银行的净息差水平。

首先，信用风险偏好较高的银行可能愿意承担较高的信用风险，以追求更高的收益。这类银行可能会降低贷款审批标准，放宽对借款人的信用评估要求，从而扩大贷款规模并提高贷款收益率。这种策略在短期内可能会提高银行的净息差，但长期来看可能会导致不良贷款率上升，增加银行的信用风险损失。

其次，信用风险偏好较低的银行可能更加注重风险控制和资产质量管理。这类银行可能会提高贷款审批标准，严格对借款人进行信用评估，以降低不良贷款率。这种策略有利于银行保持较低的信用风险，但可能会导致贷款规模的缩小和贷款收益率的下降，从而降低银行的净息差水平。

再次，信用风险偏好还会影响银行的资产组合配置。信用风险偏好较高的银行可能更倾向于配置风险较高的资产，如高收益债券、股票等，以提高整体收益水平。而信用风险偏好较低的银行可能更注重资产的安全性和流动性，配置更多的低风险资产，如国债、存款等。这种资产组合配置的差异也会导致银行净息差的差异。

最后，信用风险偏好还会影响银行的风险管理策略。信用风险偏好较高的银行可能更愿意采用主动的风险管理策略，通过风险定价、风险分散等手段来管理信用风险。而信用风险偏好较低的银行可能更注重风险规避，通过降低风险敞口、提高风险准备金等方式来降低信用风险。这些不同的风险管理策略也会对银行的净息差产生影响。

因此，银行需要根据自身的风险承受能力、市场环境等要素来合理调整信用风险偏好，实现净息差与信用风险的平衡，从而带动资产负债结构的不断优化和净息差水平的提升。

（二）要平衡好净息差与流动性风险的关系

净息差与流动性风险管理指标之间存在着显著的"跷跷板效应"，即净息差和流动性风险管理指标之间存在一定的权衡关系。当银行试图提高净息差以增加盈利时，可能会面临流动性风险增加的压力；反之，当银行加强流动性风险管理以降低风险时，可能会牺牲一部分的净息差。

这种"跷跷板效应"主要源于银行的资产和负债结构。净息差的高低主要取决于银行贷款和投资等生息资产的收益率与存款等付息负债的成本率之差。一方面，为了提高净息差，银行可能会提高贷款和投资等生息资产的比重，这可能导致资金流动性下降，流动性风险增加。同时，如果银行过度追求高收益的贷款和投资项目，可能会忽视对借款人的信用评估和风险管理,从而增加信用风险。另一方面,为了降低流动性风险,银行可能需要提高存款等低风险、高流动性负债的比重,或者降低贷款和投资等生息资产的比重。这将导致银行的净息差收窄,牺牲一部分盈利能力。此外,加强流动性风险管理可能意味着银行需要增加风险准备金、优化资产负债结构等,这些都会在一定程度上影响银行的净息差水平。

因此,在平衡净息差与流动性风险的关系时,银行需要综合考虑市场环境、自身风险承受能力、盈利目标等要素,合理调整资产和负债结构,优化风险管理策略,以实现净息差与流动性风险之间的平衡。这种平衡既有利于银行保持稳健的财务状况和风险抵御能力,也有利于支持实体经济的发展和维护金融市场的稳定。

(三) 要平衡好净息差与利率风险的关系

首先,平衡好净息差与利率风险的关系,有助于银行在利率波动中保持稳定的净息差水平。利率风险是影响银行净息差的重要因素之一,市场利率的波动会直接影响银行资产和负债的价值,从而影响银行的净息差水平。当市场利率上升时,银行负债成本也会相应上升,导致净息差收窄;反之,当市场利率下降时,银行资产价值可能下降,同样会对净息差产生不利影响。

其次,平衡好净息差与利率风险的关系有助于银行优化资产负债结构。为了管理利率风险,银行需要对资产负债结构进行合理配置。例如,在市场利率上升的预期下,银行可能提高长期固定利率贷款的比重,同时提高短期流动性负债的比重,以降低负债成本并锁定长期收益。这种资产负债结构的优化有助于银行在保持一定净息差的同时,降低利率风险。

因此,为了尽量减少净息差波动带来的不确定性,银行应该合理地控制利率风险水平,确保跨周期净息差的相对平稳,以此带来净利息收入的稳定增长。

三、净息差管理内容

在当前银行集团化、国际化、混业化经营日益深入的情况下,银行资产负债管理的内涵在不断扩大,其中,净息差的管理工具和管理手段也在不断丰富。银行需要通过优化资产负债结构、加强风险管理和提高资金运用效率等手段,来提高净息差水平,实现可持续发展。

具体而言,商业银行通常可以在以下几个方面对净息差进行管理:

(一) 资产负债结构调整

银行通过调整资产和负债的结构和期限,以优化净息差。例如,在利率上升的环境中,银行可能会提高长期固定利率贷款的比重,同时提高短期流动性负债的比重,以降低负债成本并锁定长期收益。

（二）利率定价管理

银行通过制定合理的**利率定价**（Interest Rate Pricing）策略，平衡资产和负债的利率敏感性，以应对市场利率波动对净息差的影响。银行可能会根据市场利率走势、资金成本、风险偏好等方面，对贷款、存款等产品的利率进行动态调整。

（三）利率风险管理

银行可以利用各种利率风险管理工具，如利率互换、利率期货、利率期权等衍生金融工具，对冲市场利率波动带来的风险。这些工具可以帮助银行锁定收益、降低负债成本或调整资产负债的利率敏感性，从而维护稳定的净息差。

（四）内部资金转移定价

内部资金转移定价（Internal Funds Transfer Pricing，IFTP）是指银行内部资金转移的价格，用于衡量不同业务单元之间的资金成本和收益。通过IFTP，银行可以引导业务单元主动管理利率风险，优化资产负债结构，实现全行范围内的净息差最大化。

（五）流动性风险管理

银行需要确保足够的流动性以应对可能出现的资金短缺。流动性管理包括保持合理的现金储备、制定流动性应急预案、进行**流动性压力测试**（Liquidity Stress Testing）等。这些措施有助于银行在面临流动性风险时，保持稳定的净息差水平。

（六）产品创新和科技创新

银行可以通过开发新的金融产品和服务，如财富管理、资产管理、信用卡业务等，来扩大收入来源，这些业务通常具有较高的利润率，又如零售业务、中间业务等，可以增加银行非利息收入，减少对利息收入的依赖。同时，银行可以利用金融科技来提高服务效率和客户体验，如使用人工智能、大数据和云计算等来优化风险评估、信用评级和定价模型。

此外，银行需要制定完善的风险管理政策和流程，确保净息差管理活动的合规性和有效性。通过综合运用这些手段和工具，银行可以在保持盈利的同时，有效管理利率风险和其他相关风险，实现净息差的稳定增长和银行的稳健运营。

四、净息差管理现状

近年来，商业银行的净息差呈现出明显的收窄趋势。这主要是受到贷款和存款利率两个方面的影响。一方面，商业银行的贷款定价基准是**贷款市场报价利率**（Loan Prime Rate，LPR）。受到LPR下调的影响，商业银行的贷款利率也出现不断下降的趋势。另一方面，存款利率水平也影响了银行的负债成本。

此外，银行在风险管理方面的策略也会对净息差产生影响。首先，从整体上看，近年来，商业银行的净息差呈现下行趋势。例如，2023 年第四季度，衡量商业银行盈利能力的重要指标之一——净息差环比下降 4 个基点至 1.69%，跌破 1.7%，创下了 2010 年有统计数据以来的新低。这表明，在持续让利实体经济的背景下，银行净息差仍面临下行压力。其次，从净息差的变化趋势上看，呈现逐季下行的趋势。以 2023 年为例，四个季度的净息差分别为 1.74%、1.74%、1.73% 和 1.69%，显示净息差在不断收窄。最后，从银行的资产负债管理和风险管理能力上看，部分银行在资产负债结构方面存在的不合理之处，如长期贷款和短期存款的配比不当，或者高风险资产占比过高等，导致净息差收窄。同时银行间利率风险的管理能力也参差不齐，虽然部分银行已经开始利用利率风险管理工具来对冲市场利率波动带来的风险，但整体上我国商业银行在利率风险管理方面的能力还参差不齐。

尽管净息差的变化受到多种因素的影响，但是我国面临的低利率环境是其不断收窄的主要原因。近几十年来，全球主要经济体的经济增速都经历了由高到低的转变，经济增长陷入了一定的困局，部分国家大幅调整政策利率，甚至降至负值，全球步入低利率环境。具体而言，低利率环境对银行净息差的影响主要体现在以下几个方面：

首先，贷款收益率下降。随着市场利率的下降，银行贷款利率也相应下降。这导致银行从贷款业务中获得的利息收入减少，进而影响到银行的净息差。其次，存款成本相对稳定。虽然市场利率下降，但银行的存款成本并未同步下降。这是因为存款市场存在竞争，银行为了保持存款规模，往往需要在存款利率上保持一定的竞争力。因此，在低利率环境下，银行的存款成本相对稳定，而贷款收益率下降，导致净息差收窄。再次，银行资产配置压力增加。低利率环境下，银行的资产配置压力加大。银行需要寻找更高收益的资产来弥补贷款收益率下降的影响，但同时也要考虑风险控制和合规要求。这增加了银行资产管理的难度和复杂性。最后，银行业的竞争加剧。低利率环境加剧了银行业的竞争。为了争夺市场份额，银行可能会采取更加激进的定价策略，进一步压缩净息差。同时，互联网金融等新型金融业态的兴起也对传统银行业务造成了冲击。

为了应对净息差收窄的挑战，银行在净息差管理方面应采取一系列策略和实践。首先，优化资产负债结构。银行通过调整资产负债结构，优化贷款和存款的配比，以降低负债成本并提高资产收益。例如，提高长期稳定存款的比重，降低高风险资产的占比等。其次，提升利率风险管理能力。银行可以利用利率风险管理工具，如利率互换、利率期货等，对冲市场利率波动带来的风险。同时，建立完善的利率风险管理制度和流程，提高全行范围内的利率风险管理水平。再次，银行还应加强内部资金转移定价管理。银行应完善内部资金转移定价机制，引导业务单元主动管理利率风险，通过内部资金转移定价的调节作用，实现全行范围内的净息差最大化。最后，银行应加大科技投入。银行可以利用大数据、人工智能等先进技术提升风险定价能力、优化信贷结构、提高非利息收入占比等，以应对净息差收窄的挑战，确保净息差管理活动的合规性和有效性。

综上所述，针对当前净息差管理所呈现出的整体水平下降、变化趋势逐季收窄的特点，银行应采取一系列措施来应对这一挑战。同时伴随着市场环境的日益变化和监管政策的不断调整，银行需要持续关注净息差的变化并采取相应的管理措施以保持稳健的财务状况和风险抵御能力。

本章小结

由于市场环境的不断变化，商业银行面临的各种风险也随之改变。本章主要讨论商业银行面临的市场风险和流动性风险。其中，市场风险又主要包括利率风险和汇率风险。利率风险是指当市场利率变动时，可能导致商业银行的资产负债价值以及利息收入或者支出发生变动，从而影响银行经营业绩和稳健性的风险。汇率风险是指因汇率变动而蒙受损失的可能性。流动性风险是指商业银行可能无法以合理的价格和时间获取足够资金来应对其流动性需求的情况。除了对市场风险和流动性风险进行管理，商业银行还需要对净息差进行管理。净息差是资产负债业务运行的直接结果，也是银行的主要利润来源。商业银行要在平衡好利率风险、汇率风险和流动性风险的基础上，实现净息差的长期稳定提升。随着利率市场化改革的日益深入，商业银行要不断跟进业务变化的特征，拓展风险管理和净息差管理的广度和深度，进而对资产负债进行全面的研判管理和统筹规划。

思考题

1. 银行家是否应该为所管理的资产寻求最高可能的回报？为什么？
2. 描述商业银行如何通过优化资产负债结构来管理流动性风险。
3. 简述商业银行在资产负债管理中，如何运用利率敏感性缺口分析来控制利率风险。
4. 如果市场预期未来利率会上升，作为一名银行家，你会更倾向于发放短期贷款还是长期贷款？为什么？
5. 在当前低利率环境下，商业银行应如何有效管理净息差，以应对息差收窄的压力？

关键词

风险；净息差；市场风险；利率风险；汇率风险；利率；回报率；到期收益率；

重新定价风险；期限错配；基准利率风险；收益率曲线风险；期权性风险；利率敏感性；利率敏感性资产；利率敏感性负债；存款基准利率；利率敏感性缺口；利率市场化；久期；久期缺口；利率期货；利率期权；利率互换；风险敞口；流动性风险；流动性管理；二级准备金；金融科技；流动性缓冲；期货对冲；互换对冲；期权对冲；组合对冲；信用风险偏好；利率定价；内部资金转移定价；流动性压力测试；贷款市场报价利率；低利率

第四章
金融科技与银行业数字化转型

学习目标

【知识目标】 掌握金融科技的基本概念与应用场景,了解银行业数字化转型的演进历史、阶段特征与发展现状。

【能力目标】 理解数字化转型对银行业的影响,如数字技术对银行业的规模经济和范围经济的再定义。

【素养目标】 领会银行数字化转型的重要意义,认识科技在强大的金融机构建设中的作用,加深对金融强国建设中科技金融这篇大文章的理解。

导言: 2022年1月国务院发布的《"十四五"数字经济发展规划》明确指出,要加快金融领域数字化转型,合理推动数字技术在银行、证券、保险等领域的深化应用。数字技术的广泛应用,推动着中国商业银行的服务方式和服务对象的巨大转变。数字化转型不仅是银行业内在发展的需要,也是金融科技发展的必然趋势。那么当前金融科技的发展特征是怎样的?商业银行的数字化转型主要依赖哪些底层技术?具有哪些应用场景?数字技术给中国银行业带来了哪些重要影响?银行数字化转型有哪些典型路径和阶段特征?

为了回答以上问题,本章首先将审视金融科技的定义,追溯其发展脉络,深入剖析其多样化的分类体系及底层技术构成。其次,我们将探讨数字技术如何重塑银行业的规模经济与范围经济,并带来服务方式与对象的转变。最后,我们将系统分析银行数字化转型的典型路径与阶段特征,并探讨其变革过程中的驱动因素和重要特征。

第一节 数字化是金融科技 3.0

一、金融科技的定义

什么是金融科技？在早期文献中，严圣阳（2016）认为金融科技是新技术在金融服务领域的应用；沈艳兵（2017）则将金融科技理解为围绕数据化信贷、标准资产、机器人理财三块业务布局平台或是通过大数据技术进行精准分析，向投资者提供个性化的理财顾问。2016年，**金融稳定理事会**（Financial Stability Board，FSB）提出将金融科技定义为由技术进步引发的金融领域创新。它集合前端产业和后台技术，创造新的商业模式、产品种类、应用手段、流程方法。因此，金融科技也就是"由技术驱动的金融创新"。

中国人民银行2019年发布的《金融科技（FinTech）发展规划（2019—2021年）》也遵循金融稳定理事会，将金融科技定义为科技驱动下的金融业务创新，包括由此而产生的新业务模型、新应用、新业务流程或新产品。在新一轮科技革命和产业变革的背景下，金融科技是人工智能、大数据、云计算、物联网等信息技术与金融业务的深度融合。中国人民银行2022年发布的《金融科技发展规划（2022—2025年）》进一步沿用了这个定义，同时还指出金融科技是深化金融供给侧结构性改革、增强金融服务实体经济能力的重要引擎。具体定义见表4.1。

表 4.1 金融科技定义

来源	定义
金融稳定理事会的《金融科技的描述与分析框架报告》（2016）、中国人民银行的《金融科技（FinTech）发展规划（2019—2021年）》以及《金融科技发展规划（2022—2025年）》	*金融科技是技术驱动的金融创新，旨在运用现代科技成果改造或创新金融产品、经营模式、业务流程等，推动金融发展提质增效 *在新一轮科技革命和产业变革的背景下，金融科技是人工智能、大数据、云计算、物联网等信息技术与金融业务的深度融合 *金融科技是深化金融供给侧结构性改革、增强金融服务实体经济能力的重要引擎

对于到底什么是金融科技，世界各国围绕金融稳定理事会的定义，已逐步达成了一定的共识。总的来说，金融科技旨在研究现代科技并将它们应用于金融领域，是金融服务与底层技术的一次深度融合。金融科技的覆盖范围较广，主要运用的技术包括大数据分析、云计算、人工智能、区块链以及物联网等；主要应用的金融领域包括传

统金融的银行、券商、保险、移动支付以及投融资等。因此,金融科技可以理解为科技在金融领域的应用,创新传统金融行业所提供的产品和服务,提升效率并有效降低成本。

以数字技术为核心的金融科技正被广泛地应用于支付清算、财富管理、风险控制、征信等领域,其发展有望重构现有的金融体系。金融科技的技术手段主要包括大数据、云计算、人工智能、区块链和物联网等新兴技术,其市场参与者包括银行、保险、券商等机构,其金融形态主要包括数字货币、保险定损、智能投顾等。

二、金融科技的发展历程

"金融科技"这个词,其实并不新鲜。而且,科技长期以来一直都是引领金融业发展的主要力量。换句话说,金融科技曾经在不同历史时期,以不同的形式推动金融业的发展。具体而言,我们可以将金融科技的发展历程分为三个阶段。

第一阶段:电子化发展阶段(FinTech 1.0)。

电子化发展阶段的开始以金融机构设立信息化部门,创造银行卡、ATM(自动取款机)、POS 机等为标志。这一阶段金融服务与电子信息技术开始初步融合,起到提高业务效率、降低运营成本的作用。1993 年,《国务院关于金融体制改革的决定》明确指出要加快金融电子化建设。在国务院的统一部署下,中国人民银行和各银行业金融机构共同探索行业电子化建设,通过持续运用现代通信技术、计算机技术等开展金融业务和管理。2001 年,我国加入 WTO,银行业的开放程度扩大,银行竞争加剧,进一步加速了我国金融电子化的建设与发展。在这一阶段,金融机构实现了设备上的电子化,金融电子化从根本上改变了传统的金融业务处理模式。在这个时期,无论是在生活中,还是在学术研究中,ATM 都被认为是金融科技的典型代表(Alvarez and Lippi, 2009)。

第二阶段:网络化发展阶段(FinTech 2.0)。

网络化发展阶段的主要表现为随着互联网的快速发展,金融机构围绕互联网拓客营销,金融服务从线下转移到线上。金融机构通过互联网收集顾客信息并结合大数据分析,减少信息不对称,变革业务模式,进一步提高效率。2004 年,第一批第三方支付企业出现。2005 年,网上支付、移动支付等多种电子支付形式快速普及,电子支付行业蓬勃发展。之后互联网信贷、互联网理财的兴起标志着互联网与金融结合的开始。在这个时期,网上银行以及手机银行开始成为金融科技的典型代表。

第三阶段:数字化发展阶段(FinTech 3.0)。

我国自 2016 年至今都处于数字化发展阶段。这个阶段的主要特征表现为:人工智能、大数据、云计算、区块链等技术渗透于金融机构经营的各个方面,包括投资决策、风险定价、客户分析等环节,深刻改变着传统金融机构的经营模式。2017 年,中国人民银行成立了金融科技委员会，旨在切实做好我国金融科技发展战略规划与政策指引。2019 年 10 月，中国人民银行印发《金融科技（FinTech）发展规划（2019—2021 年)》，对金融科技发展的指导意义重大。在这一阶段，金融科技的应用范围更加广泛，大数据、云计算等技术更多地被应用在金融领域中。一方面，各金融机构利用金融科技对传统金融服务、产品进行改造；另一方面，各金融机构又利用金融科技创新金融产品和服务，从而降低了金融产品、服务的交易成本，提升了企业的运营效率。这一阶段的代表性应用除互联网金融时期的应用外，还包括供应链金融、智能投顾等。在这个时期，数字货币、线上快贷以及智能投顾等逐渐成为金融科技的典型代表。

上述金融科技的发展历程可总结为表 4.2。

表 4.2　金融科技发展历程

阶段	年份	特征	表现	代表性应用
电子化发展阶段（FinTech 1.0）	1993—2004 年	电子化	电子 IT + 金融	ATM、POS 机、磁条信用卡技术
网络化发展阶段（FinTech 2.0）	2004—2016 年	网络化	互联网 + 金融	网上银行、手机银行、互联网信贷、互联网理财
数字化发展阶段（FinTech 3.0）	2016 年至今	数字化	数字技术 + 金融	大数据、云计算、人工智能、区块链

资料来源：作者根据《2020 金融科技发展白皮书》整理。

不仅是中国，全球目前都处于金融科技 3.0 时代，即数字化发展阶段。如表 4.3 所示，截至 2023 年年底，美国标普 500 指数中市值最高的七大成分股公司依次为：苹果（AAPL）、微软（MSFT）、谷歌（GOOGL）、亚马逊（AMZN）、英伟达（NVDA）、（原）脸书（META）以及特斯拉（TSLA）。这些公司无一例外，均处于当前数字化和智能化发展的最前沿。

表 4.3　《财富》（*Fortune*）杂志公布的市值最高的前十家美国公司

排名	1980 年	1990 年	2000 年	2010 年	2020 年	2023 年
1	国际商用机器（IBM）	埃克森（Exxon）	通用电器（GE）	埃克森美孚（Exxon Mobil）	微软（Microsoft）	苹果（Apple）
2	美国电话电报（AT&T）	国际商用机器（IBM）	微软（Microsoft）	苹果（Apple）	苹果（Apple）	微软（Microsoft）
3	埃克森（Exxon）	通用电器（GE）	埃克森美孚（Exxon Mobil）	微软（Microsoft）	亚马逊（Amazon）	谷歌（Google）
4	阿莫科石油（Amoco）	沃尔玛（Walmart）	辉瑞（Pfizer）	沃尔玛（Walmart）	谷歌（Google）	亚马逊（Amazon）

（续表）

排名	1980年	1990年	2000年	2010年	2020年	2023年
5	斯伦贝谢（Schlumberger）	美国默克（Merck&Co.）	花旗集团（Citigroup）	伯克希尔-哈撒韦（B&H）	脸书（Facebook）	英伟达（Nvida）
6	美孚（Mobil）	百时美施贵宝（BMS）	沃尔玛（Walmart）	通用电器（GE）	沃尔玛（Walmart）	（原）脸书（Meta）
7	雪佛龙（Chevron）	可口可乐（Coca-cola）	美国国际集团（AIG）	宝洁（P&G）	强生（J&J）	特斯拉（Tesla）
8	大西洋里奇菲尔德（ARCO）	宝洁（P&G）	英特尔（Intel）	美国银行（BOA）	摩根大通（J.P. Morgan）	礼来（Eli Lilly）
9	通用电器（GE）	雪佛龙（Chevron）	国际商用机器（IBM）	谷歌（Google）	维萨（Visa）	博通（Broadcom）
10	宝洁（P&G）	百事（Pepsi）	思科（Cisco）	摩根大通（J.P. Morgan）	宝洁（P&G）	摩根大通（J.P. Morgan）

如果再往前看得更远一点，我们会发现在过去几十年间美国《财富》的世界500强前十位中主要的公司变迁，正好对应着电子化、网络化和数字化三个发展浪潮。换句话说，电子化、网络化和数字化也代表着时代的脉搏和财富的密码。例如，表4.3描述了从1980年开始，每隔十年以市值为标准的美国《财富》世界500强企业中前十位的变迁。从中我们可以清晰地发现，在20世纪80年代和90年代，通用电气（GE）以及国际商用机器（IBM）这些电子化的代表性公司占据了世界500强榜单的前列。但是，从21世纪开始，榜单出现了巨大变化。英特尔（Intel）以及思科（Cisco）这样的网络化代表性企业开始崭露头角。从2010年开始，我们又进入移动互联网时代。因此，苹果（Apple）和谷歌（Google）这样的移动互联网企业排名开始攀升。截至2020年，《财富》世界500强企业榜单的前五位已悉数被数字化时代的领军企业占据。这一现象标志着金融科技已全面迈入数字化发展阶段。

金融科技的发展历程与银行数字化的发展历程在许多方面存在着密切的联系和相互影响。随着金融科技的不断演进，银行业也逐步意识到数字化转型的重要性，并开始积极采纳和应用各种新技术来提升自身的服务水平和竞争力。这种转变不仅是为了适应市场的变化和满足客户的需求，同时也是银行业在面对日益激烈的竞争和不断涌现的新型业务模式时所作出的必然选择。

在金融科技的推动下，银行数字化的发展历程逐渐呈现出一系列特征和趋势。从最初的简单网络银行到如今的智能化金融服务，银行数字化的发展经历了从单一业务向多元化服务的转变、从线下交易向线上互动的演进，以及从传统模式向创新模式的转型。这种变革不仅带来了客户体验的全面升级，也为银行业务的高效运营和风险管理提供了更加有效的手段和工具。

从银行业的发展进程来看，数字化转型可以基本概括为业务自动化、银行电子化、银行数字化三个时期。

一是业务自动化阶段，这一阶段主要是银行设备产品上的更新迭代。19世纪70年代，花旗银行就开始使用ATM来解决用户的一些日常事务。它利用磁码卡或智能卡实现金融交易的自助服务，在一定程度上降低了成本，提高了交易效率。

二是银行电子化阶段，随着互联网和移动设备的发展，传统的银行开始从线下转为线上，电子银行被广泛使用，从最初的网上转账、对账单和电子账单支付，发展到网上购买、融资、借贷等。

三是银行数字化阶段，金融科技开始影响银行产业的发展，许多银行企业开始依赖大数据、人工智能、区块链、云计算等关键技术，参与者也从传统的银行机构扩展到了科技公司和互联网公司等其他行业的参与者。

因此，金融科技的发展与银行数字化的进程相互交织、相互促进，共同推动着整个金融行业向着更加智能、便捷和安全的方向发展。在这个过程中，银行不断吸收和运用金融科技的最新成果，不断优化和升级自身的数字化能力，以适应日益复杂和多变的市场环境，实现可持续发展和长期竞争优势。

三、数字化是银行业转型的必由之路

目前，世界正处于百年未有之大变局，重要战略机遇和重大风险并存。在全球化的浪潮下，经济发展的影响因素不仅越来越多，而且越来越复杂。与此同时，中国经济已经由高速增长阶段进入高质量发展阶段，随着国家经济政策的调整和改革的深化，经济发展呈现出新局面，传统的经济增长模式已无法满足市场发展的新需求。为此，国家大力倡导经济高质量发展，积极增强金融科技对整体经济的驱动力，通过发展金融科技、优化金融资源配置以及完善扶持政策等手段，促进金融科技创新，推动市场经济实现更高质量的发展。《中华人民共和国国民经济和社会发展第十四个五年规划和2035年远景目标纲要》（以下简称《纲要》）提出要"稳妥发展金融科技"，也就是既要发展金融科技，又要完善现代金融监管体系，补齐监管制度短板。

2022年1月国务院发布的《"十四五"数字经济发展规划》明确指出，要"加快金融领域数字化转型。合理推动大数据、人工智能、区块链等技术在银行、证券、保险等领域的深化应用"。《金融科技发展规划（2022—2025年）》指出要解决金融科技发展不平衡不充分等问题，推动金融科技健全治理体系，完善数字基础设施，促进金融与科技更深度融合、更持续发展，更好地满足数字经济时代提出的新要求、新任务。

党的二十大报告强调，高质量发展是全面建设社会主义现代化国家的首要任务。要坚持把发展经济的着力点放在实体经济上，建设现代化产业体系，加快发展数字经济，促进数字经济和实体经济深度融合，打造具有国际竞争力的数字产业集群。数字产业化为金融科技发展提供了重要的底层支撑技术,而产业数字化转型又为金融科技服务实体经济提供了广阔空间。金融科技通过运用大数据、云计算、人工智能、区块链等数字技术,能够创新金融服务模式,赋能金融机构数字化转型,推动经济高质量发展。因此,数字化就是金融科技的3.0版本。

第二节 金融科技的分类、底层技术与应用场景

具体而言,目前我们可以将金融科技分为区块链、大数据分析、移动支付、智能投顾、网络安全以及物联网等六大类。

一、区块链

区块链(Blockchain)技术是一项能够实现去中心化的技术,它不同于传统的数据处理和存储方式(即存储和处理都在一个数据中心进行),是分布式的加密账本,只要是链条上具有数据查看权的主体,都能够随时随地查看数据信息。区块链是一种不可篡改的去中心化的分布式账本数据库,是**分布式账本技术**(Distributed Ledger Technology,DLT)在金融服务业中的应用。

一个区块链由若干个序列化排列的**区块**(Block)组成。每一个区块都包含一个交易集合、前一个区块的哈希、时间戳、块奖励、块序号等信息。因为每一个区块都包含前一个区块的哈希,所以可以创建一个互相连接的块链表,因此称区块链。一个区块一旦被添加到链中,就不能被更改或删除,从而可以创建所有交易的永久、不可变的记录。区块链技术于2008年首次推出,作为世界上第一个去中心化加密货币——比特币背后的基础技术。到现在,区块链技术已经发展到广泛应用于加密货币之外的领域。

网络中每一个节点都会保存一份区块链的副本。为了保证区块链的安全,**工作量证明**(Proof-of-Work,PoW)和**权益证明**(Proof-of-Stake,PoS),以及其他的共识协议被应用于区块链。由于这些协议的存在,在区块链中添加新的区块并不容易,例如,在PoW中,向区块链中添加区块的过程被称为挖矿,挖矿从技术上说就是解决复杂计算难题。

(一)特点

去中心化:区块链不依赖于单一的中心化机构或服务器,而是分布在网络的各个节点上。这意味着没有单一的控制点,数据更加安全和可靠。

不可篡改性:一旦有人将交易记录到共享账本中,任何参与者都无法篡改交易。如果交易记录包含错误,则必须添加新交易来纠正错误,并且这两笔交易对网络都是

可见的。

透明性：区块链的数据是公开可见的，任何人都可以查看、验证和监控区块链上的交易和信息。

安全性：区块链使用密码学技术来确保数据的安全性和完整性。交易数据经过加密和验证后才能被写入区块链，使得数据不易被篡改。

支持智能合约：除了简单的交易记录，区块链还支持智能合约，这是一种能够自动执行合同条款的计算机程序。智能合约可以在没有第三方干预的情况下执行交易和协议。

应用区块链到金融领域，需要满足以下条件：安全、可靠、稳定，适用于多方参与的高频交易。但是，目前区块链技术的应用大多同时满足了安全性和去中心化，却无法达到高效率低消耗的要求（如图4.1）。

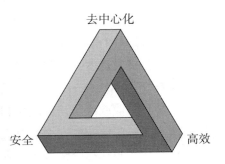

图 4.1　区块链的"不可能三角"

（二）底层技术

加密货币（Cryptocurrency）是一种使用密码学原理来确保交易安全及控制交易单位创造的交易媒介。加密货币是数字货币的一种。比特币、以太坊和瑞波币等加密货币基于区块链技术，无须中心化机构即可实现安全透明的交易。加密货币有可能颠覆传统银行和金融系统，为传统银行服务提供更具包容性和便利性的替代方案。加密货币可被广泛应用于从在线购买到国际汇款的领域，并且与传统银行服务相比，可以显著节省成本并提高安全性。

分布式账本是区块链网络中存储交易的共享数据库，例如团队中每个人都可以编辑的共享文件。在大多数共享文本编辑器中，任何具有编辑权限的人都可以删除整个文件。然而，分布式账本技术对于谁可以编辑以及如何编辑有严格的规则。条目一旦被记录就无法删除。

工作量证明是一种应对服务与资源滥用或是阻断服务攻击的经济对策，一般要求用户进行一些耗时适当的复杂运算，并且答案能被服务方快速验算，以此耗用的时间、设备与能源作为担保成本，确保服务与资源是被真正的需求所使用。现在，此技术已成为加密货币的主流技术之一。

智能合约（Smart Contracts）是一套以数字形式定义的**承诺**（Promises）。承诺定义合约的本质和目的。数字形式意味着合约必须以计算机可读的代码写入。

有向无环图（Directed Acyclic Graphs）指，如果一个有向图无法从某个顶点出发经过若干条边回到该点，则这个图是一个有向无环图。有向无环图的生成树个数等于入度非零的节点的入度积。

公钥加密技术（Public Key Cryptography）是一种安全功能，用于唯一识别区块链网络中的参与者。该机制为网络成员生成两组密钥。一组密钥是网络中共用的公钥，另一组是每个成员唯一的私钥。私钥和公钥协同工作来解锁账本中的数据。

（三）组成

区块是区块链的基本单位。每个区块都包含了一定数量的交易信息，以及与之相关的元数据。

交易数据（Transactions Data）是区块中包含的实际交易信息。对于比特币来说，交易数据包括发送者、接收者以及交易金额等信息。

哈希（Hash）是一个经过加密算法处理的数据串，它可以唯一标识一个区块。每个区块的哈希值取决于该区块中包含的所有数据，包括交易数据和上一个区块的哈希值。这确保了区块链的安全性和完整性，因为一旦一个区块被修改，其哈希值就会发生变化，从而破坏整个链条的一致性。

前一个区块的哈希（Previous Block's Hash）：每个区块都包含了前一个区块的哈希值，这样就形成了一个链接。这也是"区块链"名称的来源，因为每个区块都链接到前一个区块，形成了一个不断增长的链条。

（四）工作原理

区块链上的一切都始于交易。当某人想要发送加密货币或执行其他类型的交易时，他就会创建一笔交易，并将其发送到网络中，通过网络进行广播，传播到区块链上的所有节点。网络中的节点收到交易后，会对交易的有效性进行验证。验证通常包括检查发送者是否拥有足够的资金来执行交易，并确保交易格式的正确性。一旦交易被验证，它们将被打包成一个区块，每个区块包含一定数量的交易数据，通常由网络中的矿工（或验证者）来完成这一过程。

在运行过程中，新的交易被收集并打包成一个新的区块。然后，这个区块通过一定的共识机制（如工作量证明或权益证明）被添加到链条的末端，区块链上的所有节点都会更新自己的副本，以反映新的链条。每个区块都包含了前一个区块的哈希值，这样就形成了一个不可篡改的链条。任何试图篡改之前区块的动作都将导致链条的哈希值发生变化，从而被网络拒绝。区块链系统会通过共识机制来保证所有节点上的数据一致。不同的区块链系统采用不同的共识机制，包括工作量证明、权益证明、委托权益等。

这就是区块链的基本工作原理。通过这种方式，区块链实现了去中心化、安全、不可篡改的数据存储和传输。

图4.2展示了交易是如何进入区块链的。

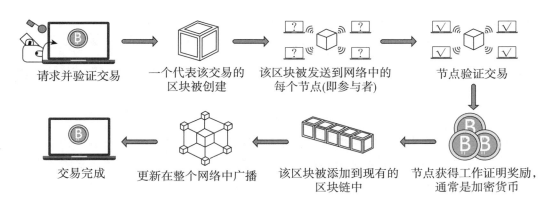

图 4.2　交易是如何进入区块链的?

(五) 比特币是区块链 1.0

下面以比特币为例,进一步解释区块链的运作。

比特币是一种数字货币,不依赖于中央银行或政府机构。它允许用户在互联网上进行去中心化的交易。比特币是区块链的应用之一:比特币由中本聪在 2008 年提出,它是区块链技术的第一个应用。比特币使用区块链来记录所有的交易,这个区块链被用来追踪比特币的所有权和交易历史。区块链是比特币的基础技术,比特币的交易和所有权记录是通过区块链来管理和维护的。

创建交易:Alice 想向 Bob 发送比特币。她创建了一笔交易,其中包括 Bob 的比特币地址和要发送的金额。

交易广播:Alice 的交易被广播到比特币网络的所有节点。

交易验证:网络中的每个节点都验证 Alice 的交易,包括确认 Alice 是否有足够的比特币来发送,并检查交易格式的正确性。

打包交易成区块:Alice 的交易一旦通过验证,将被打包到一个待处理的交易池中。

工作量证明:比特币网络的矿工开始竞争解决一个难题,即找到一个特定的哈希值,这需要大量的计算。第一个成功解决难题的矿工将获得打包下一个区块的权力,并获得一定数量的比特币奖励,同时将待处理的交易打包成一个新的区块。

添加到区块链:新的区块被广播到网络上,并且其他节点验证它的有效性。一旦被确认,该区块将被添加到比特币的区块链上。

链接区块:新区块包含了前一个区块的哈希值,这样就形成了一个不可篡改的链条。任何试图修改之前区块的动作都将导致整个链条的哈希值发生变化,从而被网络拒绝。

共识机制:比特币网络通过工作量证明机制来确保每个节点上数据的一致性。这意味着所有节点都同意并确认新的交易和区块以及链上的状态。

通过以上步骤,比特币作为区块链的应用实现了安全、透明、去中心化的交易和账本管理。这种分布式的方式使得比特币系统具有抗攻击性和可靠性。

(六) 应用场景

区块链的应用场景包括数字货币、支付结算、跨境支付、供应链金融、票据与债券市场。

1. 数字货币

目前的数字货币多是以区块链技术为基础创造的。第一代区块链技术创造比特币的主要目的在于创造一种彻底去中心化的私人数字货币。首先,区块链技术赋予数字货币去中心化的特性,使得交易可以在没有中心化机构的参与下进行,提高了交易的透明度和安全性。其次,数字货币交易的数据被加密和分布式存储在区块链上,保障了交易的安全性和不可篡改性,从而提高了数字货币交易的可信度。最后,区块链技术为数字货币的跨境支付提供了便利,用户可以在全球范围内快速、低成本地进行转账和支付,从而促进了国际贸易和资金流动。虚拟货币(如比特币)可以用于跨国支付,无须汇率转换。由于区块链的特性,结算时间通常在5秒到1小时之间,远远快于传统的银行跨国转账。数字货币还为金融包容性提供了可能,使得无银行账户或受限于传统金融系统的人们也能够获得金融服务。同时,数字货币作为一种新的投资工具,吸引了全球范围内的投资者参与数字资产市场,为投资者提供了多样化的投资选择。综上所述,区块链在数字货币领域的应用使得交易更加便捷、安全、透明,为金融体系带来了全新的可能性和机遇。

基于区块链的数字货币在被纳入监管的条件下,能够形成安全、可靠、平等、包容的价值互联网:"信任—安全—交易"的正反馈机制,如图4.3所示。与中心化网络不同的是,基于区块链的价值互联网是一个"新型的社会信用监管"的系统,技术上可以实现高效率、低成本的点对点价值交换。

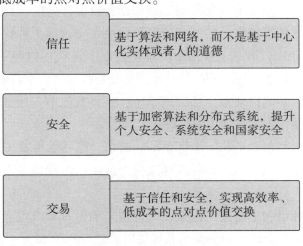

图 4.3 基于区块链的数字货币形成的"价值互联网"

2. 支付结算

区块链在支付结算领域的应用具有革命性。首先，区块链技术通过去中心化和分布式账本的特性，实现了支付结算系统的高度安全性和透明性。交易数据被加密存储在区块链上，每个区块都包含了前一个区块的哈希值，确保了交易记录的不可篡改性和完整性，从而降低了支付系统被攻击或篡改的风险。其次，区块链可以大大缩短交易的处理时间。传统的国际支付结算通常需要数天的时间，而区块链技术可以实现几乎实时的交易确认和结算，从而提高了支付结算的效率和速度。再次，区块链技术还可以降低支付结算的成本。传统的跨境支付涉及多个中介机构和复杂的结算流程，费用较高，而区块链技术可以通过去除中介机构、简化流程和降低人力成本来降低支付结算的总体成本。最后，区块链技术还为金融体系的参与者提供了更多的灵活性和可控性。参与者可以根据自己的需求和条件选择不同的支付方式和结算方案，实现支付结算的个性化和定制化。综上所述，区块链在支付结算领域的应用为传统支付体系带来了全新的解决方案，实现了安全、高效、低成本的支付结算服务。

3. 跨境支付

区块链在跨境支付领域的应用为传统的国际支付系统带来了革命性的改变。首先，区块链技术通过去中心化的特性，消除了传统跨境支付中的中介机构和复杂的清算过程，从而降低了交易成本和时间成本。其次，区块链技术使得跨境支付可以实现实时结算，无须等待几天甚至更长时间的银行清算过程，极大地加快了资金的跨境流动速度。另外，区块链的不可篡改性和高度安全性保障了跨境支付的安全性和可信度，有效防止了支付中的欺诈和纠纷。除此之外，区块链技术的可追溯性特性使得跨境支付的每一笔交易都能被准确记录和追踪，提高了交易的透明度和可管理性。总体而言，区块链在跨境支付领域的应用使得国际支付系统更加高效、安全和可靠，为全球经济的发展和金融体系的改革带来了重要的推动力。

区块链技术在跨境清算的应用场景如图4.4所示。汇款方向汇款行发出汇款申请，汇款行对汇款人的身份进行验证，验证通过后在链上发起汇款业务申请，汇款申请信息将同步到链上进行全网广播，即境外行和境内行同步接收申请，进行同步处理，相关方处理完毕后完成清算业务。

区块链技术在跨境清算场景的应用有以下优势：一是数据信息传递迅速使效率提升；二是交易安全性得到提升，利用区块链技术对信息进行加密，使得信息难以被伪造和篡改；三是提高了交易的稳定性，因为区块链是去中心化的分布式账簿，任何一个节点发生问题都不会影响其他节点的正常活动。

4. 供应链金融

供应链金融涉及主体多、关系复杂等问题，信息不对称程度高，所以对信息的核实和传递效率有较高要求。而区块链技术在供应链金融场景的应用能在信息方面为金

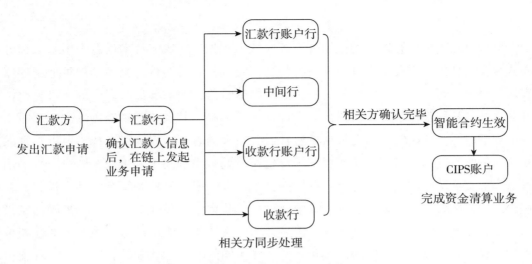

图 4.4 基于区块链技术的跨境支付与清算

融机构提供价值。区块链技术按照真实交易发生的时间顺序记录了全过程的资金流、信息流、物流等信息,降低了核实交易真实性而产生的成本,提高了金融业务的效率,并且降低了银行的信用风险。区块链技术运用加密算法,链上的数据信息不可篡改,各个环节都可追溯其原始记录,从而确保了信息的真实性和完整性。

5. 票据与债券市场

票据与债券市场上的业务涉及多方,所需核验的数据量也很大。区块链技术的应用实现了不同机构之间的信息流转和共享,提高了业务效率并保证了信息安全透明,同时降低了各节点人工核对的成本,事先约定好形成的智能化合约能够使部分操作自动完成。

二、大数据分析

大数据分析(Big Data Analytics)指增强对交易数据、消费者金融数据分析能力的技术或算法,解决复杂问题和挖掘数据价值。大数据分析利用各种技术和工具来处理、解释和运用大规模数据集。这些数据集通常包含结构化和非结构化数据,有多个来源,具有高度多样性、复杂性和快速增长的特点。大数据分析的目的是从这些数据中提取有价值的信息、洞察和模式,以支持决策制定、业务优化、产品创新等方面。

(一)底层技术

大数据(Big Data)指无法用传统数据库抓获、存储、管理和分析的大型数据集,不仅指数据本身,还包括大数据分析技术,以及解决复杂问题和挖掘数据价值的各种方法。

云计算(Cloud Computing)是一种基于互联网的,只需最少管理和与服务提供商交互，就能够便捷、按需地访问共享资源（包括网络、服务器、存储、应用和服务等）的计算模式。

人工智能（Artificial Intelligence，AI）是研究使计算机模拟人的某些思维过程和智能行为（如学习、推理、思考、规划等）的学科，研究内容主要包括计算机实现智能的原理，制造类似于人脑智能的计算机，使计算机能实现更高层次的应用。

机器学习（Machine Learning）是一类从数据中自动分析获得规律，并利用规律对未知数据进行预测的算法；就是对计算机一部分数据进行学习，然后对另外一些数据进行预测与判断，也就是计算机利用已获取的数据得出模型，然后利用模型进行预测的一种方法。

（二）应用场景

大数据分析在金融领域的应用非常广泛，它利用大规模数据的收集、存储、处理和分析技术，帮助金融机构更好地理解市场趋势、管理风险、提高效率和服务质量，以及提供个性化的客户体验。应用场景包括信用评级、智能合同、社会情绪分析和高频交易。

首先，在信用评级领域，大数据分析可以利用大量的数据来评估个人或企业的信用风险，帮助金融机构和其他服务提供商作出更准确的信用决策。信用评级是金融机构风险管理的重要手段，用来防范和化解信用风险。其次，智能合同的发展也受益于大数据分析技术，通过分析合同条款和历史数据，智能合同可以自动执行合同条款并根据事实情况自动调整。可以将智能合同视作大数据下银行服务的一种创新。再次，社会情绪分析也是大数据分析一个重要的应用领域，大数据分析可以从社交媒体、新闻报道和其他公共信息源收集和分析大量的数据，帮助企业和政府了解公众舆论和情绪趋势，以便及时采取相应的措施。同时社会情绪分析可以帮助金融机构搜寻客户，细分客户，预测客户消费行为，实现全方位了解客户。最后，大数据分析在高频交易领域也发挥着重要作用，通过实时分析市场数据和交易模式，可以帮助交易员制定更有效的交易策略，从而提高交易的效率和盈利能力。

（三）大数据+人工智能

"大数据"和"人工智能"的结合，现在已经成为银行数字化转型中的最强利器。人工智能将大量数据与超强的运算处理能力和智能算法结合起来，建立一个解决特定问题的模型，使程序能够自动地从数据中学习潜在的模式或特征，从而实现接近人类的思考方式。它涵盖了任何能够模拟人类智能行为的计算机系统，包括学习、推理、问题解决、感知、语言理解和创造等。

机器学习是人工智能的一个子集，是实现人工智能目标的重要工具和手段，同时也是当前人工智能研究和发展的热点领域之一。机器学习为人工智能提供了一种数据驱动的方法。通过大数据分析，机器学习能够发现模式和规律，从而赋予 AI 系统学习和适应的能力。也就是说，机器学习使得 AI 系统能够从大数据中学习，提高在各种任务上的表现，从而实现更加智能化和自动化的决策。例如，机器学习能够进一步发展为自动化机器学习，自动建模。它将机器学习模型开发过程中耗时的反复性任务变为自动化过程，通过设计一系列高级的控制系统，使得模型可以自动化地学习到合适的参数和配置而无须人工干预。

1. 机器学习强调泛化能力

机器学习本质上是一个**泛化**（Generalization）的过程，即从一组训练数据中学习数据的系统特征，特别是数据中的变量特征以及变量之间的统计关系（如相关性），然后用于外推预测另一个未知数据。这一特点类似于统计推断。样本外预测的精确性，取决于训练数据与未知数据的系统特征（如统计关系）是否具有相似性，这决定了泛化能力的强弱。也就是说，机器学习通过经验性的信息学习，利用计算机算力对数据进行深度挖掘，对未知进行预测。泛化能力其实就是指模型对未见过的数据进行预测的能力。一个具有良好泛化能力的模型能够从其训练数据中学习到普适的模式，并将这些模式应用到新数据上，而不仅仅是记住训练集中的特定样本。

例如，基于人工智能的自动驾驶技术的泛化能力至关重要。自动驾驶车辆需要在各种不同的环境和情况下安全行驶。泛化能力强的自动驾驶系统能够处理多种不同的交通场景和条件，包括但不限于城市道路、高速公路、乡村小路以及各种天气状况。这种能力是通过深度学习、强化学习和其他机器学习技术实现的，它们使系统能够从大量数据中学习并提取有用的特征，以识别道路、交通标志、行人、车辆等，并预测它们的行为。现在，不依赖于高成本高精度地图的遥遥领先的"全国都能开"无图自动驾驶技术已成为竞争焦点。泛化能力在这一技术中扮演着至关重要的角色，因为它允许自动驾驶系统在没有先前地图数据支持的情况下，对未知或多样化的环境作出反应。埃隆·马斯克（Elon Musk）甚至希望利用在地球上用大数据训练的自动驾驶算法，最终能够实现在火星上的自动驾驶，帮助人类在火星上居住。类似地，银行希望用现有客户大数据训练算法，帮助自身开拓新的未知的客户。

相较于计量经济学，机器学习不仅在方法论上有所不同（尽管许多方法实际上是重叠的），更重要的是关注点存在显著差异。传统的社会科学实证研究主要关注**无偏性**（Unbiasedness）。为了实现无偏估计，在无法确知也无法获得数据的真实分布的情况下，研究者通常选择建立一个复杂的模型，以期尽可能实现**一致性估计量**（Consistent Estimator）。然而，这种方法往往会导致模型**过度拟合**（Over-fitting），即模型在训练数据上表现非常好，但应用到样本外数据时，其预测效果可能大打折扣，甚至无效。

相较于计量经济学，机器学习更强调模型的样本外预测能力，即模型的泛化能力。机器学习的核心问题在于要确保模型不仅能在训练数据上表现良好，还能有效地应用于未见过的新数据。为了实现这一目标,机器学习方法通常采用**交叉验证**(Cross-validation)、**正则化**(Regularization)等技术,以防止过度拟合,并提升模型的泛化能力。这样的方法确保模型在实际应用中具有更高的预测准确性和可靠性。

比如,对于一个简单多元线性回归模型:$Y_i = \beta_0 + \beta_1 X_{1i} + \cdots + \beta_k X_{ki} + \varepsilon_i$,传统的普通最小二乘法通过最小化观测值与模型预测值之间的误差平方和,来估计线性回归模型中的未知参数,即找到一组参数估计值 $\hat{\beta}_0, \hat{\beta}_1, \cdots, \hat{\beta}_k$,使残差平方和最小。计量经济学关注的是参数估计 $\hat{\beta}$,而机器学习关注的是模型预测值 $\hat{y}$。因此,可以说,计量经济学和机器学习在实证研究中的侧重点分别是无偏性和泛化能力。两者在研究设计和方法选择上各有侧重,且相辅相成,为社会科学研究提供了丰富的方法工具和视角。

一般来说,一个数据可被分成两部分。一部分是**训练数据**(Training Data),用来估计算法的结构参数或者模型参数,以决定算法的复杂程度;另一部分是**测试数据**(Test Data),用于测试由训练数据获得的算法的预测精确度。算法主要是挖掘训练数据中变量特征以及变量之间的统计关系,然后用于预测测试数据。如果算法刻画了存在于训练数据但不会在未知数据(如测试数据)中重复出现的系统特征与统计关系,就会出现过度拟合,如图4.5所示。

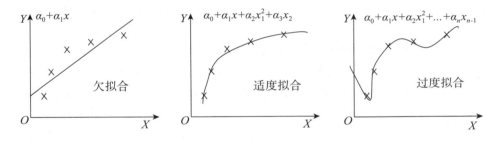

图 4.5 欠拟合、适度拟合与过度拟合

资料来源:作者整理。

此时,虽然对训练数据的拟合效果很好,但不会在未来数据中出现的这部分数据特征,就会成为无用的噪声,降低样本外预测的精准度,因此需要尽量减少过度拟合,为此,有必要引入惩罚项,以控制算法的复杂性程度。用统计学术语讲,惩罚项将显著减少预测的方差,虽然它一般会增加预测的偏差。通过优化加上惩罚项后的目标函数,不断学习训练数据,算法能够得到进一步优化,在预测方差与偏差之间取得平衡,最小化泛化误差。通常,一个较小的偏差增加,可换来一个较大的方差减少。

机器学习就是一个基于数据的数学优化问题,通过计算机算法程序设计来自动实现,防止过度拟合。在实际应用中,基于大数据机器学习的样本外预测大多比较准确,这种精准预测并不是基于经济因果关系,而是基于大数据中的变量特征与变量之间的统计关系。这些统计关系对于预测很有帮助,但算法本身像一个黑箱,无法辨别是谁引起的谁的变化，其解释力很弱，特别是不存在因果关系的解释。机器学习分为监督学习与无监督学习，在监督学习中，我们的目的是在训练数据中构建模型，然后能够对新数据作出准确预测。如果一个模型能够对新的数据作出准确预测，我们就说它能够从训练集泛化到测试集。

2. 机器学习"三步曲"

为了实现更好的泛化能力，机器学习通常分为表示、训练和测试三个步骤，如图4.6所示。

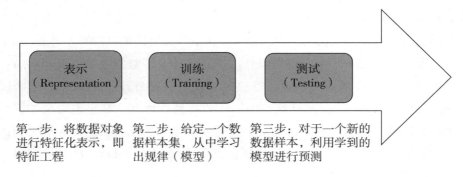

图4.6　机器学习"三步曲"

资料来源：作者整理。

第一步：表示（Representation）。数据表示指将数据对象进行特征化表示，即**特征工程**（Feature Engineering）。特征工程是表示数据过程中最关键的一步，用一系列工程化的方式从原始数据中筛选出更好的数据特征，以提升模型的训练效果。具体来说，特征工程就是在表示的过程当中把我们面临的真实世界当中要解决的实际问题抽象化，抽象成一个数学问题。如果我们要设计一个算法，判断一个邮件它是不是垃圾邮件，那么得到的结果无外乎两种：是与否。这样一个问题如果对它做抽象，实际上就是个二分分类问题。如果答案为"是"，我们可以把结果定义成0；如果答案为"否"，可以把结果定义成1。所以，这个问题最终就是要输出一个0或者1的结果。当然把0和1的意义互换也可以，用1代表"是"，用0代表"否"，也是可以的。

特征工程之后，我们往往还需要构建一个**向量空间模型**（Vector Space Model，VSM）。因为计算机是0和1的二进制系统，所以能够处理的是以0和1二进制表示的数据，而不是图片或者文字等非结构化数据。计算机的工作原理基于布尔逻辑，使用二进制数字0和1来表示信息。这种二进制表示法是计算机处理和存储数据的基础。但是在大数据时代，非结构化数据最为丰富。所以，我们用VSM将一个个各种格式的非结构化数据转化为一个个由0和1组成的向量。例如，文字、图片、音频以及视频都可以编码为二进制形式。这样也就完成了输入阶段的任务，把原始的非结构化数据表示成机器能够读懂的向量数据。如图4.7所示，我们可以通过VSM将一个图片类型的非结构化数据转化为一个由 0 和 1 组成的像素矩阵，然后把这些向量矩阵输给机器学习算法，通过运算获得模型。

图 4.7　像素矩阵

资料来源：作者整理。

第二步：训练（Training）。训练就是给定一个输入的数据样本集，从中学习出规律，也就是模型。但是，我们的目标是使该规律不仅适用于训练数据，也适用于未知的数据。我们通常称这种能力为泛化能力。我们需要把得到的向量数据分为**训练样本**（Training Sample）与**测试样本**（Testing Sample）来进行训练。训练样本必须具有代表性，测试样本必须与训练样本在统计上兼容。如果训练数据不能真实地反映问题，则得到的模型不能提供有用的结果。模型训练将上一步中获得的向量输入机器学习程序，数据得到处理，通过运算获得模型。当然，训练的过程需要遵循某种章法，就好像你会请一位教练来告诉你如何进行健身或者游泳一样。这种章法，就是算法。在训练过程中，我们可以看到模型如何响应训练数据，并根据需要改变使用的算法。机器学习的基本算法包括决策树、支持向量机、随机森林等。最后，在训练过程结束后，我们就能够得到一个模型。模型就是训练的成果。

第三步：测试（Testing）。在第二步中，我们已经训练出规律，也就是模型。这个时候就需要使用测试样本进行测试，评估模型的性能。通常使用指标如精确度、召回率、F1 分数、ROC 曲线下面积等来衡量模型的表现。根据评估的结果，调整模型的超参数或者尝试不同的特征工程以提高模型性能，得到最优模型并部署到实际应用当中去，以便进行预测等下游任务。例如，在金融领域，我们可以利用机器学习方法来预测个人或公司信贷违约的概率、营销是否成功等。

3. 从机器学习到深度学习

深度学习是机器学习的一个子集，它使用类似于人脑的神经网络结构来模拟人类学习过程。深度学习特别依赖大量的数据和计算能力。深度学习主要基于神经网络，如**深度神经网络**（Deep Neural Network，DNN）及**循环神经网络**（Recurrent Neural Network，RNN），它们由多个层组成，包括输入层、隐藏层和输出层。深度学习模型通常需要大量的数据来进行有效的训练。因此，深度学习通常需要强大的硬件支持，如GPU（图形处理单元），以快速处理复杂的神经网络结构和大量的数据。深度学习特别擅长处理图像、语音和自然语言等非结构化数据。

深度学习和机器学习最重要的一个区别是，深度学习算法通过对算法进行多层嵌套，实现自动提取特征，以提高泛化能力。也就是说，在机器学习中，特征工程是一个需要人工选择和构造特征的重要步骤。深度学习则通过自动学习数据的表示来减少对特征工程的依赖。因此，深度学习模型，尤其是那些经过大量数据训练的模型，通常具有更强的泛化能力。

但是，由于进行了多层嵌套等处理，深度学习模型往往缺乏可解释性。尤其是大模型，往往类似于一个"黑箱"，其内部决策过程难以解释。与之相对，机器学习模型通常更易于解释，因为它们的决策过程相对简单和透明。ChatGPT 以及 Kimi 等大语言模型，本质上就是深度学习模型。大语言模型的"大"主要体现在参数和数据量上。例如，大语言模型的参数量通常在数十亿到数百亿个不等。为了训练这些大模型，需要使用大量的文本等数据。这些数据来自书籍、网页等，数据量可能达到数十亿甚至数万亿个单词。因此，"大"语言模型就是一种从"大"数据中，训练学习到"大"参数的知识体现。

机器学习的概念和算法已经存在了几十年，而深度学习是近年来随着计算能力和大数据的可用性的提升而迅速发展起来的。深度学习通过大量的训练数据和多层次的神经网络，学习从输入到输出之间的映射关系，并优化模型参数以最小化损失函数。如前所述，深度学习现在在图像处理、语音识别、自然语言处理等领域都取得了很好的效果。

表4.4展示了一个典型深度学习的具体步骤。

表4.4 深度学习具体步骤

步骤	具体描述
（1）数据预处理	深度学习通常需要大量的训练数据，因此在训练之前需要对数据进行预处理。这包括数据清洗、归一化、特征提取等步骤，以确保数据的质量和可用性
（2）建立模型	深度学习模型由多个神经网络层组成。每个神经网络层包括一组节点，节点之间通过权重连接。每个节点将前一层的输出作为输入，并通过激活函数处理后输出到下一层。深度学习模型的设计取决于具体的任务，包括分类、回归、图像处理等
（3）训练模型	深度学习模型通过训练来优化权重和偏置，以最小化损失函数。损失函数通常是模型预测输出和真实输出之间的差距，如均方误差。训练模型的过程可以使用随机梯度下降等优化算法

(续表)

步骤	具体描述
（4）评估模型	为了评估深度学习模型的性能，需要使用验证集或测试集进行测试。在测试集上的性能可以衡量模型的泛化能力，即在未见过的数据上的表现
（5）预测结果	当深度学习模型训练完成后，可以使用模型对新的数据进行预测。预测结果可以用于分类、回归、图像处理等应用

近年来，基于深度学习的大语言模型展现出了令人瞩目的语言理解和生成能力。其中，最为著名的是 OpenAI 公司的 GPT 系列模型。它们能够生成高质量的文本，在各种自然语言处理任务中取得了显著的成绩。例如，ChatGPT 是一个专门用于对话生成的大语言模型，通过在大量对话数据上进行预训练，模拟人类的对话行为，生成连贯、富有语境的对话内容。ChatGPT 的出现标志着自然语言处理领域在对话生成方面的重大进展，为人机对话和智能助手等领域带来了新的可能性。Korinek（2023）使用 GPT-3 模型进行实验，评估了大语言模型在经济研究中的潜在应用，发现 ChatGPT 在头脑风暴、写作、翻译、改写代码、提取文本数据等方面具有较强的能力。

4. "大数据+人工智能"在营销场景下的应用

"大数据+人工智能"在获取新客、经营存量客户、提升客户体验、优化产品设计及智能开展营销活动方面成效显著。具体应用见表 4.5。

表 4.5 "大数据+人工智能"在营销场景下的应用

类别	具体应用
客户生命周期价值管理（新客）	新客获取
	新客转化
客户生命周期价值管理（存量客户）	交叉销售
	到期维护
	防流失
	流失客户挽回
客户体验	手机 App 流程优化
	支行网点体验升级
	全渠道体验升级
	手机 App 千人千面
产品相关	客户组合产品优化
	产品设计
	产品定价
营销活动	事件驱动营销
	营销活动管理与优化

资料来源：沙莎，曲向军，韩峰，等. 麦肯锡季刊 | 大数据助力零售银行解锁价值［EB/OL］.［2024-10-30］. https://www.mckinsey.com.cn/麦肯锡季刊-大数据助力零售银行解锁价值/.

5. "大数据+人工智能"在风控场景下的应用

"大数据+人工智能"覆盖风控业务端到端全流程,在贷款业务的贷前、贷中及贷后三大阶段均有应用,具体应用见表4.6。

表4.6 "大数据+人工智能"在风控场景下的应用

贷款业务阶段	具体应用
贷前	自动化信用审批
	信用额度预评估
	贷前信用审批评分优化
	反欺诈预警系统建立
贷中	信用额度管理优化
	高风险交易预警系统建立
	早期违约预警系统建立
	损失预测
	信用组合交叉销售
贷后	催收评分卡建立,催收策略差异化
	破产策略优化

资料来源:沙莎,曲向军,韩峰,等. 麦肯锡季刊 | 大数据助力零售银行解锁价值[EB/OL].[2024-10-30]. https://www.mckinsey.com.cn/麦肯锡季刊-大数据助力零售银行解锁价值/.

三、移动支付

移动支付(Mobile Transaction)是指通过移动终端对所消费的商品或服务进行便捷支付的技术。

(一)底层技术

智能手机钱包(Smartphone Wallet)支持手机发挥钱包功能,用于支付或者获取消费券。

数字钱包(Digital Wallet)保存信用卡号码和其他个人信息,如送货地址,可以在消费者使用时自动输入相关信息并同时保护消费者隐私和避免商家受骗。

近场通信(Near-field Communication)是一种新兴的技术,使用了NFC技术的设备(如手机)可以在彼此靠近的情况下进行数据交换,是由非接触式射频识别及互联互通技术整合演变而来的,通过在单一芯片上集成感应式读卡器、感应式卡片和点对点通信的功能,利用移动终端实现移动支付、电子票务、门禁、移动身份识别、防伪等应用。

(二)应用场景

应用场景包括支付宝、微信支付、苹果支付、谷歌支付等。

四、智能投顾

智能投顾（Robo-advising）是指运用一系列智能算法及投资组合优化等理论模型，为客户或投资组合经理自动提供投资建议的计算机系统或程序。

（一）底层技术

智能投顾的底层技术包括前述的人工智能、大数据和机器学习等。

（二）应用场景

应用场景包括蚂蚁聚宝、中银慧投等智能资产管理平台。蚂蚁聚宝是蚂蚁金服旗下的智慧理财平台，致力于让"理财更简单"，提供不同于普通定投的"慧定投"，即智能投顾产品。中银慧投是中国银行面向个人客户提供的智能投顾服务，根据投资者的风险承受能力、预期投资期限等要求，运用一系列智能算法、投资组合优化模型等，为个人客户提供智能化和自动化的资产配置建议。

五、网络安全

网络安全（Cybersecurity）指用于保护金融隐私或防止电子偷窃与欺诈的硬件或软件。

（一）底层技术

加密技术（Encryption）是最常用的安全保密手段，利用技术手段把重要的数据变为乱码（加密）传送，到达目的地后再用相同或不同的手段还原（解密）。加密技术包括两个元素：算法和密钥。

支付标记化（Tokenization）通过用**支付标记**（Token）[①] 取代银行卡号进行交易认证，避免卡号等信息泄露带来的风险。

除此之外，网络安全的底层技术还包括身份验证（Authentication）和**生物统计学**（Biometrics）。

（二）应用场景

应用场景包括虹膜扫描 ATM、生物识别卡、人脸识别登录等。

六、物联网

物联网（Internet of Things，IoT）是指实时收集数据并通过互联网进行通信的与智

[①] 在支付和安全领域，Token 指的是"支付标记"或"令牌"，用于替代银行卡号等敏感信息以增强安全性。例如，在支付标记化中，Token 是一个唯一的标识符，用于在交易中替代真实的银行卡号。

能设备相关的技术。

（一）底层技术

无线传感器网络（Wireless Sensor Networks）是由大量静止或移动的传感器以自组织和多跳的方式构成的无线网络，以协作地感知、采集、处理和传输网络覆盖地理区域内被感知对象的信息，并最终把这些信息发送给网络所有者。

执行器（Actuators）是电控系统的一个元件。电控系统要完成的各种控制功能，是靠各种执行器来实现的。

除此之外，物联网的底层技术还包括**智能设备**（Smart Devices）和近场通信的相关技术。

（二）应用场景

应用场景包括智能快递柜、共享单车、门禁系统、自动售货机、远程监控、智能家居等。

第三节　数字化与银行业规模经济、范围经济

发展数字经济是我国重要的战略选择。党的二十大报告指出，要"加快发展数字经济，促进数字经济和实体经济深度融合"。数字化转型已经成为全球经济发展的大趋势，也是我国实体经济转型的必然选择。数字技术的广泛应用，推动中国商业银行的服务方式和服务对象发生巨大转变。银行不再"嫌贫爱富"，而是向零售业务和大财富管理业务转型。

在这一转变的背后，是数字化转型对商业银行的规模经济与范围经济进行的再定义。银行业作为金融业的核心领域，数字化转型也不可避免地成为其发展的必选项。越来越多的商业银行正在全面加快数字化转型。银行的数字化转型主要涵盖技术基础设施的建设、金融产品的创新、业务流程的升级以及客户服务的优化等方面。通过数字化转型，银行在提升自身业务效率的同时能够适应市场的变化和需求，降低管理成本并提高运营效率，提升自身的竞争力和盈利能力。规模扩张和范围扩大是银行业数字化转型发展的必由之路。而在数字化的背景下，银行业的规模经济和范围经济有了新的定义。

一、规模经济

规模经济通常指通过扩大生产规模而引起经济效益增加的现象。规模经济反映的是生产要素的集中程度同经济效益之间的关系。规模经济的优越性在于随着产量的增

加，长期平均总成本会下降。但这并不意味着生产规模越大越好，因为规模经济追求的是能获取最佳经济效益的生产规模。一旦企业生产规模超过一定的规模，边际效益就会逐渐下降，趋向甚至跌破零，引发规模不经济现象。银行业的规模经济，通常是指银行通过扩大其资产规模、所服务客户规模以及业务领域，实现单位成本下降、服务效率提高和风险分散化，从而提高整体盈利能力的现象。

首先，银行的资产规模越大，单位成本越低。这是因为固定成本，如网点建设和系统开发的成本等，能够在更大规模下被分摊，从而降低了单位成本。其次，如前面章节所述，银行传统的盈利来源于存贷款业务中的利差。大客户通常有更大的存款和贷款需求，从而会为银行创造更多的盈利机会。与此同时，零售客户可能需要更小额度的服务，因此相对较难成为银行的主要盈利来源。而且，当银行服务客户时，每一笔交易规模越大，平均每单位人民币的服务成本就会越低，特别是银行的很多成本是固定的，如管理人员的工资、设备成本、建筑物租金等。交易规模扩大带来的成本分摊效应会极大降低每个业务的平均成本。

不仅如此，商业银行的规模经济体现在业务领域的多样性和跨界经营方面。银行可以通过跨境业务、综合金融服务等多元化业务拓展规模，降低单位业务成本。随着业务领域的扩大，银行可以利用规模效应降低单位服务成本，提高运营效率。业务领域的增加有利于促进交叉销售机会，并使银行更加充分有效地利用网络效应。银行的业务领域越多元、网络越广泛，其服务的吸引力就越大，客户可以更方便地获得银行的多种服务，从而增加客户黏性，提升银行长期收益。

上述银行业的规模经济原理，正是传统上银行更愿意服务大型客户，而不愿意服务零售客户的一个重要原因。如图4.8所示，传统上商业银行并不青睐零售和普惠业务，是因为商业银行在业务上也面临着"不可能三角"困境。一方面，商业银行如果要在维持服务质量的同时服务更多的客户，那么必须付出更高的成本。另一方面，商业银行如果要提升服务客户的数量，又不想支付额外的成本，那么服务质量通常就会下降。也就是说，商业银行在成本、客户数量和服务质量之间面临着一个"不可能三角"的困境。

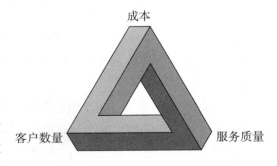

图 4.8 商业银行的"不可能三角"

但是，随着近年来数字技术的发展，商业银行实际上已经重新定义了规模经济。通过数字化转型，商业银行也开始向零售和普惠业务转型。这是因为：首先，数字技术引入了自动化流程、数字化文档处理、电子化交易等，降低了业务处理的成本。自动化的系统和流程可以在更大的规模上实现，从而使得单位产品或服务的生产成本相对更低。因此，传统上成本高昂的零售业务，可以在数字技术的支持下，通过在线银行和移动支付等成本较低的方式提供服务。其次，通过提供更多的低成本数字化零售产品和服务，银行有机会扩大市场份额、增加客户数量。零售客户数量通常远远超过大型企业客户数量，因此银行在数字化转型中转向零售业务，有助于实现更高的经济效益。最后，数字技术的发展帮助银行了解更多的客户信息。银行通过分析大数据能更好地发现潜在客户需求，从而可以在更好地提供个性化金融产品和服务的同时，提高风险管理水平，更加有效地进行信用风险控制。

因此，在数字技术时代，商业银行的规模经济体现在保持经营范围稳定的前提下，通过提供多样化的产品和服务来满足不同客户的需求，进而增加客户数量和扩大业务规模。数字化转型减少了银行对实体网点的依赖，有效降低了服务成本。同时，大数据和人工智能的应用使银行能够更精准地识别和预测客户需求，实现客户细分，从而扩大客户基础。此外，这些技术促进了分工的精细化和专业化，提升了产出的规模经济质量。也就是说，数字化转型通过增加服务的客户数量和业务总量实现了规模经济，进而提高了银行的效益。在技术投资方面，随着金融科技的发展，银行需要大量资金来更新信息技术系统、数据分析工具和网络安全设施。大型银行由于资金和资源丰富，在技术创新和系统更新上更具优势，这有助于它们有效降低单位业务成本。

数字技术的应用帮助银行在面向海量客户的零售贷款中实现低成本拓客和风险控制，主要通过以下三个系统：①降低贷款服务成本的自动化系统；②能进行还款能力分析的大数据风险管理系统；③能进行还款意愿分析的数字化反欺诈系统。数字化零售贷款主要依赖大数据 + 机器学习技术，其经济原理如下：

（1）大数据分析有助于更全面地评估借款人的信用风险。银行可以从多个数据源收集和分析包括申请人的信用历史、收入情况、就业状况等多种信息。

（2）机器学习和信用评级模型可以提升对借款人信用风险的预测能力。相较于传统模型，机器学习类模型具有更好的泛化能力，而且能够更准确地预测借款人的还款能力。

（3）区块链技术可以用于改进贷款合同的处理。将贷款合同存储在区块链上，可以提高安全性和透明度，减少欺诈风险，并简化合同管理流程。同时，如果和智慧法院相联结，还可以极大提升后期不良贷款处置效率。

（4）自动化审批系统可以帮助银行快速、准确地实现贷款申请处理。借款人还可以使用电子签名技术在线签署贷款文件。合同管理系统可以追踪和管理所有相关文件的状态，提高操作效率。

（5）数字化零售贷款业务通常支持移动应用、在线平台以及实时支付和结算，使借款人能够更灵活地管理借款和还款，并提供更及时的贷款服务，极大提高了客户便利性和用户体验。

（6）数字化技术还可以提升贷后风险管理系统的管理水平，监控贷款组合的整体风险水平，及时发现潜在的风险，并采取相应的风险管理措施。

二、范围经济

范围经济指由厂商的范围而非规模带来的经济，也即当同时生产两种产品的成本低于分别生产每种产品成本的总和时，所存在的状况就被称为范围经济。只要把两种或更多的产品合并在一起生产比分开来生产的成本要低，就会存在范围经济。在数字化的金融科技3.0的发展背景下，银行业范围经济的实现不仅加速了金融服务的普及化和便利化，也促进了金融市场的创新和发展。银行通过不断扩展业务范围和增加产品种类，提高了自身的竞争力和盈利能力，同时也为客户提供了更加多样化和个性化的金融服务。然而，银行在面对范围经济的挑战时，也需要不断提升自身的技术水平和服务质量，以适应日益激烈的市场竞争和客户需求的变化。

首先，在业务范围扩展方面，银行业的服务不再局限于传统的存款、贷款和支付功能，而是逐渐扩展到更多的领域。例如，许多银行开始提供投资咨询、财富管理、保险服务等多元化的金融产品和服务。与此同时，银行还积极探索新的业务模式和服务形式，如虚拟银行、数字化银行等，以满足客户不断增长的需求。

其次，在产品种类增加方面，银行业也在不断创新和推出新的金融产品。随着金融科技的发展，许多银行开始采用技术手段改进传统的金融产品，并推出更加灵活、便捷的产品。例如，移动支付、电子钱包等数字化支付工具的出现，改变了人们的支付习惯和方式。此外，个人理财产品、互联网金融产品、区块链金融产品等也在不断涌现，为客户提供更多选择和更高效的金融服务。数字化的背景下，在经营种类和业务产品方面，我国银行业的业务范围扩展到电子银行、多种理财产品和供应链金融等方面。大数据使得知识、信息等无形资产可以无成本或低成本地被利用和共享。而银行数字化平台的设立可以创造新的盈利模式，打造品牌效应，实现成本分摊和信息共享，减少经营成本。银行可以借助大数据技术提升自身的数据挖掘整合能力，通过电子银行形成营销渠道的扩展，通过互联网推荐实现向目标客户的精准投放、产品的个性化设计。

随着银行经营范围的多元化，金融科技带来银行产品种类的不断增多和经营业务范围的拓宽，单位经营成本呈下降趋势，收入来源也相应增加。银行业的数字化转型赋能银行业务范围的扩展，范围覆盖从G（Government，政府）端、B（Business，企业）端到C（Customer，消费者）端。如在G端覆盖政府补贴、公积金缴纳、社保税收等场景，B端覆盖薪金代发、供应链金融，C端包含线上办理信贷业务、理财业务。

综上所述，数字技术的广泛应用，推动中国商业银行的服务方式和服务对象都发生了巨大转变。银行不再仅仅偏好大型机构客户，而是积极向零售普惠业务和大财富管理业务转型。从规模经济的角度来看，银行依托大数据和人工智能等数字技术，正从重视单一客户的交易规模转变为重视客户的数量规模。从范围经济的角度来看，商业银行正借助数字化平台运营模式，从传统的业务领域交叉拓展，向构建连接政府（G）、企业（B）和消费者（C）的数字化平台方向深入发展。如图4.9所示。

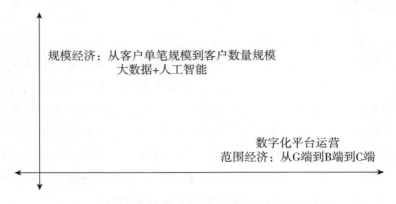

图 4.9　数字化对银行业规模经济与范围经济的再定义

资料来源：作者整理。

第四节　银行数字化转型的演进路径与阶段特征

　　银行业目前面临着多个困境，其中包括传统业务模式受挑战、成本压力增加、客户需求变化等问题。传统银行业面临着来自金融科技公司（如支付机构、P2P借贷平台等）和数字化银行的竞争。这些新兴企业通过创新的技术和灵活的业务模式，迅速吸引大量客户，挑战传统银行的垄断地位。另外，随着金融监管的加强和风险管理要求的提高，银行业的成本压力不断增加，利润空间受到挤压。同时，客户的需求也在不断变化，他们希望能够获得更加便捷、个性化、智能化的金融服务，而传统银行往往无法满足这些需求。

　　在数字经济时代的背景下，传统银行面临着日益激烈的市场竞争和技术进步带来的挑战。为了应对竞争压力并满足客户需求，各商业银行纷纷启动数字化转型，以探索不同的发展路径。

　　数字化转型的动力主要源自市场竞争的加剧。随着银行同业竞争的不断扩大，银行需要通过技术创新开拓新的业务领域。金融科技的兴起推动了银行经营效益和服务水平的提升，重新定义了银行竞争环境。因此，数字化转型既是市场竞争的结果，也是银行自身发展的需求。同时，金融科技公司凭借技术优势和创新模式，满足了小微企业的投资需求，对传统银行构成一定冲击。因此，市场竞争是数字化转型的重要外部因素，而国家对数字化转型的扶植政策和数字技术的进步也进一步推动了这一过程。

在当前情况下,银行主要通过两种途径进行数字化转型。一种是与外部技术公司合作,共同推动技术和产品创新,通过引入外部技术赋能自身数字化转型。合作模式包括针对特定业务或场景的合作、全方位的业务服务和科技研发合作以及联合实现融合创新。另一种是自身发展金融科技,通过建立金融科技部门或子公司,实现业务线上化,优化客户体验,持续推出新产品,以市场化方式探索金融科技的发展。

目前,银行正积极推动人工智能、区块链、云计算和大数据等技术与金融业务的深度融合,加速数字化转型应用场景的建设。在营销方面,银行普遍利用大数据寻找和细分客户,并通过智能投顾、智能柜台、个性化产品等服务实现智能化经营管理。在运营管理和风险防控方面,银行也借助金融科技实现了智能化和多元化,提升了部门效率和风险管理水平。

传统银行的数字化转型是一项全面的战略转变,旨在应对市场变化、满足客户需求,并提高竞争力。在数字化转型过程中,银行可以采取一系列措施,分阶段实施。如图4.10所示,下面介绍一个典型的三阶段数字化转型路径。

图4.10 银行数字化转型的三个阶段

一、第一阶段:提升服务效率

在第一阶段,商业银行通常利用数字技术和数据分析工具来优化内部流程和系统,以提高效率和降低成本。自动化流程和工作流程管理系统使得常规任务可以自动完成,减少了人力资源的浪费,降低了错误率。此外,采用数字技术可以实现更精确的风险评估和客户服务,加快决策速度。

专栏4.1

国外银行数字化转型的实践

国内外都有成功的数字化转型案例可供借鉴。国际上成功的银行数字化转型通常注重人才和资金的投入。例如,摩根大通吸纳了高级数字化人才,并持续增加在数字化方面的投资。国外银行在数字化转型的某些方面领先于国内,从最初的产品数字化和服务数字化发展到了管理数字化。因此,国内银行可以借鉴国外银行的经验,加强人才队伍建设,增加数字化转型的投入,并注重管理数字化的实践,以实现数字化转型的持续发展。

摩根大通

摩根大通集团（J. P. Morgan Chase & Co，NYSE：JPM），以下简称"摩根大通"，2000年12月由J. P. 摩根公司和大通-曼哈顿公司合并而成，是美国主要的商业银行，业界称西摩或小摩，中国人习惯称之为"摩根银行"，总部在美国纽约，2016年总资产2.5万亿美元，总存款高达1.5万亿美元，占美国存款总额的25%，分行6 000多家，是美国最大的金融服务机构之一。

摩根大通数字化转型历史

2006年，杰米·戴蒙（Jamie Dimon）开始掌舵摩根大通成为其CEO，宣布自建科技平台以取代技术外包，并表示技术投入是银行最重要的资本支出。他高度重视金融科技应用，是金融行业引领技术革命的高管之一，曾表示"一生都在追寻科技"，并在近几年大力推进"移动数字渗透"的数字化创新战略。摩根大通于2012年首次进行移动银行的建设，开启全方位的数字化转型，采取了一系列措施。

在数字化转型过程中，摩根大通首先以客户需求为基础，实施数字化战略，加大线上产品投入，强化数字化渠道的覆盖。随着移动银行的发展，客户可以通过手机应用轻松进行转账、支付以及管理账户，大大提升了客户体验。通过分析客户的消费习惯、投资偏好和财务需求，摩根大通为客户提供个性化的产品和服务，增强了客户的黏性。

同时，摩根大通加大了科技研发投入力度，积极开展金融科技领域的投资与合作，不断加大用于银行内部的金融技术开发以及新技术的投资。摩根大通2017年投入金融科技方面的资金总额达到95亿美元，占其2016年营业收入的9.6%。2019—2021年摩根大通年均金融科技投入约120亿美元，占净利润的比重均超过40%。这些资金主要用于银行内部金融技术的开发以及新技术的投资。除技术投入外，摩根大通还通过高校战略投资、并购科技公司等方式引入顶尖研究和技术人才。不同于常规IT投入，对新技术的投入更能体现企业对于金融科技的决心。持续的巨额投入帮助摩根大通打造了数字银行、电子钱包、自动化机器人、智能投顾等产品，在行业中实现了领先的数字化体验。

在零售业务方面，摩根大通认识到传统线下渠道在金融服务生态系统中仍然占据重要地位，因此在积极开拓移动渠道的同时，也不断提升传统网点数字化运营能力，优化网点布局。2020年，摩根大通将线下网点拓展到了美国48个州。

在财富管理方面，摩根大通致力于打造数字化财富管理平台，为高净值客户提供更加专业的财富管理服务。银行通过大数据分析和智能算法，为客户提供个性化的财富管理方案，提高了客户的投资体验和满意度。

在为个人客户服务方面，摩根大通通过高效的数据处理能力、智能化的分析技术以及多样化的金融服务渠道，为客户提供了更加简单、科学的多元化投资组合，以及更加高效安全的转账和证券交易。

在为企业客户服务方面，摩根大通依靠其先进的数字化平台，为企业用户提供高效的国际化金融服务交付，比如在线开立账户、自助获取金融服务、便捷贷款服务、实时外汇信息、可定制的报告和分析数据等。

此外，摩根大通运用多种模式打造数据基础设施平台：积极布局组织结构，打造区块链全生态链平台架构；积极大规模部署AI能力，有望在各个领域以高级诊断引擎替换或增强人工决策，提高运营效率；利用混合云战略进行安全开发和大数据分析。摩根大通还大举科技并购，收购了许多金融科技企业，业务覆盖前中后台，进一步巩固其在金融科技领域的优势地位。

由此可见摩根大通的数字化转型有如下特征：一是重视数字化转型战略规划，二是加大数字化转型的资源投入，三是加速服务渠道的数字化整合，四是改善客户场景体验。

国外商业银行数字化转型的启示

从以摩根大通为代表的国外银行数字化转型的实践中，我们可以得到以下启示：

（1）清晰的战略规划是数字化转型的关键。数字化转型是一项复杂的系统工程，需要有清晰的战略规划作为指导。银行需要进行理念和思维的整体转变，以适应数字化转型所带来的变革。

（2）以客户为中心，提供高效的金融服务。数字化转型的最终目标是为客户提供更高效、更个性化的金融服务。因此，银行应以客户为核心，借助金融科技提升运营效率，打造个性化、智能化的金融服务。花旗银行和摩根大通等银行均采取了以客户为中心的战略。

（3）强化技术创新是数字化转型的重要支撑。许多国外银行加大了相关技术投入，并与金融科技公司展开深入合作，加速数字化金融产品和服务的多元化布局。这种技术创新不仅体现在产品和服务的开发上，还包括对数据分析、人工智能和区块链等新技术的应用。

通过学习和借鉴国外银行的实践，中国银行可以更好地规划和实施数字化转型，以适应快速变化的市场需求，提升竞争力，并为客户提供更优质的金融服务。

资料来源：作者整理。

二、第二阶段：改变服务方式

数字化转型使得银行能够更灵活地为客户提供服务。传统的面对面服务方式逐渐被在线银行、移动应用和智能终端等数字化渠道所取代。客户可以随时随地通过手机或电脑获取银行服务，完成各种金融交易和查询操作。这种便捷的服务方式提高了客户满意度，并降低了服务成本。

专栏 4.2

股份制商业银行数字化转型实践

招商银行

招商银行作为国内商业银行中零售业务发展相对领先的银行，长期以来，坚守银行零售业务的核心逻辑，紧紧围绕"以提升客户体验为中心"的战略目标，不断通过技术和理念的创新，巩固其先发优势。招商银行在较早时期就意识到了数字化转型的重要性。

招商银行数字化转型历史

招商银行的数字化转型可分为三个关键阶段。第一，2004年，招商银行提出了零售为先的战略，为后续的数字化转型奠定了基础。第二，从2014年开始，招商银行将轻型银行作为转型方向，进一步扩展了零售业务。第三，在金融科技发展的背景下，招商银行始终坚持"移动优先"战略，以招商银行App和掌上生活App为载体，扩大客户规模，完善生态建设，提升竞争力，实现了数字化转型的跨越。

同时，招商银行在资金投入、管理方式、文化思维、中台建设等方面全方位对标金融科技公司，推进零售银行数字化转型，这从根本上改变了以往分支行分散经营的做法；强化中台智能，按业务类型和服务客群配置数字化资源，确保让技术、业务、产品最大化衔接，实现轻管理和轻经营的战略目标。

而招商银行App的发展也具有讨论价值。第一阶段把线下交易往线上牵引，招商银行称之为交易时代；第二阶段从交易平台转变为经营平台，涉及的用户需求主要包括存款、理财、借贷等；第三阶段核心是延伸生活场景，开放生态，与合作伙伴共建多元化的生活场景，增强银行的获客留客能力，弥补了银行在科技人员、信息技术等方面与互联网企业的差距，还为招商银行节约了场景开拓的成本和时间。

招商银行数字化发展特征

（1）重视科技能力的强化。招商银行多年来深耕数字化建设领域，进行数字化团队建设，吸纳并培养了大批金融科技方面的人才。同时，招商银行建立了完善的金融科技人才培养体系，在内部建立了产品经理、研发工程师、运营经理和数据分析师等人员队伍，完善金融科技板块的培养和发展机制，促进招商银行整体金融科技实力的提升。

（2）采取数字化运营的战略，持续推进信贷业务的线上化服务，在贷前、贷中和贷后各个环节完善系统建设，让自动化流程代替烦琐的手工操作。在客户服务方面，招商银行还推出了智能财富助手"AI小招"，基于大数据技术和机器学习，为客户提供智能化产品推荐、收益查询、资产配置建议等服务。

（3）利用两大App打造金融生态圈。招商银行主要通过招商银行和掌上生活两个App，服务数量庞大的个人客户。通过线上服务+场景的模式，招商银行获取了大批量的信用卡客户。同时，通过深入挖掘这些客户信息，招商银行能够持续获得住房贷款、小微贷款以及高端财富服务等多类型的业务，形成良性循环。

招商银行数字化转型的启示

与摩根大通不同的是，招商银行在数字化转型中更加注重零售业务和客户服务的细分。其数字化转型历程更加注重以客户为中心的理念，将客户体验放在首位，通过招商银行App和掌上生活App打造个性化、智能化的金融服务。同时，招商银行对于数据的管理和运用也更加深入，充分利用数据分析和人工智能技术，为客户提供精准的金融服务。招商银行的数字化转型经验为其他银行提供了有益的借鉴，也为金融行业的数字化发展指明了方向。

资料来源：作者整理。

三、第三阶段：拓展服务对象

数字化转型使得银行能够更好地服务于不同类型的客户群体。除个人客户和大型企业外，银行开始更加重视对中小企业和个体经营者的服务。通过数字化技术，银行能够更好地了解和满足这些客户的需求，推出定制化的金融产品和服务，支持其发展和成长。

专栏 4.3

国有大型商业银行数字化转型实践

建设银行

建设银行，全称中国建设银行股份有限公司，是中国四大国有商业银行之一。2017年以来，建设银行积极践行"新金融"，全力推动实施住房租赁、普惠金融、金融科技"三大战略",按照"建生态、搭场景、扩用户"的数字化经营策略,强化C端突围,着力B端赋能,推进G端连接。

"金融科技"战略

建设银行在金融科技战略(TOP+,T指核心技术,O指能力开放,P指平台生态,+体制机制)中,创新构建了包括金融科技部、运营数据中心和金融科技公司在内的组织体系。这一架构实现了顶层设计、数据治理和市场化运营的融合以及总、分、子公司的协同,既支持内部业务转型,又助力社会治理,标志着从单一业务保障向搭建平台、培育生态、赋能社会的转变。

面对客户需求的多样化和商业竞争的加剧,建设银行以数字化为核心,加强技术和数据驱动的金融科技能力,内部构建协同进化型智慧金融,外部拓展开放共享型智慧生态,塑造现代商业银行新形象,实现管理智能化、产品定制化、经营协同化和渠道无界化。金融科技为建设银行的业务拓展提供了全景视图和精准定位,推动了金融服务多元化,深化了银行与客户的科技合作。建设银行利用海量用户数据和智能模型,能够精准识别服务需求,提供个性化的"千人千面"服务体验。

建设银行的金融科技战略将金融科技核心技术聚焦到"ABCDMIX"(A指人工智能,B指区块链,C指云计算,D指大数据,M指移动互联,I指物联网,X指其他前沿技术),应用于产品管理、营销支持、产品运营、业务支持、风险管控、决策与报告六大业务价值链。该战略以技术和数据双轮驱动,提供强大的科技和客户服务支持,推动全面数字化经营,对外赋能,提升金融行业科技和风控水平,整合资源,助力政府和社会治理,实现从业务保障向平台搭建、生态培育、社会赋能的跨越。

数字化经营战略

建设银行的数字化经营策略主要围绕"建生态、搭场景、扩用户"三大核心展开。第一,通过建立业务中台、数据中台和技术中台,建设银行打造了一个全面的金融服务生态系统,推进数字化运营和服务后台的精细化管理,实现业务、技术和平台的深度融合。第二,以手机银行和"建行生活"等核心应用为引擎,建设银行构建了覆盖全功能金融服务的数字经营平台,形成了一个广泛连接、深度整合、快速响应的生态场景体系,以快速适应市场和用户需求。第三,通过数字化经营,建设银行扩大了用户基础,推动了产品、营销、渠道、运营、风控和决策的全面数字化转型,从渠道和业务思维转变为生态平台思维,提升了用户体验并拓展了客户群体。

在数字化转型中,建设银行通过 B 端赋能、C 端触达和 G 端连接三大手段,全方位覆盖和服务不同客户群体。在 B 端,建设银行通过普惠金融战略,重点服务小微企业,解决融资难题,并通过住房租赁战略,推动住房租赁市场健康发展。

首先,建设银行以普惠金融为重点,在竞争激烈的当代社会,改变传统做大企业、大项目的思维定式和固定运营方式,将战略重点转向大众市场,深度拓展小微、双创、涉农、扶贫等民生领域,解决小微企业融资难、融资贵的痛点。建设银行通过推出"小微快贷"等业务,实现了在线申请、实时审批、线上签约、支用和还款等全流程线上化的自助贷款模式,为小微企业提供了便捷的金融服务。此外,通过全新的"平台+金融产品和服务"模式,建设银行为租房市场不断提供金融支持和服务,以满足市民的居住要求。

其次,在拓展服务对象方面,建设银行通过 B 端赋能和 C 端触达两大手段,实现了对企业和个人客户的全方位覆盖。在 C 端,建设银行通过构建生态场景经营平台、数字支付平台、产品创新能力和数字化营销体系,提供直达客户的金融服务,满足多样化需求,提供个性化体验。建设银行 2021 年零售业务利润总额的绝对规模达 2 147.09 亿元,位列国内银行之首,是唯一一家零售利润超 2 000 亿元的银行;2021 年年末,零售贷款规模达 7.98 万亿元,居国内各家银行之首。在 B 端,建设银行为企业搭建开放平台,通过开放公有云、共享风险管理技术等,帮助企业优化经营管理模式,实现降本增效,提高生产和运营效率。建设银行通过开放智能协调综合服务平台等,帮助上下游企业找投资、找技术、找服务、找项目,真正从"资端"转向"智端",成为企业全生命周期的咨询顾问;依托开放平台,全网式联结供应商、生产商、经销商和消费者,以数字化实现"三流合一"并集成化金融服务,推动传统产业链升级再造和客群协同发展。

最后,在 G 端连接方面,建设银行与政府部门开展深度合作,涉及行业管理、保障性住房、城市和社区治理、农村治理等多个方面。通过加强与政府端的系统和平台互联、服务和功能连接,建设银行为政府部门提供成本更低、效果更优的公共产品和公共服务方案,实现了互促共进,增加了金融服务的广度和深度,同时推动了社会治理体系和治理能力的现代化。

中国代表性商业银行的市盈率情况如图 4.11 所示。在国有大行中,建设银行市盈率位居第一,说明资本市场的认可度较高。

综上所述,建设银行在拓展服务对象方面,通过多方面的努力和措施,实现了对各类客户的全方位覆盖和服务,推动了金融业务的创新和发展。

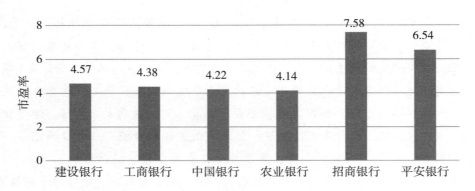

注：市盈率基于 2022 年 12 月 30 日的收盘数据计算。

图 4.11　中国代表性商业银行市盈率情况

资料来源：作者整理。

银行数字化转型是当今银行业的一项重要战略，通常可以分为银行内部扩散、银行业界扩散以及跨界合作发展等。

银行内部扩散是指银行利用自身的资源和技术能力，通过内部调整和创新，推动数字化转型。这包括优化现有业务流程、引入先进的技术设备和软件系统、加强内部人员的数字化培训等措施。银行通过内部扩散，能够更好地掌握数字化转型的节奏和方向，提高内部运营效率和服务质量，从而更好地适应市场变化和满足客户需求。

银行业界扩散是指银行业界内部的数字化转型经验和技术成果的共享和交流。各家银行之间可以通过开展合作项目、共享数据资源、举办研讨会等形式，加强信息沟通和经验分享，共同探讨数字化转型的最佳实践和解决方案。这种方式能够促进银行业界的共同进步，加快整个行业的数字化进程。

对于中小银行而言，借助第三方力量是实现数字化转型的一种重要途径。中小银行由于在技术和资源方面的限制，往往无法单独完成数字化转型的全过程。因此，它们通常会与技术公司、金融科技企业等第三方机构合作，共同开发和应用数字化技术，实现业务的升级和创新。这种合作模式可以有效地弥补中小银行的技术短板，加速数字化转型的进程，提升服务水平和竞争力。以南京银行为例，作为一家中型银行，南京银行积极探索数字化转型的路径。为了加速数字化转型，南京银行与多家金融科技公司合作，共同开发和应用数字化技术。

综上所述，银行数字化转型涉及银行内部的调整和创新、银行业界的共享与合作，以及中小银行与第三方力量的合作等多个方面。这些方面相互作用、相辅相成，共同推动整个银行业向着数字化、智能化和普惠化方向发展。

> **专栏 4.4**

中小银行数字化转型实践

南京银行

南京银行于 1996 年 2 月 8 日在南京成立,是一家由国有股份、中资法人股份、外资股份及众多个人股份共同组成的股份制商业银行,实行一级法人体制。它是我国第一家登陆主板市场的城商银行,经营特色鲜明,综合实力突出。

南京银行数字化转型历史

南京银行首开外资战投先河,接受国际金融公司的投资,与外资银行合作,依托巴黎银行在核心业务领域的经验和技术优势,不断探索打造自身的特色业务结构,提升自身服务品质和竞争实力。南京银行重视发展表外业务,凭借特色业务的快速发展积累了雄厚利润,也有力地"反哺"了金融科技领域的投入。南京银行准确把握银行业变革创新的大势,成为我国较早布局金融科技的少数银行之一,从而为后来乘势推进数字化转型奠定了坚实基础。

南京银行早在 2010 年就已经在管理层中设置了专门负责金融科技业务的高管人员,是我国最早设立金融科技高管的银行之一。当部分银行刚刚喊出发展金融科技口号的时候,南京银行已经从组织架构上对发展金融科技进行了长远布局,持续紧跟金融科技发展趋势,在移动技术、云计算、大数据、人工智能、区块链等领域加大研发投入,加快科技赋能与数字化转型,打造技术创新与科技支撑能力,为推进既有业务与金融科技的敏捷协同和深度融合奠定了良好基础。为适应金融业务线上化、高频化趋势,南京银行在 2017 年联合阿里云与蚂蚁金服共同建设了"鑫云+"互联网金融开放平台和面向小企业的大数据平台"鑫航标"。后来面对监管风暴和核心业务受挫,南京银行进一步发展金融科技,聚焦客户与科技,深入推进大零售和交易银行两大战略,着力打造金融科技云化、线上化、智能化服务能力。南京银行新发展战略以公、私业务板块的数字化为主线,为全行经营转型带来了新气象。

南京银行在发展过程中一度面临传统业务受挫、功勋高管离任等不利局面,但凭借在金融科技领域的长期深耕,为推动全行数字化转型奠定了坚实基础,通过培育数字化业务新增长点、全面实施数字化战略,在较短时间内走出了发展困境、重塑了标杆地位。由此可见数字化转型已成为银行业发展的普遍共识,金融科技应用正成为银行数字化转型的重要推动力。

资料来源:李运达,陈宇明. 识变、应变、求变:南京银行数字化转型"三部曲" [EB/OL]. (2023-06-02) [2024-12-21]. https://mf.hfut.edu.cn/2023/0602/c14191a293433/page.htm.

四、银行数字化新阶段

当前,商业银行正处于一场前所未有的数字化转型浪潮中。技术的迅猛进步正推动着银行业务在各个层面的深刻变革。这场转型不仅在广度上拓展了银行的服务范围,更在深度上推动了银行业务的智能化升级,标志着银行数字化转型已经迈入了一个全新的阶段。

第一,数据管理能力大幅提升。当代数据具有深厚的价值,相较以往,银行现在能够更加规范地收集、管理、加工和保护数据,使其变得"更易用"和"更安全"。数据应用也日趋成熟,用例场景更加丰富。数据与业务的紧密结合明显提升了业绩,尤其在零售业务和普惠金融等领域表现突出。

第二,技术支撑能力显著增强。商业银行通过深化人工智能、区块链、云计算、大数据等新技术应用,不断为自身的数字化建设赋能。新技术提高了数据采集的即时性和多样性,丰富了数据来源,夯实了银行的数据基础。同时,通过新技术的应用,银行提升了大数据的应用能力。

第三,数字化产品呈现多样化趋势。产品作为银行服务客户的基础,在转型新阶段由过去的单一简单创新向成熟、体系化的多点产品管理和创新转变。精益敏捷的创新方式使得现有产品得到迭代优化,提升了客户黏性。

第四,效率不断提升。数字技术带来了银行业务的智能化,便于客户经理拓展和维系客户,也提升了银行投资效率。国内各银行积极布局智能投顾,为客户提供更好的投资咨询服务。数字技术的应用使得银行业务可以实现点对点的交互式连接,加上区块链技术建立的数字信任,有效减少中间节点、简化业务流程,大幅提高运营效率。同时,数字工具的应用最大限度地实现了工作的自动化和智能化。

第五,风险识别敏锐度及应对水平提升。数字技术使得海量市场和个人信息的搜集与整合成为可能,银行评估和测算风险更为有效,同时也降低了风险控制的人力和物力成本。数字化的应用还帮助银行创设丰富的虚拟场景,进行仿真度更高的沙盘演练。

综上所述,过去一段时间以来,典型的商业银行数字化转型可以分为三个阶段。在第一阶段,商业银行主要通过数字化转型提升服务效率。在第二阶段,商业银行通过改变服务方式,由专有系统向开放型平台服务转型。在第三阶段,商业银行进一步拓展服务对象,由过去主要服务机构与大型企业客户向零售和财富管理业务转型。现在,我们正在迈向一个数字化银行的新阶段。如图 4.12 所示。

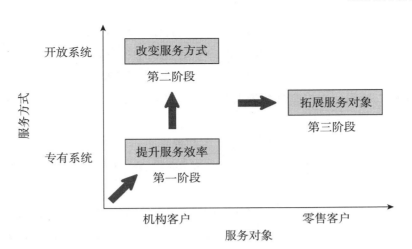

图 4.12　商业银行数字化转型路径的阶段特征

第五节　银行数字化转型的问题与挑战

商业银行的数字化转型必须建立在对国内外成功经验的深入分析基础之上。通过对成功案例的研究，我们可以深化对国内数字化转型环境的认识，拓展数字化视野，并提升战略布局的高度。这种经验支撑可以为银行的转型提供坚实的基础。

数字化转型没有完整案案例可以借鉴，需要持之以恒地探索适合自身的转型之路，以便自身更加适应新时代发展步伐。深刻了解自身的业务结构、人员素质和数字化程度，有助于更好地调度资源，实现数字化转型的顺利进行。同时，了解市场环境和竞争态势，找准自身的优势和薄弱点，对整体数字化转型至关重要。分析总结商业银行数字化转型的案例，可以提出几项可供参考的数字化转型中的问题和对策。

一、问题与挑战

客户挖掘难度大。优质客户大部分已被挖掘，而发展"长尾客户"存在较大难度。零售需要满足各类客户的不同需求，对营销模式要求更高，粗放式的营销模式难以满足需求。

产品同质化严重。部分商业银行缺乏自主研发能力，无法满足客户定制化需求，盲目跟从效仿他行产品，致使零售市场产品创新不足、同质化严重。转型需要采取符合自身特定战略地位的策略。银行的业务流程、组织结构、组织文化这三者相互关联、相互制约。其中任何一个单一的变革都无法满足银行发展的需要，只有产生联动效应才能形成巨大的优势。盲目地模仿其他银行的策略，并不能获得成功。

全渠道建设成为重难点。银行已经形成了以传统物理网点、智慧网点、手机银行、网上银行、各类App、自助银行、电话银行等为一体的全渠道运营格局。基础交易及简单产品销售主要通过手机银行、网上银行等渠道进行，而复杂产品决策和客户投诉等售后服务仍然以物理网点为主。打通各渠道，让客户可以在不同渠道间切换，形成适合的交付方案，成为全渠道运营下的难点。

服务质量有待提升。银行办理零售业务时审批流程烦琐，效率有待提升，员工专业度、服务意识与能力有待提升。从客户视角来看，存在客户旅程①复杂、服务体验差等问题。

数字治理能力较薄弱，存在数据孤岛问题。数据孤岛问题指银行内部不同部门或业务线之间的数据无法实现有效整合与共享，阻碍了数据要素的价值深度挖掘和广泛应用。为了克服这一难题，银行必须强化数据治理，推进数据的标准化和集成工作，构建一个统一的数据平台，以实现数据的无缝互联互通和共享。此外，银行还应提升数据挖掘与分析能力，通过引入前沿数据分析工具和技术提高数据的利用效率，更有效地支持银行的决策制定和业务创新，推进银行从数字化向智能化转型。

二、如何应对

提供个性化服务与精准营销。个性化服务包含产品定制化、定价个性化、营销精准化。客户个性化的需求要求银行充分有效地挖掘数据价值、分析客户行为、识别客群需求特征，利用数字化工具实现产品服务定制化、定价个性化以及营销推介精准化。

打造定制化产品及服务。银行传统上更倾向于关注中高端客户，即高净值群体，而忽视长尾市场客群的需求，导致这些客户得不到足够的关注和资源配置。长尾市场客群的金融需求日益个性化和多样化，但商业银行提供的产品和服务却过于标准化和单一化，无法满足这些客群的个性化需求。商业银行在客户关系管理方面存在滞后性，未能基于长尾客户的生命周期进行系统、全面、动态的跟踪管理，从而无法准确把握客户需求和痛点，无法及时根据客户需求调整营销策略。此外，"技术+业务"复合型人才的缺乏限制了金融科技在长尾客户维护方面的能力，导致需求洞察和产品研发能力不足。因此，银行在收益、产品种类和服务三方面的不足，使得长尾市场的金融需求长期得不到满足。随着客户越来越重视自身需求和服务体验，银行需要根据客户的财务和借贷需求，提供更具针对性和预见性的服务建议以及定制化的产品服务。

追求全渠道服务。物理网点对客户的重要程度逐渐降低，互联网时代的产物——线上移动银行成为更便捷的选择。零售银行需要形成以客户为中心的全渠道模式，大

---

① 客户旅程是经典营销理论概念，指个人与企业产生互动的完整路径，包括客户从意识到需求到购买产品或服务，再到使用和反馈的全过程。

力发展数字渠道，利用大数据、人工智能等前沿技术发展跨渠道服务。

商业银行的数字化转型要注重场景建设。银行本身最主要的目标就是提供服务，能够及时地满足客户需求。数字化转型中银行应该通过搭建场景和多维生态来提升用户黏性，将自身的服务延伸到足够多的场景，使得自身的数字化转型具有可持续的价值。所以银行要尽可能实现服务的无处不在，从自身优势出发，积累场景建设的经验与技术；并且进行全渠道的场景建设，既可以提供对个人的场景金融，也可以提供对企业的场景金融，实现金融场景的全覆盖。

以客户为中心，持续提升服务客户能力。追求良好的服务，根据客户旅程，利用数字化技术简化办理业务时的重复、烦琐流程，优化业务流程，改善客户体验。

银行数字化转型需要高度重视数据的利用。数据是商业银行数字化转型的关键。数据治理能力的不足一直阻碍着商业银行的数字化转型，所以银行需要增强自身的数据治理能力。首先应建立数据治理意识，通过引进人才和增加内部培训的方式提升整体的数据意识。做好金融科技人才的选用，组建强有力的数字化转型团队，并且投入配套资源，鼓励团队创新，提高团队的科技水平。其次，要增强自身的数据清洗能力，将大量无法利用的非结构化数据转化为可以利用的结构化数据。最后，要发挥自身特长，提升自身的技术水平和数据利用能力。在数据安全方面，要加强基础设施及信息安全建设，在信息科技基础设施、系统开发和维护等方面加大投入，加强全行应用系统的建设和改造，提高全行信息系统稳定运行的能力。

置身于数字化浪潮之中，商业银行必须不断探索符合自身情况的创新发展路径。在转型过程中，商业银行需要脚踏实地，充分发挥自身优势，同时顺势而为，积极把握转型的新机遇。这需要银行进行更深入的思考和探索，以确保数字化转型的顺利进行，并在新阶段赢得先机。

本章小结

本章深入探讨了银行业的数字化转型，涵盖了以数字技术为代表的金融科技3.0阶段的基本概念、底层技术以及应用场景，数字化对银行业规模经济与范围经济的再定义，以及银行数字化转型的演进路径与阶段特征，从多个角度探索了银行业数字化转型的内涵和动态，揭示了数字化技术对银行业的深远影响。通过对这些重要议题的全面审视，我们深入理解了银行业数字化转型的紧迫性和必要性，为银行业面临的挑战和机遇提供了深刻洞察。随着数字化转型的持续推进，银行业将面临更多的变革和创新，我们期待着进一步探索数字化转型的路径和策略，为银行业的可持续发展和未来成功注入新的活力与动力。

思 考 题

1. 随着数字技术的发展，银行的商业模式和运营方式发生了哪些变化？传统银行如何在数字化转型中保持竞争优势？

2. 为什么传统上银行更愿意服务大型客户，而不愿意服务零售客户？随着数字技术的发展，为什么银行在数字化转型的同时也开始向零售业务转型？商业银行应如何利用数字技术来推动金融包容？

3. 请列举商业银行在数字化转型中主要利用了哪些数字技术。这些数字技术在商业银行有哪些重要的应用场景？

4. 数字技术是如何帮助银行实现低成本客户拓展和风险控制的？零售贷款业务的基本技术原理是什么？

5. 在数字化转型过程中，银行业如何保障客户数据的安全和隐私？现有的安全措施是否足够？还有哪些方面需要加强？

6. 在数字化转型过程中，商业银行如何平衡技术创新与风险管理之间的关系？

关 键 词

金融科技；银行业；数字化转型；技术驱动；社会责任；可持续发展；金融科技3.0；商业模式创新；风险管理；数据安全与隐私；客户体验；规模经济；范围经济；移动支付；智能投顾；网络安全；物联网；大数据分析；区块链技术；分布式账本技术；区块；加密货币；工作量证明；智能合约；有向无环图；大数据；云计算；人工智能；机器学习；智能手机钱包；数字钱包；近场通信；加密技术；标记化；身份验证；生物统计学；智能设备；无线传感器网络；执行器；跨境支付；供应链金融；互联网金融；数字经济；金融创新；普惠金融；全渠道运营；个性化服务；精准营销；场景建设

第五章
商业银行大数据应用

◆ 学习目标

【知识目标】掌握大数据应用的基本概念，熟悉商业银行大数据应用的主要场景，了解商业银行大数据所面临的主要挑战与发展趋势。

【能力目标】能够分析商业银行经营和管理场景中所涉及数据的类型与特点，并能够评估在这些具体场景中，大数据应用的可行性与潜在价值。

【素养目标】了解我国的大数据发展战略，提升数字素养与创新意识。

导言：2012 年，牛津大学知名教授维克托·迈尔－舍恩伯格（Viktor Mayer-Schönberger）在其著作《大数据时代》（*Big Data*: *A Revolution that Will Transform How We Live*，*Work*，*and Think*）中指出，数据分析将从"随机采样""精确求解"和"强调因果"的传统模式转变为大数据时代的"全体数据""近似求解"和"只看关联不问因果"的新模式，从而引发了商业应用领域对大数据方法的广泛关注和深入探讨。商业银行天然地具有大数据属性，大数据时代的来临，必将对商业银行产生深远的影响。

为何大数据如此重要？究竟什么是大数据？它具备哪些核心特征？大数据方法在商业银行经营管理中有哪些具体的应用场景？本章将对这些问题进行深入探讨。我们将介绍商业银行大数据应用的背景与意义，阐述大数据的基本概念，探讨商业银行大数据应用的主要场景以及所面临的挑战，并展望商业银行大数据应用的发展趋势。

第一节 大数据应用基础概念

一、什么是大数据

"大数据"这一概念最早公开出现于 1998 年，美国高性能计算公司——硅图公司

(Silicon Graphics，SGI）的首席科学家约翰·马西（John Mashey）在一份国际会议报告中提出，随着数据规模的快速增长，数据应用将不可避免地出现难理解、难获取、难处理和难组织的四大难题，并用"Big Data"（大数据）来描述这一挑战，从而在计算领域引发思考。2011年，麦肯锡全球研究院（McKinsey Global Institute）发布了一份具有里程碑意义的研究报告，题为"Big Data：the Next Frontier for Innovation, Competition, and Productivity"（大数据：创新、竞争和生产力的下一个前沿领域），宣布大数据时代的来临。

究竟何为大数据？虽然不同机构对大数据的定义各异（见表5.1），但普遍共识是，大数据指的是那些超出传统数据处理工具处理能力的数据集。其核心特征包括**规模性**（Volume）、**高速性**（Velocity）、**多样性**（Variety）和**价值性**（Value），这四个方面共同构成了大数据的4V特性。

表5.1 大数据的定义

机构	定义
高德纳（Gartner）	大数据是一种高速增长，且具有多样性和复杂性的信息资产，需要新的处理方式，以提供更高的决策力、洞察力和流程优化
麦肯锡（McKinsey）	大数据是指由于其体积、速度和种类的特性，传统的数据处理系统无法处理的数据集
甲骨文（Oracle）	大数据是指从不同来源产生的大量和复杂的数据，这些数据在传统的数据库系统中无法有效地进行存储、处理和分析
华为	大数据是指数据的产生、获取、存储、分析超出了传统技术处理能力，需要新的处理方式的数据。这些数据可以是结构化的，也可以是非结构化的；可以是人工产生的，也可以是自然产生的

资料来源：维基百科；麦肯锡全球研究院；作者整理。

我们正处于一个数据大爆炸的时代，通过观察表5.2中数据单位的变化，可以更为直观地了解大数据的实际规模。国际数据公司（IDC）的一份报告预测，到2025年，全球数据总量将增长至175泽字节（Zettabytes，ZB），相较于2018年的33泽字节，增长幅度近五倍。1ZB有多大呢？假设一部高清电影大约需要5GB的存储空间，那么1ZB大概能存储2 000亿部电影。如果一个人每天看一部电影，观看1ZB的电影将耗时超过5 000万年。

表5.2 数据单位一览

单位	等于上一单位的数量	约等于	具体例子
Byte（B）	N/A	1字节	一个英文字母（例如，A或a）
Kilobyte（KB）	1 024 B	千字节	一个短文本文件（大约1 000字）
Megabyte（MB）	1 024 KB	兆字节	一首MP3格式歌曲（约3分钟）

(续表)

单位	等于上一单位的数量	约等于	具体例子
Gigabyte（GB）	1 024 MB	吉字节	一部标准品质的电影（约 2 小时）
Terabyte（TB）	1 024 GB	太字节	一个大型数据库或企业级服务器的存储容量
Petabyte（PB）	1 024 TB	拍字节	一个大型公司的存储容量
Exabyte（EB）	1 024 PB	艾字节	一个大型云服务公司的存储容量
Zettabyte（ZB）	1 024 EB	泽字节	2022 年中国数据产量达到 8.1ZB
Yottabyte（YB）	1 024 ZB	尧字节	远超过目前全世界的数据总量

资料来源：作者整理。

二、大数据的 4V 特征

规模性（Volume）。大数据的名称本身就揭示了其主要特征。随着科技的发展，特别是移动设备和互联网的广泛应用，我们所处理的数据规模相较过去有了显著提升。如今，我们面临的不再是 GB 或 TB 级别的数据，而是更为庞大的 PB、EB 乃至 ZB 级别的数据。以流媒体服务平台 Netflix 为例，其平台每日流量已超过 1PB。在处理如此庞大的数据量时，所面临的挑战无疑愈发严峻。

高速性（Velocity）。大数据的特性不仅体现在其庞大的规模上，更凸显于其迅猛的生成速度。随着数字化浪潮的推进，数据的产生速度已远超出我们的预期。因此，大数据应用的主体需要拥有实时或近实时的数据处理与分析能力，才能有效地洞察其中的价值所在。这一需求对数据处理效率和数据存储设备提出了更为严苛的要求。

多样性（Variety）。大数据的形态具有包罗万象的特点，其数据类型广泛，远超传统结构化数据的范围。目前，需要处理的数据不仅涵盖文本、图像、音频、视频等非结构化数据，还包括 XML（可扩展标记语言）和 JSON（JavaScript 对象表示法）等格式的半结构化数据。据 IBM 研究，全球大约 80% 的数据属于非结构化数据，而非结构化数据通常需要更加复杂和专业的处理技术，如自然语言处理和图像识别等，这无疑对大数据处理提出了更高的要求。

价值性（Value）。大数据的价值，从根本上讲，在于它为人类提供了一种新颖且深入认识复杂系统的思维方式和工具。理论上，当我们将现实世界在足够微小的时间和空间尺度上进行数字化处理时，就能够构建出一个反映现实运行规律的数字虚拟模型。只要拥有强大的计算能力和高效的数据分析技术，对这个模型进行深入挖掘，便有可能洞察和理解现实复杂系统的运行行为、状态及内在规律。可以说，大数据不仅为人类带来了全新的思维方式，更提供了探索和把握客观规律，进而改造自然和社会的新途径，这也是大数据推动经济社会变革的根本原因所在。

三、大数据的类型

大数据具有多样性特征,其类型主要包括结构化数据、半结构化数据以及非结构化数据等。

1. 结构化数据

结构化数据是我们最为熟悉的数据类型,也是本章后续内容中重点讨论的数据类型。所谓结构化数据,是指预定模式或模型组织的数据,一般存储在关系数据库中。这些数据的结构通常是固定的,每个数据字段都有确定的数据类型,如文本、数字或日期等。在结构化数据中,信息的排列顺序是一致的,这便于数据的排序、搜索和检索。结构化数据通常以表格的形式存在,其中行代表记录,列代表记录的属性。由于其标准化的格式,结构化数据可以被软件和人类高效地访问和处理。

在我们的日常生活中,大量的数据都是以结构化的形式存在的。以银行账单为例,它包含了诸如日期、交易类型、金额等具有固定格式和类型的字段。同样,在银行信贷场景中,银行所收集的信息也可以以结构化数据的形式进行展示,如表 5.3 所示。在这张表格中,每一列都代表着特定的数据类型,如整数、浮点数、文本或日期等,而每一行则记录了一笔贷款的详细信息。这些数据均严格遵循预设的数据模式,并且以二维表的形式清晰地展示出来。

表 5.3 银行信贷结构化数据表

客户 ID	客户姓名	年龄	性别	客户星级	……	是否逾期
1	张某某	23	男	3	……	否
2	李某	45	男	1	……	是
3	钱某某	38	女	2	……	否
4	朱某某	44	女	2	……	否
5	吴某	60	女	4	……	否
6	孙某	25	男	5	……	否
……	……	……	……	……	……	……

2. 半结构化数据

半结构化数据是指一种介于结构化数据与非结构化数据之间的数据类型。它不遵循严格的数据库表格结构(如行和列),但仍包含标签、键值对或其他标识元素,以便对其内部信息进行有效理解、组织与解析。常见的半结构化数据格式包括 XML 与 JSON 等。

以社交媒体为例,用户发布的帖子内容通常较为自由,但其中的发布时间、地点、点赞数等信息则属于半结构化数据的范畴。这些数据虽然不符合传统的数据库表格结构,但通过标签、键值对等标识元素,我们就能便捷地对它们进行提取、组织与分析。此外,在网络爬虫领域,我们经常使用 Python 等工具爬取 HTML 或 JSON 格式的网页数据。这些 HTML 与 JSON 数据也属于典型的半结构化数据,通过对它们进行解析,我们可以获取网页中的各类信息,为数据分析、数据挖掘等应用提供有力支持。

3. 非结构化数据。

非结构化数据是指那些不具备固定格式的数据类型,如文本、图片、音频和视频等,具体见表5.4。这些数据无法通过传统的数据库工具进行有效处理和分析,因此需要借助特殊的工具和技术,如自然语言处理和图像识别等,才能实现对它们的深入挖掘和利用。IDC 发布的报告显示,非结构化数据在全球数据总量中所占比重已经超过80%。以抖音为例,每天上传到其平台的大量视频数据均属于非结构化数据,因为它们缺乏固定的格式和结构。非结构化数据在日常生活和工作中广泛存在,由于其灵活性和多样性,处理和分析非结构化数据往往更具挑战性,但同时也具有巨大的价值和应用潜力。

表 5.4 非结构化数据

非结构化数据类型	应用示例
文本数据	– 社交媒体数据:了解公众对银行的看法和需求 – 客户投诉和反馈:改进产品和服务、回应客户需求
图像和视频数据	– 银行监控摄像头数据:监测分行和自动取款机的安全性 – 人脸识别技术:客户身份验证和访问控制
语音数据	– 客户服务录音:评估客户满意度、改善呼叫中心效率、发现销售机会 – 语音识别技术:自助语音服务
多媒体数据	– 影音广告和宣传资料:提高品牌知名度和市场份额 – 数据可视化:辅助管理层决策

资料来源:作者整理。

第二节 商业银行大数据应用的主要场景

由于行业特性,银行业在长期业务开展过程中积累了海量数据。从数据涵盖范围来看,数据类型包括以工资、公积金、消费贷款等为代表的结构化数据和文档、图片、影像和地理位置信息等种类繁多的非结构化和半结构化数据。波士顿咨询公司 2015 年的研究报告发现,银行业每创收 100 万美元,就会平均产生 820GB 的数据,数据强度高居各行业之首,而在相同创收条件下,电信、保险和能源行业数据强度分别为 490GB、150GB 和 20GB,可见银行业在大数据应用方面具备天然优势。商业银行大数据应用的场景非常广泛，主要场景可以分为精准营销、风险管理与运营优化（见图5.1）。

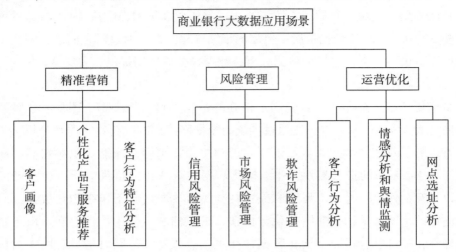

图 5.1　商业银行大数据应用场景

资料来源：作者绘制。

一、精准营销

银行能够借助大数据技术，更加精确和迅速地洞察现有及潜在客户的需求，并据此提供更为匹配乃至创新的金融产品和服务，进而实现客户营销提质增效的目标。具体地，大数据的应用有助于银行更好地实现 KYC（Know Your Customer，了解你的客户）目标，进而通过客户画像、产品推荐与客户流失预警等措施实现精准营销。

客户画像是实施精准营销策略的基础，该概念由交互设计领域的奠基人艾伦·库珀（Alan Cooper）首次提出，他将客户画像定义为"基于一系列真实数据构建的目标用户的虚拟代表"。客户画像通过整合客户的多方面信息，提炼出特定类型的独特特征和气质，从而形成客户的独特"画像"。对于商业银行而言，这意味着基于内部和外部数据为银行客户赋予各种"标签"。这些标签在银行营销活动中具有重要参考价值，成为提升"获客"精准度和"活客"满意度的数字化工具。例如，某大型商业银行通过收集客户的交易记录、社交行为、浏览习惯等多维度数据，构建了"数字发烧友""苹果手机粉丝"等个性标签，每当有苹果新款手机发布时，该银行便通过电话、短信等方式向这类人群开展精准营销活动，推送苹果产品的信用卡分期购买方案。

基于客户画像，商业银行可以为客户提供个性化的金融产品和服务推荐，如定制化的贷款方案、理财产品、信用卡优惠等。此外，商业银行还可以通过对内部数据的综合运用，助力从"非金融"到"金融"的交叉销售。例如，某国有大型商业银行运用纳税记录、医保结算、工资代发、公积金缴存、交易上下游、交易订单等外部数据，结合行内数据对客户属性进行分层，将客户细分为专业市场、产业集群、税务群体、供应链客群、工业园群体和商业综合体客群等子群体。该银行围绕交易、结算、纳税、采购和社会行为等场景，根据特定客群需求和区域实际，创新定制产品并实现批量获客，同时，深入挖掘不同客群在生命周期各阶段的金融需求，推出税易贷、信用贷、薪金贷和创业贷等产品。该银行将服务综合化，从信贷融资拓展至投资理财、工商税务服务、咨询服务等领域，满足客户在不同场景中的多样化需求，显著提升客户黏性。

此外，商业银行还可以通过大数据分析存量客户的行为特征，减少客户流失。如图5.2所示，某商业银行的私人银行（简称"私行"）部分通过建立客户流失预警与价值评估模型，根据不同的客户价值评估结果，对有潜在流失风险的高净值私行客户采取不同的预警措施。通过收集和分析客户的交易记录、投资偏好、咨询互动等多维度数据，银行能够更准确地识别出那些有潜在流失风险的高净值私行客户。一旦识别出这些客户，银行就能够根据他们的具体情况，制定个性化的预警措施。例如，对于价值评估较高的客户，银行可能会提供更优惠的利率或更专业的财务咨询服务，以提高他们的忠诚度。而对于价值评估较低的客户，银行可能会提供更多的优惠活动或增值服务，以激发他们的兴趣并重新建立与银行的联系。该系统能够实时监控客户的行为变化，并在客户表现出潜在流失迹象时及时发出预警。这样，银行的客户经理就能够迅速采取行动，与客户进行沟通，了解他们的需求和不满，并及时解决问题，从而有效地减少客户流失。通过这种方法，该商业银行不仅提高了客户满意度和忠诚度，还优化了资源配置，提高了运营效率。这种基于大数据分析的客户流失预警与价值评估模型，为商业银行在激烈的市场竞争中保持领先地位提供了有力的支持。

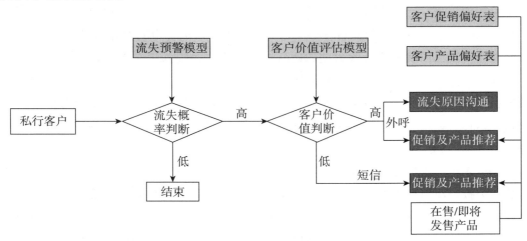

图5.2　私行客户流失预警与价值评估模型

上述内容可总结为表 5.5。

表 5.5 大数据在银行精准营销中的应用

场景	大数据应用
客户画像	利用数据挖掘进行客户细分，根据客户的特征和行为模式将客户划分为不同的群体。这有助于银行更好地理解客户需求、提供个性化的产品和服务，并制定精准的营销策略，以提高客户满意度和市场竞争力
产品推荐	通过分析客户的历史交易数据和消费行为，银行可以构建交叉销售和推荐系统。这些系统可以推荐相关产品和服务给客户，增加交叉销售机会并提高客户忠诚度。例如，当客户购买某种产品时，系统可以推荐其他相关产品，如信用卡、投资产品等
流失预警	通过分析客户的历史数据、交易行为等，建立客户流失模型来预测潜在流失客户。通过及时发现流失迹象并采取相应的挽留措施，如个性化优惠、定制化服务等，提高客户留存率

二、风险管理

随着数据可得性的持续提升以及数据挖掘技术的不断进步，大数据在商业银行风险管理中的角色日益凸显。在商业银行活动中，信息不对称现象较为突出，可能引发信用风险、市场风险、欺诈风险及流动性风险等诸多问题。大数据的应用为降低银行经营活动中的不确定性提供了可能。

在信用风险管理方面，银行可以利用大数据分析客户的信用历史、还款能力和交易行为，以更精准地评估客户的信用风险。同时，基于大数据的模型可以更及时地发现潜在的信用风险，从而采取预防性的措施，降低不良贷款的概率。像我国某大型商业银行，拥有庞大的客户群体和广泛的金融产品，面对不断增长的信贷业务，传统的手工信用评估方式已经难以适应快速变化的市场和客户需求，故该银行引入了一套智能信用风险管理系统，系统整合了多渠道的数据源，包括客户的财务信息、交易历史、社会网络活动，以及其他公共数据。通过这些数据，系统为每个客户建立了全面的客户画像，包括其消费行为、偏好、还款历史等方面的信息。随后基于客户画像和历史数据，系统利用机器学习方法建立了智能的信用评估模型。这些模型不仅考虑了传统的财务指标，还结合了非传统数据的分析，如社交媒体活动、在线购物记录等，使得评估更为全面和准确。

在市场风险管理方面，银行可以利用大数据分析市场数据，预测市场波动和行业趋势，为投资决策提供更科学的依据。通过监测大规模的市场数据，银行可以更灵活地调整投资组合，降低市场风险。此外，大数据还可用于实施风险压力测试，帮助银行更好地了解自身在不同市场条件下的抗风险能力。我国某大型商业银行，建立了先进的大数据分析平台，整合了来自各类市场数据源的信息，包括股票信息、债券信息、商品价格、宏观经济指标等。通过对供应链、产业链关联数据的挖掘，银行可以更准确地预测相关行业的发展趋势，为投资提供更为科学的依据。同时基于大数据分析结果，银行可以灵活地调整投资组合，降低市场风险。例如，当某一行业可能进入下行周期时，银行可以快速减持相关资产，降低投资风险。利用大数据技术，银行还可以进行风险压力测试，模拟多种市场情景，全面了解其投资组合在极端市场条件下的表现，并及时采取措施应对潜在的风险。

在欺诈风险管理方面，银行能够通过监测大量的交易数据、客户行为模式和异常活动，进而建立智能化的欺诈检测系统，迅速地发现和阻止潜在的欺诈行为，保护资产安全。例如，某商业银行面临日益猖獗的电子支付欺诈问题，传统的手工审核已经无法满足迅速变化的欺诈手法和规模。该银行通过引入先进的技术来建立实时交易监测与预警系统，以提升对欺诈行为的识别和防范能力。首先，该银行整合各个渠道的交易数据，包括网上银行、手机银行、POS机等，对数据进行清洗和预处理，确保数据的准确性和完整性。其次，该银行利用机器学习算法，从海量的交易数据中提取出特征，并基于历史交易数据训练模型，建立起欺诈检测的算法模型。而后系统就可实时监测每一笔交易，并将交易数据输入预训练好的模型中进行分析，识别出异常交易行为，如异常金额、异常时间、异常地点等。最后，系统一旦发现可疑交易，立即触发预警机制，通知风险管理人员进行进一步的审核和处理，包括冻结账户、拒绝交易等操作。

上述内容可总结为表5.6。

表5.6　大数据在银行风险管理中的应用

场景	大数据应用
信用风险管理	通过分析客户的信用记录、财务状况、经营情况等数据，商业银行可以更加准确地评估客户的信贷风险，制定合适的信贷政策
市场风险管理	利用大数据技术，商业银行可以实时监测市场动态，预测市场趋势，为投资决策提供有力支持
欺诈风险管理	通过对交易数据的实时监控和异常检测，商业银行可以及时发现和防范欺诈与洗钱行为，确保业务安全

三、运营优化

运营优化旨在通过有效的管理和科技应用，提升业务流程，降低成本，提高服务质量，达到更加经济高效的运营状态。大数据应用赋能运营优化，首先体现在客户行为分析方面，通过收集、整理客户的交易数据、服务使用记录等信息，深入挖掘客户行为背后的规律和趋势。通过大数据技术，银行可以对客户的消费习惯、偏好、风险特征等进行全面分析，为个性化服务提供数据支持。例如，银行可以通过分析客户的交易记录和浏览行为，预测客户可能感兴趣的产品或服务，从而精准推送相关信息，提升销售效率。此外，客户行为分析还可以帮助银行识别潜在的风险客户，及时采取风险控制措施，保护资产安全。例如，某大型银行拥有庞大的客户群体和丰富的金融产品线，但传统的营销方式难以满足客户个性化需求，而且存在交叉销售机会被忽视的情况。该银行利用大数据技术，收集整合了客户的交易记录、存款情况、贷款信息、网银浏览记录等多维度数据，并通过机器学习算法进行分析和建模，构建了智能推荐系统，增强了客户黏性和交叉销售能力，提升了竞争力和盈利能力。

情感分析和舆情监测也是运营优化中的一个重要方向，是商业银行利用大数据技术对客户在社交媒体、客服沟通等渠道的言论和情感表达进行分析和监测的过程。通过情感分析和舆情监测，商业银行可以更好地了解客户和市场，及时发现和解决问题，提升服务质量和品牌形象，保持竞争优势。具体地，情感分析是指通过自然语言处理和机器学习技术，对文本数据中所表达的情感进行识别和分析，包括积极、消极和中性情感。情感分析技术可以用于分析客户在社交媒体上对银行产品和服务的评价、投诉和建议，了解客户的满意度、忠诚度和情感倾向。而舆情监测是指通过收集、分析和监测社会公众对特定话题或事件的言论和反馈，及时了解和掌握舆论动向和态势。舆情监测可以用于了解公众对银行品牌、产品、服务以及行业事件的看法和态度，发现可能对银行形象和业务产生影响的舆情风险。

网点选址分析是影响商业银行运营管理中的重要一环。银行利用大数据技术和地理信息系统等工具，对潜在市场和客户需求进行深入研究，并结合竞争对手分布、交通状况、人口密度等因素，科学评估不同区域的潜力和风险，以确定最佳的网点建设位置。这一过程包括数据收集与整合、市场分析和需求预测、选址模型建立和分析、选址方案评估和决策等步骤，旨在提高服务覆盖率、优化运营效率、增强市场竞争力。例如，某商业银行在计划开设新的分支机构时，首先通过大数据技术收集并整合目标城市的人口分布、消费水平、行业结构等关键数据。接着，利用地理信息系统对城市的交通网络、商圈分布以及竞争对手的网点位置进行详细分析。在此基础上，银行进一步通过市场调研和问卷调查等方式，深入了解目标客户的金融需求和服务偏好。随后，银行运用先进的选址模型，综合考虑了上述因素，对多个潜在选址方案进行模拟和评估。这些模型不仅考虑了选址的静态因素，如地理位置、人口规模等，还结合了动态因素，如市场变化、客户需求变化等，从而确保了选址决策的准确性和前瞻性。

上述内容可总结为表5.7。

表 5.7　大数据在银行运营优化中的应用

场景	大数据应用
客户行为分析	通过分析客户的交易记录、网银登录频率、产品使用情况等数据，银行可以了解客户的行为模式和偏好。这有助于银行了解客户的需求，提供个性化的产品推荐和定制化的服务，从而提高客户满意度和忠诚度
情感分析和舆情监测	利用大数据技术来监测和分析社交媒体、在线评论、客户留言等渠道中涉及银行的信息，银行通过情感分析和舆情监测，了解客户对银行品牌和服务的态度和情感倾向，及时发现和回应负面舆情，提高客户满意度
网点选址分析	通过收集和分析大量的客户数据，如交易记录、消费偏好、居住地点等，银行可以了解客户的分布和行为特点。进一步通过分析市场数据、人口统计信息和竞争对手的分布，银行可以了解不同地区的市场潜力和竞争环境。这有助于选择在具有发展潜力和较少竞争的地区设立网点，从而提高市场占有率和盈利能力

第三节　商业银行大数据应用的挑战与应对

一、数据安全与隐私保护问题突出

数据泄露是商业银行大数据应用过程中面临的最大安全威胁之一。大数据中包含大量的个人和财务信息，如账户余额、交易记录和身份信息等。如果这些数据落入不法分子之手，将对客户和银行造成严重的财务和声誉威胁。2019 年 IBM 发布的《全球数据泄露成本研究报告》显示，全球每年由数据泄露导致的平均损失约达 380 万美元。中国信息通信研究院、普华永道、平安金融安全研究院联合发布了《2018—2019 年度金融科技安全分析报告》，报告发现 44% 的金融机构都遭遇过不同程度的数据泄露。

此外，商业银行还要面对外部攻击和内部滥用等安全威胁。外部攻击者可能利用漏洞和恶意软件来窃取敏感数据，而内部员工也可能滥用权限和篡改数据。因此，银行需要实施强大的网络安全措施和访问控制机制，以防止未经授权的访问和降低潜在的内部风险。为了解决这些安全问题，商业银行需要采取一系列的安全措施。首先，加强网络安全防护，采取安全认证、数据加密和防火墙等技术手段，以确保数据的机密性和完整性。其次，加强员工的安全培训和意识，提高他们对数据安全的重视和责任意识。最后，建立完善的安全监控系统和事件响应机制，及时发现和应对潜在的安全威胁。具体而言，银行在数据安全管理中应遵循如表 5.8 所示的原则。

表 5.8 商业银行数据安全管理原则

原则	数据安全措施
数据分类和标记	将数据按照敏感性和机密性进行分类,并设定适当的标记,以确保数据的访问权限和保护要求清晰明确
访问控制	实施严格的访问控制措施,确保只有经过授权的人员才能访问敏感数据,包括身份验证、权限管理和访问审计
数据加密	对敏感数据采用加密技术进行保护,包括数据传输加密和数据存储加密,以防止未经授权的人员访问或篡改数据
安全审计和监控	建立安全审计和监控机制,对数据的访问、操作和传输进行监控和记录,以及时发现异常行为和应对安全事件
数据备份和灾难恢复	定期对数据进行备份,并确保备份数据的安全存储,同时建立灾难恢复计划,以便在数据损坏或丢失时能够及时恢复和继续运行
威胁检测和防护	采用威胁检测和防护技术,如入侵检测系统(IDS)、入侵防御系统(IPS)、防火墙、安全信息和事件管理(SIEM),以及时发现和消除潜在的安全威胁
数据脱敏和匿名化	对于不需要直接关联个人身份的数据,采用数据脱敏和匿名化技术,以降低数据泄露和隐私风险
培训和意识提升	加强员工的安全意识,对员工进行培训,使他们了解数据安全的重要性和相应的安全措施,以减少人为错误和失误造成的安全风险
合规性和监管	遵守相关法规和监管要求,确保大数据应用符合隐私和安全方面的法律法规,确保合规性

二、"数据+业务"复合型人才缺乏

当前,能够精通大数据基础研究、产品研发及业务应用的专才,以及具备跨学科、跨领域能力的复合型大数据人才严重不足,难以满足银行业大数据发展的需求。大数据开发是一项极具专业性的工作,其中涉及的数据分析与应用涵盖多个学科领域的专业知识,故而要求从业人员拥有跨学科的综合性知识储备。商业银行的后台科技人员通常具备较强的软件系统研发和信息系统运行维护等能力,但他们在产品业务知识方面往往较为欠缺,对客户需求和业务处理流程也不够熟悉。而前台营销人员则熟悉专业知识、业务流程及市场环境,但在数据挖掘和数据架构方面往往能力不足。

针对"数据+业务"复合型人才短缺所引发的挑战,商业银行有必要构建"核心+专员"式的大数据应用人才体系,强化人才队伍在"数据+业务"方面的复合能力,推动大数据应用项目实现"迭代+推广"的良性循环,从而自上而下地提升各层级大数据应用能力,深化业务与管理数字化转型。

首先,应构建"核心+专员"式的大数据应用人才梯队体系。一方面,通过多种途径，如"内培外引"等，提升数据条线人员的专业素质，培养核心骨干；另一方面，在业务条线及分支机构设立"数据专员"岗位，要求专员具备数据挖掘与分析的基础知识，主要负责与数据条线对接和沟通，共同参与项目前期的可行性分析及后期的研发与落地工作。

其次，提升数据人才的"数据＋业务"复合能力。波士顿咨询公司认为，在打造数字化产品过程中，商业银行需构建"金三角"，即业务经理、产品经理、IT经理组合。其中，能理解业务逻辑并熟悉技术路线的产品经理至关重要。银行可从数据端和业务端实施双向人才建设：一方面，推动数据人才"派驻"机制，提高业务部门对数据项目的响应速度与敏捷性；另一方面，从业务条线选拔具有培养潜质的数字化人才，提升其数据应用能力。

最后，形成大数据项目"迭代与推广"的良性循环。一方面，数据应用人才需具备经营数据的能力，包括构建模型、成果输出、成效跟踪及根据成效反馈更新迭代模型；另一方面，加强技术端与业务端的"链接"与"输出"，推广现有数字产品应用。一个成功的大数据应用项目，除运用前沿数据产品、算法、工具外，更重要的是在结果应用阶段，各级机构协同配合、落实，整合配置各渠道资源，形成有效闭环，实现持续精准迭代。例如，与传统获客相比，大数据获客边际成本较低，尽管提升幅度有限，但从投入产出角度看，值得尝试。因此，业务部门需保持耐心，加深对大数据应用特点的认识。

第四节 商业银行大数据应用发展趋势

随着信息技术的飞速发展，大数据已经成为推动各行各业转型升级的关键力量。商业银行作为金融体系的重要组成部分，其业务模式和运营方式也正在经历着前所未有的变革。在数字化的浪潮下，商业银行大数据应用呈现出下述趋势。

一、从"数据服务业务"到"数据驱动业务"

商业银行大数据应用的发展趋势正在从简单的"数据服务业务"向更高级的"数据驱动业务"转变（见图5.3）。传统的商业银行在数据应用上多侧重于提供数据服务，如查询、报表等，这些数据服务主要服务于内部管理和外部监管。然而，随着大数据技术的深入应用，商业银行开始逐渐转向数据驱动业务。这意味着银行不再仅仅利用数据进行事后分析和报告，而是将数据作为业务决策和创新的核心驱动力。

通过大数据分析，商业银行可以更准确地了解客户需求和市场趋势，从而制定更加精准的产品策略和市场策略。同时，银行还可以利用数据优化业务流程，提高运营效率，降低成本。此外，大数据还为银行的风险管理提供了强有力的支持，有助于银行更好地识别、评估和控制风险。

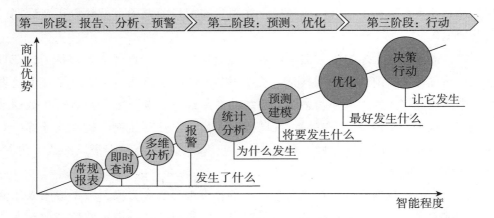

图5.3 银行大数据应用从"数据服务业务"转向"数据驱动业务"

二、从"产品营销导向"到"数字客户导向"

从"产品营销导向"到"数字客户导向"是商业银行大数据应用的另一显著趋势。传统的商业银行产品营销往往是以产品为中心的，银行设计好产品后，通过各种渠道推向市场，吸引客户购买。这种方式忽视了客户个性化需求的差异，导致了产品与客户需求之间的不匹配。

随着大数据技术的应用，银行可以通过收集和分析海量的客户数据，深入了解客户的偏好、行为和需求，从而实现客户导向的营销和服务。具体地，银行通过收集和分析客户的交易数据、行为数据、社交数据等多维度信息，可以构建出客户的数字画像，从而深入了解客户的消费习惯、风险偏好、需求偏好等。基于这些数字画像，银行可以为客户提供更加个性化、精准的产品和服务，提高客户满意度和忠诚度。

三、从"机构独立运营"到"生态合作共赢"

在大数据时代，商业银行的运营模式正经历着显著的转变。传统的独立运营模式正逐步瓦解，取而代之的是一种基于生态合作的共赢新模式。考虑到商业机密和客户因素，传统银行通常采取独立运营的方式，拥有独立的客户数据和业务系统，与其他行业的企业和机构建立的合作关系相对有限。

然而，大数据技术的迅猛发展和隐私计算与联邦建模技术的广泛应用，为通过数据共享实现合作共赢提供了坚实的支撑。"建生态、搭场景、扩用户"成为商业银行数字化经营的普遍策略，其背后的技术逻辑均是商业银行与外部机构的数字合作。例如，商业银行正与科技公司、互联网公司、电商平台等展开紧密合作，共同构建一个金融生态圈，实现资源的共享和优势的互补。这种合作模式不仅助力银行扩大业务范围、吸引更多客户，还显著提升了银行的创新能力和市场竞争力。同时，通过与其他机构协同合作，银行能够更好地应对金融市场的变化与风险挑战。

商业银行大数据应用发展趋势从独立运营到生态合作的转变，凸显了银行业务模式的深刻变革。生态合作的兴起不仅反映了银行单打独斗的行为的局限性，更彰显了银行与其他行业企业和机构共同构建共赢生态的愿景。通过生态合作，银行不仅能够丰富数据来源、拓展业务边界，还能实现资源的共享和互惠互利。这种新兴的合作模式为银行带来了广阔的发展机遇，同时也为行业的创新和可持续发展注入了强大动力。

本章小结

本章深入探讨了商业银行大数据应用的基本概念、主要场景、面临的挑战以及未来的发展趋势。通过对大数据的定义、特征及在商业银行中的应用进行系统性的阐述，本章旨在为读者提供一个全面的视角，以理解大数据技术在现代金融领域中的重要性和应用潜力。

首先，我们定义了大数据，并概述了其核心特征——规模性（Volume）、高速性（Velocity）、多样性（Variety）和价值性（Value），即所谓的4V特性。这些特性共同构成了大数据的基础，使得商业银行能够处理和分析前所未有的大量信息，从而为决策提供支持，优化业务流程，提高服务质量。

其次，本章详细介绍了商业银行大数据应用的主要场景，包括精准营销、风险管理和运营优化。在精准营销方面，大数据技术使银行能够更好地理解客户需求，提供个性化的产品和服务，实现有效的客户关系管理。在风险管理方面，大数据的应用有助于银行更准确地评估和控制信用风险、市场风险和欺诈风险。而在运营优化方面，大数据技术通过客户行为分析、情感分析和舆情监测等手段，提升了银行的服务效率和市场竞争力。

再次，商业银行在大数据应用过程中也面临着数据安全与隐私保护、人才缺乏等挑战。本章强调了采取有效的数据安全管理措施、培养"数据＋业务"复合型人才的重要性，并提出了相应的解决策略。

最后，本章展望了商业银行大数据应用的未来发展趋势，包括从"数据服务业务"向"数据驱动业务"的转变、从"产品营销导向"向"数字客户导向"的转变，以及从"机构独立运营"向"生态合作共赢"的发展。这些趋势预示着商业银行将更加依赖数据驱动的决策，更加注重客户体验，并在更广泛的生态系统中寻求合作与共赢。

大数据技术正在深刻地改变商业银行的运营模式和服务理念。通过本章的学习，读者能够认识到大数据在商业银行中的战略价值，并理解如何有效地利用大数据技术来提升银行的竞争力和市场表现。

思 考 题

1. 在商业银行场景中，除了结构化数据（如客户信息、交易记录、账户余额等），还会涉及哪些非结构化数据？商业银行应该如何利用这些数据？

2. 在大数据时代背景下，商业银行有哪些新的业务模式和产品创新机会？请结合实际案例，分析大数据如何促进银行业务的创新，并讨论这些创新对银行传统业务模式的影响，以及银行应如何调整其战略以适应这一变革。

关 键 词

商业银行；大数据；规模性；高速性；多样性；价值性；结构化数据；半结构化数据；非结构化数据；精准营销；风险管理；运营优化；客户画像；欺诈风险；数据安全；隐私保护；数据+业务；数据驱动；数字客户；生态合作

第六章
机器学习与商业银行数据挖掘

学习目标

【知识目标】 了解机器学习的基本概念与分类，熟悉商业银行场景中常用的机器学习算法，熟练掌握商业银行数据挖掘项目的流程。

【能力目标】 能够根据商业银行各类业务场景中的业务需求，匹配相应的机器学习算法，并能够对常见模型评估参数进行解读。

【素养目标】 了解金融科技发展趋势，提升数字素养与创新意识。

导言：2023年3月，中共中央、国务院印发了《党和国家机构改革方案》，提出组建国家数据局，由国家发展和改革委员会管理，将负责协调推进数据基础制度建设，统筹数据资源整合共享和开发利用，统筹推进数字中国、数字经济、数字社会规划和建设等。2023年10月25日，国家数据局正式揭牌。国家数据局的成立，将有力促进数据要素的技术创新、开发利用和有效治理，以数据强国支撑数字中国的建设。数据作为新型生产要素，是数字化、网络化、智能化的基础，已快速融入生产、分配、流通、消费和社会服务管理等各环节，深刻改变着生产方式、生活方式和社会治理方式。

商业银行作为金融领域的重要一环，在数据要素技术创新、开发利用和有效治理方面扮演着举足轻重的角色。随着数据基础制度建设的加速推进，商业银行将迎来前所未有的发展机遇和挑战。那么，商业银行大数据利用的底层逻辑是什么？商业银行的数据挖掘主要涉及哪些机器学习的方法？商业银行数据挖掘项目包括哪些主要流程？本章将对以上问题进行剖析。

第一节 机器学习

一、机器学习的概念

机器学习(Machine Learning)是一门研究计算机如何从经验中学习的学科,是人工智能的一个分支。机器学习的目标是让计算机能够根据经验改善算法,而不需要人类编写特定的程序来实现特定任务。机器学习是一种数据驱动的学习方法,它通过从数据中学习模式和规律,来预测未知数据的输出。在过去的几十年里,随着计算机技术的发展和大数据的普及,机器学习在图像识别、语音识别、自然语言处理、推荐系统等领域中的应用得到了广泛的关注。

二、机器学习的分类

机器学习依据学习方法和任务类型可分为不同类别。

(一)按学习方法分类

按照学习方法,机器学习可以划分为监督学习、无监督学习以及强化学习,如表6.1所示。

表6.1 机器学习类型(按学习方法分类)

类型	概念	特点	举例
监督学习(Supervised Learning)	通过已标记的训练数据来学习函数映射关系的方法	需要大量标注好的训练数据。适用于分类和回归问题	信用卡审批:基于客户的信用历史、收入水平等信息决定是否批准信用卡申请
无监督学习(Unsupervised Learning)	在没有标签的数据中寻找隐藏的结构或模式的方法	不依赖于标记数据,通常用于发现数据内在的结构。适用于聚类和降维问题	市场细分:通过分析客户数据,无须预先定义标签,自动将客户分为不同的市场细分群体
强化学习(Reinforcement Learning)	智能体通过与环境的交互来学习最优行为策略的方法	关注在一系列时间点上的决策结果。适用于路径规划、游戏等领域	投资组合优化:使用强化学习算法来调整资产组合,以期在不同市场条件下最大化收益

资料来源:作者整理。

1. 监督学习

监督学习是一种通过已标记的训练数据来学习函数映射关系的方法。它通过分析输入数据与相应输出标签之间的关联,进而预测新输入数据的标签。常见的监督学习算法包括线性回归、逻辑回归、决策树、支持向量机等。

例如，商业银行在寻求利用历史客户数据预测新客户贷款违约风险时，可以采用监督学习方法，通过从历史客户数据中提取特征，进而预测新客户的贷款违约风险。首先，商业银行须备有标注的历史客户数据，包括客户属性信息（如年龄、性别、收入水平等）以及贷款违约情况（是否违约）。这些数据将作为机器学习算法的学习样本。其次，商业银行选择适合的机器学习算法，如逻辑回归、支持向量机等，对模型进行训练。在训练过程中，机器学习算法从历史客户数据中挖掘规律，以提高对新客户贷款违约风险的预测准确性。最后，商业银行利用训练好的模型对新客户的贷款违约风险进行预测。根据新客户的属性信息，模型会估算其贷款违约的概率。商业银行可根据这一预测结果，决定是否向该客户提供贷款。

在此案例中，监督学习的监督源于附带标签的历史客户数据。通过从这些数据中吸取经验，模型能够掌握贷款违约风险与客户属性信息之间的关联，进而预测新客户的贷款违约风险。

2. 无监督学习

无监督学习是一种在没有标签的数据中寻找隐藏的结构或模式的方法，其目标在于从数据中挖掘潜在的模式、结构或关系，而无须预先设定输出标签。相较于监督学习，无监督学习的特点在于缺乏预先给定的目标信息。常见的无监督学习算法包括聚类算法、关联规则挖掘、降维算法等。

例如，金融机构能够汇集众多交易数据，涵盖客户存款、取款、转账等行为。运用无监督学习方法（如聚类分析），银行可将客户划分为不同群体，同一群体中的客户具有相近的交易习惯与偏好。这有助于银行更加深入地了解客户需求，进而提供针对性的服务与产品。

无监督学习与监督学习的核心差异在于，后者需要带有标签的训练数据，而前者则不需要。监督学习的目标在于，通过从数据中挖掘模式与规律，预测未经训练数据的输出。而无监督学习旨在通过发掘数据中的潜在结构与规律，帮助人们更好地理解数据内涵与意义。

3. 强化学习

强化学习是一种让智能体通过与环境的交互来学习最优行为策略的方法。智能体通过试错的方式进行学习，通过观察环境的反馈（奖励或惩罚）来调整自己的行为。常见的强化学习算法包括 Q-Learning、Deep Q-Network 等。

例如，在商业银行寻求优化客户服务流程的场景中，强化学习技术成为实现目标的有效手段。强化学习的核心在于，通过从客户反馈中吸取经验，不断改进服务流程，进而提升客户满意度。为实现此目标，银行首先需构建一套客户服务流程，并设立相应的评价指标，如客户满意度评分。接着，商业银行可选择合适的强化学习算法，如

Q-Learning 或 SARSA（State Action Reward State Action）等，对模型进行训练。训练过程中，模型根据客户反馈（包括评价、投诉等）逐步学习如何优化服务流程，以提高客户满意度。经过训练，模型具备根据客户反馈调整服务流程的能力，从而提升客户满意度。商业银行可根据模型给出的建议，实施实际操作，优化客户服务流程。在此场景中，强化学习的监督机制源于客户反馈。通过不断从客户反馈中学习，模型能够掌握优化服务流程的方法，进而提高客户满意度。此外，强化学习在自动驾驶、游戏AI 等领域也具有广泛应用前景。

强化学习与监督学习、无监督学习的核心区别在于其学习方式的差异。强化学习依赖于环境进行学习，其目标在于通过环境学习的途径，实现任务执行的优化，而后两者则分别依赖于带标签的训练数据或有标签的数据和没有标签的数据进行学习，旨在通过寻找数据中的规律，达到对数据进行有效分类、回归等目的。

（二）按任务类型分类

按照任务类型，机器学习主要可以分为分类、回归、聚类与关联等类型，如表 6.2 所示。

表 6.2 机器学习类型（按任务类型分类）

类型	概念	特点	举例
分类 （Classification）	将输入数据映射到预定义的类别或标签的过程	用于预测离散的响应值。常见的算法包括决策树、支持向量机、逻辑回归等	信用卡欺诈检测：根据交易特征将交易分类为正常或欺诈
回归 （Regression）	预测连续值输出的过程，例如预测房价、温度等	用于预测连续的响应值。常见的算法包括线性回归、逻辑回归、岭回归、梯度提升法	利润预测：基于历史数据预测银行未来一段时间内的利润
聚类 （Clustering）	将数据集划分为由相似的对象组成的多个组或"簇"的过程	无须预先定义类别。常见的算法包括 K-均值（K-means）聚类、层次聚类、密度聚类等	客户细分：根据客户的使用习惯、资金流水等将客户分为不同的群体，以便进行针对性服务
关联 （Association）	旨在发现项之间的频繁出现的模式、关联或关系	典型应用是市场篮子分析。常见的算法包括 Apriori、FP-growth 等	交叉销售：分析顾客购买历史，发现不同金融产品之间的关联，从而推荐其他服务或产品

资料来源：作者整理。

1. 分类

分类是机器学习中最重要的算法之一，其主要目的是根据输入特征预测数据的类别。在商业银行场景中，分类算法可以应用于信贷审批、客户细分、风险评估等领域。常见的分类算法包括：

(1)逻辑回归：逻辑回归是一种用于分类问题的线性模型，其输出为概率形式。在商业银行信贷审批场景中，逻辑回归可以用于预测客户是否会违约，从而辅助决策。

(2)支持向量机：支持向量机是一种基于最大间隔的分类算法，它可以实现高维空间中的数据分类。在商业银行客户细分场景中，支持向量机可以帮助银行将客户分为不同类别。

(3)决策树：决策树是一种树形结构的分类算法，它通过逐层划分数据来寻找最优分类。在商业银行风险评估场景中，决策树可以用于评估客户的信用风险。

(4)随机森林：随机森林是一种集成学习方法，它通过构建多个决策树来提高分类准确性。在商业银行信贷审批场景中，随机森林可以用于减少误判率。

(5)深度学习：深度学习是近年来发展迅速的分类算法，尤其是卷积神经网络在图像分类领域取得了显著成果。在商业银行场景中，深度学习可以应用于欺诈检测、信用评估等任务。

2. 回归

回归算法主要用于预测连续数值型的目标变量，其核心目标是寻找一个函数，使得预测结果与实际值之间的误差最小。在商业银行场景中，回归算法可以应用于贷款利率预测、信用卡额度预测等任务。常见的回归算法包括：

(1)线性回归：线性回归是一种简单的回归算法，通过拟合线性方程来预测目标变量。在商业银行贷款利率预测场景中，线性回归可以用于预测贷款利率与贷款金额之间的关系。

(2)逻辑回归：逻辑回归是一种用于分类问题的线性模型，其输出为概率形式。在商业银行信用卡审批场景中，逻辑回归可以用于判断是否应该批准客户的开卡申请。

(3)岭回归：岭回归是一种用于处理线性回归中多重共线性问题的统计学方法，通常用于预测分析和变量选择，特别是在数据集中存在多重共线性时，通过调整岭参数，可以平衡模型的拟合度和复杂度。

(4)梯度提升法：梯度提升法是一种集成学习方法，通过迭代地训练简单的基学习器（如回归树）来提高预测准确性。在商业银行贷款金额预测场景中，梯度提升法可以用于提高预测精度。

3. 聚类

聚类算法是将无标签的数据按照相似性分组的一类算法。在商业银行场景中，聚类算法可以应用于客户分群、风险监控等领域。常见的聚类算法包括：

(1)K-均值聚类：K-均值聚类是一种基于距离的聚类算法，它通过迭代计算数据中心点来划分簇。在商业银行客户分群场景中，K-均值聚类可以帮助银行将相似的客户归为一类。

(2)层次聚类：层次聚类是一种自底向上的聚类算法，它通过逐步合并相似的数据点来形成簇。在商业银行风险监控场景中，层次聚类可以用于发现潜在的风险群体。

（3）密度聚类：密度聚类是一种基于密度的聚类算法，它通过寻找高密度区域来划分簇。在商业银行场景中，密度聚类可以用于发现潜在的优质客户群体。

4. 关联

关联算法是一种挖掘数据间关联规律的算法，其主要目的是发现数据集中的频繁项集和关联规则。在商业银行场景中，关联算法可以应用于市场营销、商品推荐等领域。常见的关联算法包括：

（1）Apriori 算法：Apriori 算法是一种基于候选项集的关联规则挖掘算法，它通过逐层搜索候选项集来发现频繁项集。在商业银行市场营销场景中，Apriori 算法可以帮助银行分析客户消费行为，从而制定有效的营销策略。

（2）FP-growth 算法：FP-growth 算法是一种基于树状结构的关联规则挖掘算法，它通过构建树状数据结构来加速频繁项集的搜索。在商业银行商品推荐场景中，FP-growth 算法可以用于发现潜在的商品组合。

（3）Eclat 算法：Eclat 算法是一种基于矩阵的关联规则挖掘算法，它通过矩阵运算来发现频繁项集和关联规则。在商业银行场景中，Eclat 算法可以帮助银行挖掘客户交易数据中的潜在规律。

三、商业银行场景中的机器学习常用算法

在机器学习的过程中，算法是核心。商业银行场景中的机器学习算法可以根据任务类型和数据特点进行选择。下面介绍一些常用的机器学习算法。

（一）逻辑回归

在商业银行的业务活动中，有许多二分类问题，即"是"与"否"的判断问题，如信用卡申请批准与否、人脸识别通过与否。在这些场景下，响应变量仅存在两种可能的取值，以信用卡申请为例，分别为批准（Yes）和拒绝（No），这种 0 -1 变量被称为虚拟变量或哑变量。针对二分类问题，最常用的机器学习算法就是逻辑回归。

1. Logit 变换

我们在研究某一结果 y 与一系列因素 $x_1, x_2, \cdots, x_k$ 之间的关系时，最直接的想法是建立如（6.1）式的多元线性回归模型。

$$y_i = \beta_1 x_{i1} + \beta_2 x_{i2} + \cdots + \beta_k x_{ik} + \varepsilon_i = \bm{x}_i' \bm{\beta} + \varepsilon_i (i = 1, \cdots, n) \qquad (6.1)$$

其中，$\bm{x}_i = (x_{i1}, x_{i2}, \cdots, x_{ik})'$ 为特征向量，$\bm{\beta} = (\beta_1, \beta_2, \cdots, \beta_k)'$ 为参数向量。

然而，当被解释变量是哑变量时，以上的回归模型显然不适用，因为（6.1）式右侧的取值范围为 $(-\infty, +\infty)$，无法与左侧的 $[0, 1]$ 取值范围相匹配。那么，有没有可能通过一些变换，使得 y 的预测值总是介于 $[0, 1]$ 呢？为此，我们需要引入

Logit 变换。

我们首先介绍几率的概念。**几率**（Odds）是指事件发生的概率与不发生的概率之比。假设在 k 个独立自变量 $x_1, x_2, \cdots, x_k$ 的作用下，记事件"$y=1$"发生的条件概率为 $p = P(y=1 \mid \boldsymbol{x})$，则该事件不发生的概率是 $1-p$，y 服从二项分布。在给定 $\boldsymbol{x}$ 的情况下，y 的条件期望为：

$$E(y \mid \boldsymbol{x}) = 1 \times P(y=1 \mid \boldsymbol{x}) + 0 \times P(y=0 \mid \boldsymbol{x}) = P(y=1 \mid \boldsymbol{x}) \tag{6.2}$$

因此，可以将模型的拟合值（预测值）视作事件"$y=1$"发生的概率 p。

事件"$y=1$"的 Odds 为 $\frac{p}{1-p}$，对 Odds 取自然对数得到 $\ln(\text{Odds}) = \ln\left(\frac{p}{1-p}\right)$。Logit 变换就是指从概率 p 到 Odds 再到 $\ln(\text{Odds})$ 的变换过程。

2. 逻辑回归模型

基于 Logit 变换，我们可以构建概率 p 与自变量 $x_1, x_2, \cdots, x_k$ 之间的关系，可用（6.3）式来表示。

$$\ln\left(\frac{p}{1-p}\right) = \beta_0 + \beta_1 x_1 + \ldots + \beta_k x_k + \varepsilon \tag{6.3}$$

因为 $\ln\left(\frac{p}{1-p}\right)$ 的取值范围是 $(-\infty, +\infty)$，所以自变量 $x_1, x_2, \ldots, x_k$ 可在任意范围内取值，这就解决了先前多元线性模型在处理以哑变量为被解释变量时存在的不足。记 $g(x) = \beta_0 + \beta_1 x_1 + \ldots + \beta_k x_k$，通过变形得到（6.4）式。

$$p = P(y=1 \mid \boldsymbol{x}) = \frac{1}{1 + e^{-g(x)}} \tag{6.4}$$

（6.4）式被称为**逻辑回归**（Logistic Regression）。

3. 逻辑回归模型的解释

根据（6.3）式，回归系数 β_j 表示当变量 x_j 增加一个微小量时，引起 $\ln\left(\frac{p}{1-p}\right)$ 的边际变化：

$$\beta_k = \frac{\partial \ln\left(\frac{p}{1-p}\right)}{\partial x_j} \approx \frac{\Delta\left(\frac{p}{1-p}\right)}{\frac{p}{1-p} \Delta x_j} \tag{6.5}$$

这意味着，可将 β_j 解释为半弹性，即当 x_j 增加 1 单位时，可引起 $\frac{p}{1-p}$ 变化的百分比：

$$\frac{\Delta \text{Odds}}{\text{Odds}} = \frac{\Delta\left(\frac{p}{1-p}\right)}{\frac{p}{1-p}} \approx \beta_j \cdot \underbrace{\Delta x_j}_{=1} = \beta_j \tag{6.6}$$

例如，$\beta_j = 0.2$，意味着 x_k 增加 1 单位可引起 $\frac{p}{1-p}$ 增加 20%。以上解释隐含地假设 x_j 为连续变量，且可求导数。如果 x_j 为离散变量（如性别、子女数），则可使用下面的解释方法。

假设 x_j 增加 1 单位，从 x_j 变为 $x_j + 1$，记概率 p 的新值为 p^*，则可根据新几率 $\frac{p^*}{1-p^*}$ 与原几率 $\frac{p}{1-p}$ 的比率定义**几率比**（Odds Ratio）：

$$\text{几率比} = \frac{\frac{p^*}{1-p^*}}{\frac{p}{1-p}} = \frac{e^{\beta_0 + \beta_1 x_1 + \ldots + \beta_j(x_j+1) + \ldots + \beta_k x_k + \varepsilon}}{e^{\beta_0 + \beta_1 x_1 + \ldots + \beta_j x_j + \ldots + \beta_k x_k + \varepsilon}} = e^{\beta_j} \tag{6.7}$$

因此，若 $\beta_j = 0.2$，则几率比 $e^{\beta_j} = e^{0.2} = 1.22$。这意味着，当 x_j 增加 1 单位时，新几率变为原几率的 1.22 倍，或增加 22%，因为 $e^{\beta_j} - 1 = 1.22 - 1 = 0.22$。

事实上，如果 β_j 较小，则有 $e^{\beta_j} - 1 \approx \beta_j$（将 e^{β_j} 泰勒展开），以上两种方法基本等价。如果 x_j 至少必须变化 1 个单位（比如性别、婚否等虚拟变量，以及子女个数等），则应使用 e^{β_j}。

（二）决策树

决策树作为一种监督学习算法，其基本原理是通过分割数据集，构建一棵树形结构以完成分类或回归任务。该算法的主要目标是将特征空间中的样本分配至不同类别，其中每个特征值代表相应样本所属的类别。

决策树的发展历史可追溯至 20 世纪 60 年代，当时**互补学习系统**（Complementary Learning Systems，CLS）应运而生，其主要特点是通过将问题分解为各个概念，并对这些概念进行决策，从而得出最终答案。这一理念在人工智能领域得到广泛应用，并被命名为决策树算法。随后，在 1983—1986 年期间，ID3 算法问世，它首次引入了特征选择的概念，通过计算特征的信息增益来选取最佳决策特征。这一时期的决策树算法主要关注分类问题。随着时间推移，C4.5 算法在 1993 年诞生，它在 ID3 算法的基础上进一步发展，优化了特征选择方法，引入了信息增益率的概念，从而在处理回归问题方面表现卓越。进入 21 世纪，决策树算法在机器学习领域迅猛发展的推动下，不断得到改进与优化。最具代表性的实例为 CART 树，它不仅适用于分类和回归问题，还引入了剪枝技术，使生成的决策树更为简洁，运行速度得以提升。

下面将通过一个实例来阐述决策树的理念。如表 6.3 所示，一家银行欲构建一个分类模型，用以评估客户信用状况（0 代表违约，1 代表还款良好），并据此决定是否批准贷款申请。我们的目标是通过分析客户特征，预测其还款能力，从而降低违约风险。目前，银行拥有 14 位客户的历史记录（实际建模中样本数量远超此数），包括客户违约记录以及其他四类特征：年龄分层、资产状况、信用评价和性别。那么，如何依据这些历史数据制定一套合理规则，使得在新客户申请并提供上述四类信息时，银行能尽可能准确地预测其违约风险呢？

表 6.3　客户特征与违约情况

编号	年龄分层（岁）（Age）	资产状况（Asset）	信用评价（Credit）	性别（Sex）	违约（Default）
1	45 +	中	低	女	是
2	45 +	中	低	男	是
3	25 ~ 45	中	低	女	否
4	25 −	高	低	女	否
5	25 −	低	高	女	否
6	25 −	低	高	男	是
7	25 ~ 45	低	高	男	否
8	45 +	高	低	女	是
9	45 +	低	高	女	否
10	25 −	高	高	女	否
11	45 +	高	高	男	否
12	25 ~ 45	高	低	男	否
13	25 ~ 45	中	高	女	否
14	25 −	高	低	男	是

最终的决策树结果如图 6.1 所示，银行依据此决策树对新申请客户的违约风险进行预测。例如，若某客户年龄超过 45 岁且信用评价为"低"，则该客户可能具有潜在

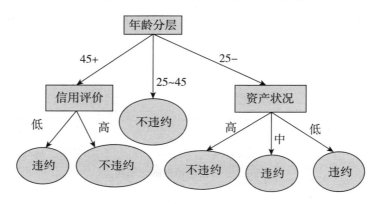

图 6.1　决策树

违约风险,将其划分为"坏客户",不予授信。反之,若客户年龄小于25岁且资产状况为"高",则预期违约风险较低,将其视为"好客户",予以授信。总之,当新客户出现时,首先根据决策树的根节点(年龄区间)进行分类,然后依次根据子节点进行细分,直至底层得出预测结果。

我们不免好奇,这个树是依据什么规则构造出来的?具体地,为什么要选择年龄分层作为根节点,而不是其他特征?各个子节点又是如何选择的?这里我们需要引入**信息熵**(Information Entropy)的概念。信息熵是描述信息源各可能事件发生的不确定性的量,用于解决信息的量化问题。信息熵的定义是:对于一个随机变量X,它的信息熵$H(X)$等于X的所有可能取值的不确定性之和。信息熵越大,表示随机变量X的取值越不确定;反之,信息熵越小,表示随机变量X的取值越确定。用数学符号来表示,记随机事件"$y=k$"的发生概率为p_k,将此事件的不确定性定义为$\log_2\left(\dfrac{1}{p_k}\right)$,如$y$有$K$种取值,以响应的概率为权重,加权求和即可得到期望信息量,即信息熵(Entropy):

$$\text{Entropy}(p_1, p_2, \cdots, p_k) = -\sum_{k=1}^{K} p_k \log_2 p_k \quad (\text{其中}\ p_k \geq 0) \tag{6.8}$$

对于二分类函数,信息熵可以表示为:

$$\text{Entropy}(p_1, p_2) = -p_1 \log_2 p_1 - (1-p_1) \log_2 (1-p_1) \tag{6.9}$$

其几何图形如图6.2所示。

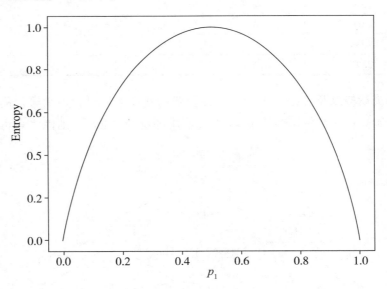

图6.2 二分类函数的信息熵

资料来源:作者绘制。

可以看出，当 $p_1 = p_2 = 0.5$ 时，信息熵最大值为 1，此时不确定性最大。因此，当给定 p_1, p_2, …, p_k 的值时，我们可以计算出具体的信息熵的值。

回到决策树的构造上，根据已有的数据，在 14 个样本中，有 5 个违约，9 个未违约，利用信息熵公式（6.8）式，我们可以计算违约事件的信息熵：

$$\text{Entropy}(\text{Default}) = -\sum_{k=1}^{n} p_k \log_2 p_k = -\left(\frac{5}{14} \times \log_2 \frac{5}{14} + \frac{9}{14} \times \log_2 \frac{9}{14}\right) = 0.94 \quad (6.10)$$

我们的目标是通过选择合适的分层方式，尽量降低信息熵。通俗地讲，就是通过引入其他特征信息，来降低违约事件发生的不确定性，即降低其信息熵。目前我们有四组特征变量，以年龄为例，有三个子样本集（age1：25 − ；age2：25 ~ 45；age3：45 + ），如图 6.3 所示，我们分别计算每一个子样本集中的信息熵。

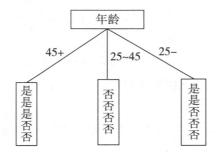

图 6.3 以年龄分层计算各种样本集的信息熵

$$\text{Entropy}(\text{age1}) = -\left(\frac{3}{5} \times \log_2 \frac{3}{5} + \frac{2}{5} \times \log_2 \frac{2}{5}\right) = 0.971 \quad (6.11)$$

$$\text{Entropy}(\text{age2}) = -(0 \times \log_2 0 + 1 \times \log_2 1) = 0 \quad (6.12)$$

$$\text{Entropy}(\text{age3}) = -\left(\frac{2}{5} \times \log_2 \frac{2}{5} + \frac{3}{5} \times \log_2 \frac{3}{5}\right) = 0.971 \quad (6.13)$$

年龄分层特征的信息熵为：

$$\text{Entropy}(\text{age}) = \sum_{i=1}^{n} p_i \text{Entropy}(\text{age}_i) = \frac{5}{14} \times 0.971 + \frac{4}{14} \times 0 + \frac{5}{14} \times 0.971 = 0.694$$

$$(6.14)$$

由此，在引入年龄分层特征后，对违约事件，降低了多少不确定性？换言之，带来了多少信息增量？我们用最初的违约事件的信息熵减去年龄分层特征的信息熵，将得到的差定义为信息增益（Gain）。

$$\text{Gain}(\text{age}) = \text{Entropy}(\text{Default}) - \text{Entropy}(\text{age}) = 0.94 - 0.694 = 0.246$$

$$(6.15)$$

对于其他三个特征，我们可以按照以上的方式分别计算各自的信息增益。

$$\text{Gain}(\text{asset}) = 0.029 \quad (6.16)$$

$$\text{Gain}(\text{credit}) = 0.048 \quad (6.17)$$

$$\text{Gain}(\text{sex}) = 0.048 \quad (6.18)$$

我们总是选取能够带来最大信息增益的特征作为下一个分层变量。显然，在第一轮的筛选中，年龄分层能够带来最大的信息增益，因此我们选择年龄分层作为决策树的第一个节点，也称根节点。接着，在每一个年龄分层中，再次寻找能够带来最大信息增益的特征，并将其作为下一层的节点。按照此过程，决策树的分裂会在满足某个停止条件时终止。一些常用的停止条件包括：

最小叶子节点样本数：当一个节点上的样本数量低于设定的阈值时，不再进行分裂。这是为了避免过拟合，特别是在数据集较小或存在很多特征的情况下。

最大树深度：决策树的生长可以在达到设定的最大深度时停止，这同样可以防止模型变得过于复杂，降低过拟合的风险。

分裂所需最小增益：如果一个节点上的分裂所带来的增益（如基尼不纯度或信息熵的减少）小于某个阈值，则不再继续分裂。这个阈值可以根据具体问题调整，以控制模型的复杂度和性能。

节点纯度：如果一个节点上的样本已经足够纯净（即属于同一类别），那么该节点就不需要再分裂了。

其他剪枝技术：**后剪枝**（Post-pruning）是一种在决策树完全生长后去除部分分支的方法，以提高模型的泛化能力。

通过递归调用上述过程，不断地向下延伸来构造决策树的算法被称为 ID3 算法。ID3 算法由于采用了信息增益作为选择节点的标准，会偏向于选择取值较多的特征，而这类特征并不一定就是最优的选择。此外 ID3 算法智能处理离散特征，对于连续型特征，在分层前需要对其进行离散化。为了克服这些问题，后续又出现了 C4.5 算法和 CART 算法（见表 6.4）。

表 6.4 典型决策树算法

算法	概念
ID3 算法	ID3 算法的核心是在决策树的各级节点上，使用信息增益方法作为属性的选择标准，来帮助确定生成每个节点时所应采用的合适属性
C4.5 算法	C4.5 算法相较于 ID3 算法的重要改进是使用信息增益率来选择节点属性。C4.5 算法可以克服 ID3 算法存在的不足：ID3 算法只适用于离散的描述属性，而 C4.5 算法既能够处理离散的描述属性，也可以处理连续的描述属性
CART 算法	CART 算法通过使用基尼指数来构建树、修剪树、评估树，从而构建一个二叉树。当终结点是连续变量时，该树为回归树；当终结点是分类变量时，该树为分类树

资料来源：作者整理。

(三) 集成树

集成树（Ensemble Tree）是树类模型集成算法的统称。随机森林、梯度提升法都属于集成树的范畴。顾名思义，集成树利用集成学习的思想，将不同的方式叠加，使模型具有更好的泛化性能。集成树既具有决策树本身解释性好的优点，又具有集成学习带来的准确性和区分度的提升，一些特殊的框架如 XGBoost，由于加入了正则化项，进一步提高了模型的稳定性。

随机森林（Random Forest）是一种典型的集成树模型，利用**装袋**（Bagging）的思想，对于数据集 D 进行 m 次有放回抽样，例如 $m=500$，每次抽样的样本数不变，针对每个样本集从所有的 p 个特征中随机选取 n 个特征（例如，$n=p/2$），估计 m 棵不同的决策树，然后将 m 棵决策树的结果进行投票，按照少数服从多数的原则，以确定样本的预测类别，最后根据这些决策树模型的平均值（针对回归模型）或者投票（针对分类模型）情况来获取最终结果。如图 6.4 所示。

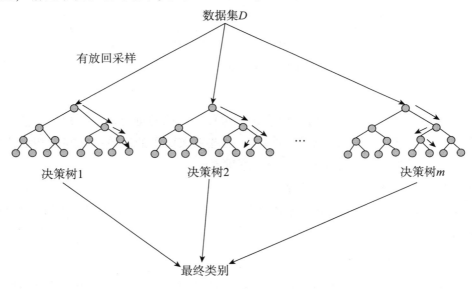

图 6.4 随机森林

资料来源：作者绘制。

随机森林通过对样本和特征的双重随机抽样，确保每棵决策树之间相互独立。简言之，其原理类似"三个臭皮匠，顶个诸葛亮"，通过多次随机抽样获得多个"臭皮匠"，同时，通过对特征的随机抽样，（尽管单个"臭皮匠"并未利用全部特征，但不同"臭皮匠"之间的相关性较弱）提高预测的稳健性。当 $m=p$ 时，即每棵树均采用全部特征，此时该算法也被称为装袋法。显然，装袋法是随机森林的一种特例。

随机森林的思想是通过装袋法并行生成多棵决策树，并通过特征抽样来减少"臭皮匠"之间的相关性。问题是，能否更主动地寻找不同（互补）的"臭皮匠"？具体地，生成新的决策树的时候，我们希望将前面已经生成的决策树考虑进来，使得新生成决策树可以修正已生成决策树集合的误差，而这正是"**梯度提升法**"（Gradient Boosting）的思想。

如图 6.5 所示，具体而言，当输入信息 T 时，会产生一个最初的决策树，并得到一个结果反馈 $T(1)$，接着下一个生成的决策树会根据 T 和 $T(1)$ 来修正上一个决策树产生的误差，并得出反馈 $T(2)$，以此类推，最后一个生成的决策树会根据前面所有决策树反馈结果的总和 $[$即 $T, T(1), \cdots, T(m-1)]$ 来反馈结果 $T(m)$，最后，我们会根据所有决策树反馈结果的总和 $[T, T(1), \cdots, T(m)]$ 来进行分析预测。

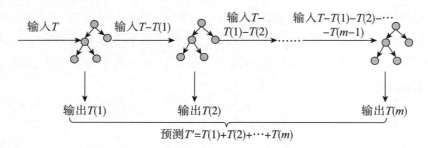

图 6.5 梯度提升决策树

资料来源：作者绘制。

对于随机森林，每棵决策树的作用完全对称，可以随意更换决策树的位置。对于梯度提升法，每棵决策树的作用并不相同，这些依次而种的决策树之间的相对位置不能随意变动。因此，梯度提升法是一种"序贯集成法"。

梯度提升法兼具区分度和稳定性，是目前业界使用较多的一类模型，它的一个常用框架是 XGBoost。相较于传统的梯度提升法，XGBoost 在损失函数中加入了正则化项，从而降低了模型的过拟合风险。

（四）神经网络

神经网络（Neural Network）是一种模拟生物神经系统结构和功能的计算模型，致力于解决复杂的输入与输出关系问题。自古以来，人类对于大脑的运作机制便充满好奇。人类大脑有由约 1 000 亿个神经元相互连接构成的神经网络。神经网络的研究始于 20 世纪 40—50 年代，当时科学家试图模仿生物神经系统的结构和功能。然而，在早期阶段，受限于计算效率和可训练性，神经网络领域的研究相对较少。

近年来，随着计算能力的爆发式增长，尤其是专为深度学习设计的硬件加速器如 GPU 和 TPU 的出现，神经网络的训练和应用变得更为可行和高效。同时，大数据技术的发展助力神经网络处理更庞大、复杂的数据集，从而提升准确性和性能。近期，ChatGPT 等人工智能生成内容（Artificial Intelligence Generated Content，AIGC）技术的突破使神经网络在自然语言处理领域取得了重大进展，为人工智能应用注入新的活力。

这里以一个具体的例子来简要地说明神经网络的原理。在商业银行风险管理的场景中，假设客户的违约风险是由客户的年龄、资产状况、信用评价与性别四个特征决定的，而这些因素决定了客户的还款能力与还款意愿，进而影响客户的违约风险，如图 6.6 所示。影响违约风险的四个因素被称为输入层，预测的违约风险被称为输出层，中间的两个间接因素被称为隐藏层。那么，从输入层到隐藏层之间的具体关系该如何构建呢？具体地，四个因素如何影响还款能力呢？最简单的例子就是我们前面介绍过的逻辑回归，可以看作只有一个神经元的单层神经网络。我们可以通过增加隐藏层的层数和选择不同的关联规则（学习方法），构造**深度神经网络**（Deep Neural Network，DNN），不断加强神经网络的学习能力。

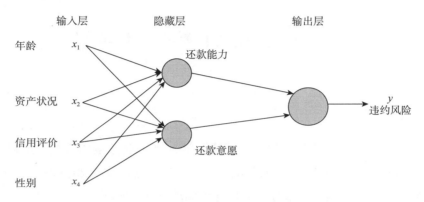

图 6.6　神经网络示例

资料来源：作者整理。

在神经网络的发展历程中，多种学习规则相继被提出。然而，并无单一算法适用于所有网络结构和具体问题。目前已有近 40 种人工神经网络，常用算法如表 6.5 所列。本书仅简要阐述神经网络的基本理念，关于具体数学推导过程不予深入探讨。

表 6.5　常见神经网络算法

神经网络算法名称	特点
感知器（Perceptron）算法	只能进行线性分类，输入和输出之间没有非线性关系。网络结构比较简单，容易训练
Sigmoid 函数（Sigmoid Function）	Sigmoid 函数可以将任意实数映射到 0 与 1 之间，常用于二分类问题的输出层
ReLU（Rectified Linear Unit）函数	ReLU 函数可以将所有负数映射为 0，正数保持不变，常用于解决梯度消失问题
多层感知器（Multilayer Perceptron）算法	由多个神经元组成的神经网络，可以进行非线性分类。网络结构比较复杂，需要通过反向传播算法进行训练
卷积神经网络（Convolutional Neural Network）	适用于图像、语音等数据的处理，具有局部感知和权值共享等特点，能够自动提取特征

（续表）

神经网络算法名称	特点
循环神经网络（Recurrent Neural Network，RNN）	适用于序列数据的处理，具有记忆功能，能够处理变长序列数据
长短时记忆网络（Long Short-Term Memory，LSTM）	结合了RNN的特点，能够更好地处理长期依赖问题
BP神经网络（Backpropagation Neural Network）	通过反向传播算法对网络中的误差进行逐层修正，使得网络的权重和偏置能够不断更新，适用于大规模数据集的训练

资料来源：作者整理。

第二节　商业银行数据挖掘流程

一、业务理解

在商业银行数据挖掘项目的实施过程中，深入理解业务至关重要。这包括明确与业务相关的目标和需求，深入了解业务背景，确定问题的定义和范围。在这一阶段，应与业务领域的专家开展密切合作，以确保准确理解业务需求。

业务理解被视为银行大数据挖掘的首要步骤，其重要性不言而喻。数据挖掘的使命在于，采用大数据方法或传统方法分析各类数据，以促进业务发展，而非单纯追求技术含量和数据分析。只要能为业务提供支持、帮助，无论何种技术或何种数据，均可在考虑之列。从业务中来，回到业务中去，这是商业银行在大数据挖掘过程中必须遵循的基本逻辑。

在银行大数据应用项目的实施过程中，对业务理解不足往往成为数据部门或金融科技部门推动项目进展的重大阻碍。若无法明确业务部门开展大数据应用项目的实质目标，就难以选取适宜的样本、数据及算法。业务人员与技术人员背景的差异会导致双方难以相互理解，技术人员往往从技术角度出发解决问题，而业务人员则对数据及技术语言不甚了解，不知如何将业务语言转化为IT问题。为提高业务部门与技术部门之间的沟通效率，一些银行设立了ITBP（IT Bussiness Partner）团队，即信息技术业务合作伙伴，专门来对接业务与技术部门，减少不同部门之间的沟通成本。通常来讲，在业务理解环节，需要业务部门与技术部门通过有效的沟通，来明确以下细节：

（1）项目目的。在业务部门撰写需求文档时，最受欢迎的方式是开门见山地表明目的，比如"开展本项目是为了激活潜在的快贷客户""本项目的目的是为客户推荐更为合适的理财产品"。根据这些描述，技术部门可以初步确定该项目类型属于"分类问题"或"推荐问题"，以便匹配相应的模型与算法。

（2）范围。在实施训练模型之前，务必明确样本范围。以前述的"快贷"项目为例，若技术部门对"潜在的快贷客户"概念不甚明了，则业务部门有必要进一步阐述，"所谓潜在的快贷客户，是指在过去一年内曾在手机银行客户端进行过测额的客户"。如此，业务部门在筛选模型训练样本时能更为精确高效。需要注意的是，针对分类问题，应明确定义"正则变量"。在前述案例中，项目目标是"激活潜在快贷客户"，但"激活"一词的含义为何？业务部门或许对此概念了如指掌，"激活"即"客户在测额后实际发生的贷款支用"，然而，若需求文档中未给出明确定义，技术部门可能会感到困惑。

（3）其他相关细节。信息越多，往往越有利于技术部门的工作开展。在上述例子中，贷款支用是否有一些限制条件（年龄、征信）？贷款支用额度占到前测额度的多少才算是有效"激活"？除了客户的人口特征和资产规模等常规因素，还有哪些因素可能影响客户的贷款支用决策？只有弄清楚这些问题，技术部门所建立的模型才能更好地去拟合真实情景，取得更好的数据挖掘效果。

二、数据准备

数据准备是数据分析和挖掘的基础，它涉及多个环节，包括数据采集、数据质量分析和数据特征分析。

（一）数据采集

巧妇难为无米之炊，数据采集是实质性开展数据挖掘项目工作的第一步。一是需要确定数据的可得性。银行（尤其是大型银行）对数据的使用权限有明确的规定，不同的区域、部门、岗位职级的数据权限都会存在差别。对于某一特定的大数据项目，细节问题如数据获取的可能性和格式，都可能影响数据的可得性。在确定数据的可得性之后，商业银行会从不同的渠道获取数据，主要的数据采集渠道如表 6.6 所示。对于某一特定的大数据项目，若涉及外部数据，还需考虑更为复杂的因素，如 API 接口的兼容性、内部数据出错的风险以及外部数据质量等。二是需明确拟采集数据的范畴。例如，时间窗口的长度是多少？样本颗粒度是个人级、账户级还是交易级？是否需要抽样，如何进行抽样？

表 6.6　商业银行的数据采集渠道

数据渠道	数据信息
内部数据源	商业银行内部的各个系统和数据库中存储着大量的数据，包括客户信息、交易记录、贷款信息等。通过提取这些数据，可以建立客户画像、进行风险评估、推荐产品等

（续表）

数据渠道	数据信息
外部机构数据源	商业银行可以从国家机关、外部数据提供商或合作伙伴处获取数据，如从中央银行调用个人征信报告，从税务机关获取企业纳税与社保缴纳信息，以及从其他信用评级机构或市场调研公司获取一些白名单或黑名单数据，用于智能风控或反赌反诈场景
社交媒体数据	商业银行可以通过监控社交媒体平台上的数据，了解客户的行为和偏好。这些数据可以用于个性化推荐、舆情分析等
外部公共数据	商业银行可以利用公共数据，如政府数据、经济指标等，来了解宏观经济环境和行业趋势，从而进行风险管理和决策支持

资料来源：作者整理。

（二） 数据质量分析

"Garbage in, garbage out"是数据挖掘领域的一句谚语，旨在强调输入数据的质量对模型输出结果质量的至关重要性。在银行业，一种普遍现象即为**"脏数据"**（Dirty Data）。银行规模越大、历史越悠久，数据往往越杂乱，因而处理起来越具挑战。若在数据挖掘过程中输入的数据质量较差（如数据不准确、不完整、含有错误或无关信息），即使采用最先进的算法和技术，所得到的输出结果也将是无效或具有误导性的。因此，数据质量分析成为后续数据处理阶段的基础。具体而言，数据质量分析就是对数据中的缺失值、异常值和一致性进行事先分析，为后续的数据处理提供思路。

1. 缺失值

在数据探索过程中，数据缺失现象普遍存在，这无疑会给分析带来挑战。缺失值表示某一项或多项数据在数据集中不存在，因此在数据挖掘和分析过程中，我们需要充分了解其影响，探究成因，并采用合适的方法进行处理。

数据缺失对数据挖掘项目产生的影响是显著的。首先，数据缺失会影响数据的代表性。在数据缺失的情况下，数据的分布和结构可能发生改变，从而使其丧失代表性，进而对后续的分析和模型构建产生负面影响。其次，数据缺失会削弱模型的精确性。在多数机器学习及统计建模方法中，数据缺失均可能导致模型精度的下降。在模型训练过程中，若输入数据中存在缺失值，模型便无法准确捕捉到数据的内在规律，从而降低预测或分类的效能。最后，数据缺失会增加数据处理的复杂性。由于数据缺失，后续数据处理环节需采取相应措施来处理缺失值，如删除、填充或预测等，从而增加了数据处理的复杂性。

在处理缺失值问题时，统计分析是一种常用方法。具体来说，运用描述性统计方法，可以对数据集进行观察，以判断是否存在缺失值、缺失值所占比重（若关键变量缺失比重过高，可能导致项目难以推进）以及缺失值的表现形式。在数据集中，缺失值可能以空数据或"."的形式呈现，也可能表现为异常值，如客户年龄标注为

"9999"等。对缺失值的分析需基于对业务的理解,只有深入了解业务,才能准确把握所采用的缺失值处理方法是否符合业务逻辑。

2. 异常值

在数据探索过程中,我们往往会遇到异常值。这类值偏离了大部分观测数据,也被称为离群点。在统计学上,一般将那些超过平均值三个标准差的值视为异常值,但在具体项目中如何界定则需结合业务理解和数据人员的技术经验。异常值的产生原因很多,如数据收集阶段可能出现的人为录入错误或设备故障,以及数据处理过程中可能出现的单位转换错误或计算失误(如金额单位从万元变为百万元)等。

类似于缺失值,异常值也会对模型的精确性和稳健性产生影响,甚至可能造成更为严重的后果。缺失值可能只是导致模型失去部分信息,但异常值的出现可能为模型训练引入额外的"噪声"。在某些场合,异常值或许蕴含着关键信息。以信用卡欺诈检测为例,异常交易模式很可能就是欺诈行为的征兆。在这种情况下,对异常值的处理需谨慎,若直接剔除,则可能错失让模型捕捉到欺诈交易特征的机会。因此,在进行异常值分析时,应充分结合对业务的理解。只有深入理解业务,我们才能更精确地判断某一数值是否为异常值,并确定如何处理该异常值。

3. 一致性

在数据探索过程中,另一个常见的问题是,当我们将来自不同数据源的数据整合在一起时,部分数据的信息会存在矛盾或互不相容的情况。例如,不同数据库的时间窗口不一致会导致数据不相容问题;对于同一个客户,在开户时登记的电话号码和家庭住址与当下交易时所提供的信息不一致。数据不一致问题会增加数据处理的复杂性,影响模型的学习效果。因此,在数据采集环节应通过规则设定来规避此类问题。例如,在前面问题中,可以将电话号码与家庭住址这些可能会发生动态变化的数据在不同的表格中进行链接,设置好读写权限,一旦信息更新,所有相关的表格或数据库中的信息能够实现同步更新。

(三) 数据特征分析

作为数据探索的关键环节,我们经常需要对数据的各种特征进行分析,以便更好地理解数据以及如何利用数据来建立有效的预测模型。特征分析,就是对数据集中的各个变量或样本的重要性、相关性、分布等进行分析。在此过程中,我们可能会发现一些重要的模式和趋势,或者发现一些隐藏的问题,这有助于我们更好地利用数据,特别是为下一阶段的特征工程做好准备,也便于建模人员更加准确地选择算法与模型。特征分析的方法很多,具体选择哪种方法,需要根据具体的业务场景和数据类型来决定。一些常用的方法包括:

1. 描述性统计分析

通过计算特征的平均值、中位数、方差、最大值、最小值等统计量,可以了解特征的分布情况。例如，针对客户的年收入这个变量，我们可以计算该变量的平均值、中位数、方差、最大值和最小值等，以了解客户年收入的分布情况。具体地，平均值可能告诉我们客户年收入的整体水平如何，而最大值和最小值可以帮助我们了解收入的范围，也为后续的数据处理（如缩尾）提供依据。

2. 相关性分析

通过计算特征之间的相关系数，可以了解特征之间的关系。例如，我们可能想要了解年收入与贷款违约率之间的关系。如果我们发现这两者之间存在高度的负相关性，那就意味着收入越高的客户，违约的可能性越低。这样的信息对于评估贷款风险非常有价值，那么在建模过程中，客户收入就是一个必须纳入的变量。

3. 可视化分析

通过绘制柱状图、箱线图、散点图等，可以直观地了解特征的分布和特征之间的关系。例如，我们可以绘制一幅图，将年龄（x 轴）和贷款金额（y 轴）的关系表示出来。如果发现年龄和贷款金额之间有明显的相关性，那么这就是一个值得进一步研究的现象。

特征分析是商业银行数据挖掘中的重要环节，它可以帮助数据分析人员深入了解数据的特征和属性，发现数据的模式和关系，为后续的建模和预测提供有价值的特征变量。通过合理的特征分析，商业银行可以提高数据挖掘的效果和准确性，为业务决策提供有力支持。

三、数据处理

基于前述的数据准备工作，我们可以开始对数据进行处理，主要包括数据清洗、数据合并和数据变换（又称"特征工程"）等操作，旨在提高数据的质量和可用性。一个有经验的数据挖掘专家，往往会将60%甚至更多的精力用在数据处理工作上面，数据处理工作高度依赖在前面数据准备环节中对于数据质量和数据特征的分析。

（一）数据清洗

数据清洗作为数据预处理的关键环节，核心在于识别、修正及移除数据集中存在的缺失值或失准数据。其主要目标在于提升数据质量，从而使它们更适用于后续的数据分析及挖掘任务。数据清洗的过程主要包括对缺失值、异常值及重复值的处理。

1. 缺失值处理

在实际建模过程中，种种因素，如设备故障、人为疏忽等，可能导致数据缺失。针对缺失值，主要有两种处理方法：删除法和填充法。

删除法是指直接移除包含缺失值的数据行（样本）或列（变量），但这种处理方式可能导致关键信息丢失，因此需谨慎运用。例如，在数据质量分析过程中，若发现某变量的缺失率高达 30%，且总体样本量相对较小，那么直接剔除这 30% 的样本，可能使剩余样本代表性不足，从而影响模型精度与稳健性。在这种情况下，有必要深入探讨变量缺失的原因，考虑是否有适宜的填充方法或替代变量，前提是替代变量不存在缺失问题或缺失率较低。

填充法是指通过采用特定策略对缺失值进行补充，如运用平均值、中位数或众数进行填补，或采用更为复杂的机器学习方法来估算缺失值。以银行信贷数据为例，若某客户年收入信息缺失，我们可以用全体客户的年收入平均值对该缺失值进行填充。此外，我们还可以根据客户的其他信息，如职业、教育程度等，运用回归等方法预测其年收入。值得注意的是，填充法的应用紧密关联业务逻辑，若使用不当，新增信息可能反而成为噪声，导致模型精确度降低。

2. 异常值处理

异常值是数据处理过程中的一种常见问题数据，可能在数据收集、传输及加工环节产生。若未对这类数据进行处理，可能导致下游任务的数据失衡和错误，进而降低模型的鲁棒性。针对异常值，可以采用以下几种处理方法：

（1）删除法。删除法是指在数据处理过程中，直接剔除包含异常值的相关行（样本）或列（变量）。然而，在实际建模过程中，删除法需审慎运用，其原因与前述缺失值删除法相似。

（2）替换法。替换法是指将异常值替换为其他数值，如均值、中位数或其他分位数等。在实际建模过程中，我们通常依据经验法则来判断和处理异常值。例如，在银行信贷数据中，某客户的年收入为负数，这显然是一个异常值。我们可以选择直接删除这个异常值，也可以用平均年收入来替换这个异常值。若能找到该异常值出现的原因，如录入错误等，我们还能够对异常值进行修正。

在异常值处理过程中，除了规则判断，类型判断也具有同等重要的地位。某些字段虽然在取值上看似正常，但在脚本运行过程中可能会出现错误，这主要是因为类型转换存在问题。你可能遇到过空值"null"被存储为字符型"null"的情况，从而导致后续空值处理环节出现一系列问题。在模型部署阶段，尤其是涉及多个环境之间的 API 调用时，类型异常问题极易出现，因此必须高度重视。

在信贷场景中，对客户提交的身份证、手机号、银行卡号等信息，需运用正则表达式加以验证，以确保其合法性。针对手机号，除满足电信运营商设定的特定规则外，还须过滤掉连续 8 位数字相同或明显异常的手机号，如 12345678910 等，否则，可能导致单个手机号对应大量客户 ID，进而引发下游任务数据倾斜以及关联图谱中的异常聚集。

此外，还存在着一类长尾分布的异常值，这类异常值往往无法直接通过规则和正则表达式识别，需依赖数据层面的分析。"长尾"一词，指的是在频数分布图中，某些字段值的极少数样本具有较大数值,呈现出一长尾状。处理长尾数据时应谨慎,因为许多欺诈样本也具有长尾特性。因此,需要技术人员与业务人员共同分析,确保无特殊业务含义后,方可进行清洗。

3. 重复值处理

在数据清洗过程中,确保数据唯一性的重要性不容忽视。过多重复数据可能导致存储冗余,并在表与表关联时产生笛卡尔积,从而引发内存溢出。去除重复数据的基础是确立表对应的唯一主键,进而针对重复值进行处理。在金融机构内部,多数表以客户ID作为主键,将所有数据汇总至客户维度。然而,在信贷数据场景中,同一客户可能多次申请、多次支用、多次还款以及多次逾期还款,不同环节的数据源主键各异。若将这些表汇总至人维度,显然不合理。因此,只有明确唯一主键,才能有效去除重复数据。

(二)数据合并

数据合并是指将来自不同数据源或不同数据表的数据进行整合,以便进行更全面和综合的分析。数据合并可以帮助挖掘隐藏在多个数据源中的关联和模式,从而提供更准确和全面的信息。几种主要的数据合并方式如表6.7所示。

表6.7 数据合并方式

数据合并方式	描述
表连接	通过共享一个或多个共同字段将两个或多个表连接在一起。可以是内连接、左连接、右连接或全连接,具体取决于所需结果
列合并	将两个或多个数据表按列进行合并,适用于行数相同但列数不同的情况,可以将不同表中的列合并为一个更大的表,以便进行更全面和综合的分析
行合并	将两个或多个数据表按行进行合并,适用于列数相同但行数不同的情况,可以将不同表中的行合并为一个更大的表,以便进行更全面和综合的分析
数据追加	将两个或多个数据表按行进行追加,适用于列数和行数都相同的情况,可以将不同表中的数据逐行追加到一个更大的表中,以便进行更全面和综合的分析

资料来源:作者整理。

(三)特征工程

在数据挖掘领域,有一个非常流行的说法:"特征决定了模型的上限,而算法只是逼近这个上限。"这句话强调了特征工程在数据建模中的重要性。特征工程的核心在于,基于原始数据的信息提炼,通过对数据进行加工和处理,以获得更能体现问题本质的特征。在数据挖掘过程中,单独观察时,许多数据源与风险表现关联性不强,但经过特征工程处理后,这些数据将与我们想预测的目标产生紧密联系。特征工程的目标是发掘对因变量y具有显著影响的自变量x,即特征。通过特征工程,可以将原始数据分解和聚合，以更好地揭示问题的本质，进而提高对不可见数据的模型预测准确性。

具有价值的数据特征是建模人员通过历史经验和长期探索积累而来的，也是商业银行最核心的数据财富之一。在某些情况下，特征的发掘需要一定的创新思维。例如，我们不妨思考一下：客户的身份证号和手机号中蕴藏了哪些信息？从中我们可以提取出一些常规信息：年龄、性别、地区、运营商、手机号使用年份等。这些特征在建模过程中可作为自变量。进一步思考，我们能否挖掘出一些更具创新性的信息呢？答案是肯定的。在一些特定模型中，某些交叉信息可能对因变量具有特殊的解释能力。例如，一线城市的 20~30 岁人群更倾向于对电子产品分期付款。因此，我们可以尝试使用"地区×年龄"这样的交叉信息来构建新特征。其他具有创新性的特征还包括：星座，是否为豹子号，是否含有 8、6 或 4 等，这些特征可能为建模带来额外贡献。当然，在多数情况下，我们仍倾向于运用以下一系列统计手段来揭示数据的特性：

1. 构建统计量

统计量在特征工程中占据重要地位，作为对原始数据初步处理的手段，构建统计量能迅速揭示数据分布规律，从而在短时间内构建大量特征。常见的统计量包括总和、最大值、平均值、比例、排名、最早值和最近值等，可以从金额、频率、天数、类型等多个角度出发，并结合时间窗口因素进行构建。以征信报告中 24 个月的还款明细为例，可形成历史/当前逾期本金、历史/近 18 个月/近 12 个月/近 6 个月逾期次数、历史/当前最多逾期天数、最早/最近逾期距今时长、信用卡/贷款逾期本金占比等多个特征，这些特征从不同角度描述了借款人的信用历史状况。

2. 离散化

对于非数值型变量，无法直接计算统计量，通常需采用离散化方法处理。离散化是将连续值转换为离散值的过程，常见于基本信息加工。根据原始数据特性，离散化可分为有序和无序两类。如年龄，具有排序性，离散化时可将 20~25 岁区间数据映射为 1，26~30 岁区间数据映射为 2，逐级递增，保持年龄单调性。而对于职业，不同职业间无法排序，需采用**独热编码**（One-Hot Encoding）加工为多个 0-1 特征，如白领、蓝领、商旅人士等。对比两种离散化方式，独热编码会导致特征矩阵稀疏，并损失部分数据信息。因此，可依据业务经验或计算证据权重方法，优先将此类字段映射为有序离散化特征。此外，离散化特征具有较好的稳定性，常用于风控建模，提高模型泛化能力。

3. 关注时间趋势

在处理累积时间较长的原始数据时，可以提取时间周期相关特征，如标准差、变异系数、同比、环比、新增数量、连续增长、连续下降等，以评估借款人的变动趋势。这些特征在风险控制场景中具有较高的应用价值，因为它们能自然地描绘出客户中长期信用风险和短期欺诈风险。以消费金额为例，从时间周期角度看，可以将其加工成近六个月的标准差/变异系数/新增场景数/连续增长月数/连续下降月数、本月同比/环比等，用以描述借款人长短期内消费能力的波动及变化方向。

以上方法都是关于如何"创造"新特征的，但在构建最终模型时，考虑到模型的适用性与下一阶段模型训练的效率，对能够最终纳入模型的特征数量需要控制在一定范围，这就需要对成百上千的特征进行"瘦身"，挑选那些最为合适的特征，这一步也被称为特征选择。那么，如果选择特征呢？我们总结为三步：看长相、看感觉和看实力。

第一步看长相，即基于前述的数据特征分析，排除那些缺失率过高或异常值过多的特征。

第二步看感觉，是指通过一些经验指标来挑选特征。例如，通过方差分析，若发现某一特征在各个样本间变动幅度较小（方差较低），则意味着该特征在当前情境下价值有限。又如，在相关性分析中，我们可以剔除与目标变量关联性较弱的特征，或移除存在共线性的特征。此外，基于行业经验，对于后续难以获取的变量，如部分营销相关特征，由于后续营销策略存在不确定性，这类变量在构建模型时一般不予采纳。

第三步看实力，是指通过一些模型指标来挑选特征。例如，在二分类问题中，IV（Information Value）是用来衡量特征预测能力的指标，其取值范围是$[0, +\infty)$。计算IV值的过程如下：

首先，需要对特征进行分箱。所谓**分箱**（Binning），就是将连续型变量离散化（对于取值较多的离散型变量，同样可以通过分箱来增强数据稳定性）。分箱的目的一方面是减少过拟合风险，同时降低异常值对模型的影响程度，另一方面，分箱后的特征对目标变量可能会更具解释性。如图6.7与6.8所示，散点图和分箱柱状图分别展示了资产状况与违约（率）的关系，显然，我们从第二张图中能更好地解读出资产状况与违约事件的负向关系。

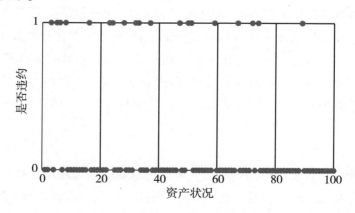

图6.7　散点图：资产状况与违约行为

资料来源：作者整理。

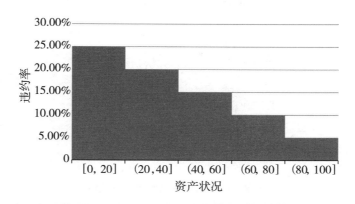

图6.8 分箱柱状图：资产状况与违约率

资料来源：作者整理。

接着，我们计算每个特征在各个分箱中的**证据权重**（Weight of Evidence，WOE）。为更好地理解 WOE 的含义，我们还是以前述的客户违约风险预测为例。WOE 衡量了一个特征在某个分箱中违约样本的分布情况，绝对值越大说明该分箱中的违约样本与正常样本的区分程度越高。第 i 个分箱的 WOE 计算公式如下：

$$\text{WOE}_i = \ln\left(\frac{\text{Bad}_i}{\text{Good}_i} \Big/ \frac{\text{Bad}_T}{\text{Good}_T}\right) = \ln\left(\frac{\text{Bad}_i}{\text{Good}_i}\right) - \ln\left(\frac{\text{Bad}_T}{\text{Good}_T}\right) \tag{6.19}$$

可以看到，WOE 测度某一具体的分箱中的好坏比例（即不违约与违约比例）与整体好坏比例的差异，如果两者相同，说明该分箱无法为区分好坏提供信息，WOE = ln 1 = 0。将 WOE 加权平均后就得到了单个分箱的 IV。

$$\text{IV}_i = \left(\frac{\text{Bad}_i}{\text{Bad}_T} - \frac{\text{Good}_i}{\text{Good}_T}\right) \times \text{WOE}_i \tag{6.20}$$

进一步，将各个分箱的 IV 求和后就得到了特征变量的 IV。

$$\text{IV} = \sum_{i=1}^{n} \text{IV}_i \tag{6.21}$$

下面使用两个极端案例来阐述分箱与 IV 的含义。依旧以违约风险预测为例，假设有 1 000 个客户样本，其中 300 人违约，违约率为 30%。考虑性别特征，如表 6.8 所示。假设 1 000 名客户中有男性 300 人，女性 700 人。在所有 300 名男性中，299 人是违约客户，而在 700 名女性中，仅有 1 人是违约客户。可见，在男、女两个分箱中，违约率分别为 99.7% 和 0.1%，均与总体违约率 30% 相差甚远。因此，推断这两个分箱对应的 WOE 值也将较大。从直观角度出发，若提供客户性别信息，便可基本判断其违约可能性：男性几乎必然违约，而女性则几乎不会违约。换言之，性别特征对预测违约分析具有绝对的区分能力。表 6.8 中结果的部分计算步骤如下，性别特征的 IV 值达到了 12.192。

$$\text{WOE}_1 = \ln\left(\frac{299}{300}\Big/\frac{1}{700}\right) = 6.548 \quad (6.22)$$

$$\text{IV}_1 = \left(\frac{299}{300} - \frac{1}{700}\right) \times 6.548 = 6.517 \quad (6.23)$$

$$\text{同理} \quad \text{IV}_2 = 5.675$$

$$\text{IV}_S = \text{IV}_1 + \text{IV}_2 = 12.192 \quad (6.24)$$

表 6.8 性别特征对违约行为的预测

性别	分箱	违约（坏）	未违约（好）	总计	违约率	WOE	IV
男	1	299	1	300	0.997	6.548	6.517
女	2	1	699	700	0.001	−5.702	5.675
总计	—	300	700	1 000	0.3	—	12.192

我们进一步假定存在一个额外的婚姻特征，对于两个分箱（已婚与未婚），其违约样本分布如表 6.9 所示。在这种情况下，引入婚姻特征并未为预测违约风险带来显著的信息增益。这是因为，在分箱之后，各分箱中的违约率与总体样本并无显著差异，均约为 30%。因此，各分箱的 WOE 值应均为 0，此特征的 IV 值也为 0。以下为部分计算过程：

$$\text{WOE}_1 = \ln\left(\frac{90}{300}\Big/\frac{210}{700}\right) = 0 \quad (6.25)$$

$$\text{IV}_1 = \left(\frac{90}{300} - \frac{210}{700}\right) \times 0 = 0 \quad (6.26)$$

$$\text{同理} \quad \text{IV}_2 = 0$$

$$\text{IV}_M = \text{IV}_1 + \text{IV}_2 = 0 \quad (6.27)$$

表 6.9 婚姻特征对违约行为的预测

婚姻	分箱	违约（坏）	未违约（好）	总计	违约率	WOE	IV
结婚	1	90	210	300	0.3	0	0
未婚	2	210	490	700	0.3	0	0
总计	—	300	700	1000	0.3	—	0

四、模型训练

在完成特征工程后，确定了纳入模型的变量，接下来便可步入模型训练阶段。首先，需对样本进行分区，一般将样本集划分为训练集、验证集与测试集。训练集主要用于模型的训练及参数优化；验证集则用于监控模型性能，防止过拟合；测试集则用于终极评估模型性能。这三个数据集的划分有助于我们深入了解模型在不同数据集上的表现，进而进行必要的调整与优化。

训练集（Training Set）是模型训练过程中所使用的数据集，它包含了输入特征和对应的目标变量。在训练集上，模型通过学习样本之间的模式来调整自己的参数，以达到尽可能高的准确性。通常情况下，我们会将大部分的数据（70%~80%）用作训练集，而剩下的数据则用于验证集和测试集的划分。

验证集（Validation Set）是在训练过程中用来评估模型性能的数据集。它通常包含一小部分数据（10%~20%），用于监控模型是否出现过拟合或欠拟合的情况。通过观察模型在验证集上的表现，我们可以判断是否需要对模型结构或参数进行调整。如果模型在验证集上表现良好，说明模型已经具备了较好的泛化能力，可以继续使用该模型进行训练。

测试集（Testing Set）是在模型训练完成后，用于最终评估模型性能的数据集。它通常只包含一小部分数据（10%~20%），用于检验模型在新数据上的泛化能力。测试集通常会选取与训练集时间跨度较大的**时间外**（Out-of-Time，OOT）样本集，目的是让测试模型效果不会受到时间因素的影响，测试集的结果能够真实地反映出模型在实际应用中的表现，因此它是评估模型性能的重要指标之一。

在建模过程中，关于数据分区与特征工程顺序存在争论。有些人主张先进行分区，然后在各个数据集中依次开展特征工程，理由是模型训练所使用的特征应仅源于训练集，避免与其他训练集产生关联。然而，在实际数据建模过程中，通常采用的做法是先针对全体样本开展特征工程，随后进行数据分区。那么，究竟哪种方法更为恰当呢？

我们认为，从严格意义上讲，应遵循第一种方法，在不同的数据集中分别进行三次特征工程。然而，在样本总量较大的场景下，如商业银行领域，样本量通常以十万、百万计，我们有理由相信各分区数据集中所体现的"特征"具有一致性。因此，无论是在总体还是在分区数据上进行特征工程，均无显著差异。考虑到后一种方法的简便性，在实际业务中，通常先进行特征工程，再进行数据分区。

在实施数据分区之后，接下来是根据不同业务场景选择适宜的算法，如逻辑回归、决策树、支持向量机、神经网络等。常见的"场景-算法"匹配关系如表 6.10 所示。对于非科技与数据条线的银行业务管理者，虽然他们无须深入掌握各类机器学习算法，但熟悉表 6.10 中的"场景-算法"配对规则，能基于具体业务场景向数据科技部门提出明确需求，对于提高大数据应用项目的实施效率至关重要。

表 6.10 银行业务场景与机器学习算法

商业银行业务场景	机器学习算法
信用评分和风险管理	逻辑回归、决策树、支持向量机、随机森林、神经网络等
欺诈检测	异常检测、关联规则挖掘、聚类分析、决策树等
客户细分和营销策略	聚类分析、关联规则挖掘、决策树、神经网络、推荐系统等
交叉销售和推荐系统	关联规则挖掘、协同过滤、推荐算法、神经网络等
资产负债管理	预测分析、时间序列分析、线性回归、聚类分析等
市场风险管理	时间序列分析、回归分析、因子分析、聚类分析等
客户满意度和留存分析	情感分析、分类算法、决策树、神经网络、关联规则挖掘等

资料来源：作者整理。

在大数据应用项目实践中，建模环节往往涉及尝试多种模型，除评估模型效能外，还需兼顾模型的可解释性以及实际业务策略的可操作性。以分类问题为例，通常会同时采用逻辑回归、集成树、神经网络等多种算法。若各类算法所得模型效能（如 ROC、KS 值等）相差较小，则倾向于选用具有较强解释性的逻辑回归算法。

此外，对于某些模型，还需要对模型参数进行反复尝试和调整，以获得更好的性能。不同模型的参数数量和复杂程度也不尽相同。例如，对于常用的逻辑回归模型，需要调整的超参数包括正则化项（Penalty）和正则化项系数的倒数（C）。其中，Penalty 可以选择 L1 和 L2 两种，它们都可以避免模型的过拟合，但是它们的区别在于 L1 会使特征系数归零，而 L2 会保留所有的特征；C 代表了正则化系数的倒数，C 越小则正则化越强，模型也越稳定。对于这种超参数不多的情况，可以利用网格搜索方法，遍历出不同超参数下验证集上的模型效果，选取验证集上效果最优的一组超参数训练模型，并在测试集上测试。而对于 XGBoost 这类模型，其调参则要复杂得多，要求建模人员对各个参数的含义和作用相对熟悉，并进行反复调试，以获得最优的模型性能。

五、模型评估

在数据挖掘领域，模型评估是衡量模型性能与准确性的关键环节。这一过程有助于评估模型在实际应用中的表现，从而为我们决定是否采纳该模型及优化策略提供依据。针对不同模型算法，需采用不同的评价方法。在商业银行大数据建模中，分类与预测模型尤为常见，下面将介绍一些针对这类模型的评估指标。

首先，我们需要了解混淆矩阵。**混淆矩阵**（Confusion Matrix）是一种用于评估分类模型性能的表格，如表 6.11 所示，它可以展示模型在不同类别之间的分类情况。

表 6.11 混淆矩阵

		预测	
		T 真的	F 假的
实际	P 阳性	真阳性	假阳性
	N 阴性	真阴性	假阴性

以商业银行信贷违约风险为例，假设我们使用机器学习算法训练一个模型来预测客户是否会违约贷款。我们将训练数据集分为两个类别：违约（Positive）和非违约（Negative），或者简称"坏客户"和"好客户"。混淆矩阵可以帮助我们评估模型的性能，如下所示：

如果一个客户是"坏客户"，模型判定他是"坏客户"，这就是真阳（True Positive，TP）。

如果一个客户是"好客户"，模型判定他是"坏客户"，这就是假阳（False Positive，FP）。

如果一个客户是"好客户"，模型判定他是"好客户"，这就是真阴（True Negative，TN）。

如果一个客户是"坏客户"，模型判定他是"好客户"，这就是假阴（False Negative，FN）。

基于混淆矩阵，我们可以计算出**真阳率**（True Positive Rate，TPR）和**假阳率**（False Positive Rate，FPR）。

$$\text{TPR} = \frac{\text{TP}}{\text{TP} + \text{FN}} \tag{6.28}$$

$$\text{FPR} = \frac{\text{FP}}{\text{FP} + \text{TN}} \tag{6.29}$$

真阳率（TPR）等于模型判定的"坏客户"数量除以全部的"坏客户"数量，通俗地说，真阳率可以理解为"坏客户查出率"，表示所有坏客户中被模型正确识别的比例。

假阳率（FPR）等于模型错误判定的"坏客户"数量除以全部的"好客户"数量，同样地，假阳率可以理解为"好客户误判率"，表示所有好客户中被模型误判为坏客户的比例。

例如，在前述的违约风险案例中，通过构建逻辑回归模型，我们计算得到 10 个样本的预测违约概率。由于是历史数据，我们实际上知道客户是否真实违约。预测概率与实际值如表 6.12 所示：

表 6.12 真实值与预测值

属性	1	2	3	4	5	6	7	8	9	10
真实值	坏	好	坏	坏	坏	好	好	坏	坏	好
预测值	0.71	0.21	0.55	0.41	0.91	0.72	0.4	0.61	0.75	0.13

如果我们以 0.5 为阈值,判定违约概率超过 0.5 的为"坏客户",那么真阳率 TPR = 5/6 = 0.833,假阳率 FPR = 1/4 = 0.25。如果将阈值设定为 0.7,相应地,真阳率 TPR = 3/6 = 0.5,假阳率 FPR = 1/4 = 0.25。

我们将所有可能的阈值都尝试一遍,并计算不同阈值下对应的真阳率与假阳率,将所有的(FPR,TPR)点连起来,即得到了**接收器工作特征**(Receiver Operating Characteristic,ROC)曲线。典型的 ROC 曲线如图 6.9 所示,横轴为**假正概率**(False Positive Rate),纵轴为**真正概率**(True Positive Rate)。ROC 曲线下的面积即为 AUC(Area Under Curve,曲线下面积),范围在 0 到 1 之间。图中的虚线代表随机模型对应的 AUC 为 0.5,AUC 的值越大,表示模型对分类的预测效果越好。

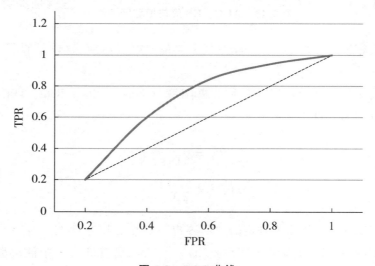

图 6.9 ROC 曲线

在分类预测模型中,另外一个重要模型评价指标是 KS(Kolmogorov-Smirnov)值,用来衡量模型对于正样本和负样本的区分能力。KS 值的计算同样是基于真阳率(TPR)与假阳率(FPR)。在 ROC 曲线中,我们以 FPR 作为横坐标,TPR 作为纵坐标,图形并未反映出不同阈值的差异。如果以阈值为横坐标,分别绘制出 FPR 和 TPR 曲线,并找到 TPR 和 FPR 差别最大的情形,此时得到 KS 值:KS = max(TPR − FPR),见图 6.10。

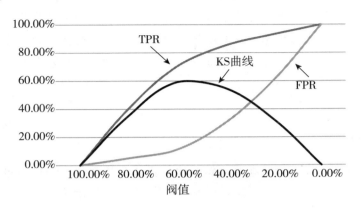

图 6.10 KS 曲线

AUC 和 KS 均是根据 TPR 和 FPR 构建的指标,用于评估模型在分类目标(如"坏客户"与否)上的辨别能力。表 6.13 展示了 AUC 和 KS 值与模型辨别能力之间的概况关系。需要注意的是,若 AUC 或 KS 值异常高,可能意味着某一建模阶段存在异常情况,需予以复查。

表 6.13 AUC、KS 值与模型区分能力

AUC	KS	区分能力
(0.5, 0.6)	(0, 0.2)	无区分能力
[0.6, 0.7)	[0.2, 0.4)	一般
[0.7, 0.8)	[0.4, 0.6)	良好
[0.8, 0.95)	[0.6, 0.8)	很强
[0.95, 1)	[0.8, 1)	可疑

本章小结

本章深入探讨了机器学习在商业银行数据挖掘中的应用。在介绍了机器学习的基本概念后,详细分类讨论了机器学习的不同类型,包括监督学习、无监督学习和强化学习,并针对每种类型提供了具体的商业银行应用实例。在商业银行场景中,机器学习算法的选择至关重要。本章介绍了多种算法,如逻辑回归、决策树、集成树、神经网络等,并解释了它们在信用评分、风险管理、欺诈检测、客户细分、营销策略、交叉销售、资产负债管理、市场风险管理以及客户满意度和留存分析等方面的应用。

数据挖掘流程作为本章的核心内容,被详细分解为业务理解、数据准备、数据处理、模型训练和模型评估五个主要步骤。业务理解强调了与业务专家合作的重要性,以确保技术解决方案与业务需求相符。数据准备包括数据采集、数据质量分析和数据特征分析,其中数据质量分析尤为重要,因为数据的质量直接影响模型的输出结果。数据处理则涵盖了数据清洗、合并和变换,其中特征工程(数据变换)是提升模型性

能的关键环节。模型训练部分讨论了样本划分、算法选择和参数优化，强调了验证集和测试集在监控模型性能和评估模型泛化能力中的作用。模型评估部分介绍了混淆矩阵、ROC 曲线、AUC 和 KS 值等评价指标，这些指标对于衡量模型的预测效果至关重要。

思 考 题

1. 请结合本章内容，分析在商业银行的信用评分场景中，如何利用监督学习算法来预测客户的信用风险。请详细说明从数据准备到模型评估的整个流程，并讨论如何选择合适的评估指标来衡量模型的性能。

2. 在一个大数据应用项目中，项目人员需要判断所收到的电子邮件是否为垃圾邮件。现有 20 个样本，其中 10 个是垃圾邮件（YES），10 个不是垃圾邮件（NO）。如下表所示，机器学习模型为每个样本输出了一个预测分数，这些分数反映了模型认为样本是垃圾邮件的可能性。请计算在不同阈值水平下的 TPR 和 FPR，并绘制出 ROC 曲线。

项目	1	2	3	4	5	6	7	8	9	10
预测分数	0.95	0.90	0.85	0.80	0.75	0.70	0.65	0.60	0.55	0.50
垃圾邮件	YES	NO	YES	NO	YES	NO	YES	NO	YES	NO
项目	11	12	13	14	15	16	17	18	19	20
预测分数	0.45	0.40	0.35	0.30	0.25	0.20	0.15	0.10	0.05	0
垃圾邮件	YES	NO	YES	NO	YES	NO	YES	NO	YES	NO

关 键 词

机器学习；监督学习；无监督学习；强化学习；逻辑回归；决策树；集成树；随机森林；岭回归；聚类；关联；信息熵；神经网络；缺失值；异常值；特征工程；模型训练；模型评估；模糊矩阵；真阳率；假阳率；ROC 曲线；AUC；KS 曲线

第七章
商业银行的非结构化数据分析

学习目标

【知识目标】掌握非结构化数据的基本概念及在商业银行中的应用场景，熟悉商业银行非结构化数据的来源和类型，了解非结构化数据分析的主要方法和技术。

【能力目标】能够运用适当的工具和方法对非结构化数据进行收集、整理和分析，能够根据商业银行的实际需求，设计并实施非结构化数据挖掘和分析方案，利用非结构化数据为商业银行的决策提供支持和建议。

【素养目标】养成数据驱动科学决策理念，增强非结构化数据业务创新能力。自觉遵守数据处理的职业道德和法律法规，并对数据准确性、安全性和合规性负责。

导言：非结构化数据以其独特的形式和潜在价值，正逐渐成为商业银行决策支持和业务创新的重要资源。非结构化数据，如客户评论、社交媒体帖子、电子邮件等，数量庞大且类型多样，同时蕴含着丰富的客户需求、市场趋势和业务风险信息。因此，有效管理和利用非结构化数据，对于商业银行提升服务质量、优化业务流程、降低经营风险具有重要意义。非结构化数据传递形式丰富、表达方式多样，特别是在中国这种"听话听音，锣鼓听声"的高语境传播环境中，深入研究和探索商业银行中的非结构化数据，不仅有助于提升银行的数据处理能力，更能为银行的业务发展和创新提供有力支持。

那么究竟什么是非结构化数据？如何将非结构化数据转化为计算机可识别的结构化数据？又如何将我们感兴趣的指标与之相联系？非结构化数据分析有哪些具体应用？为了回答以上问题，本章将详细介绍非结构化数据的基本概念、分析方法及其应用场景。

第一节　非结构化数据概述

非结构化数据（Unstructured Data）是指那些不具有固定格式和规则，无法用传统的行列式结构（如表格、数据库）来表示和存储的数据。它们通常以自然语言等形式存在，如文本、图片、音频、视频等，包含了大量的细节和上下文信息。非结构化数据由于格式非常多样且标准各异，因此在技术上比结构化数据更难标准化和理解。为了有效地利用非结构化数据，常常需要使用**自然语言处理**（Natural Language Processing，NLP）、图像处理、音频处理等技术。这些技术能够帮助将非结构化数据转化为结构化数据或提取其中的关键信息。

在计算机信息化系统中，非结构化数据占据了相当大的比重，它们是数据结构不规则、不完整且没有预定义数据模型的数据，难以用数据库的二维逻辑表来体现。这些数据的来源多样，包括所有格式的办公文档、文本、图片、HTML、各类报表等。由于非结构化数据具有多样性和复杂性，因此其存储、检索、发布以及利用需要更加智能化的 IT 技术，如海量存储、智能检索、知识挖掘、内容保护以及信息的增值开发利用等。

一、非结构化数据类型及分析方法

非结构化数据形式多样且内容复杂。非结构化数据分析可以依据不同的标准和角度进行分类。例如，按照数据格式，非结构化数据可以分为文本数据、图像数据、视频数据、音频数据等。不同格式的数据需要不同的技术和工具来分析和处理。按照数据来源分类，非结构化数据可以分为人类生成的非结构化数据和机器生成的非结构化数据。人类生成的数据包括文本文档、电子邮件、社交媒体帖子、图像和视频等。机器生成的数据则包括日志文件、GPS 数据、物联网设备数据等。按照数据内容，非结构化数据可以进一步细分为描述性数据、情感性数据、文档性数据等。例如，社交媒体帖子可能包含情感性数据，而学术论文则可能包含文档性数据。

（一）数据类型

文本数据是最常见的非结构化数据形式，包括但不限于：个人或企业间的电子邮件通信记录，微博、小红书等社交媒体帖子，个人博客、网络论坛中的讨论，产品或服务的用户评论和反馈，商业报告、学术论文、技术文档等，PDF 文档等形式的电子书籍。

图像数据包括所有形式的静态图像文件，例如：个人照片、新闻图片、艺术作品等，扫描的文档、身份证、票据等，X 线检查、CT 扫描、MR 图像等医学影像，地球和气象观测图像等卫星图像。

视频数据是指所有动态的图像序列，包括：安全监控系统记录的监控视频，娱乐产业制作的电影和电视节目等视频内容，抖音以及哔哩哔哩等网络平台上的网络视频，教学、讲座、网络课程视频等。

音频数据包含所有的声音记录，主要有：录制的音乐曲目和现场演出等音乐、定期发布的音频节目博客、即时通信软件中的语音消息、商务会议以及学术讲座的会议录音记录等。

（二）分析方法

非结构化数据分析涉及多种技术和方法，用于从非结构化数据中提取有价值的信息。非结构化数据分析包括文本分析、音频分析、图像分析、视频分析等多种类型。

文本分析（Text Analysis）是非结构化数据分析的重要组成部分，它涉及对文本数据进行处理、挖掘和解释。这包括**文本挖掘**（Text Mining）、**情感分析**（Sentiment Analysis）、主题建模、实体识别等。利用这些技术，可以提取文本中的关键信息，理解文本的情感倾向，并发现文本中的隐藏模式和关联。情感分析是对非结构化文本数据进行情感倾向和公众舆论的分析，涉及情感词典、情感打分、话题建模等技术，以揭示公众对某个事件、产品或品牌的情感态度和观点。

音频分析（Audio Analysis）是对音频数据进行处理和分析的过程。它涉及语音识别、音频特征提取、音频分类等技术。音频分析可以将音频信号转换为可解析的数据形式，提取音频中的关键信息，如语音内容、音频事件的检测等。

图像分析（Image Analysis）是对图像数据进行解析和理解的过程。它涉及图像识别、特征提取、目标检测等技术。图像分析可以识别图像中的对象、场景和事件，提取图像中的有用信息，并进行进一步的解释和推理。

视频分析（Video Analysis）是对视频数据进行解析和提取信息的过程。它结合了图像分析和音频分析的技术，可以识别视频中的对象、行为、场景，并提取视频中的关键帧、运动轨迹等信息。视频分析在安防监控、内容推荐、广告分析等领域具有广泛应用。

此外，来自社交网络的数据分析现在已经是非结构化数据分析的一个重要类别。社交网络分析是对社交网络数据进行挖掘和分析的过程。它涉及节点分析、关系分析、网络结构分析等技术。社交网络分析可以揭示社交网络中的关键节点、群体结构和信息传播模式，为社交网络管理、用户行为预测等提供支持。机器学习和**模式识别**（Pattern Recognition）技术也常用于非结构化数据分析。这些技术有助于发现数据中的隐藏模式和关联，并构建预测模型，用于预测未来趋势或行为。

需要注意的是，非结构化数据分析是一个复杂且多样化的领域，具体的技术和方法会根据不同数据类型、分析目标和应用场景而有所差异。在实际应用中，通常需要综合运用多种技术和方法，以获得更准确、全面的分析结果。

（三）文本分析

下面，我们以文本分析为例，介绍非结构化数据分析的发展历程及在数据分析中的重要作用。文本分析是一种自然语言处理技术，旨在从文本数据中提取有用的信息和知识。它可以帮助人们对大规模文本数据进行快速、准确的分析和解释，从而支持决策制定和业务创新。

文本分析包括多个子领域，如文本预处理、分词、词性标注、命名实体识别、情感分析、主题分析、聚类分析、分类分析等。通过这些技术，我们可以从文本中提取出关键词、主题、情感、实体等信息，从而更好地理解文本数据。

文本分析在很多领域都有广泛的应用，如市场调研、舆情监测、金融风险管理、医疗诊断、社交网络分析等。它可以帮助人们更好地理解和应对复杂的信息环境，提高决策效率和精度。

1. 文本分析的发展历程

近年来，文本分析领域的百度指数和谷歌指数均呈现出显著的上涨趋势，如图7.1所示，这标志着该领域的受关注程度正在持续增加。百度指数显示，文本分析关键词的搜索量稳步攀升，反映了公众和业界对该技术的日益关注。同时，谷歌指数也呈现

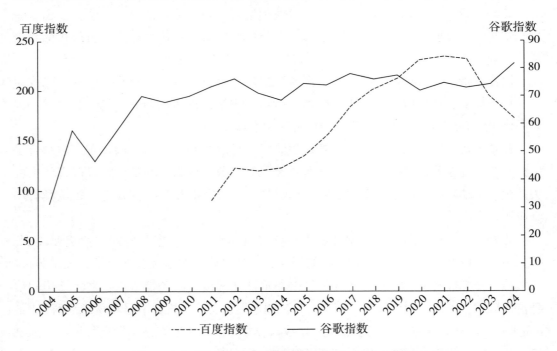

图7.1　文本分析的百度指数与谷歌指数（2004—2024）

注：左轴为百度指数，以整体日均值衡量；右轴为谷歌指数，以年均热度衡量。

资料来源：百度搜索引擎、谷歌搜索引擎。

出相似的增长态势，进一步印证了文本分析在全球范围内具有较高的热度和重要性。这种趋势不仅体现为文本分析技术的快速发展，也预示着其在未来将有更广泛的应用和更深入的研究。

文本分析的发展经历了从手工分析到计算机辅助分析、自然语言处理、机器学习应用、深度学习崛起、大数据文本挖掘、多模态文本分析以及个性化与智能化发展等多个阶段。随着技术的不断进步和应用领域的不断拓展，文本分析将继续在各个领域发挥重要作用。

早期文本分析主要依赖手工操作，研究者通过阅读、标记、分类等方式对文本进行逐一处理。这种方法效率低下，但能够提供深入且个性化的解读。

随着计算机技术的发展，计算机辅助分析开始崭露头角。这一阶段，研究者使用特定的软件工具来帮助进行文本编码、统计和分析，大大提高了工作效率。

自然语言处理技术的出现标志着文本分析进入了一个新的时代。自然语言处理技术能够对文本进行自动化处理，如进行词法分析、句法分析和语义分析等，从而帮助研究者更准确地理解和分析文本内容。如图7.2所示，自然语言处理技术的发展可以追溯到20世纪40年代，大致经历了基于机器翻译的自然语言处理、基于符号规则的自然语言处理、基于统计学的自然语言处理、基于机器学习算法的自然语言处理以及基于深度学习的自然语言处理等几个阶段，直到近期逐步迈入了预训练语言模型和多模态大语言模型的新发展阶段。

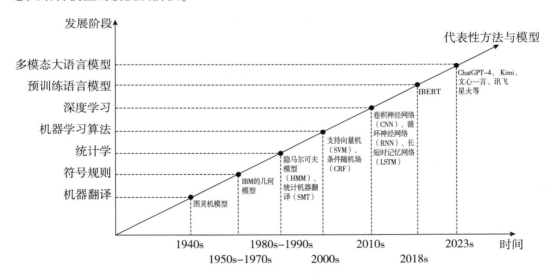

图 7.2　自然语言处理的发展历程

资料来源：作者整理。

随着机器学习技术的发展，文本分析开始融入更多的自动化和智能化元素。研究者可以利用机器学习算法对大量文本数据进行分类、聚类以及情感分析等，从而实现对文本内容更深入的挖掘。

深度学习技术的崛起为文本分析带来了革命性的变革。通过构建深度神经网络模型，研究者可以对文本进行更深层次的特征提取和表示学习，完成更精确的文本分类、情感分析、实体识别等任务。

预训练语言模型（Pre-trained Language Model）是近年来自然语言处理领域的一项重大突破。这类模型通过在大规模文本数据上进行预训练、学习语言的通用表示，能够捕捉词汇、句法乃至语义的深层次信息。以 BERT、GPT 等为代表的预训练语言模型，采用自监督学习的方式，从海量文本中提取语言规律，并通过"预训练+微调"的范式迁移到下游任务中，如文本分类、机器翻译和问答系统等。这种范式不仅显著提升了模型性能，还减少了对特定任务标注数据的依赖。预训练语言模型的成功不仅推动了文本分析技术的进步，也为多模态学习和跨领域应用奠定了重要基础。

多模态文本分析（Multimodal Text Analysis）是近年来兴起的一种新型文本分析方法。它不仅关注文本本身的内容，还综合考虑文本与其他模态数据（如图像、音频等）之间的关系，从而实现对文本内容更全面的理解和分析。

随着个性化需求的增多和智能化技术的发展，文本分析开始更加注重用户需求和个性化服务。通过结合自然语言处理、机器学习、深度学习等技术，文本分析能够为用户提供更加智能化、个性化的文本处理服务。

2. 文本分析的作用

新技术带来了大量的数字文本，记录了人类的互动、交流和文化信息。近年来，使用文本作为数据的实证经济学研究也出现了爆炸式增长。例如，在金融领域，来自财经新闻、社交媒体和公司文件的文本被用于预测资产价格走势。在宏观经济学中，文本被用于预测通货膨胀和失业的变化，并估计政策不确定性的影响。在媒体经济学中，来自新闻和社交媒体的文本被用于研究政治倾向的驱动因素和影响。

随着信息技术的快速发展和大数据时代的到来，文本分析作为数据处理的关键技术之一，正日益展现出其重要性和应用价值。

（1）信息提取与整合。在信息爆炸的时代，大量的文本数据不断产生，文本分析可以从这些海量数据中提取出关键信息，整合出有结构、有意义的数据集，从而帮助人们更加高效地获取所需信息。

（2）情感分析与判断。通过文本分析，我们可以对文本所表达的情感进行分析和判断，了解作者的态度、情感倾向等。情感分析技术在社交媒体监测、产品评价、舆情分析等领域具有重要的应用价值。

（3）趋势预测与洞察。文本分析可以通过分析历史文本数据来揭示潜在的模式和趋势，从而对未来进行预测。趋势预测能力能够帮助企业制定战略规划，洞察市场变化，以及应对各种挑战。

（4）文本挖掘与知识发现。文本挖掘是一种在大量文本数据中发现潜在、有价值的知识和信息的过程。这一过程可以发现隐藏在文本中的知识，从而为企业决策、学术研究等提供有力支持。

（5）文化理解与社会研究。文本分析可以帮助我们深入理解不同的文化背景和社会现象。分析各种文本资料可以揭示出不同文化之间的差异和共性，为跨文化交流和社会研究提供有力工具。

（6）辅助决策与战略规划。文本分析可以为企业决策和战略规划提供重要的参考依据。通过对市场趋势、竞争对手、客户需求等方面的文本数据进行分析，企业可以制定出更加精准、有效的战略和决策。

（7）提高沟通效率与质量。文本分析可以帮助使用者提高沟通效率和质量。自动化地处理和分析文本信息，可以减少人工处理的时间和成本，同时提高信息的准确性和完整性。

（8）消除跨语言障碍。随着全球化的推进，跨语言交流的需求越来越强烈。文本分析有助于消除跨语言障碍，实现多语言之间的自动翻译和理解，从而促进国际交流与合作。

此外，文本分析还在观点挖掘、智能问答等多方面具有重要的应用价值。通过不断发展和创新，文本分析将在未来的数据处理和分析领域发挥更加重要的作用。

（四）音频分析

心理学教授阿尔伯特·梅拉宾（Albert Mehrabian）在20世纪70年代提出了著名的"7-38-55"沟通法则（Mehrabian, 1971）：在沟通中，文字通常只传递了全部意思的7%；与此同时，面部表情和身体语言传递了55%的意思，音频则传递了38%的意思。尽管关于各部分意思传递的具体百分比尚未形成定论，但有效沟通显然不能仅仅依赖于文本。

音频作为一种重要的非结构化数据，在金融业中也具有许多重要的应用场景，包括情绪分析、交易、客户服务和风险管理等方面，同时还涉及发言人音频影响的评估以及客户投诉电话的情绪分析。这些应用有助于金融机构更好地理解市场动态、客户需求和情绪状态，从而提升业务效率，改善客户体验，进而促进金融行业的发展和稳定。随着人工智能和大数据技术的不断发展，音频数据的应用前景将会越来越广阔，为金融行业的创新和发展提供更多的可能性。

音频分析在银行业的应用更是相当重要和广泛的。首先，音频数据可以用于商业银行电话客服的质量监控和服务改进。银行业通常通过电话提供客户服务，通过音频分析技术，银行可以自动监控客服电话的质量，包括客服代表与客户的交流质量、解决问题的效率以及服务态度等。通过分析客户的音频特征以及情绪表达，银行可以评估客户的满意度和忠诚度，并据此调整客户服务策略，提升服务质量，增强客户体验。

其次,音频分析在商业银行的反欺诈和风险管理方面也发挥着重要作用。银行业经常面临各种欺诈行为,如电话诈骗、身份盗窃等。通过音频分析技术,银行可以对客户电话进行实时监测,识别出可能涉及欺诈的音频特征,如不寻常的语气、语速、情绪等,以及典型的欺诈模式和诈骗手法。这样银行可以及时采取措施阻止欺诈行为的发生,保护客户的资金安全和利益。

最后,音频分析还可以用于银行员工的培训和监督。通过录音客服电话并分析音频数据,银行可以评估客服代表的服务水平,发现问题和改进空间,并为客服代表提供针对性的培训和指导。此外,银行管理层也可以通过音频分析技术监督员工的工作表现,确保他们遵守规定和流程,提高整体服务质量和工作效率。

综上所述,音频分析在银行业的应用涵盖了客户服务质量监控、欺诈识别和风险管理、员工培训和监督等多个方面。通过充分利用音频数据,银行可以提升客户满意度,减少欺诈损失,改善员工表现,从而实现更加高效和可靠的服务,促进银行业的发展和稳定。

二、非结构化数据分析的基本步骤

典型的非结构化数据分析通常按照五个步骤进行,包括数据收集、数据预处理、特征提取、建模分析和后续分析,如图7.3所示。

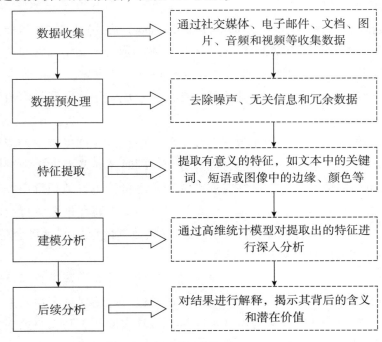

图7.3 非结构化数据分析步骤

资料来源:作者整理。

1. 数据收集

数据收集是非结构化数据分析的起点。银行应明确需要收集哪些非结构化数据。数据有各种来源,如社交媒体、电子邮件、文档、图片、音频和视频等。在收集数据时,要确保其合法性和隐私性,避免侵犯他人的权益。

2. 数据预处理

对收集到的非结构化数据往往需要进行预处理,以去除噪声、无关信息和冗余数据,以便后续的分析工作能够顺利进行。预处理可能包括数据清洗、格式转换、标准化等步骤。

3. 特征提取

对于非结构化数据,如文本或图像,需要提取有意义的特征。这些特征可以是文本中的关键词、短语或图像中的边缘、颜色等。特征提取的目的是将非结构化数据转化为结构化数据,以便进行分析。

4. 建模分析

这是非结构化数据分析的核心步骤。根据分析目标,运用文本分析、图像分析、情感分析、模式识别等技术,可以对提取出的特征进行深入分析,从而发现数据中隐藏的模式、关联和趋势。

5. 后续分析

建模分析后,需要对结果进行解释,揭示其背后的含义和潜在价值。根据分析结果,商业银行可以制定决策、优化业务流程或改进产品。此外,还需要定期回顾和优化分析过程,以确保分析结果的准确性和有效性。

非结构化数据分析是一个复杂且需要不断迭代的过程。在实际应用中,商业银行可能需要根据具体情况调整分析步骤,以适应不同的分析需求和场景。同时,随着技术的不断发展,新的方法和工具也会不断涌现,为非结构化数据分析带来更多的可能性。

三、非结构化数据的应用场景

非结构化数据的应用广泛且多样,涉及国民经济的诸多行业和领域。下面列举一些关于非结构化数据在金融等不同领域应用的具体例子。

(一)金融领域

1. 银行业

非结构化数据在银行业中的应用尤为突出。银行可以通过分析客户的邮件、聊天记录、社交媒体评论等,深入了解客户的需求和反馈,从而提供更为个性化的服务。同时,非结构化数据还可用于信贷风险评估、内部监控与风险管理以及市场分析与营销策略制定,帮助银行降低风险、提升业务效果。

具体而言,非结构化数据在银行业有以下具体应用场景:

(1) 深化客户理解与个性化服务。银行业作为服务业的重要组成部分,客户体验和服务质量是其核心竞争力所在。聊天记录、社交媒体评论等非结构化数据,能揭示客户的消费习惯和需求。通过分析这些数据,银行能提供更个性化、精准化的服务,从而提升客户的满意度和忠诚度,带来更多业务机会。

(2) 强化风险管理与合规性。交易记录、合同文件等非结构化数据,可以帮助银行发现潜在的风险点和违规行为。利用自然语言处理技术进行自动化审核,构建风险预测模型,可以提升风险防控和合规性水平。

(3) 推动产品创新与优化。通过分析客户反馈、市场趋势等,银行能发现新的需求和机会,设计更符合市场需求的金融产品。同时,通过分析现有产品性能和市场反馈,银行可以进行针对性优化,提升产品竞争力。

(4) 提升内部决策效率与准确性。非结构化数据为银行内部决策提供了全面、客观的信息。通过分析业务报告、会议记录等,管理层能深入了解业务情况,制定更合理的决策。利用非结构化数据构建决策支持系统,可以提高决策效率和准确性,减少主观臆断和盲目决策。

(5) 应对数字化时代的挑战与机遇。在数字化时代,非结构化数据有助于银行提升数字化服务水平,拓展业务渠道和市场份额,以及提升数据驱动的创新能力,满足客户的多元化需求。

2. 其他金融机构

除银行外的其他金融机构可以利用非结构化数据管理技术收集、处理和分析客户信息,包括个人信息、财务信息、偏好和行为信息等,以更好地了解客户需求和行为,提高客户满意度并提供更优质的服务。此外,非结构化数据还可用于风险管理,如评估市场风险、信用风险等。

(二) 医疗、教育等领域

在医疗领域,非结构化数据的应用有助于医生更好地管理患者信息,提供更准确的诊断和治疗方案。通过分析医学影像和实验数据,医生可以更精确地诊断疾病。同时,非结构化数据还能促进医疗机构之间的协作和信息共享,提高整体医疗卫生服务质量。

在教育领域,非结构化数据应用是打造个性化课堂、因材施教的基础。通过分析学生的学习数据、行为表现等,教师可以更准确地描绘学生的"画像",提供更精准的教学服务。非结构化数据的应用使得"量产式"的个性化教育成为可能,为21世纪的高校互联网"因材施教"提供了强有力的支持。

同时,非结构化数据还在企业运营、法律与合规、媒体与娱乐以及科研领域有着诸多应用。需要注意的是，非结构化数据的处理和分析通常需要使用特定的技术和工具，如文本挖掘、情感分析、图像和视频识别等。同时，非结构化数据的隐私和安全问题也应得到充分的重视。在应用非结构化数据时，应遵守相关法律法规和隐私政策，确保数据的合法性和安全性。

第二节　非结构化数据的特征提取

特征提取是非结构化数据分析中的一个关键步骤，涉及从原始的非结构化数据中抽取出有意义的信息或模式，以便进行后续的分析和建模。

一、文本特征提取

（一）文本数据来源

下面，我们以企业为例，介绍文本数据的来源。作为银行的主要客户之一，企业有着非常丰富的文本数据。关于企业的文本数据通常会以各种形式出现，如报纸文章、社交媒体帖子、研究报告、法律文件和营销材料。这些文本数据可以进一步加深使用者对公司在以下两方面的认识：价值评估与管理责任。其中，价值评估，或称估值，为报告使用者提供评估公司未来现金流前景等的重要信息；管理责任，或称管理，则提供所评估公司管理层对公司资源的处理情况并反映管理层受托责任的信息。例如，分析首席财务官的推文可以帮助预测公司未来的现金流，而企业的发展战略文件可以揭示企业高管的管理水平。不仅如此，文本数据来源还有潜在的非常规用途。例如，区分强制性和自愿性文本文件涉及对战略披露激励措施的敏感性。同样，照本宣科的演讲和即兴演讲可能在不同程度上体现了管理层呈现事实的能力。区分公司发起的文本、利益相关者发起的文本和反映公司与用户交互的混合形式（如投资者日讨论记录）也很有用。

文本分析的数据来源非常广泛，可以从多个渠道获取。下面介绍一些常见的文本数据来源。

1. 公司信息披露

公司信息披露（Corporate Information Disclosure）主要是指公众公司以招股说明书、上市公告书以及定期报告和临时报告等形式，把公司及与公司相关的信息，向投资者和社会公众公开披露的行为。这是公司治理的重要环节，旨在保障投资者的知情权和利益，促进资本市场的公平、公正和透明。

公司信息披露的原则主要包括真实、准确、及时、完整。这意味着公司必须提供真实可靠的信息,避免虚假陈述或误导投资者;信息必须准确无误,不得有重大遗漏或错误;披露必须及时,不得拖延或滞后;同时,信息必须全面完整,不得遗漏重要内容。

公司信息披露的内容涵盖了多个方面,包括公司的基本信息、治理信息、管理信息、项目信息、财务信息、募集信息、重大事件及下一年度工作计划等。这些信息的披露有助于投资者了解公司的运营状况、财务状况和发展前景,从而作出明智的投资决策。

公司信息披露的时间和形式也是需要注意的。一般来说,定期信息以半年或一年为披露周期,而临时信息则需要随时披露。此外,公司还需要选择合适的信息披露形式,如公告、财务报告、新闻稿等,以便投资者及时获取相关信息。

随着信息技术的快速发展和数据处理能力的不断提升,文本分析在多个领域都得到了广泛应用。其中,公司信息披露作为资本市场的重要信息来源,其文本分析的应用也呈现出越来越多元的趋势,并在实际应用中逐渐展现出其有效性。

2. 电话会议记录

电话会议作为一种信息交流形式,能够灵活且迅速地响应市场需求。因此,**电话会议记录**(Conference Call Transcripts)就成为洞察上市公司管理层想法的一个重要公开数据来源。电话会议通常每季度定期举行,不仅回顾历史数据,也提供最新的实时信息。会议内容通常涵盖管理层的陈述和市场参与者的问答。特别是问答环节,由于较少受到管理层的直接影响,往往能够促成参与者之间更自然和有效的信息交流。电话会议记录的优势在于其信息的完整性、获取的便捷性以及保存和检索的简易性。这些记录完整地捕捉了会议的细节,为后续的非结构化文本分析提供了丰富的素材,使得研究者能够细致地观察与分析每位参与者的观点和互动。而且,这些记录由于不受时间和空间的限制,易于获取、存储和检索,因此还非常适合进行深入分析和反复研究。

此外,一些企业举行的投资者日会议也能提供宝贵的信息。投资者日会议通常持续时间更长,能够提供更深入的细节,并且有更多高层管理人员参与。这些会议为研究者提供了一个深入了解公司内部的机会。

3. 招聘启事

公司对新员工的招聘启事是一个相对来讲未被充分开发的文本来源,它提供了公司对其内部运营的见解。除了诸如空缺职位、薪资范围和所需技能等基本信息,这些启事还可以揭示公司文化、工作地点和高管决策等方面的信息。

最近的研究已经开始探索一些可能性,具体来看,招聘启事通常包含明确的工作描述、职位要求和期望,这为文本分析提供了清晰、具体的目标内容。通过对招聘启事的分析,我们可以深入了解公司的招聘需求、行业趋势以及职位的市场定位。同时,招聘启事作为市场需求的直接体现,可以为文本分析提供大量关于劳动力市场需求和供给的信息。通过分析大量招聘启事,我们可以洞察行业的人才缺口、热门职位以及技能需求等。此外,招聘启事的语言通常具有鲜明的行业特点和招聘特色,包含大量专业术语、行业热词等。这些语言特征为文本分析提供了丰富的素材,有助于捕捉行业趋势、公司文化和招聘策略等信息。

与此同时,利用招聘启事进行文本分析也存在一些不可避免的缺点。由于招聘启事的发布渠道和发布者具有多样性,信息质量可能存在较大差异,信息质量参差不齐。一些招聘启事可能会夸大或模糊实际情况,导致文本分析的结果产生偏差。招聘启事中的职位描述、职位要求等往往也带有一定的主观性,受到发布者个人经验、偏好等因素的影响。这种主观性可能导致文本分析的结果存在一定程度的不准确性和片面性。而且与其他类型的文本数据相比,招聘启事的数量可能相对较少,这限制了文本分析的深度和广度,使得一些分析结果可能不够全面、深入。

4. 社交媒体发帖

除了电话会议,企业还越来越多地利用社交媒体与利益相关者进行互动,从而产生了新的文本数据源。社交媒体数据的即时性特点尤为吸引人,因为这些数据能使研究人员实时捕捉利益相关者对重大事件的即时反应,或者帮助研究人员构建公司对突发事件反应的详细时间线。

此外,还可以通过网络爬虫、数据库查询等方法获得文本数据。需要注意的是,不同的数据来源可能具有不同的特点和限制,因此需要根据研究目的和需求来选择合适的数据来源,并确保获取数据的质量和准确性。

(二) 文档划分

构造计算机可理解的数值组的第一步是将原始文本划分为独立的文档。在具体应用中,文档的划分方式取决于研究人员关注的具体属性。例如,在垃圾邮件检测中,我们感兴趣的结果通常是在单个电子邮件级别进行定义的,因此我们也希望按照这种方式来划分文本。同样地,如果我们的目标是从前一天的新闻文本中预测每日股票价格的变动,那么我们应该按天来划分新闻文本。

(三) 特征选择

为了将特征的数量减少到可管理的程度,通常第一步是去除原始文本中除词语外的元素。这可能包括标点符号、数字、HTML 标记、专有名称等。一种常见的方法是排除,如出现次数少于 k 次(k 为任意小整数)的所有单词。

还有一种常用的方法是使用"词频率 × 逆文档频率(TF × IDF)"来确定词强度。该值越大表示该词在文章中越重要。词频率为某词在文章中出现的次数与文章中的总词数的比值。

例如这样一句话,"我正在学习人工智能,并且我一定会成功的。"通过 Python 中开源的**结巴**(Jieba)中文分词组件可以得到分词:我/ 正在/ 学习/ 人工智能/ 并且/ 我/ 一定/ 会/ 成功/ 的/。分词之后这句话总共出现 9 个分词,其中"我"出现 2 次,"正在""学习""人工智能""并且""一定""会""成功""的"分别出现 1 次。"人工智能"出现的词频为 $1/9 = 0.11$。

但是实际上我们肉眼就能判断出有一类词出现得很频繁,比如"的""了""在",显然这类词并不能体现出文章的重要性,不是文章的关键词,这类词被称为**停用词**(Stop Words),一般在处理中会将这类词过滤掉。还有一类词,比如在"中国的蜜蜂养殖"中,我们可以看出,"蜜蜂""养殖"这类词虽然很少见,但它们才是这篇文章的关键词,而"中国"在各个文章集中经常能见到,因此"蜜蜂""养殖"的权重应该要比"中国"高才对,我们把分词出现的权重叫作**逆文档频率**(Inverse Document Frequency,IDF),因此对比较常见的分词应该给予较低的权重,相反对比较不常见的分词则应该给予较高的权重。IDF 计算方式见(7.1)式。

$$IDF = \log(总类数 / 包含该词的类数) \qquad (7.1)$$

一种常见的做法是只保留每个文档中 TF-IDF 分数高于某个等级或截止值的单词。

(四) n-grams 语言模型

n-grams 语言模型是一种基于统计的语言模型,它使用前 $n-1$ 个词来预测下一个词的出现概率。这种模型的核心在于 n 的选择,即选择考虑上下文的长度。常见的 n-grams 选择包括 unigram(又称 1-gram,即单个词)、bigram(又称 2-gram,即两个连续的词)和 trigram(又称 3-gram,即三个连续的词)。

具体来说,应用 n-grams 语言模型有以下几个步骤:

(1) 选择 n 的值。确定模型中考虑的上下文长度,如 unigram、bigram 或 trigram。

(2) 建立 n-gram 模型。针对给定的文本语料库,统计每个 n-gram 序列的出现频率,并计算条件概率。这些概率用于估计下一个词在给定前面的 $n-1$ 个词的情况下出现的概率。

(3) 计算概率。对于一个给定的文本序列,使用 n-gram 模型来计算文本的概率。这通常涉及将文本划分为 n-gram 序列,然后将各个 n-gram 的概率相乘,得到整个文本的概率。

(4) 生成文本。可以使用 n-gram 模型来生成文本。从一个起始词开始,根据条件概率选择下一个词,并不断生成下一个词,直到生成所需长度的文本或遇到终止符号。

n-grams 语言模型可以通过一个简单的文本分析任务示例来说明。假设我们有一个文本序列"The cow jumps over the moon",我们想要计算给定前两个词时,下一个词出现的概率。

当 $n=2$ 时，我们会得到以下的 bigrams：

The cow

cow jumps

jumps over

over the

the moon

对于每个 bigram，我们可以计算它出现的概率，例如 $P(\text{"cow"}|\text{"The"})$ 是"cow"在"The"之后出现的概率。同样，我们也可以计算给定前两个词时，下一个词出现的条件概率，例如 $P(\text{"jumps"}|\text{"The cow"})$ 是"jumps"在"The cow"之后出现的概率。

当 $n=3$ 时，我们会得到以下的 trigrams：

The cow jumps

cow jumps over

jumps over the

over the moon

类似地，我们可以计算每个 trigram 出现的概率，以及给定前两个词时，下一个词出现的条件概率。

这些 n-grams 可以用于构建语言模型，预测给定上文后下一个词的出现概率。例如，如果我们看到"The cow"出现了，就可以使用 bigram 模型来预测下一个最有可能出现的词是"jumps"。这种模型在自然语言处理、语音识别和机器翻译等领域都有广泛的应用。

n-grams 语言模型虽然具有简单、直观和易于实现等优点，但也存在一些缺点和限制：

（1）数据稀疏性问题。随着 n 的增大，n-grams 的数量会呈指数级增长，导致训练语料中很多 n-grams 没有出现过，即出现数据稀疏性问题。这会导致模型无法准确估计这些 n-grams 的概率，从而影响模型的性能。

（2）上下文长度限制。n-grams 模型只能考虑固定长度的上下文信息，即 $n-1$ 个词。当 n 较大时，模型可能无法捕捉到更长的上下文信息，从而限制了模型的表达能力。

（3）无法处理未知词。对于训练语料中未出现过的词（未知词），n-grams 模型无法处理。这会导致模型在遇到未知词时性能下降。

（4）计算量大。随着 n 的增大，n-grams 的数量会呈指数级增长，导致计算量大增。这可能会影响模型的训练速度和性能。

（5）无法捕捉语义信息。n-grams 模型基于统计方法，只能捕捉到词的共现信息，而无法捕捉到更深层次的语义信息。这限制了模型在一些需要理解语义的任务（如问答、文本生成等）中的性能。

为了克服这些缺点，研究者们提出了许多改进的方法，如使用平滑技术处理数据稀疏性问题、使用更复杂的模型（如神经网络模型）来捕捉更长的上下文信息和语义信息等。

二、音频特征提取

音频特征提取是对音频信号进行分析和处理，以提取出具有代表性和可区分性的特征参数的过程，是音频数据处理的核心步骤之一。提取出的这些特征参数有助于我们理解音频的属性和内容，进而用于各种音频处理任务，如语音识别、音乐分类、情感分析等。下面介绍一些常见的音频特征提取方法。

1. 统计特征提取

这种方法通过计算音频信号的统计量来提取特征，如均值、方差、最大值、最小值等。这些统计量可以描述音频信号的基本特性。

2. 基频提取

基频是指声音信号中最低频率的振动，也被称为声音的音高。通过自相关函数或互相关函数的计算，我们可以提取出声音信号的基频信息。

3. 滤波器组提取

这种方法使用一组滤波器来分解声音信号，并在每个滤波器的输出上提取相应的特征参数。滤波器组可以捕捉声音信号在不同频率范围内的特征。

4. 傅里叶变换提取

傅里叶变换（Fourier Transform）是一种将声音信号从时域转换为频域的方法。通过计算频谱图或频率特征等参数，我们可以提取音频在频域上的特征。**短时傅里叶变换**（Short Time Fourier Transform，STFT）是一种特别的方法，它将音频信号分成若干小段，并对每一小段进行傅里叶变换，以揭示音频的频率成分和时域变化。

5. 梅尔频率倒谱系数

梅尔频率倒谱系数（Mel-Frequency Cepstral Coefficient，MFCC）是一种广泛应用的音频特征提取方法。它首先对音频信号进行预加重和分帧处理，然后应用窗函数以减少帧边缘的频谱泄漏；其次，对每个帧进行**快速傅里叶变换**（Fast Fourier Transform，FFT）以转换到频域，并通过梅尔滤波器组进行处理；最后，计算每个滤波器输出的对数能量，并进行**离散余弦变换**（Discrete Cosine Transform，DCT）以提取倒谱系数。MFCC能够较好地表示音频的频谱特性，并且与人耳的听觉感知较为接近。

此外，还有其他一些特征提取方法，如**线性预测编码系数**（Linear Prediction Coefficient，LPC）、能量特征、色度特征等，这些方法都可以提供关于音频信号的不同方面的信息。

第三节　建模与高维统计方法

提取特征后,需要根据非结构化数据的类型和特点,选择合适的建模方法来进行分析。

一、字典法

字典法(Dictionary Method),也称词典法或词汇法,是一种基于预定义词汇库或字典进行数据处理、自然语言理解或模式匹配的方法。该法以字典为核心工具,用于存储词汇及与之相关的信息(如定义、用法、上下文等)。在处理文本或语音时,系统会从字典中查询词汇及其相关信息,以实现文本的解析、翻译、识别或生成等功能。

字典的构建主要有人工整理与机器学习两种方法。人工整理方法依赖于专家知识,对词汇进行分类、标注和解释。而机器学习则通过大量语料库进行训练,自动提取词汇及其上下文信息,构建字典。此外,还有半自动方法,结合人工与机器学习的优势,提高字典构建的效率和准确性。

字典法被广泛应用于自然语言处理、机器翻译、语音识别、文本挖掘等领域。在自然语言处理中,字典用于词性标注、命名实体识别、句法分析等任务。在机器翻译中,字典提供词汇翻译的基础数据。在语音识别中,字典辅助将语音转换为文本。而在文本挖掘中,字典则用于关键词提取、主题分类等。

字典法的优点在于其简单直观、易于实现,且对于预定义词汇的处理效果良好。然而,其缺点也较为明显,如容易出现数据稀疏性问题(对于未在字典中出现的词汇处理效果不佳)、无法处理动态变化的词汇(如网络新词、专业术语等)以及对于多义词和歧义词处理困难等。

为了保持字典的时效性和准确性,需要定期更新和维护字典。这包括添加新词汇、更新旧词汇的含义和用法、修正错误等。此外,还需要对字典进行扩展和优化,以适应不同领域和场景的需求。

与基于统计的方法和深度学习方法相比,字典法在处理已知词汇时更具优势,但对于未知词汇或语境的处理则较为困难。统计方法依赖于大量语料库的统计信息,而深度学习方法则通过训练模型来捕捉词汇和语境的复杂关系。因此,在实际应用中,常将字典法与其他方法结合使用,以充分发挥各自的优点。

随着自然语言处理技术的不断发展,字典法也在不断创新和完善。未来,字典法将更加注重与深度学习等先进技术的结合,提高处理未知词汇和语境的能力,同时,也将探索如何有效整合多源信息,丰富字典内容,拓展应用的广度和深度。此外,随着语义网、知识图谱等技术的发展,字典法还有望在知识表示和推理方面发挥更大作用。

二、文本回归法

进行文本分析的具体操作时,我们的主要目标是要根据一组数据来预测某些特征的值(我们称之为数值组 C)。我们会把数据分成两部分:一部分是训练数据,另一部分是测试数据。训练数据里包含了我们已经知道的特征的真实值信息,而测试数据里则是我们想要预测的特征值的部分。具体来说,可以把训练数据看作一个表格,它的行数是 n(表示有多少条训练数据)、列数是 p(表示每个数据有多少个数值特征)。而我们也可以将想预测的特征值看作一个表格,它的行数与训练数据相同,列数是 k(表示我们想要预测的特征数或属性数)。通过数值组 C 里的某个数值来预测特征里的某个特征值,这其实就是一个预测问题,类似于我们常见的回归问题。但是,因为数值组 C 的维度很高,也就是说,p 的值很大,所以一些常见的预测方法,比如最小二乘法,可能就不适用了。因此,在这一节里,我们会介绍一些专门用于处理高维度数据的预测方法。

(一)惩罚线性模型

惩罚回归(Punishment Regression)可以将大量特征浓缩为一个可管理的集合,特别是在特征存在相关性的时候。在大数据集中我们会有很多特征数据来解释 Y 模型。当一个模型十分完美地解释了训练数据时,往往会在新数据上表现不佳,这就是过拟合问题,惩罚回归就是一种避免过拟合的技术。

假设我们将数据标准化,特征的均值为 0,方差为 1。特征的标准化使我们能够比较特征变量回归系数的大小。在普通线性回归(最小二乘)中,回归系数的残差平方和最小。惩罚回归包含一个约束条件,即回归系数的选择应使残差平方和与惩罚项之和最小,其中,惩罚项的大小随着特征的数量的增加而增加。因此,在惩罚回归中,一个特征对模型的拟合程度的贡献必须足够大,以抵消它的惩罚项。即在惩罚回归模型中,只有可以解释因变量 Y 的很重要的特征才能留下来。

在一个典型的惩罚回归模型 LASSO 中,惩罚项形式如(7.2)式,其中 $\lambda > 0$。除了最小化残差平方和,LASSO 还涉及最小化回归系数绝对值的和。所包含的特征(非零的系数变量)越多,惩罚项越大。

$$\sum_{i=1}^{n}(Y_i - \hat{Y}_i)^2 + \lambda \sum_{k=1}^{K}|\hat{b}_K| \tag{7.2}$$

λ 是回归模型的超参数,该参数的值必须在学习开始前由研究人员设定,且该参数将决定模型的拟合程度与简化程度之间的平衡。在 $\lambda = 0$ 时,LASSO 处罚回归相当于最小二乘回归。当使用 LASSO 或其他惩罚回归模型时，惩罚项只在模型构建过程中添加。一旦建立了模型，就不再需要惩罚项，然后通过使用测试数据集生成的残差平方和对模型进行评估。

（二）降维

在应对高维问题时，我们既可以使用惩罚方法，也可以使用**降维**（Dimension Reduction）方法。为了将维度降低，在拟合模型之前，我们在 p 个预测变量中选取 k（$k \leq p$）个，并尽量保持和全部变量一样强的解释力。两个常用的降维方法是**主成分回归**（Principal Component Regression，PCR）和**偏最小二乘法**（Partial Least Squares，PLS）。

1. 主成分回归

主成分回归的主要思想是将 n 维特征映射到 k 维上，这 k 维是全新的正交特征，也被称为主成分，是在原有 n 维特征的基础上重新构造出来的 k 维特征。主成分回归的工作就是从原始的空间中顺序地找一组相互正交的坐标轴，新的坐标轴的选择与数据本身是密切相关的。其中，第一个新坐标轴选择是原始数据中方差最大的方向，第二个新坐标轴选择是与第一个坐标轴正交的平面中使得方差最大的，第三个新坐标轴选择是与第一、二个坐标轴正交的平面中方差最大的。依此类推，可以得到 n 个这样的坐标轴。对于通过这种方式获得的新的坐标轴，我们发现，大部分方差都包含在前面 k 个坐标轴中，后面的坐标轴所含的方差几乎为 0。于是，我们可以忽略余下的坐标轴，只保留前面 k 个含有绝大部分方差的坐标轴。

2. 偏最小二乘法

主成分回归是无监督式学习，它不能在降维步骤中纳入最终的统计目标，即预测一组特定的属性。偏最小二乘法则是一种监督式的指导主成分回归的替代方法，它把 m 个主成分作为新的变量集，在此基础上进行最小二乘回归，所以响应变量起到了调整各主成分参数的作用。

（三）非线性文本回归

非线性文本回归（Nonlinear Text Regression）采用非线性回归模型来描述文本数据与目标变量之间的关系。与线性回归不同，非线性回归模型允许数据之间的关系呈现曲线或复杂的形式。

1. 广义线性模型

广义线性模型（Generalized Linear Model，GLM）是线性模型的扩展，它通过联系函数建立响应变量的数学期望值与线性组合的预测变量之间的关系。在文本分析中，广义线性模型被广泛应用于处理非正态分布的响应变量以及具有非线性关系的文本数据。

广义线性模型允许数据具有非线性和非恒定方差结构，这意味着它能够更灵活地处理文本数据中的复杂关系。通过联系函数，广义线性模型能够将文本数据转化为适合分析的形式，从而揭示出文本中隐藏的信息和模式。

2. 支持向量机

支持向量机是一种被广泛应用于文本分析的机器学习方法。其核心思想是通过寻找最优分割面，将样本数据分为两个不相交的类别，实现数据的分类。

在文本分析中，支持向量机主要用于文本分类任务。文本分类是机器学习领域中的一个重要问题，涉及将文本数据划分为多个类别，以便进行自动分类。例如，电子邮件的自动过滤、垃圾邮件的识别、文本抄袭的检测以及社交媒体上的情感分析等，都可以利用支持向量机进行文本分类。

支持向量机通过**最大边界值分类器**（Maximum Margin Classifier，MMC）来实现，其目标是在保证分类准确性的前提下，最大化间隔的长度。在处理高维空间中的非线性分离问题时，支持向量机通常与**核函数**（Kernel Function）相结合，将文本数据映射到高维特征空间，从而实现文本的有效分类。

支持向量机在文本分类中的成功实践，主要得益于它在有限样本数据上获得的较好泛化性能。通过将文本数据转化为适合分析的形式，支持向量机能够揭示出文本中隐藏的信息和模式，为文本分析提供有力的支持。

3. 回归树

回归树（Regression Trees）在文本分析中的应用相对较少，因为回归树主要用于预测数值型数据，而文本分析通常涉及分类、情感分析或主题提取等非数值型任务。然而，回归树在某些特定情况下仍然可以在文本分析中发挥作用。

一种可能的应用场景是在文本数据中预测某些量化指标。例如，在评估广告效果时，除了分类任务（判断广告是否有效），还可能需要预测广告点击率、转化率等数值型指标。这种情况下，可以使用回归树来建立预测模型。通过构建回归树，我们可以识别出影响点击率或转化率的文本特征，并据此进行预测。

另一种应用场景是在文本数据的回归分析中。有时，文本数据可能包含一些可以转化为数值的信息，如词频、句子长度等。通过将这些信息作为回归树的输入特征，我们可以建立预测模型，研究文本特征与目标变量之间的数量关系。

需要注意的是，尽管回归树在某些情况下可以用于文本分析，但由于文本数据的特殊性（如高维性、稀疏性等），其应用效果可能不如在数值型数据上理想。因此，在进行文本分析时，我们通常更倾向于使用其他更适合处理文本数据的模型，如支持向量机、深度学习模型等。

总的来说，虽然回归树在文本分析中的应用相对较少，但在特定情况下，它仍然可以作为一种有效的工具来处理和预测文本数据中的数值型指标。

4. 深度学习

深度学习在文本分析中的应用十分广泛，它可以处理大量的非结构化文本数据，从中提取有用的信息,并自动学习文本的特征表示。

深度学习模型如**卷积神经网络**(Convolutional Neural Network,CNN)和**循环神经网络**(Recurrent Neural Network,RNN)可以用于文本分类任务,如垃圾邮件过滤、情感分析、主题分类等。通过自动学习文本中的特征,深度学习模型可以在这些任务中达到较高的准确率。

深度学习算法在文本聚类中也发挥着重要作用。通过**表征学习**(Representation Learning),深度学习可以得出一组表征,使文本数据在表征空间中更容易被聚类。自编码器、深度信息网络等方法都可以用来学习高质量的文本表征,从而提高文本聚类的准确性和效率。

深度学习在机器翻译领域也有广泛的应用。基于神经网络的翻译模型,如 Seq2Seq 模型、Stack-LSTM + Attention 等,已经超越了基于词的统计机器翻译模型,并被广泛应用于产品中,如谷歌翻译、百度翻译等。

在信息检索方面,深度学习技术可以用于文本匹配和相似度计算。通过使用词袋模型、CNN 或 RNN 等方法表示文本,并学习匹配关系,可以实现更准确的信息检索。

在智能交互方面,如闲聊、对话、问答等系统中,深度学习在分类、状态管理、回复生成等环节都有很好的应用。

总的来说,深度学习在文本分析中的应用已经深入各个方面,它不仅可以提高文本处理的准确性和效率,还可以实现更复杂的文本理解和生成任务。随着技术的不断发展,深度学习在文本分析中的应用前景将更加广阔。

三、生成模型法

(一) 监督生成模型

监督学习的任务是学习一个模型(一个映射),使模型能够对于任意给定的输入,相应地做一个好的预测输出。模型的输入为随机变量 X,输出也为一随机变量 Y。每个具体的输入都是一个实例,它由一个特征向量 x 表示,实例对应的输出由向量 y 表示。监督学习的本质是:学习从输入到输出的映射的统计规律。

在监督学习中,我们将模型写成函数形式 $Y=f(X)$ 或条件概率分布形式 $P(Y|X)$。在判别模型中,我们直接对 $P(Y|X)$ 进行建模,试图描述在给定输入特征 X 的情况下,标签信息 Y 的分布。在生成模型中,对数据特征 X 和标签 Y 的联合分布 $P(X,Y)$ 进行建模,然后利用条件概率公式,即可计算 $P(Y|X)$。

(二) 无监督生成模型

无监督学习和监督学习最大的区别就是标签的有无。在监督学习中,训练模型的任务是学习输入特征到标签的映射,而无监督学习中只有样本的特征向量,故无监督学习的任务是对数据进行深入"挖掘",其本质是学习数据中的统计规律或潜在结构。

生成模型意味着对输入特征 X 和标签信息 Y 的联合分布进行建模,无监督学习不存在标签信息,在无监督生成模型中,对输入特征 X 的概率密度函数 $p(X)$ 建模。假设存在一个由 N 个训练样构成的训练集 $\{x(1), x(2), \cdots, x(N)\}$($N$ 足够大),则可以使用训练集训练一个概率模型 $\hat{p}(X)$,训练完成后,概率模型应接近于 X 的概率密度函数 $p(X)$,接着我们就可以从概率模型 $\hat{p}(X)$ 中采样来"生成"样本了。

四、词嵌入

词嵌入(Word Embedding)是自然语言处理中的一种表示学习技术,它的主要目的是将词汇表中的每个单词或词组映射到一个低维度的连续向量空间中,使得这些向量能够捕捉到单词之间的语义和语法关系。这样,每个单词都可以被表示为一个实数向量,这些向量可以进一步用于各种自然语言处理任务,如文本分类、情感分析、机器翻译等。

词嵌入的基本思想是将高维空间中的词向量映射到低维空间中,同时保持词与词之间的关系不变。这种映射通常是基于大规模语料库的统计信息,通过训练神经网络或其他机器学习模型来得到的。词嵌入技术的一个主要优点是它可以有效地解决一词多义、一词多形等问题,使得语义相近的单词在向量空间中的位置更加接近。

词嵌入的常用方法包括 Word2Vec、GloVe、FastText 等。其中,Word2Vec 是一种基于神经网络的方法,通过训练 CBOW(连续词袋模型)或 Skip-gram 模型来得到词向量;GloVe 是一种基于共现矩阵的方法,通过最小化词向量之间的重构误差来得到词向量;FastText 是一种结合了 n-grams 和词向量的方法,可以更好地处理未登录词和稀有词。

词嵌入在自然语言处理中有广泛的应用,它可以用于文本表示、语义相似性计算、情感分析、信息抽取、机器翻译等任务。此外,词嵌入还可以用于预训练语言模型,提高模型在各种自然语言处理任务上的性能。因此,词嵌入已成为自然语言处理领域的一项核心技术。

本章小结

商业银行的非结构化数据的类型涵盖了文本、语音、图像及视频等多种形式。由于此类数据的复杂性,我们通常无法直接利用传统的关系型数据库技术对其进行有效的存储与处理。然而,随着大数据技术的迅猛进步和广泛应用,非结构化数据在商业银行的业务中扮演着日益重要的角色。其应用领域主要包括但不限于:深化对客户的理解以提供个性化服务、强化风险管理和合规性监控、推动金融产品的创新与服务流程的优化、提高内部决策的效率与精准度，以及应对数字化时代所带来的挑战与机遇。本章首先概述了非结构化数据的基本概念与发展历程，并系统介绍了其分析方法和步骤，然后探讨了非结构化数据分析在银行业等不同行业和领域的具体应用场景。此外，本章还重点阐述了非结构化数据分析中的两个关键内容：特征提取、建模与高维统计方法。

思 考 题

1. 非结构化数据分析可以在商业银行的风险管理中发挥什么作用？
2. 商业银行如何利用文本分析来检测和预防信贷欺诈行为？
3. 文本分析如何帮助商业银行提高精准营销的有效性？
4. 文本分析技术如何帮助商业银行提高内外部沟通效率？
5. 非结构化数据有哪些经典的分析方法？
6. 非结构化数据分析在商业银行的各类应用场景中存在哪些挑战？

关 键 词

非结构化数据；自然语言处理；文本分析；音频分析；机器学习；文本挖掘；情感分析；深度学习；多模态文本分析；信息披露；电话会议记录；投资者日会议；停用词；逆文档频率；n-grams 语言模型；unigram；bigram；trigram；傅里叶变换；短时傅里叶变换；梅尔频率倒谱系数；快速傅里叶变换；离散余弦变换；线性预测编码系数；字典法；惩罚回归；降维；主成分回归；偏最小二乘法；非线性文本回归；广义线性模型；支持向量机；最大边界值分类器；核函数；回归树；卷积神经网络；循环神经网络；表征学习；监督学习；无监督学习；词嵌入

第八章
生成式人工智能与商业银行数字化转型

学习目标

【知识目标】掌握 ChatGPT 与生成式人工智能的基本概念，熟悉商业银行数字化转型的背景，了解生成式人工智能在商业银行数字化经营与管理中的主要应用场景、潜在风险与发展趋势。

【能力目标】了解生成式人工智能在金融行业的应用现状，能够基于对生成式人工智能的技术特点与商业银行数字化经营的实践要求的理解，深入分析技术驱动商业银行数字化业务发展的逻辑。

【素养目标】了解金融科技发展的前沿动态与发展趋势，提升自身的数字素养与科技素养；认识到我国生成式人工智能的发展现状与不足，树立专业报国的理想情怀。

导言：2023 年 2 月 6 日，招商银行信用卡中心在其微信公众号上发布了一篇备受瞩目的推文《ChatGPT 首秀金融界，招行亲情信用卡诠释"人生逆旅，亲情无价"》。该文通过展示工程师与 ChatGPT 之间的多轮对话，深入探讨了亲情在人生中的独特价值。对话中，人工智能以富有哲理的笔触描绘了人类作为基因载体的角色，以及生物学限制如何影响我们的行为。作为国内金融行业首次运用生成式人工智能技术创作的宣传文案，此文一经发布便引发了社会各界的广泛关注与热烈讨论。招商银行利用 ChatGPT 生成宣传文案的部分对话可见图 8.1。

什么是 ChatGPT？它与生成式人工智能有何关系？除了生成宣传文案，商业银行还能够将生成式人工智能应用在哪些场景？为了回答以上问题，本章将以 ChatGPT 为例，介绍生成式人工智能的概念与特点，并结合商业银行数字化转型的背景，探讨生成式人工智能在商业银行数字化经营管理中的应用场景、潜在风险与发展趋势。

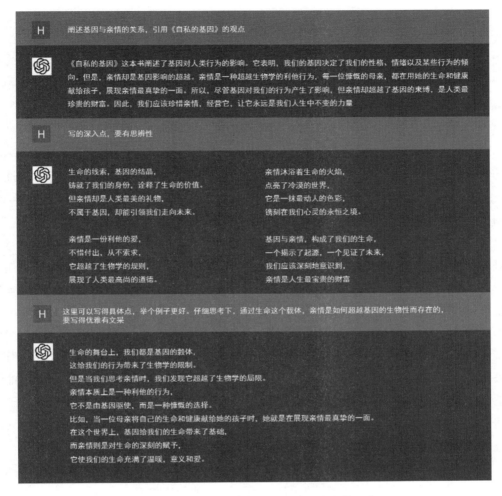

图 8.1 招商银行利用 ChatGPT 生成宣传文案

资料来源：招商银行信用卡中心掌上生活 App 官方订阅号。

第一节 ChatGPT 与生成式人工智能概述

一、ChatGPT 概述

（一）ChatGPT 的发展历程

2022 年 11 月，美国 OpenAI 公司发布了一款基于深度学习与人工智能技术的先进聊天机器人程序，名为 ChatGPT（Chat Generative Pre-trained Transformer）。该程序具备生成自然语言响应的能力，可与用户进行语音或文字形式的交互，并能根据聊天上下文灵活应对，实现了近似人类之间的交流方式。ChatGPT 的出现颠覆了传统的人机交互模式，引发了社会各界对其背后生成式人工智能技术的广泛关注。发布后的短短两个月内，ChatGPT 的月活跃用户数已突破一亿大关，成为历史上用户增长最快的消费级应用。ChatGPT 的发展历程可以追溯到 OpenAI 对于**生成式预训练变换**（Generative Pre-trained Transformer，GPT）模型系列的研究和开发，从 GPT-1 到 GPT-4，该系列模型不断演进，并在自然语言处理领域的多个任务中取得了显著的突破。

GPT-1 是 OpenAI 在 2018 年发布的 GPT 系列的第一个模型，它采用了 Transformer 架构，以无监督的方式在大量文本数据上进行预训练。与当时的其他神经网络模型（如 RNN、LSTM）相比，GPT-1 在文本生成、情感分析等任务上表现出优越的性能。然而，GPT-1 的规模和性能有限，难以应对复杂的自然语言处理任务。

继 GPT-1 之后，OpenAI 在 2019 年发布了 GPT-2。该模型在 GPT-1 的基础上进行了改进和扩展，模型参数规模达到了 15 亿个。GPT-2 在诸如阅读理解、摘要生成等任务上取得了显著的突破，但同时也引发了关于生成虚假信息的担忧。例如，GPT-2 曾被用于生成虚假的新闻报道，引发了舆论对其潜在危害的关注。

2020 年，OpenAI 发布了 GPT-3。GPT-3 大幅超越了 GPT-2 的模型规模，拥有 1 750 亿个参数。GPT-3 在多项自然语言处理任务上接近甚至超过了人类水平，如机器翻译、问答系统等。此外，GPT-3 还具有强大的零样本学习能力，即在没有看过任何示例的情况下，仅通过调整输入格式就能完成新任务。与谷歌翻译相比，GPT-3 能更好地理解句子的语境，生成更加自然流畅的翻译结果。而在问答系统方面，与传统的基于检索的问答系统相比，GPT-3 能更好地处理复杂问题，生成更准确的答案。

2022 年，OpenAI 继续对模型进行优化，推出了 GPT-3.5，该模型通过利用人工标注训练数据，并结合强化学习技术，使预训练模型的性能得以提升。强化学习的基本原理在于，对正确的行为给予奖励，对错误的行为施加惩罚，通过不断根据系统评分调整参数，从而实现回答质量的持续提升。GPT-3.5 是 ChatGPT 的前身，它在代码生成和对话方面的能力得到了进一步的提升。在实际互动过程中，ChatGPT 能够承认错误并调整自己的回答，这正是它具备从人类反馈中进行强化学习并自我反思的能力的表现。

2023 年，OpenAI 成功研发出最新一代 GPT-4 模型，相较于先前版本，GPT-4 在模型规模与训练数据量上均实现了显著增长，进而展现出卓越的长文本理解、推理及微调适应能力。GPT-4 在继承 GPT-3.5 的基础上，新增了对图片内容的理解能力，显著增强了创作能力，并对长文本的处理能力进行了提升。通过实施多模态学习策略，GPT-4 在内容理解与生成方面取得了突破性进展，再次凸显了 OpenAI 在语言模型领域的领先地位。GPT-4 在数学、编程、诗歌创作及绘画等多个领域展现出与人类相近甚至超越人类的能力水平。

ChatGPT 的发展历程可概括为图 8.2。

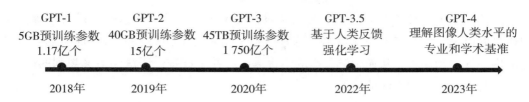

图 8.2　ChatGPT 发展历程

资料来源：作者整理。

（二）ChatGPT 的简要技术原理

1. 自注意力机制与 Transformer 架构

ChatGPT 是一种基于 Transformer 架构和**自注意力机制**（Self-Attention Mechanism）的**大型语言模型**（Large Language Model，LLM）。ChatGPT 起源于自然语言处理领域，是一种基于互联网文本数据和生成预训练转换器架构的大语言模型，并通过强化学习及人机对话的方式持续提供反馈，能够较好执行各种自然语言处理任务。

自注意力机制是一种在机器学习领域中常用的数据处理方法，尤其在自然语言处理、图像识别和语音识别等任务中得到了广泛应用。自注意力机制的原理源于对人类视觉的模拟，人类在视觉处理中会选择性地将注意力集中在图像的重要部分，而非全盘接收。2014 年 Google DeepMind 团队将自注意力机制引入 RNN 模型，用于图像分类，使得自注意力机制流行起来。随后，Bahdanau 等人将自注意力机制应用于机器翻译任务，使翻译和对齐同时进行，首次将自注意力机制应用到自然语言处理领域。[①] 接着，自注意力机制被广泛应用在基于 RNN/CNN 等神经网络模型的各种自然语言处理任务中。2017 年，谷歌机器翻译团队首次提出使用自注意力机制来学习文本表示，而不再使用 RNN 和 CNN 等网络结构，解决了此前的长距离信息会被弱化的痛点，即使文本较长，算法也可以不丢失重要信息。这为解决算法对大段文本理解和利用不足的问题提供了思路。[②]

Transformer 正是一种基于自注意力机制的深度学习架构。从原理上，不同于 RNN 的序列建模方式，Transformer 架构把序列中所有的单词并行处理，通过自注意力机制对所有单词之间的关系进行建模分析，使得模型能够关注到输入序列中不同位置的信息，从而更好地理解用户的意图和上下文。这种机制使得 ChatGPT 在处理长序列输入时也能保持较好的性能。

2. 预训练和微调

ChatGPT 之所以能够与人类进行流畅的对话，是因为它通过大量的语料库进行预训

[①] BAHDANAU D, CHO K, BENGIO Y. Neural machine translation by jointly learning to align and translate [J/OL]. Computer science, 2014 [2024 - 10 - 22]. http://arxiv.org/pdf/1409.0473.

[②] VASWANI A, SHAZEER N, PARMAR N, et al. Attention is all you need [J/OL]. Computer science, 2017 [2024 - 10 - 22]. https://arxiv.org/abs/1706.03762.

练。所谓预训练，是指 ChatGPT 在开发阶段，使用了大规模文本数据集进行训练，学习语言的语法、语义和上下文信息。这种自监督学习方法使得 ChatGPT 自动地学习语言的内在规律和模式，从而理解人类的语言输入，并生成符合语法和语义规则的回应，提高了其语言生成和理解的能力。

通过预训练，ChatGPT 可以在不同的自然语言处理任务中进行微调，以适应特定任务的需求。**微调**（Fine Tune）是指在使用特定领域的数据集和任务进行监督学习时，对预训练模型进行调整和优化的过程。这个阶段的目标是让模型更好地适应特定任务，提高模型在特定领域内的性能。例如，在与用户的对话中，微调阶段可能会使用一个问答数据集，其中包含了问题和对应的答案。模型通过预测问题的答案来学习如何回答问题。在这个过程中，模型会根据问题的上下文信息、语义和语法等因素来生成准确的答案。通过不断训练和优化，模型逐渐学会了如何更好地回答特定领域的问题。通过微调，ChatGPT 具有了较强的泛化能力和适应性，能够应对各种不同的语言处理任务，如对话生成、文本分类、情感分析等。

预训练和微调技术的优点在于，它们可以使模型基于大量文本数据学习语言规律和语义表示，从而提高其性能。这种方法可以避免在每个特定任务上进行独立的训练，从而节省时间和资源。此外，预训练模型可以在多个任务上进行微调，从而提高通用性和适应性。

3. 人类反馈强化学习

人类反馈强化学习（Reinforcement Learning from Human Feedback，RLHF）技术是 ChatGPT 中一种重要的技术。RLHF 技术的核心思想是利用人类的反馈来指导模型的训练，使模型能够更好地理解人类的意图和语言习惯。通过与人类的交互，模型可以学习到更丰富、更准确的语义信息，从而生成更加自然、流畅的回应。

以训练"什么是香蕉"这个问题为例，人作为**标记者**（Labeler）参与到训练中，模型会把问题下发到标记者，标记者会回答自己希望看到的答案。这个答案会先作为"标准答案"来对模型进行初步训练。初步训练结束后，模型会将 AI 生成的答案与标记者提供的答案进行混合，混合后的答案会再次发给标记者，标记者会给这些答案排序打分，打分后的结果会形成一个"奖励模型"。这一训练范式增强了人类对模型输出结果的调节，并且对结果进行了更具理解性的排序。

因此，完整的训练过程将包括以下步骤：首先，提问者提出问题，ChatGPT 将据此生成答案；其次，将生成的答案输入至奖励模型中进行评估，以获得相应的参数值；最后，将此参数值与预设的阈值进行比较。若参数值达到或超过阈值，则表明答案质量较高，可以进行输出；若未达到阈值，则需继续迭代训练，直至满足要求为止。

（三）ChatGPT 的训练过程

基于以上关键技术，ChatGPT 的训练过程可以分为三个主要阶段（见图 8.3）。

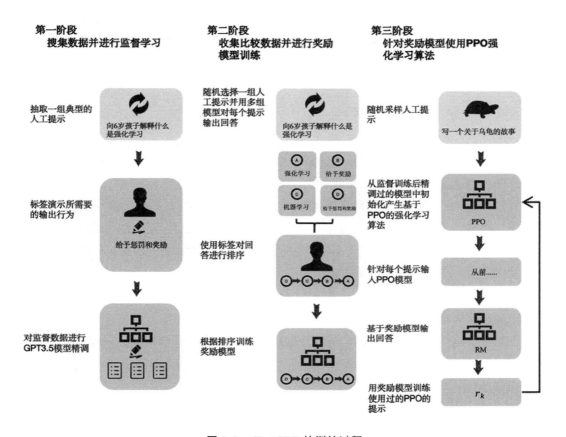

图 8.3 ChatGPT 的训练过程

资料来源：华福证券. AIGC & ChatGPT 发展报告［R/OL］. （2023－02－12）［2024－12－13］. https://www.xdyanbao.com/doc/mi5fmrpbmi.

在第一阶段，模型通过监督学习策略进行训练，需要人工标记者的参与。标记者负责监督整个训练过程，并从问题数据集中随机抽取若干问题。模型通过强化学习机制对这些问题进行解释和训练，同时，标记者根据特定奖励或惩罚机制引导 AI 的行为。最终，这些数据被用于微调 GPT 模型。

第二阶段的目标是训练奖励模型。通过人工标注的方式，训练出符合期望的奖励模型，为监督策略建立一个评价标准。首先，从问题数据集中抽取问题和对应的模型输出结果；其次，标记者将这些结果按照质量进行排序；最后，利用这些排序后的数据来训练奖励模型。

第三阶段采用近端策略优化算法进行强化学习。近端策略优化算法的核心思想是将策略更新限制在一个较小的范围内，以避免过大的策略更新导致模型性能的不稳定。在这一阶段，模型通过与环境进行交互来不断优化策略，同时，奖励模型为模型提供实时的反馈，引导模型向正确的方向进行训练。整个训练过程需要不断迭代和优化，直到模型达到期望的性能水平。

通过这种训练方法，ChatGPT 能够更好地适应人类的语言和思维方式，从而提高对话质量和流畅度。这种技术使得 ChatGPT 在自然语言处理领域中表现出色，并能够应对各种不同的语言处理任务。

（四）ChatGPT 的主要功能

ChatGPT 的诞生标志着一场新的人工智能革命的到来。① 一方面，ChatGPT 的跃迁式进步体现在其交互回答与人类的意图的一致性较高，更能"投人所好"，具体体现在它的意图理解能力强，并且生成能力强，尤其是在多轮对话下能够领会人类的意图，融合异构数据，产生有逻辑并且多样化的长文本回答，远远超过其他 AI 语言模型的使用效果。目前，无论是学界还是业界，普遍认为 ChatGPT 已经实质性地通过了图灵实验②。另一方面，ChatGPT 的强大还体现在它同时具备了多领域、多学科的知识。根据 OpenAI 官网等方面数据，GPT4 在数学、历史、写作、心理学、环境科学等多个学科的考试中都取得了极为出色的成绩，很多方面已经超过了普通人类的认知能力与知识水平，因此很多人将其形象地比喻为既是"专才"，又是"通才"。

正是基于这些特点与能力，ChatGPT 能够在文本生成、模拟对话、多语言支持、情感识别、生成创作、问答系统、知识教学、代码生成、任务代理等多个领域中发挥作用（见表 8.1）。

表 8.1　ChatGPT 的主要功能

功能类别	功能名称	功能描述	举例
基本功能	文本生成	生成人类一样的文本输出	用户可以向 ChatGPT 提出问题，例如："什么是量子力学？"ChatGPT 可以给出模拟人类的解答
	模拟对话	模拟人类之间的自然语言对话	用户可以与 ChatGPT 进行对话，例如："嘿，ChatGPT，你今天好吗？"ChatGPT 可以模拟人类进行对话
	多语言支持	能理解和生成多种语言的文本	用户可以用中文问 ChatGPT 问题："你可以做什么？"ChatGPT 可以用中文回答

---

① 汪寿阳,李明琛,杨昆,等. ChatGPT + 金融:八个值得关注的研究方向与问题 [J]. 管理评论,2023 (4):3-11.
② 图灵实验是由英国计算机科学家艾伦·图灵（Alan Turing）提出的，用于测试机器是否能够表现出与人类等价或无法区分的智能。在测试者与被测试者（一个人和一台机器）隔开的情况下，通过一些装置（如键盘）向被测试者随意提问。进行多次测试后，如果机器让平均每个参与者作出超过 30% 的误判，那么这台机器就通过了测试，并被认为具有人类智能。

（续表）

功能类别	功能名称	功能描述	举例
高级功能	情感识别	从用户的输入中识别出情感	用户说："我今天感觉很糟糕。"ChatGPT 可以识别出用户的情绪并相应地回应
	生成创作	创建诗歌、故事或歌词等创作内容	用户请求："给我写一首诗。"ChatGPT 可以生成一首诗
	问答系统	对特定领域的问题进行深入的问答	用户问："什么是黑洞？"ChatGPT 可以给出详尽的解答，而不仅仅是简单的定义
	知识教学	教授特定的知识或技能	用户请求："教我学习 Python。"ChatGPT 可以提供 Python 语言的教学
特殊功能	代码生成	生成编程代码	用户请求："帮我写一个排序数组的 Python 函数。"ChatGPT 可以生成对应的代码
	任务代理	协助完成特定的在线任务，如邮件撰写、预约等	用户说："帮我写一封约会的邮件。"ChatGPT 可以协助生成邮件内容

注：本表是在 ChatGPT 中输入提示词"请用表格归纳 ChatGPT 的主要功能并举例说明"，并经过多轮的提示词优化后得到的。

二、生成式人工智能概述

（一）生成式人工智能的概念

自 OpenAI 于 2022 年 11 月发布 ChatGPT 以来，众多生成式人工智能产品和应用纷纷崭露头角，如国外的 LaMDA、Cluade、Midjourney 等，国内的文心一言、星火大模型、通义大模型等。这些生成式人工智能正迅速与医疗、教育、工业、金融等行业融合，展现出巨大的应用前景。

生成式人工智能（Generative Artificial Intelligence，GenAI）指基于机器学习和人工智能技术，通过算法、模型、数据、规则自动生成文本、图片、声音、视频、代码等内容的新型生产方式。① 波士顿咨询公司将它定义为一种突破性的人工智能形式，它使用对抗网络的深度学习技术来创建新颖的内容。生成式人工智能技术的核心思想是利用人工智能算法生成具有一定创意和质量的内容。通过模型训练和对大量数据的学习，该技术可以根据输入的条件或指导，生成与之相关的内容。例如，通过输入关键词、描述或样本，生成与之相匹配的文章、图像、音频等。② 国家互联网信息办公室等七部门在 2023 年 7 月联合发布《生成式人工智能服务管理暂行办法》，其中明确指出："生成式人工智能技术，是指具有文本、图片、音频、视频等内容生成能力的模型及相关

---

① 欧阳日辉. 生成式人工智能与金融业深度融合：理论机理及发展路径 [J]. 求索, 2024（1）：57-65.
② BCG. Generative AI [Z]. [2024-10-22]. https：//www. bcg. com/capabilities/artificial-intelligence/generative-ai.

技术。"

生成式人工智能这一术语包含以下含义：首先，生成式人工智能之所以被冠以"生成"之称，是因为它具有创造新内容的能力，而不仅仅是对现有数据的模仿、分类或对已知模式的重复应用。这意味着人工智能不仅仅是对已有信息的处理，而是能够产生前所未有的、全新的内容。其次，生成式人工智能是一个集成了多种人工智能技术的领域。这些技术包括但不限于机器学习、深度学习、神经网络等关键技术，共同为生成式人工智能提供了强大的支持。再次，生成式人工智能涉及自动化的算法生成、操作或合成数据的过程。这些过程的结果通常以图像或人类可读的文本形式呈现。生成式人工智能依赖深度学习和神经网络技术，通过分析大量训练数据来学习数据的分布和模式，然后利用这些学习到的模式来生成新的数据。最后，生成式人工智能被视为一种新型的生产方式。随着机器的崛起，人类的生产方式正在发生着深刻的变化。一个显著的特征是"机器类人化"，即机器逐渐具备与人类相似的智力和创造力。生成式人工智能的发展将进一步加速这一趋势，从而深刻地影响人类社会的生产力和生产关系。

ChatGPT 就是一类典型的生成式人工智能，它能够生成以前没有见过的输出，如文字、音频、图像等。这类人工智能技术与我们在传统程序中看到的基于规则的输出不同，传统程序是基于已知的输入和预设的规则生成输出，而生成式人工智能可以在给定一定的输入和训练后，自主生成新的、创新的输出。我们将这些由机器生成的文本、图片、声音、视频、代码等内容称为**人工智能生成内容**（Artificial Intelligence Generated Content，AIGC）。

（二）生成式人工智能的特点

生成式人工智能需要海量的训练数据。大模型需要海量的训练数据进行预训练，这些数据的规模、质量和多样性对于模型的智能化程度具有至关重要的影响。以 GPT-3 为例，其训练过程中涉及的**词汇单元**（Token）[①] 数量超过了 3 000 亿。同样地，Meta 的 LLaMA 大模型使用了 1.4 万亿的训练词汇单元，而 2023 年发布的 LLaMA2 大模型更是将训练词汇单元数量提升到了 2 万亿。这些庞大的数据集为模型的预训练提供了坚实的基础，有助于提升模型的性能和智能化水平。

生成式人工智能需要大量底层算力支撑。以 GPT-3 为例，其训练参数为 1 750 亿个，OpenAI 为此使用超过 1 000 张英伟达 V100 显卡，训练时间超过一个月，完成一次训练的总计算量是 3 640PFlops（千万亿次浮点指令）；2023 年 Meta 为了训练 650 亿参

---

① 在自然语言处理和计算机科学领域，Token 指的是"词汇单元"或"分词单元"，即将文本分割成的最小语义单位。例如，在文本处理中，句子"我爱人工智能"可以被分割为以下 Token：（"我""爱""人工智能"）。

数的 LLaMA 模型，使用 2 048 张英伟达 V100 显卡，训练 21 天，花费超 500 万美元。①

生成式人工智能需要运用多模态加工技术。多模态加工技术是生成式人工智能能够创建丰富内容的基础，实现了人工智能在不同类型的信息模态之间进行转换、映射和生成，涵盖了图像、视频、音频、文本、合成数据以及元宇宙。这一技术基础赋予了生成式人工智能广泛的应用场景和无限延展的应用范围。②

（三）生成式人工智能应用的发展趋势

作为通用人工智能的先行者，生成式人工智能正以前所未有的广度和深度渗透着我们生活的方方面面，甚至将深刻影响人类经济、社会、文化、军事等各个领域。**模型即服务**（Model as a Service，MaaS）将会是大模型能力落地输出的新业态。如图 8.4 所示，从提供预训练模型的基础设施层公司到专注打造生成式人工智能产品和应用工具的应用层公司，都围绕生成式人工智能生长出繁荣的生态，技术创新引发的应用创新浪潮迭起，生成式人工智能技术正在赋能千行百业。据艾瑞咨询预测，2023 年中国 AIGC 产业规模预计将达到 143 亿元，随后将进入大模型培育期，致力于构建和完善底层算力基建、大模型商店平台等新型基础设施，以培育成熟的技术和产品形态，并将其输出到全球。到 2030 年，中国 AIGC 产业规模有望达到 11 441 亿元，呈现出强劲的增长态势。

第二节 商业银行数字化转型的背景

一、数字经济浪潮引领商业银行数字化转型

数字经济已经成为驱动我国经济高质量发展的新引擎。数字经济是指以数据资源为关键生产要素、以现代信息网络为重要载体、以信息通信技术的有效使用为效率提升和经济结构优化的重要动力的一系列经济活动。党的二十大报告指出，要加快发展数字经济，促进数字经济与实体经济的深度融合，服务现代化产业体系建设，为数字经济发展指明了方向。我国数字经济规模大、发展速度快，数字经济规模连续多年位居世界第二位，仅次于美国。由国家互联网信息办公室发布的《数字中国发展报告（2022 年）》显示，2022 年我国数字经济规模达到 50.2 万亿元。此外，数字经济对拉动 GDP 增长的重要性日益突出，在国民经济中起的支撑作用越来越明显，我国数字经

---

① 刘义,彭晋,沈孝栋,等. AI 技术应用对金融业态的影响研究：以 ChatGPT 为例［J］.当代金融研究,2023（11）：37-53.
② 胡泳,刘纯懿. UGC 未竟，AIGC 已来："内容"的重溯、重思与重构［J］.当代传播,2023(5):4-14.

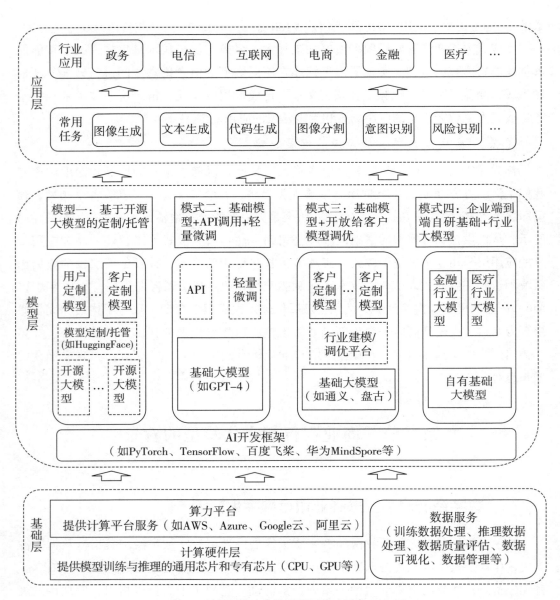

图 8.4　生成式人工智能大模型产业生态示意图

资料来源：BCG. 银行业生成式 AI 应用报告（2023）[R/OL]. (2023-08)[2024-12-13]. https://web-assets. bcg. com/8c/45/dc4f572946c5a160f6a67963bfdf/china-generative-ai-in-banking. pdf.

济占 GDP 比重逐年递增，已经从 2018 年的 34.8% 增长到 2022 年的 41.5%。

银行业加速数字化转型是适应数字经济发展新趋势、提升高质量金融服务供给水平的应然之举。银行具有天然的数字化基因，作为技术和知识密集型的行业，银行在数字化转型的道路上具有先天优势。随着科技的发展，尤其是大数据、人工智能、云计算等技术的不断成熟，银行业迎来了数字化转型的黄金时期。一方面，银行通过数字化转型可以优化内部管理流程，提高运营效率。借助大数据分析，银行可以更准确地了解客户需求，为客户提供个性化、精准化的金融服务。同时，人工智能技术的应用可以降低人力成本，提高客户服务水平。此外，云计算技术使银行可以实现跨地域、跨领域的数据共享和资源整合，提高整体竞争力。另一方面，银行数字化转型有助于服务实体经济，支持国家经济发展。通过与金融科技企业、互联网企业合作，银行可以创新金融产品和服务，拓宽金融服务范围，为中小企业和个人客户提供更加便捷、低成本的金融服务。在此基础上，银行还可以利用金融科技手段加强风险管理，提高金融体系的安全性和稳定性。

相关政策的制定为商业银行实现数字化转型提供了新动能。2022年1月，银保监会发布《关于银行业保险业数字化转型的指导意见》，要求商业银行加强顶层设计和统筹规划，以服务实体经济为目标，科学制定和实施数字化转型战略，从大力发展数字金融产业、推动个人金融服务数字化转型、加强数据管理能力和数字化风控能力等方面推动银行业务数字化转型。2022年12月，中共中央、国务院正式颁布《关于构建数据基础制度更好发挥数据要素作用的意见》，明确了数据基础制度的架构，提出了以产权制度为基础、以流通制度为核心、以收益分配制度为导向、以安全制度为保障的数据基础制度顶层设计，对于激发商业银行数据要素价值、推动业务经营模式创新具有重大、基础性和引领性意义。2023年中央金融工作会议明确提出，要做好包括"数字金融"在内的五篇大文章。作为现代经济体系中的关键"金融引擎"，商业银行业正全面加速数字化转型，顺应和服务数字实体融合发展趋势。

二、供需关系变化推动商业银行数字化转型

一方面，客户需求呈现出新特点。在数字化转型的进程中，银行需要坚持"以客户为中心"的核心理念，深入推进金融产品与服务的个性化和智能化，创造更卓越的客户体验。对于个人客户群体而言，银行需深入了解多元化需求，尤其是在"宅"经济、"红人"经济和"银发"经济等新兴经济模式崛起的情况下，银行面临着更高的要求，要在响应速度、提供场景丰富度和服务频度方面表现出更高的水平。那些未能迎合数字化、高度融合和高频度服务需求的银行，可能会面临被市场淘汰的风险。而对于公司客户群体，场景化趋势日益凸显，传统的标准化产品已经难以满足对公客户个性化的需求。因此，银行需要致力于为公司客户提供敏捷、定制化、全流程的服务，以适应产业多元的变化。银行在数字化转型的过程中，务必不断优化服务模式，以更好地满足客户需求，从而确保自身在市场中的竞争地位。

另一方面，金融供给侧结构性改革提出新要求。随着金融供给侧结构性改革的不断深化，银行亟须升级风险管理、定价和管理工具的能力。净息差业务作为商业银行的主要盈利模式，面临利率市场化带来的利润挤压，因此银行需要主动发展非息业务，

同时通过数字化手段提升风险闭环管理和定价能力，以降低对息差的过度依赖。在此背景下，商业银行对数字技术的综合应用至关重要。具体方式包括：通过数字化场景方式进行线上和生态化获客，提高获客效率；借助新技术实现个性化服务，优化客户体验；全面应用数字技术在贷前、贷中和贷后全流程风险闭环管理，降低风险管理成本；并通过数字化手段赋能内部管理，提升流程敏捷性和决策准确性。积极在经营管理中应用数字技术，成为银行在不断变化的金融环境中可持续发展的必然选择。

此外，外部竞争带来新挑战。银行业正面临激烈的存量竞争，各家银行不得不寻找适合自身的利基市场，特别是中小银行，更需要通过数字化转型来实现差异化发展。传统银行在新金融模式下受到冲击，尤其是互联网原生的民营银行通过降低融资门槛、提高融资效率和创新运营方式等手段形成了轻量化运营模式，保持着相对可观的利润。第三方支付企业的技术创新在支付结算和财富管理领域大幅削弱了传统银行的业务优势，因此银行需要提升数字化水平以更有效地抵抗这一冲击。同时，国有大行和股份制银行的业务下沉对城商行、农商行等小型银行构成了巨大挑战。大型银行在普惠金融市场上过度下沉、对客户群体"掐尖过度"将对中小银行造成强力的空间挤压。因此，中小银行迫切需要找到适合自身的利基市场和战略定位，打造本领域内的业务能力，以确保在激烈的竞争中找到生存空间。此外，随着我国金融开放政策的不断深化，外资金融机构的涌入会进一步增加国内银行的竞争压力。在这个背景下，数字化转型和寻找差异化发展成为商业银行应对当前挑战的重要策略。

三、商业银行积极拥抱生成式人工智能发展机遇

（一）商业银行积极探索大模型应用场景

随着大模型从基础研发转向市场应用，商业银行也纷纷拥抱大模型科技浪潮。工商银行在国内同业中率先将百亿级基础大模型应用于知识运营助手、金融市场投研助手等多个场景。农业银行依托算力、算法、数据和人才四位一体的人工智能服务体系，发布自研大模型ChatABC，重点关注大模型在金融领域的知识理解能力、内容生成能力以及安全问答能力。通过深入探索和综合应用大模型精调、提示工程、知识增强、检索增强、人类反馈强化学习（RLHF）等新技术，并结合研发支持知识库、内部问答数据以及人工标注数据等金融知识进行融合训练调优，农业银行实现了金融知识理解和问答应用，同时实现了全栈AI技术的自主可控。平安银行探索自研BankGPT平台，研究构建大模型文本生成、图片生成等能力，并将其应用于图标头像、节日海报、个性化营销内容创作、交互式数据分析、非结构化数据洞察等场景。兴业银行引入部署私有化的商业大模型，上线大模型产品ChatCIB。北京银行发布AIB平台，汇集16万条金融知识，面向理财经理、大堂经理、客户经理、综合柜员、远程客服等岗位，打

造运营助手、客服助手等7个问答机器人，助力一线员工提升工作质效，同时推出"北银投顾GPT"，以京行理财产品货架为依托，打造京华四季、智能投顾、财富课堂、产品工具等四大板块，实现重点、优质、特色产品的遴选与推荐，形成面向用户需求的个性化交互，为客户经理精准营销提供良好支持。①

（二）商业银行接入大模型的主要路径

由 ChatGPT 引爆的 AIGC 浪潮有望进一步推动银行业的数字化转型，解决目前金融科技定制化服务成本高以及客户需求变化速度快等存在于银行数字化改革进程中的问题。从目前来看，银行接入大模型主要分为三类：

第一类为端到端的自研大模型，此类模型适用于大型商业银行。大型商业银行拥有海量金融数据，应用场景丰富，同时身系国计民生重要领域，承担社会资金融通的重要任务，宜采用自主研发适合自身业务需求的大模型。例如农业银行在较早就开始了大模型相关技术的研究和试点应用，推出了 ChatABC 大模型1.0版本，着眼于大模型在金融领域的知识理解能力、内容生成能力以及安全问答能力，对于大模型精调、提示工程、知识增加、检索增强、人类反馈的强化学习等都有深入探索和综合应用，结合农业银行自身研发支持知识库，实现了全方位的金融知识理解和智能问答应用。②

第二类为 API 接口直接提供基础大模型服务，此类模型适用于中小商业银行或自身研发实力不强的商业银行。受制于资金投入相对有限，中小银行对大模型技术的引入或应用，基本会选择"最经济实惠"的使用方式。例如，中国邮政储蓄银行、苏州银行、兴业银行等都选择接入百度公司的"文心一言"大模型打造具有自身银行特色的大模型。其中邮储银行运用大模型技术辅助本外币拆借业务，构建数字代理员工理解对手方交易意图，从简单的咨询出价逐步介入交易谈判、成单撮合、策略研判，实现自动交易撮合。

第三类为基础大模型 + 私域大模型，此类模型或将被大多数商业银行所采用。此模式能为客户提供丰富多样的工具，以便进行深度模型优化或个性化定制。通常首先训练一个基础大模型（通常为闭源），然后在此基础上，支持客户利用自有数据进行深度模型定制或优化。与第二类模式相比，此模式更具开放性，客户可使用的模型优化方法和平台工具更为丰富。如华侨银行2023年4月和微软 Azure OpenAI 合作开发了生成式 AI 聊天机器人 OCBCGPT，由 ChatGPT 的大型语言模型提供支持。2023年10月，经过银行内部约1 000名员工6个月的内部测试后，华侨银行宣布将 OCBCGPT 推广到该银行的所有约30 000名员工。来自多个职能领域的试验参与者表示，他们完成任务

---

① 清华大学经济管理学院、度小满科技（北京）有限公司、《麻省理工科技评论》（中国）等联合发布的《2024年金融业生成式 AI 应用报告》。
② 中国农业银行人工智能研发团队. 农业银行金融 AI 大模型产品 ChatABC 成功发布［EB/OL］.（2023 - 03 - 31）［2024 - 10 - 22］. https：//mp. weixin. qq. com/s/CXyZRIqhwrcGAKxzUC - qgg.

的速度比以前快了约50%。长沙银行基于AI模型平台实现百亿级参数大型语言模型本地化部署，提供实时流式问答接口，上线人工智能助手，并入行内业务知识库，问答准确率比传统智能机器人高出43.34%。①

对于拥有海量金融数据且应用场景丰富的银行来说，引入业内领先的大模型，采用微调方式形成专业领域的任务大模型是快速赋能业务、提高运营效率的重要途径。除了智能客服等岗位的应用场景，生成式人工智能融入商业银行的最大优势是对于数据的统一处理和数据利用效率的提升。大模型数据处理和深度学习能力，能够在数据闭环的背景下更好发挥数据在不同环节的最大价值：①全流程服务构建。以智能客服体系为例，通过语音交互过程留存的用户需求等信息，不仅可以完成现有产品的推荐，也为未来新营销活动的外呼提供了存量客户信息，实现了单一客户的价值衍生的全过程。②服务质量控制。对于海量数据的批量质检分析可以提升整体的服务质量，例如科大讯飞为长沙银行打造的智能质检系统已建立500多个业务模型，涵盖质检、营销、投诉、客户之声多维度，助推品质监测、客户服务数据挖掘与客户之声管理。质检率实现了100%全覆盖，平均每天处理超过500个小时的录音量，客户之声交互实现99%智能化。

第三节　生成式人工智能在商业银行的应用场景

自2022年OpenAI推出ChatGPT以来，生成式人工智能成为热议的焦点，其技术的迅速更新与应用的广泛拓展，激发了各行业企业竞相布局的热情。银行业，作为传统人工智能技术应用的先行领域之一，正积极探索生成式人工智能在行业各细分领域及实际场景中的应用。波士顿咨询公司对生成式人工智能在银行业的应用场景进行了系统梳理（见图8.5）。从前端市场销售到渠道与运营、产品开发、投资顾问、客户关系管理，再到风险合规，生成式人工智能在商业银行的业务流程中，发挥着不可或缺的作用，其应用场景贯穿了银行的前、中、后台各个环节。

从价值创造的角度来看，生成式人工智能能够实现两大类价值创造逻辑：一是替代人——人工智能接受大量重复性、简单基础的任务，以释放运营类人力资源；二是赋能人——利用生成式人工智能的"对话"和"创造"能力，以人工智能为助手，放大关键节点人的产能，赋能"专业"内容形成和"基础管理"环节。

从赋能的逻辑来看，生成式人工智能助力银行实现低成本批量获客、加快服务响

---

① 清华大学经济管理学院、度小满科技（北京）有限公司、《麻省理工科技评论》（中国）等联合发布的《2024年金融业生成式AI应用报告》。

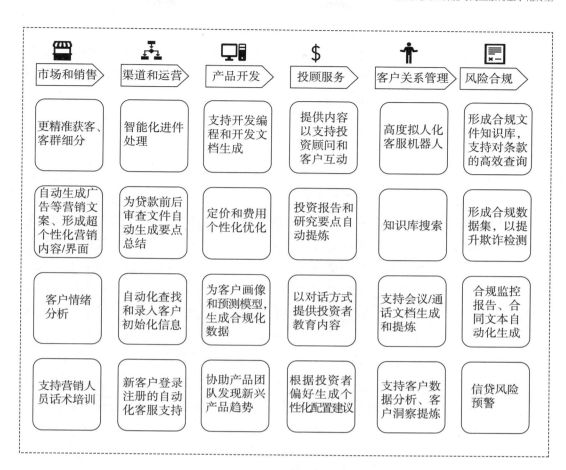

图 8.5 生成式人工智能在商业银行的应用场景

资料来源:BCG. 银行业生成式 AI 应用报告(2023)[R/OL]. (2023-08)[2024-12-13]. https://web-assets. bcg. com/8c/45/dc4f572946c5a160f6a67963bfdf/china-generative-ai-in-banking. pdf.

应速度和提升人机交互温度。首先是实现低成本批量获客。与互联网银行从交易成本入手提高触达不同,生成式人工智能更多是主动触达,通过有针对性地开展营销活动,帮助银行拓展业务。除此之外,在售后服务环节,生成式人工智能同样能够解放大量的人力,对特殊需求起到过滤的效果,使更多人力聚焦于客户的特殊问题。生成式人工智能的自然语言理解能力,可以帮助银行客服更加准确地理解客户需求,及时为客户提供解决方案和建议,从而实现快速、便捷、大规模的客户维护。其次是加快服务响应速度。区别于以往人工智能任务式、指令式的交流方式,ChatGPT 更加灵活,在应对客户的需求时,不仅仅停留在一些简单的标准化业务上,还能对一些特殊需求作出及时的回应。最后是提升人机交互温度。目前银行的发展逐步从以产品为中心转向以人为中心,以人为中心最核心的要求是更好地回应客户需求,这不仅需要扎实的专业功底,还需要高超的沟通技巧。通过对客户的语言和行为进行分析,ChatGPT 可以提供更加个性化的金融建议和咨询，根据客户的需求和偏好，推荐最适合的金融产品和服务。通过个性化服务的提供，银行可以更好地满足客户需求，提高客户满意度。

生成式人工智能对银行业的影响体现在银行业的全流程中，包括市场营销、渠道运营、产品开发、智能投顾、客户管理和风险管理等方面。

一、市场营销

生成式人工智能有助于实现客户需求与金融产品的准确匹配。面对多样的客户需求、繁多的金融产品，传统的客户找银行模式已不再适用，非银行金融机构的崛起和金融科技的兴起使商业银行在获客方面面临越来越大的竞争压力。生成式人工智能的引入为银行市场营销带来了创新可能性。其强大的信息分析能力使银行能够实时分析大量客户数据，通过客户特征和历史行为生成个性化广告语、宣传口号等文案，既节省了营销团队的时间和精力，又确保了广告文案的适用性和效果。生成式人工智能通过识别客户偏好和潜在需求，帮助制定有针对性的营销策略，提高获客效率，增加客户对银行产品的兴趣和参与度。此外，生成式人工智能的支持使银行能够更细致地进行客群细分，根据客户的财务状况、生活阶段和偏好等因素将客户划分为多个群体，更好地满足各类客户的需求。生成式人工智能还能进行客户情绪分析，通过分析客户在交流中的语气、用词和情感，更好地理解客户的情绪和需求，为银行提供更有针对性的应对策略，增强客户黏性。生成式人工智能的应用为银行市场营销带来了全新的可能性和机遇。

二、渠道运营

生成式人工智能能够赋能于商业银行的数字化运营推广。ChatGPT等大语言模型能够根据任务重点，如产品参数、宣传要点、文案风格、文案题材等，快速生成相应的文档内容，并通过自动化配图片和视频等方式实现文案自动化输出。例如，招商银行已经尝试应用ChatGPT生成的文案推介信用卡。商业银行可以利用生成式人工智能海量的文本数据资源和分析能力，快速产出同业调研分析报告，进行业务产品的迭代优化。生成式人工智能还可以辅助撰写商业计划书、功能需求文档、产品宣传文案等，这将大幅提升商业银行的数字化运营能力。

此外，生成式人工智能还可以用于提升网点竞争力。例如，可以通过运用ChatGPT等人工智能技术对网点的资产状况、客户特征、员工特性以及周边商圈情况进行智能化感知，对网点的实时地理位置、附近人均收入水平、周边商圈数量、政府机构、企业单位、居民住宅、学校医院数、同业网点数、人口密度、人口流动性、停车位、交通便利度、位置重要性等进行画像；运用多种组合模型进行虚拟银行形态配置，并在真实环境中试运行；进一步通过改变虚拟银行一个或几个变量，观察网点竞争力的变化，测算出最佳的银行网点运营模式并形成网点竞争力报告。

三、产品开发

生成式人工智能能够显著提升银行产品开发效率。首先，生成式人工智能在市场洞察与需求分析方面具备强大的能力，能通过分析海量市场数据，从社交媒体、消费者评论、竞争对手等渠道获取信息。这有助于识别市场趋势、需求和消费者偏好，从而帮助银行更精准地定位产品和市场。在产品开发阶段，生成式人工智能在市场洞察的基础上，能够生成多种创新的产品概念，提供不同的产品特点、功能和优势，甚至结合不同元素创造全新的产品理念，为银行的产品开发注入新思路。此外，生成式人工智能在产品开发阶段还能模拟不同市场情景，预测潜在的风险和挑战，使得银行能够在产品上线之前进行风险评估和规避措施的制定。在产品落地过程中，人工智能技术提供了诸多支持，包括但不限于编程和开发文档生成、费用优化，以及协助团队发现新兴产品趋势等。一旦产品上线，人工智能技术还能分析用户的反馈和使用数据，为产品的优化提供指导，帮助银行发现用户体验问题，并推荐可能的改进方案。整体而言，人工智能在产品开发全过程中的应用为银行带来了更高效率、创新和用户体验优化的机会。

四、智能投顾

智能投顾是生成式人工智能在商业银行领域的重要应用。智能投顾是一种通过互联网为投资者提供在线财富管理服务的模式，其概念最早由成立于美国的新智能资产管理平台 Betterment 提出，它充分体现了大资管时代互联网技术与投资管理模式的融合创新。银行智能投顾通过运用聚类分析、投资组合模型、机器学习等先进方法，结合理财经理丰富的财富管理实践经验和客户个性化的生活、资产信息，为客户提供精准的智能资产组合配置服务，以达到风险分散的目的。在投资者设定了投资期限和可接受的风险等级后，智能投顾会根据客户的流动性需求和风险偏好，提供针对性的投资建议，最终由投资者自主决策是否采纳这些建议进行资产配置。智能投顾服务一般遵循以下步骤：确定目标风险、构建投资组合、一键购买、风险预警、提示调仓、一键优化组合（智能调仓）以及出具客户服务报告。这些技术和流程旨在协助客户实现"低波动、稳增长"的投资组合和水平。

2023 年 3 月，全球知名的商业、金融信息和新闻资讯提供商彭博公司推出了 BloombergGPT，这是一个专为金融行业定制的 500 亿参数大型语言模型。它能够迅速分析金融数据，并应用于风险评估、情感分析以及问答等多种功能。BloombergGPT 的训练语料涵盖了 3 450 亿个公共数据集和 3 630 亿个金融数据集，已在彭博公司内部应用,用于生成查询语言、提供标题建议以及金融问答等服务。与此同时,国内的中科闻歌也发布了安全可靠的企业级专属大模型——雅意大模型。该模型在金融领域能够提供宏观政策解读、金融事件追踪以及企业财报智能解析等功能。其后,中科闻歌进一步推出了雅意2.0大模型,该模型具备图文交互的多模态能力,支持10余种主流语言以及10余种智能插件调用。此外,雅意2.0大模型还支持多模态财报问答、一键合同关键条款解析入库、协议履约监控预警、报告审核合规比稿等功能,目前已在国内大型商业银行、投资银行、券商等金融机构得到广泛应用。

五、客户管理

智能客服是商业银行中最具适用性的生成式人工智能场景之一。目前,大多数银行已经推出了智能客服系统,通过手机银行、网上银行、门户网站、微信公众号和电话银行等多渠道为消费者提供业务咨询、信息查询和业务办理等服务,以满足消费者的简单信息咨询或查询需求。借助智能客服系统,银行能够实现 7×24 小时不间断服务,极大地解放了人力。然而,当前的智能客服系统仍然存在服务流程格式化和服务能力不足等问题。

为解决当前问题,银行可以采用基于生成式人工智能的金融大语言模型来升级智能客服系统,提高系统的人性化水平和服务能力。与传统的智能客服系统相比,金融大语言模型通过深度学习技术不断提升自身的自然语言处理和生成能力,能够更好地处理复杂、模糊或个性化的用户输入,更好地掌握用户的用语习惯,从而提供更贴切的回答和解决方案。此外,金融大语言模型还可以利用大数据分析技术,直接理解和分析多种非结构化数据,允许客户输入银行业务的宣传图片、语音等其他非结构化内容,无须转化为文字。基于大语言模型的智能客服系统能够迅速响应,准确理解非结构化数据,把握客户的真实需求。同时,金融大语言模型支持多轮对话,通过对上下文的理解和情感分析,使智能客服服务更加人性化。

在银行客服场景中,由于各个客户情况不同,涉及的交互问题较为复杂,需要客服岗位及时、准确、耐心地响应,而这正是生成式人工智能的优势所在。银行可以利用基于生成式人工智能技术的智能客服系统来辅助识别客户意图,降低对客户的理解学习成本。同时,利用生成式人工智能的抽取能力,对客户问题的业务分类、情绪等进行提取并提示给客服,可以为客服理解客户状态和需求提供支持。此外,对于银行客服岗位来说,由于工作时间长、工作强度大,客服的服务态度以及质量难以得到保障。生成式人工智能辅以虚拟人等技术,能够创建一个"孪生客服",将电话座席变成"文本座席",同时借助生成式人工智能的座席助手,即时帮助客服对客户意图与问题进行分析,并提供优质的答案备选项,从而使座席从"问题回答者"变为"应答审核员"。熟练的客服人员甚至可以一对多地进行问题解答,极大地提升客户的交互体验。

例如，当前工商银行已应用大模型支撑智能客服接听客户来电，显著提升了对客户来电诉求和情绪的识别准确率。这使得银行能够更精准有效地响应客户需求，同时大幅缩减维护成本。此外，美国的美国银行和富国银行等多家银行也提供人工智能驱动的聊天机器人，用以帮助零售客户管理财务。①

六、风险管理

生成式人工智能以其出色的多模态能力，在风险管理中发挥着重要作用。以 ChatGPT 为例，它可以协助分析客户和市场的各种非结构化数据，提高对潜在风险因素的识别能力，并自动进行风险分析和评估，生成更为全面的风险报告，从而提高风险管理的效率和准确性。例如，在企业贷款资格审查中，可以通过预设的分析系统对企业的财务报表等内部信息进行横向、纵向比较，拓展风险识别的深度，同时利用工商、税务、征信、裁判诉讼、网络热搜等外部大数据进行分析，拓展风险识别的广度，让贷款决策风险更可控；在企业贷款贷后调查中，可以充分利用大数据信息，7×24 小时监测数据变化情况，实时给出风险预警，及时调整风险决策；在市场风险评估中，可以通过对金融新闻报道、宏观经济数据、政策消息等信息进行分析，建立更加全面的市场风险动态指数，提高市场风险管理的准确性和全面性。

此外，生成式人工智能还能够用于商业银行反赌反诈。当前，电信网络诈骗已成为发案最多、上升最快、涉及面最广、人民群众反映最强烈的犯罪类型。银行传统的风险客户识别、电话回访、账户管控等反赌反诈工作需耗费大量人力物力，且存在防范措施滞后和管控不够精准的现象。银行运用智能外呼机器人可实现差别化智能外呼、个性化客户识别，能减少商业银行反赌反诈工作压力，提升反赌反诈的精准性和有效性。

第四节　生成式人工智能在商业银行应用中的风险

一、可靠性风险

生成式人工智能在银行决策中的应用，可能引发人们对于其可靠性的质疑。首先，大模型可能生成与事实不符的内容，被称为"机器幻觉"。尽管大模型在处理通用问题时表现出色，但在金融领域可能出现未涵盖的知识点，导致生成不可靠的内容（尤其

---

① 清华大学经济管理学院、度小满科技（北京）有限公司、《麻省理工科技评论》（中国）等联合发布的《2024年金融业生成式 AI 应用报告》。

是在数据来源有限的细分领域,如投资咨询领域),进而产生"外行指导内行"的问题。其次,生成式人工智能在逻辑推理过程中可能受到先验偏见的影响,这可能导致决策违反经济规律和市场逻辑。此外,过度依赖生成式人工智能还可能导致银行在投资和风险规避方面出现系统性的"追随市场"偏差。特别是在市场出现非理性繁荣时,人工智能可能基于历史数据作出错误判断,进而误导银行高管作出高风险决策。这与历史上的多次金融危机中,高管依赖模型作出与经济规律不符的错误判断的情况类似。因此,银行在使用生成式人工智能时,必须充分意识到此类风险,并采取相应措施规避潜在风险,以确保人工智能技术在银行决策中发挥积极作用。

二、成本与协作风险

生成式人工智能应用于银行业时会给银行带来成本与协作风险。首先,高昂的训练成本是最直接的挑战,尤其对于中小银行而言。根据估算,ChatGPT-3的单次训练成本约为140万美元,一次训练过程就可能消耗数百万千瓦时的电力,相关成本高达数十万美元,更大规模的训练则可能达到200万至1 200万美元。同时,训练生成式人工智能所用到的基于人类反馈的强化学习技术需要大量的人工标注工作,这进一步提升了成本。在金融科技领域日益激烈的竞争环境下,在此方面如此巨量的投入可能导致资源紧张,甚至影响银行资金周转与其他创新项目的推进。其次,模型训练资源的相对匮乏也是一个值得关注的问题。无论是早期的CNN、RNN,还是当前热门的Chat-GPT等模型,它们的训练都依赖于大量的数据集。商业银行虽然掌握了一定的金融数据资源,但缺乏适用于大模型训练的通用数据集。部分银行,特别是中小型银行,还面临着高性能训练云服务器资源的不足,这在一定程度上增加了银行在自主训练大模型时的难度。最后,目前生成式人工智能的研发面临效率和效果的双重挑战,单个银行"闭门造车"的投入往往难以实现规模效应,同时导致资源重叠浪费,也不利于生成式人工智能服务水平和治理水平的持续提升。因此,银行之间的协作也需要加以考虑。如何建立有效的合作与沟通机制,共享研发成果,共同推动生成式人工智能技术在整个行业之间的推广和应用才是迫在眉睫的问题。

三、合规性风险

生成式人工智能在银行业中的应用面临多种合规风险,需要银行采取严格的监管措施确保合规性。首先,算法透明度不足是一个主要问题。银行在应用生成式人工智能时,常常难以理解模型的决策过程和依据,从而难以确定应用是否遵守相关法规和伦理准则。这种不透明性增加了对模型输出的监管和审查难度,进而增加了风险。其次,数据隐私和安全问题至关重要。银行业依赖敏感数据,如客户的个人和财务信息,因此，银行必须严格遵守数据相关的法律法规，确保数据管理合规。在数据收集、处理、存储和销毁的过程中，银行应采取措施保护数据隐私和安全，包括加密技术和安全访问控制措施，以防止数据泄露或未经授权的访问。最后，生成式人工智能在产生内容时可能涉及知识产权问题，这包括对第三方内容的引用和再生成。银行必须谨慎处理这些问题，确保不侵犯他人的知识产权，以避免法律纠纷或损害银行的声誉。银行在应对可能涉及这些合规风险的情况时，必须保持高度警惕，采取严格的措施，确保业务操作符合最新的法规要求，并确保生成式人工智能的应用符合金融科技伦理和知识产权保护法律法规。

四、数据偏见风险

生成式人工智能的应用更可能产生深远的社会影响。生成式人工智能在训练过程中需要处理海量的数据，使得在事先难以进行精确的数据筛选。这可能导致在实际应用中产生"数据偏见"的问题，这在个性化营销和对话引导两个领域中尤为明显。在个性化营销方面，生成式人工智能会根据用户的画像进行理财产品推荐。然而，这些推荐结果可能并不符合用户的真实风险偏好。如果用户过度依赖这些推荐，可能会购买与自身风险偏好不符的产品，从而遭受经济损失。在对话引导方面，生成式人工智能能够通过数据算法产生结合情感和语言元素的心理暗示。如果这些技术被用于误导性回答，可能会对用户产生深远且不易察觉的损害，甚至导致用户作出错误的决策。如果银行业利用生成式人工智能传播这些偏见，可能会加剧社会不平等问题，甚至威胁到社会的稳定。这不仅会违反银行的社会责任，也违背了公平正义的商业道德。此外，生成式人工智能还可能生成针对特定个人的诽谤内容或煽动性信息，对公众态度产生影响，甚至扭曲整个群体的行为方向。这不仅会损害银行的声誉，还可能引发高额的赔偿和行政处罚，给银行带来经济损失。因此，银行在使用生成式人工智能等相关技术时，必须高度警惕潜在的道德风险，并采取有效的措施来规避这些问题，以维护银行业的形象和商业道德。

五、技术安全风险

银行通过引入生成式人工智能这种新技术进行数字化转型，不可避免地会加剧复杂技术环境和新型操作模式下信息泄露、技术故障、操作错误等技术安全风险。首先，人工智能技术的应用涉及大量的数据收集和处理，在此过程中可能会发生严重的数据泄露事件，伴随的"网络攻击"还可能导致更多的用户面临经济损失。而银行作为金融数据处理的核心，如果发生数据泄露，将会引发客户对于银行的不信任，导致客户流失。其次，人工智能的创新应用可能陷入"低水平均衡"的困境。智能客服系统作为一种基于机器学习训练算法的工具，其回答难以避免地呈现出一定的通用化和标准化，意味着回答倾向于常规和从众，导致银行业的服务呈现趋同，客户难以享受到真正的个性化金融服务，这难以提升客户的满意度和银行在整体中的竞争力。事实上，低水平均衡还可能带来更大的冲击，如为风险事件的传播提供了技术渠道，如果某类业务使用生成式人工智能技术存在问题，这个问题很快就会传播到全国各个网点地区，将风险事件的范围大幅扩大，处理的难度和成本也将显著上升。在发生技术故障时，如大面积用户无法登录网上银行或手机银行，无法及时查询交易记录或进行转账，员工无法登录核心业务运营系统等，都会给银行带来巨大业务风险。

第五节　生成式人工智能在商业银行应用的趋势

当前，生成式人工智能领域从基础大模型、算力基础设施、机器学习运营至消费端应用的生态体系已初步构建。随着大模型训练的深化和稳定，生成式人工智能的应用将加速向下游行业发展，对经济社会产生深远影响。麦肯锡的全球调查显示，28%的企业将生成式人工智能视为关键任务，这项颠覆性技术已被列入全球董事会的议程，涉及领域从营销、销售至产品和服务。预计每年在 63 个不同行业中，生成式人工智能将创造 2.6 万亿至 4.4 万亿美元的惊人商业价值。① 随着应用领域的不断拓宽，商业银行必将成为生成式人工智能的重要应用领域之一。

生成式人工智能在商业银行的应用会面临如下趋势：

生成式人工智能底层技术基础愈发夯实。随着基础大模型和前沿技术的持续发展，通过进一步提升算力和数据加工能力，银行业将受益于更先进的技术基础，为发展更加智能化的金融服务奠定坚实基础。银行可借助强大的基础模型，优化风险评估、客户分析和市场预测等核心业务，提升整体竞争力。

生成式人工智能与银行业推进产业融合与生态培育。银行业与人工智能产业的融合将进一步促进技术的迭代和优化。通过出台专项金融政策支持生成式人工智能生态的培育，国内银行业将有望与人工智能领域共同发展，实现金融与科技的深度融合。这种合作不仅会带来更丰富的产品和服务，还将为我国银行在全球市场上树立创新形象。同时开源模型的迅速推广有助于加速模型的优化和迭代、性能提高，银行业可以借助开源社区的力量，与研究机构、科技企业和开发者建立广泛的合作关系。通过共享知识和资源，银行可以推动基础模型和数据集的开源共享，为攻克底层技术研发难

---

① 清华大学经济管理学院、度小满科技（北京）有限公司、《麻省理工科技评论》（中国）等联合发布的《2024年金融业生成式 AI 应用报告》。

题提供保障，从而增强整体创新能力。

生成式人工智能在金融领域持续深化应用，推动技术迭代优化。通过"应用—反馈—优化"的循环机制，银行业可以完善人工智能应用，提升服务体验，探索创新应用，增强竞争力。生成式人工智能与银行业能够形成飞轮效应，通过"数据—模型—业务"的循环，提高运营效率和服务质量，拓展业务领域，创造更多商业价值，满足客户需求，拓展新市场机遇，同时，推动银行业在数字支付、数字资产、数字信贷等新型金融业态和商业模式上的创新，提升银行业竞争力，满足多元化需求。

生成式人工智能加速商业银行进入全真时代。全真银行的概念由腾讯研究院在《全真互联：银行数字化发展研究报告》中首次提出，它是一个综合的数字化战略，着眼于多个方面的全面数字化和真实性。这一概念包括通过全真互联支撑的新型客户触达方式，如社交媒体等数字平台，以及通过构建多层次的交互渠道实现的全渠道一体化服务。同时，全真银行涵盖了营销、运营、风控和核心系统等多个层面的全面数字化，以数据为支撑进行决策与创新，追求高效管理和内部协同，同时在服务客群时激发内部创新力。这一概念强调银行数字化转型的全面性和真实性，注重整合技术、管理、文化等各方面要素，以适应数字化时代的发展需求。在生成式人工智能的浪潮下，银行业将创建一种以用户为中心、以数据为驱动、以全真交互为特色的新型银行服务模式，成为银行数字化发展的"下一站"。

金融监管框架不断完善有利于创新与安全的平衡。当前看来，生成式人工智能已经成为未来数字内容生产不可逆转的产业发展趋势。尽管它在大幅降低内容生产成本和提高效率方面取得了显著成效，但同时也带来了一系列发展风险，尤其是在金融领域的应用中，这些风险包括知识产权、数据安全、个人信息保护、伦理道德以及算法歧视等方面。中国的人工智能风险治理始于2017年，国家有关部门先后发布了《新一代人工智能发展规划》《新一代人工智能治理原则——发展负责任的人工智能》《新一代人工智能伦理规范》《互联网信息服务深度合成管理规定》和《生成式人工智能服务管理暂行办法》等法律法规，明确了生成式人工智能发展中对伦理道德和算法推荐的管理要求。世界各国也纷纷出台管理法律法规，通过直接立法或纳入现有刑法框架、界定民事和刑事责任、提供技术扶持、明确平台主体责任、保护个人信息等方式，形成数字平台的"自我监管"和政府的"直接监管"的治理模式。例如，美国从联邦和州层面分别进行立法，欧盟将深度合成纳入《通用数据保护条例（GD-PR）》等现有法律框架规制中。随着生成式人工智能被投入更复杂的场景，伴生的风险也变得更为多样。因此，未来风险治理框架会进一步完善。而在完善进程中，一方面，应加强与产业专家对话，及时对生成式人工智能产业前沿技术进展进行跟踪研判；另一方面，应加强生成式人工智能在金融应用的监管框架设计，采用"良性引导与问题处置相结合"的治理模式，以确保其健康发展及规范应用。在明确安全底线的同时，也需要为产业创新提供足够的空间，以实现科技创新与金融安全之间的平衡。

本章小结

本章深入探讨了生成式人工智能（GenAI）在商业银行数字化转型中的应用、潜在风险及发展趋势。首先，本章明确了 ChatGPT 与生成式人工智能的关系，并概述了 ChatGPT 的技术原理和发展历程，包括自注意力机制、Transformer 架构、预训练与微调技术，以及人类反馈强化学习（RLHF）等关键技术。通过这些技术，ChatGPT 能够生成自然语言响应，并在金融领域展现出广泛的应用潜力。接着，本章分析了生成式人工智能的概念、特点和发展趋势。生成式人工智能通过算法、模型、数据和规则自动生成文本、图片、声音等内容，其特点包括对海量训练数据的需求、底层算力的支撑和多模态加工技术的应用。生成式人工智能的发展将深刻影响经济、社会、文化等多个领域。在商业银行数字化转型的背景下，本章讨论了数字经济的兴起、客户需求的变化和金融供给侧结构性改革对银行转型的推动作用。同时，本章详细介绍了商业银行如何积极探索大模型应用场景，并通过不同的接入路径实现技术的应用，如端到端自研大模型、API 接口提供基础大模型服务和基础大模型加私域大模型等。本章还重点分析了生成式人工智能在商业银行中的具体应用场景，包括市场营销、渠道运营、产品开发、智能投顾、客户管理和风险管理等。这些应用场景展现了生成式人工智能在提升银行运营效率、优化客户体验和加强风险控制方面的巨大潜力。生成式人工智能在商业银行应用中可能面临的风险，包括可靠性风险、成本与协作风险、合规性风险、数据偏见风险和技术安全风险。这些风险要求银行在采用生成式人工智能时必须采取谨慎的态度和有效的风险管理措施。最后，本章展望了生成式人工智能在商业银行应用的未来趋势，包括技术基础的夯实、产业融合与生态培育、技术迭代优化和全真银行时代的到来。同时，金融监管框架在促进创新与安全平衡中至关重要，监管框架应不断完善以适应生成式人工智能的发展。

思 考 题

1. 分析生成式人工智能在商业银行风险管理中的应用，以及如何平衡创新与合规性风险。讨论在遵守现有法律法规的前提下，银行如何利用 AI 技术提高风险识别和评估的准确性，并减少潜在的合规问题。

2. 基于本章提及的生成式人工智能在客户关系管理中的应用，设计一个针对特定客户群体的个性化金融服务方案。考虑如何通过 AI 技术收集和分析客户数据，以及如何利用这些数据提供定制化的金融产品和服务。

3. 考虑到生成式人工智能在商业银行中的广泛应用，讨论银行应如何制定和执行伦理准则,以防止算法偏见和歧视,并确保 AI 技术的应用符合社会价值观和道德标准。

关 键 词

生成式人工智能;大语言模型;人工智能生成内容;ChatGPT;自注意力机制;Transformer 架构;预训练;微调;人类反馈强化学习;商业银行数字化转型;市场营销;渠道运营;产品开发;智能投顾;客户管理;风险管理;可靠性风险;成本与协作风险;合规性风险;数据偏见风险;技术安全风险

第九章
数字普惠下的商业银行零售业务

学习目标

【知识目标】掌握普惠金融的基本概念，了解商业银行零售业务的发展现状。

【能力目标】理解数字技术尤其是大数据与机器学习方法对商业银行零售业务的影响逻辑，增强利用数字技术服务商业银行零售业务创新的意识和能力。

【素养目标】认识商业银行零售业务数字化转型的必要性与紧迫性，理解银行数字普惠金融之路的重要性，着力推动数字与普惠金融的协同发展。

导言：随着数字技术的迅速普及和广泛应用，数字普惠已经成为当今银行业发展的重要趋势之一。银行零售业务与普惠金融之间存在紧密的联系，是实现普惠金融的重要途径之一。商业银行作为中国金融体系的核心组成部分，其面向小微企业和个人客户的零售业务在数字普惠时代扮演着至关重要的角色。本章在介绍普惠金融相关基本概念的基础上，揭示数字技术是如何改变商业银行的服务方式和服务对象的，并深入探讨数字普惠下商业银行零售业务的发展现状、面临的挑战以及未来的发展方向。

第一节 商业银行的数字普惠之路

一、商业银行为什么要走数字普惠之路

（一）什么是普惠金融

联合国在 2005 年提出了**普惠金融**（Inclusive Finance）的概念，意指普罗大众均有平等机会获得负责任、可持续的金融服务。普惠金融旨在通过加强政策扶持和完善市场机制，全方位且有效地为社会所有阶层和群体提供价格合理、方便快捷的金融服务，提高金融服务的可获得性，尤其是那些被传统金融忽视的农村和边远地区、社会低收

入群体和小微企业。

普惠金融与金融发展的四个维度密切相关，分别是深度、宽度、效率和稳定性。深度指的是金融服务的广泛性和多样性，即金融服务能够在多大程度上满足不同层次、不同需求的用户。宽度指的是金融服务的覆盖面和可得性，即金融服务能够在多大程度上触及各类用户，特别是低收入群体和偏远地区的人群。效率指的是金融系统运作的有效性和资源配置的合理性。稳定性指的是金融系统的健全性和抗风险能力，即金融体系在面临各种冲击时仍能保持稳定和正常运作的能力。

普惠金融的发展不仅在国际上受到了广泛关注，在中国也得到了高度重视，并逐渐被纳入国家发展战略。2015年12月31日，国务院印发了《推进普惠金融发展规划（2016—2020年）》，将普惠金融列入国家发展战略。这一规划旨在全面提升金融服务的普惠性，确保所有社会群体，特别是中小微企业、农村和低收入群体，都能够获得便捷和高效的金融服务。2017年3月，《政府工作报告》提出要鼓励大中型商业银行设立普惠金融事业部，并明确指出"国有大型银行要率先做到"。这一政策意在推动国有大型银行在普惠金融领域发挥表率作用，通过专门部门的设立和运营，提高对普惠金融的重视程度和服务水平。2018年5月，国有大行中，中国建设银行率先将普惠金融纳为全行三大战略之一。这一举措标志着普惠金融已经从政策倡导阶段进入到实际操作和战略实施阶段。中国建设银行将普惠金融纳入其核心战略，旨在进一步扩大与深化金融服务的覆盖面和影响力，提升金融服务的质量和效率，助力经济社会的全面发展。

截至2023年年末，我国普惠小微贷款余额29.4万亿元，同比增长23.5%，增速比上年末低0.3个百分点，全年增加5.61万亿元，同比多增1.03万亿元；普惠小微授信户数6 166万户，同比增长9.1%。我国普惠型涉农贷款余额12.59万亿元，同比增长20.34%，较各项贷款增速高10.2个百分点；农户生产经营贷款余额9.24万亿元，同比增长18%；832个脱贫县各项贷款余额12.3万亿元，同比增长14.7%；160个国家乡村振兴重点帮扶县各项贷款余额1.9万亿元，同比增长15.85%；脱贫人口贷款余额1.16万亿元，同比增长12%。

（二）数字技术推动普惠金融发展

数字普惠金融通过互联网的技术，借助计算机的信息处理、数据通信、大数据分析、云计算等一系列相关技术在金融领域的应用，促进了信息的共享，有效降低了交易成本和金融服务门槛，扩大了金融服务的范围和覆盖面，通过数字金融共享、便捷、安全、低成本、低门槛的优势，运用大数据、云计算、人工智能的技术，构建起基于数据的风险控制体系，从而全面提升了金融的风险控制能力。数字普惠金融很好地诠释了金融科技的初衷和目标，是让长期被现代金融服务业排斥的人群享受正规金融服务的一种数字化途径。

近年来，随着"宽带下乡"、5G 基站等基础设施建设的推进，数字技术加速迭代和创新，推动了数字普惠金融的快速发展，初步构建了数字普惠金融生态圈。数字普惠金融的发展，拓展了数字金融服务的触达范围，缓解了金融服务的排斥性，缩小了数字鸿沟，缓解了信息不对称，赋能社会减贫纾困，缓解社会不公，为促进经济包容性发展提供了重要途径。

此外，随着人工智能、区块链、云计算和大数据等新兴数字技术爆发式的突破与规模性的普及，数字普惠金融快速兴起，并成为解决普惠群体融资难融资贵、推动农村六次产业转型升级的新引擎。2023 年年末，网上银行已利用"大山雀"卫星遥感风控系统，精准识别来自 2 600 多个县域的 260 万农户的耕地面积、种植作物及长势，预测其农作物产量、产值，并累计授信额度 638.8 亿元。2024 年中央一号文件《中共中央 国务院关于学习运用"千村示范、万村整治"工程经验有力有效推进乡村全面振兴的意见》明确提到"推进中国式现代化，必须坚持不懈夯实农业基础，推进乡村全面振兴"，未来通过数字普惠金融支持乡村全面振兴将更具"潜力"。

（三）数字普惠金融覆盖广度和使用深度

数字基础设施的不断发展及使用人数的持续增长，为数字普惠金融的发展夯实了基础。例如，中国的网民和手机网民规模在过去几年中均呈现持续增长的趋势。如图 9.1 所示，从 2012 年到 2021 年，中国网民规模从 5.64 亿增长至 10.32 亿，中国手机网民规模从 4.2 亿增长至 10.29 亿。这反映了随着互联网技术的普及和移动设备的普及，

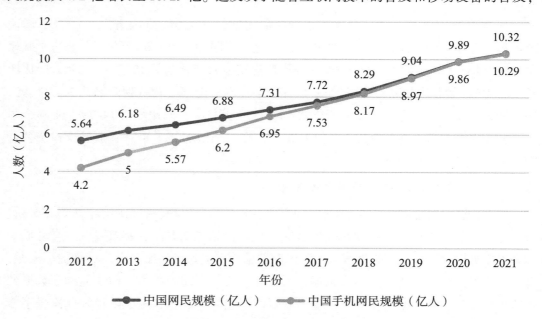

图 9.1　2012—2021 年中国的网民与手机网民规模

资料来源：中国互联网信息中心。

越来越多的中国居民成为网民，并且手机成为主要的上网工具。随着越来越多的中国居民接入互联网，特别是通过手机访问互联网，银行和金融机构可以利用数字技术为他们提供更广泛、更便捷的金融服务。这种数字化趋势为普惠金融的推广和实施提供了便利的渠道，使得更多人能够享受到金融服务，包括开设银行账户、进行在线支付、申请贷款等。因此，中国网民和手机网民规模的增长为数字普惠金融的发展提供了有力的支撑和基础。

2022年6月，世界银行发布了最新的全球普惠金融调查（Global Findex）数据。该调查显示，随着数字普惠金融的不断发展，中国居民在商业银行账户拥有率和借贷参与率等方面呈现出显著增长的趋势。如图9.2所示，自2012年至2021年，中国居民商业银行账户拥有率从22.70%增长至87.42%，而借贷参与率从27.23%增长至56.63%。这一趋势凸显了金融普惠政策和数字化银行服务的有效推动，使更多居民融入金融体系，并积极参与借贷活动，反映了金融包容性的不断提升和金融市场的健康发展。

图9.2　2012—2021年中国居民商业银行账户拥有率与借贷参与率

资料来源：世界银行。

（四）全球普惠金融发展状况

2022年6月的世界银行全球普惠金融调查还显示，全球普惠金融的包容性有了显著提升，具体表现在账户拥有率、数字支付使用率、储蓄和借贷参与率的全面增长。此外，新冠疫情还进一步加速了全球数字支付的发展。同时，尽管全球范围内的财务担忧依然存在，但调查中的中国受访者在养老和应急资金的筹集方面表现出了更高的信心和能力。这些变化不仅反映了全球金融体系的进步，也展示了中国在提升金融普及和信贷可获得性方面取得的积极成果。

具体来看，一是全球账户拥有率不断提升，中国账户拥有率达到近九成水平。全球76%的受访者拥有账户，较2017年提高8个百分点。中国89%的受访者拥有账户，较2017年提高9个百分点，高于中高收入经济体均值（84%）。

二是疫情推动全球数字支付迅猛发展，中国保持高位增长。全球64%的受访者使用数字支付，疫情导致线下接触难等因素起到了助推作用。中国86%的受访者使用数字支付，高于中高收入经济体均值（80%）。

三是全球储蓄参与率略增，中国储蓄参与率明显上升。全球储蓄参与率为49%，较2017年增加1个百分点。中国储蓄参与率为61%，较2017年增加11个百分点，高于中高收入经济体均值（54%）。中国受访者在正规金融机构储蓄的比例从2017年的34%增加到2021年的45%，高于中高收入经济体均值（36%）。

四是全球借贷参与率增加，中国增长迅速。全球借贷参与率为53%，较2017年增加5个百分点。中国借贷参与率为56%，较2017年增加11个百分点，超过中高收入经济体均值（55%）。中国受访者向正规金融机构借贷的参与率从2017年的22%增加到2021年的39%，首次超过向亲戚朋友借贷的比例，这反映出中国近年来在提升正规信贷可得性方面取得积极进展。

五是全球超半数受访者存在财务担忧，中国担忧养老的受访者比例低于高收入经济体。全球受访者中担忧不能支付严重疾病或事故产生的医疗费用、没有足够钱养老、不能负担每月开支、不能支付教育费用、疫情带来经济困难的比例分别为74%、69%、64%、49%、82%，中国受访者担忧比例均低于全球，分别为68%、52%、48%、35%、70%。其中，中国受访者对养老开支的担忧比例低于高收入经济体（59%）。

六是全球大部分受访者能在30天内筹集到应急资金，中国受访者能在30天内筹集到应急资金的比例超九成。在应急资金方面，全球88%的受访者能在30天内筹集到应急资金，仅有32%的受访者不存在筹集困难。中国92%的受访者能在30天内筹集到应急资金，与高收入经济体（93%）接近；60%不存在筹集困难，高于中高收入经济体均值（46%）。

二、普惠金融重点指标及在我国的发展现状

2023年3月至4月期间，中国人民银行组织实施了普惠金融问卷调查和相关指标的填报工作。普惠金融的重点指标被划分为三个主要维度：使用与覆盖维度、可获得性维度以及质量与满意度维度。我们基于此次问卷调查的数据，概述我国普惠金融的发展现状。

（一）使用与覆盖维度

使用与覆盖维度涉及账户和银行卡、电子支付、个人金融资产、个人信贷、普惠小微信贷、绿色信贷、小微互联网流动资金信贷（数字普惠）、创业及助学贷款、脱贫贷款、农户贷款、保险使用、资本市场使用等方面，发展状况如表9.1所示。

表9.1 使用与覆盖维度发展状况

发展方面	发展状况
银行结算账户和银行卡人均拥有量	小幅增长
银行电子支付	小幅增长
数字人民币	服务有效延伸
个人金融资产	近四成受访者购买金融资产，公募基金资产净值小幅增长
个人信贷	个人消费贷款小幅增长
普惠小微贷款	快速增长，贷款覆盖面进一步扩大
绿色贷款	保持快速增长
小微企业互联网流动资金贷款	保持快速增长
创业担保贷款和助学贷款	较快增长
脱贫人口贷款	持续较快增长，覆盖面稳步扩大
农户生产经营贷款	保持快速增长
保险	全国保险密度有所增加
资本市场	小微金融债发行量保持平稳； 债券市场有效支持中小微企业融资；新三板与北交所市场服务中小微企业融资发展能力持续增强、持续支持涉农企业融资； 区域性股权市场融资和上市培育工作取得积极进展； 农产品期货数量保持稳定、期权产品数量同比增加

资料来源：《中国人民银行中国普惠金融指标分析报告（2022年）》。

（二）可得性维度

可得性维度涉及银行网点、ATM和POS机、基础支付及助农取款点等方面，发展状况如表9.2所示。

表9.2 可得性维度发展状况

发展方面	发展状况
银行业存款类金融机构网点可得性	银行业金融机构总体保持乡镇全覆盖，每万人拥有的网点数量保持稳定
ATM、联网机具可得性	全国每万人拥有的ATM数和联网POS机具数基本稳定
助农取款点可得性	支付服务村级行政区覆盖率持续巩固

资料来源：《中国人民银行中国普惠金融指标分析报告（2022年）》。

（三）质量与满意度维度

质量与满意度维度涉及消费者金融素养、金融消费者投诉、卡均授信额度、农村及普惠信用贷款、信用建设、政府性融资担保机构服务等方面，具体发展状况如表9.3所示。

表9.3 质量与满意度维度发展状况

发展方面	发展状况
消费者金融素养	各类金融教育不断开展，消费者金融素养持续提升
金融消费者投诉	多数受访者知晓金融消费纠纷解决方式，投诉处理质效不断提升，金融纠纷多元化解机制建设持续推进
银行卡卡均授信额度	银行卡卡均授信额度稳步增长
信用贷款情况	农户和普惠小微信用贷款占比持续提升
信用建设	金融信用信息基础数据库收录的自然人和小微市场主体数量稳步增加； 开展信用评定的农户和村镇数量持续增加； 动产融资统一登记公示系统有效促进中小微企业融资增量扩面； 应收账款融资服务平台功能持续深化，企业征信机构持续提升征信服务质效，地方征信平台功能持续深化； 大多数受访者了解自身信用状况
政府性融资担保机构服务效能	政府性融资担保机构数量稳步增加，直保余额保持快速增长

资料来源：《中国人民银行中国普惠金融指标分析报告（2022年）》。

三、普惠金融的问题与挑战

尽管中国普惠金融在近年来取得了显著进展，但发展过程中仍然存在显著的不平衡现象，主要表现在地区发展不平衡、银行间发展不平衡以及技术水平不平衡等方面。

（一）地区发展不平衡

中国各地区在普惠金融发展上存在显著差异。普惠金融发达区域如深圳市，2022年年末普惠贷款余额达1.5万亿元，超过北京和上海的总和，与当地GDP的比例达到1∶2，普惠金融业务竞争充分，线上化融资发达，大银行平均融资利率低于4%，融资难、融资贵难题初步解决。但某些不发达的区域包括一些GDP较高的地区，普惠贷款余额偏低，融资渠道有限，小微企业满意度不高。

（二）银行间发展不平衡

中国的普惠金融发展在不同类型的银行之间也存在明显差异。从中小银行和大型国有银行的对比中可以看出这一点。近年来，工农中建四大国有银行在普惠金融领域的快速崛起尤为显著。截至2022年，四大行的普惠金融余额达到6.9万亿元，而在

2018年这一数字仅为1.74万亿元。同时，四大行的人民币贷款余额也从2018年的9.28万亿元增长到2022年的23.6万亿元，占比从18.75%上升到29.24%。在利率方面，2022年四大行的平均贷款利率分别为：工行3.84%、农行3.90%、中行3.81%、建行4.00%。而中小银行在普惠金融的推广和服务能力上则相对薄弱，发展速度较慢，市场份额有限。

（三）技术水平不平衡

技术水平不平衡是普惠金融发展中的重要问题之一。尽管一些大型银行已经实现了业务集约化和员工专业化，并广泛应用先进的产品和工具，提高了普惠金融服务的效率并扩展了覆盖面，但许多中小银行和金融机构在这方面仍存在明显差距。普惠金融业务的人工成本占贷款收入的比重在不同银行之间差异巨大，一些技术落后的银行在业务办理上效率低下，成本高昂，无法有效地满足客户需求。此外，金融科技的应用和推广在各地区和各银行之间也不平衡，部分银行在数字化转型方面进展缓慢，限制了普惠金融服务的扩展和普及。

四、普惠金融的高质量发展

在普惠金融进入高质量发展阶段的大背景下，将金融健康纳入政策框架，成为当务之急。这意味着必须提升社会各界对于金融消费者权益保护和金融健康的重视程度。随着普惠金融的发展，我们应当意识到仅仅强调金融服务的可得性是不够的，更重要的是要关注普惠群体的金融福祉。因此，需要采取一系列措施来实现这一转变。

第一，提供科普式的金融教育，弥合个体间因先天或后天禀赋差距而产生的金融能力差异。广泛普及金融知识，不论是年轻人、老年人、城市居民还是农村居民，使他们都能够有机会接触到基础的金融概念和技能，从而提高他们在金融领域的自信心和应对能力。这种教育不仅能够使人们更好地理解和利用金融工具，还有助于减少信息不对称导致的金融不公平现象，促进金融包容和社会公平。

第二，推动监管机构和金融机构采取基于结果的金融消费者保护范式，是确保金融市场秩序良好、保护消费者权益的关键一环。这种范式的核心在于强调对金融产品和服务提供商的监督和评估，并根据实际的市场结果来制定和调整相应的监管政策和措施。加大对金融机构行为的监督和处罚力度，可以有效遏制不当销售和欺诈行为，维护金融市场的健康稳定。

第三，通过提升金融健康，提高普惠金融主体可持续发展的能力，从而优化信贷资产质量，降低金融风险。金融健康不仅仅是指个人的财务状况，还包括金融体系的整体健康状况。帮助个人和机构更好地管理风险、规划财务、控制支出等，可以提高金融系统的抗风险能力，降低金融危机的发生频率和影响程度。

第四,通过关注更多普惠金融主体的金融健康,丰富金融机构对客户的不同视角。普惠金融的本质是要确保金融服务能够惠及更广泛的群体,而不仅仅是少数人。因此,了解普惠金融主体的金融健康状况,能够帮助金融机构更好地制定产品和服务,满足不同群体的需求,提高金融服务的包容性和可及性。

第五,金融机构能够基于客户更精准、更丰富、更迫切的需求,提供一些多元化的增值服务以及其他的金融服务,从而提升客户黏性和满意度。通过深入了解客户的需求和偏好,金融机构可以定制更具吸引力的产品和服务,提高客户的满意度和忠诚度。这种个性化服务不仅能够增加金融机构的竞争优势,还能够为客户创造更多的价值和便利。

在深入剖析了普惠金融高质量发展阶段中金融健康的核心价值及其对经济主体影响的深刻内涵之后,我们下面探讨如何在实践层面上维护和增强金融健康。这一探讨不仅关乎个体金融素养和技能的提升,而且涉及一个全面而系统的能力体系的构建,旨在确保经济主体能够在金融环境的不断演变中保持稳健并实现可持续发展。

1. 守护金融健康

在当前经济形势下,增强居民、家庭和小微企业的**金融健康**(Financial Health)意识,推进金融健康建设,不仅能够促进普惠金融高质量发展,也能够增强消费者尤其是小微企业走出经营困境的能力,进而起到保护消费者和稳定金融形势的作用。

金融健康用于衡量个人、家庭、企业能在多大程度上顺畅地管理日常收支、稳健地应对财务冲击、周全地准备未来成长发展所需财务资源,并保持财务掌控力,体现了经济主体的良好运转状态、免疫力和成长潜力。

从金融健康定义来看,金融知识、技能(利用金融工具)是金融健康的过程与条件,金融行为既是金融知识与技能的外化表现,又是金融健康状态的衡量标准。这就说明,当金融行为能够越好地增进金融福祉时,金融健康水平就越高。在不考虑外界环境条件的情况下,决定金融行为的重要因素,除金融知识与技能外,还包含行为主体的心理素质和金融态度。经济主体的心态越稳定,对行为的外控力度就越强,所掌握的金融知识与技能的转化率就越高,也越容易进一步获取新的金融知识与技能,行为越能够以目标为导向。守护金融健康需要提高金融知识和技能水平,增强心理素质和端正金融心态,并提升金融行为与经济主体自身发展目标的一致性。可以看出,守护金融健康的本质仍然是金融能力建设的问题。

另外,金融健康概念自提出起便被作为普惠金融的拓展讨论,而普惠金融无论是在第一个五年规划发展阶段还是第二个五年高质量发展阶段,其核心内容均是经济主体金融能力的培育,所以从"金融健康作为普惠金融的高级形态"来讲,守护金融健康的本质也是金融能力建设,而且是普惠金融视域下金融能力建设的延续与升级。

2. 建设普惠金融能力

普惠金融视域下的金融能力建设是以减少中小微弱群体面临的金融排斥为目标,

解决的是金融产品和服务的获得性和质量问题，所谓"治已病"，也就是根据病症找病因然后对症下药。金融健康理念下的能力建设仍然要继续加强"治已病"：第一，很多"已病"属于"疑难杂症"，如国民金融素养较低的问题，需要久久为功；第二，时代发展、科技进步下，普惠金融领域常常是"旧病"未愈，又添"新病"，如数字鸿沟问题、金融欺诈问题等，这就需要及早拿出有效、系统的方案，尽早将其治愈在疾病发展的初级阶段。金融健康理念下的能力建设仍然以"治已病"为重点，便是普惠金融视域下金融能力建设的延续。

如何提高面对风险的"免疫力"，也就是"防未病"，便是普惠金融视域下金融能力建设的升级。"防未病"关键在于"防"，借鉴我国古代中医理论，金融健康理念下能力建设的"防未病"在于三防。第一要"愈后防复"，也就是针对普惠金融发展中已经取得的成就，要时刻掌握主动权，继续维持并巩固防止"返病"。第二要"既病防变"，对于"最后一公里"问题，要"加猛药"，换"新疗法"，防止恶化；对于时代发展中涌现的"新病"，要防微杜渐，及早治疗，防止传变。第三要"未病先防"，对于潜在的风险和隐患，要提前保障，做好预防工作，防止乘虚而入。

因此，金融健康理念下的能力建设相较于普惠金融视域，更加关注"免疫力"，即以预防为主的"治未病"，这是金融最大化福祉的关键所在，也是普惠金融向金融健康进阶的核心要义。

3. 构筑金融健康的能力体系

一个金融健康的经济主体具有如下四种表现：第一，能够做好日常收支管理；第二，能够应对意外和紧急开支；第三，能够做好财务规划；第四，有信心和能力掌控财务状况，承担经济压力。也就是一个金融健康的经济主体要为三个时期做好财务保障：日常、意外或事故发生日、目标实现日。

守护金融健康至少需要塑造三层能力体系。

第一层是流动性资产配置能力。与非流动性资产相比，流动性资产的收益率低，但能够维持家庭和微小经营主体的基本正常运行。这是金融能力建设的基础能力，既包含相关金融工具的使用，也特别强调收支管理的能力。这是生活"每一天"的必备财务保障。

第二层是风险管理能力。经济主体需要对生命周期内可能发生的风险进行重点防范。这是谨防"下雨天"遭遇财务困境的应急保障，突出了风险免疫力，即以预防为主的"治未病"。

第三层是未来规划和发展能力。金融健康要确保可持续性，需要立足于全生命周期进行考量，要为未来的目标做好规划，为实现将来"有一天"预期目标做财务保障。

五、数字普惠金融的创新发展模式与实践

2023 年随着城乡金融环境的改善和基础金融服务的进一步普及，城乡居民的金融

意识明显增强；并且由于更多生产生活场景被打通，城乡金融服务模式呈现多样化，在服务小微企业融资、乡村振兴和金融服务数字化等方面，新服务、新产品不断涌现。

（一）信贷产品研发模式创新

创新信贷产品研发模式，能够为中小微企业提供多样化、个性化、定制化的金融产品。随着银行数字化战略转型，零售信贷领域面临的外部环境发生着飞速的变化，各银行需要拥有更快速、更敏捷的产品交付能力，从而在激烈的市场竞争中占得先机。

例如，中国民生银行的零售及小微信贷产品基座通过引入"产品主干道""业务服务""业务流程""业务处理单元"等业务模型，完成了对零售信贷领域业务模型的分层沉淀，提高了组件装配、流程组装、主干道虹吸的能力，通过主干道虹吸能力的提高，实现产品级方案复用，提升业务方案的标准能力和复用能力。

（二）银行移动消费场景构建

构建移动消费场景渠道矩阵，有效拓展银行的服务时间和空间。随着移动互联时代的深化，移动应用已经不再仅仅是简单的一个手机App，而是由多个多类型的移动端应用程序构成的全方位覆盖用户生活消费场景的渠道矩阵。

例如，博彦科技自主研发的"BROS移动应用开发平台"覆盖了App研发全生命周期，支持灰度发布、产品上下架、离线更新、网关接入、安全信道、渠道协同、数据和用户数据统一管理，确保客户端快速更新迭代和引入更多创新业务场景。BROS移动应用开发平台可在短时间内打造多个App业务应用场景，助力金融机构的移动渠道矩阵加速完成流量引入和客户分层的生态建设工作。

（三）数字普惠的产业链数字化转型

构建数字海运金融生态，赋能海运产业链数字化转型。2022年中国大陆海运费达到1.7万亿元左右。构建数字海运金融生态，赋能海运产业链条数字化转型，促进海运行业发展，为外贸企业保驾护航成为经济高质量发展的重要保障。

例如，龙盈智达运用大数据、数字化模型、人工智能等金融科学技术，通过深入研究海运产业链条以及与合作平台对场景数据进行多维分析，以数字化授信和数字化智能风控为主要手段，向海运货代企业提供数字化快捷金融服务，具备数字化、纯信用、多币种等特征，对促进整个产业链条健康发展和提升数字化水平发挥着基础性作用。

第二节　数字普惠下的小微企业供应链金融

小微企业的**供应链金融**（Supply Chain Finance）是指银行围绕核心企业，管理上下游小微企业的资金流、物流和信息流，并把单个企业的不可控风险转变为供应链企业整体的可控风险，通过立体获取各类信息，将风险控制在最低水平的金融服务。

一、供应链金融的三种模式

供应链金融通过整合物流、资金流、信息流等信息，在真实交易背景下，构建核心企业与上下游企业一体化的金融供给体系。按照供应链金融参与主体之间融资需求以及话语权的不同，可将供应链金融分为三种模式。

第一种模式，小微企业为供方，核心企业为需方，通常表现为应收账款的融资服务。也就是说，核心企业的供应商将核心企业的应收账款向银行进行质押来获得流动性资金贷款的支持，这是一种债权的转移。

第二种模式，核心企业为供方，小微企业为需方，通常表现为预付款融资模式。这种模式的典型形式是，银行支付采购款项给核心企业，核心企业发货到银行指定的仓储监管企业，确保银行有提货权。银行根据企业的还款情况，给借款企业发放提货权限。

第三种模式，供应链链条上供方和需方不存在明显的体量和需求差异，而是通常表现为基于B2B平台或一些金融科技平台的新型融资模式。这种新模式下没有核心企业，由于供应链中不存在明显的强势方，买卖双方可根据具体情况约定交易支付方式，由此形成不同的融资方式。

二、供应链金融与普惠金融的关系

供应链金融通过核心企业的信用支持，帮助小微企业获得融资，是普惠金融的关键途径。它关注企业的实际交易和履约能力，而非仅依赖财务报表，降低了小微企业的融资门槛，提高了融资便利性。随着5G和区块链技术的发展，供应链金融正在向"N+1+N"平台模式演进，减少对单一核心企业的依赖，扩大服务范围。这一模式整合了多个产业链和金融服务，构建起跨行业的金融网络，使银行和非银金融机构能够基于真实的交易数据，为更多小微企业提供资金支持，推动普惠金融的发展。

三、小微企业的供应链金融网络依赖于信任关系

供应链金融网络的稳定运作基于参与主体间的互信，涉及信誉和善意两个维度。信誉指信任合作者能可靠履行义务，善意则是相信对方会考虑共同利益。尽管信任对提升交易效率、降低成本、促进合作至关重要，但金融机构与小微企业间的信任建立存在困难，如小微企业的不稳定性及金融机构对资产真实性的评估难题，易引发多头质押、虚假交易等问题。

数字技术，如物联网、大数据和区块链，通过降低信息不对称程度，增强了供应

链中的信任建立。透明高效的平台整合了多方参与者,提高了信息流动性和透明度,从而促进了信任关系的形成和维护。

四、数字技术构建供应链金融网络的信任关系

下面,我们将基于**行动者网络理论**(Actor Network Theory)并结合普洛斯供应链金融案例对数字技术如何构建供应链金融网络的信任关系进行阐述和剖析。行动者网络理论最早由社会学家米歇尔·卡龙(Michel Callon)和布鲁诺·拉图尔(Bruno Latour)提出,认为行动者网络由核心行动者和其他参与者组成,共同实现目标以满足不同利益。核心行动者协调、控制、连接其他行动者,充当中介,并根据情境作出反应。行动者网络理论强调非人类实体如技术和知识也是行动者,与人类行动者平等,共同影响社会发展。行动者网络理论的关键在转译机制,即核心行动者如何协调多方利益,形成稳定联盟。这个过程包括问题化、权益化、摄入和激活四个阶段。**问题化**(Problematization)是确定行动者并定义共同关注的问题,**权益化**(Interessement)是吸引行动者加入网络,**摄入**(Enrollment)是规范行动者角色和行为,**激活**(Mobilization)是整合资源形成稳定网络。通过这四个阶段,供应链金融平台生态得以形成和运转,揭示了网络如何形成、维持和发展。

供应链金融中的信任关系不是依赖于个别参与者或资产控制的,而是作为网络核心行动者的金融服务提供商利用数字技术推动的结果(见专栏9.1的普洛斯案例)。金融服务提供商通过数字技术解决借贷双方的信任问题,并经历供应链金融网络重构的四个阶段:识别信任危机、动员信任主体、整合信任要素、构建信任体系。作为网络核心,金融服务提供商在信任构建中扮演中介角色,不仅将供应链信息传递给金融机构和利益相关者,还动态管理和构建行动者网络。

数字技术促进供应链金融从双边信任向多边数字信任转变,主要通过三个机制实现:首先,数字技术确立了金融服务提供商与供应链参与者之间的关系。其次,数字技术能够全面展示不同资产及其转移,实现资产间转化和价值创造的可视化管理。最后,数字技术通过数字技术连接参与者、经营活动和资产,实现对资产和经营活动的精细、实时监控,减少信息不对称,将非信任关系转变为可验证的信任关系。这三个机制的融合推动了供应链金融网络信任的建立。

> **专栏 9.1**
>
> **数字技术构建供应链金融网络的信任关系:普洛斯的案例**
>
> 普洛斯产融科技有限公司(以下简称"普洛斯")与商业银行等金融机构合作,以物流、冷链、大宗农粮、基础设施等产业场景为基础,利用场景验真、数

字运营、资产监管等科技手段，为产业链上的核心企业及其上下游小微企业提供融资体验的数字化解决方案，从而降低产业链成本，提高金融市场效能。数字化供应链金融利用大数据、物联网、区块链等数字技术提升服务效率，并在货押融资业务中应用区块链技术，解决欺诈风险问题，确保交易过程的真实性、合规性和透明性。供应链金融网络随着业务场景的拓宽、新技术的引入以及差异化金融产品的推出不断发展。根据业务场景和产品的不同，可以将发展历程分为三个阶段：库存融资阶段、物流融资阶段、ABS融资阶段。

第一阶段：库存融资阶段（2016—2018）。在这一阶段，普洛斯主要的业务是存货融资：基于大规模的仓储业务和货押产品的经验，结合数据风控技术、行业特点及发展的新技术，建设动产融资基础设置和监管仓服务平台，并推出存货融资类产品。

第二阶段：物流融资阶段（2018—2020）。从2018年开始，普洛斯的业务范围由存货融资扩展到物流运输服务，建立大数据风控平台，为物流运输企业提供运费融资服务。

第三阶段：ABS融资阶段（2020—2021）。2020年前后，普洛斯在已有的存货融资业务和物流融资业务基础上，利用内部和优质外部资产，建立资产资金平台，推出ABS融资产品。

支撑普洛斯业务三阶段发展的是数字化信用管理平台，包括三大技术平台的底层技术架构（物联网、区块链、大数据分析、供应链知识图谱）、基于底层技术架构的数据资源（内部数据、外部数据、要素信息），以及基于数据和底层技术并覆盖金融借贷全流程的信贷风控体系。

根据行动者网络理论，普洛斯共经历供应链金融问题化、权益化、摄入和激活四个阶段。

第一，供应链金融网络构建问题化阶段：洞察信任危机。

在问题化阶段，核心行动者注意到当下面临的危机形势并蓄势以组织其他行动者共同构建网络。在危机洞察中，核心行动者明晰各类行动者的问题，并将问题汇集至让所有的行动者满足利益而必须通过的强制通行点，基于其资源与能力捕捉利益满足的机会。根据行动者的类型，将供应链参与主体定义为人类行动者，将运营业务中的资产和技术手段等归为非人类行动者。在人类行动者中，普洛斯作为金融科技服务提供商，试图通过科技应用与供应链金融模式创新的方式来解决传统金融借贷中的信息不对称问题，是供应链金融网络构建的发起者，也是核心行动者。其在复杂业务网络中汇集起了供应链参与方，通过明晰各参与方在金融借贷过程中的问题，确认强制通行点，为各方进一步的合作绸缪。洞察信任危机的过程主要体现在识别网络复杂性、明晰信任冲突、识别资源与捕捉机会三个方面。

第二，行动者网络权益化阶段：动员信任主体。

在权益化阶段，网络中的核心行动者需要基于问题化阶段中其他行动者所面临的汇集至强制通行点的问题，通过利益赋予的方式确定各个行动者的目标，并稳定在问题化阶段对各类行动者的定义，动员行动者加入到网络中。核心行动者动员信任主体的过程主要体现在明确行动者利益诉求、游说借贷双方加入这两个方面。

第三，行动者网络摄入阶段：整合信任要素。

行动者网络关系的形成过程是各方行动者资源能力互动、整合的过程，同时也是冲突、沟通和组织协调的曲折过程。核心行动者游说其他行动者加入后，网络关系构建进入到摄入阶段，行动者不断产生利益冲突，核心行动者解决冲突以使得各行动者利益得到满足，并对各行动者的行为及行动者之间关系进行规范，从而强化行动者的角色认同。在这一过程中，由传统的主体信用向数字技术使能的信任关系的转化过程是促成行动者之间达成共识的关键要素。整合信任要素主要体现在三个方面：关系震荡与利益摩擦、技术要素嵌入与使能、关系要素规制与强化。

第四，行动者网络激活阶段：构建信任体系。

数字技术应用下利益冲突的化解与网络行动者双重共识的达成推动行动者网络进入到激活阶段。在行动者网络激活阶段，核心行动者调动各类资源使得行动者网络稳定发展。普洛斯通过金融科技的应用将产业运营要素与产业运营流程数字化，让网络中其他行动者看到数字化信任关系的建立带来的潜在利益。同时，金融科技的应用可以增强人类行动者之间、非人类行动者之间、人类行动者和非人类行动者之间的互动，提高协同效应，实现融合发展。构建信任体系主要体现在三个方面，即多边数字关系形成、价值创造与利益实现、关系巩固与网络稳定。

资料来源：宋华，韩思齐，刘文诒.数字技术如何构建供应链金融网络信任关系[J].管理世界，2022（3）：182-200.

第三节　商业银行的零售贷款业务

普惠金融是一种理念和实践，旨在为社会各阶层和群体，特别是传统金融服务难以覆盖的小微企业和社会低收入群体等提供可负担、可获得、便捷的金融服务。银行零售业务与普惠金融之间存在紧密的关系,也是实现普惠金融的重要途径之一。通过零售业务,银行能够为更广泛的客户群体提供金融服务,尤其是那些传统金融服务覆盖不到的群体。一般而言,**银行零售业务**(Retail Banking Business)主要指商业银行以自然人、家庭或小企业为服务对象,提供存款、融资、委托理财、有价证券交易、代理服务、委托咨询等各类金融服务的业务,是商业银行提供一站式打包产品和服务的主要途径,是商业银行开辟新市场、新领域、新经营方式的主要工具。

一、银行零售业务的特点

商业银行零售业务具有如下特征:

第一,覆盖面广。与公司业务相比,零售业务通常涉及的客户数目较多,但也比较分散,服务范围更广,服务形式也更多样化。

第二,产品种类繁多。在设计零售商品时,银行会根据客户的风险偏好、投入年数和预期收益来进行考虑。为了满足不同类型客户的差异化需求,银行会追求产品种类的多样性。例如,根据客户的不同风险偏好,开发不同风险等级的理财产品。除此之外,银行还可以利用科技手段,为客户提供更加多元化的服务。目前,以在线服务为主的"线上+线下"服务已经变得越来越常见。

第三,依赖客户黏性。商业银行开展零售业务,其根本原因在于它们拥有与其业务往来密切的零售客户。因此,客户黏性是商业银行开展零售业务的核心。商业银行要设身处地地为客户考虑,将客户的需求充分挖掘出来,对客户展开更细致的分类,提升运营效率和服务水平,提高客户的满意度,增强客户的黏性。

第四,具有高度融合性。商业银行的各项业务体系在其经营过程中相互关联,具有高度的融合性,因此,要想提高银行的利润,就必须令零售业务和其他业务一起发力,缺一不可。零售业务既要为客户提供商品,又要与其他行业进行整合,以更好地为客户服务。

二、银行零售业务的类型及产品

当前商业银行零售业务覆盖范围较广、内容多样,且涉及不同类型的业务,但总体上可以分为负债业务、资产业务和中间业务。负债业务即银行的存款业务,主要是吸收存款,计付利息;资产业务是给银行增加资产的业务形式,即贷款业务,如房屋按揭贷款、消费信用贷款等业务;中间业务即不涉及商业银行表内资产和负债变化,而收取服务费用或者佣金费用的业务,包括担保、基金托管、代客理财、咨询顾问等业务,是依托技术、人力资源和信誉等资源提供服务获得收入的方式,也是当前商业银行收入增速最快的板块。商业银行零售业务的类型及主要产品如表9.4所示。

表 9.4　商业银行零售业务的类型及主要产品

业务类型	主要产品
负债业务	存款业务：吸收存款、计付利息
资产业务	房屋按揭贷款、消费信用贷款
中间业务	担保、基金托管、代客理财、咨询顾问等

资料来源：作者整理。

三、银行零售业务的典型案例：个人消费贷款

近年来，国民经济高速发展，消费在经济发展过程中产生了举足轻重的影响和作用。截至 2023 年年末，中国的个人消费贷款余额（不含个人住房贷款）为 19.78 万亿元，同比增长 14.7%；个人消费贷款的渗透率约为 42%，且持续保持上升的趋势，但相较于其他发达市场仍有较大的提升空间。与此同时，消费金融公司的业务规模也在不断增长。截至 2022 年年末，资产规模和贷款余额均突破 8 000 亿元，分别达到 8 844 亿元和 8 349 亿元，同比增长均为 17.5%，高于经济和消费增速，为恢复和扩大消费需求作出了积极贡献。相较于其他类别的零售资产，个人消费贷款整体不良率偏高；但整体而言，零售类资产的信用表现始终具有较强的韧性。

在这样的发展背景下，不同类型的金融机构在个人消费贷款业务领域展现出不同的发展态势。

1. 互联网金融公司：发展迅猛

互联网金融公司的个人消费贷款业务聚焦长尾客户，依托流量场景，客户体验至上。互联网金融公司如蚂蚁科技、京东科技等随着互联网消费的崛起，凭借其消费场景、获客和风控等优势，发展势头强劲。一是聚焦长尾客户，截至 2023 年年末，支付宝、抖音、淘宝月活跃用户数分别为 8 亿 +、7 亿 +、9 亿 +，公司聚焦没有信用卡或信用卡额度较低的长尾客群，与传统金融机构形成错位竞争；二是依托场景优势，公司依托自身在支付、金融、商业、物流、本地生活、商家服务、数字娱乐等领域所提供的线上、线下的广泛服务，打造智能商业决策系统；三是强化智能风控，基于多种场景的实时数据，公司构建了系统化和全方位的客户画像，以及动态精准信用风险评价体系，有超过 100 种涵盖用户画像、信用和欺诈风险等维度的风险评估模型；四是注重产品品牌打造，如蚂蚁科技主推花呗、借呗，京东科技主推白条、金条，目标客户分类清晰，客户体验得到快速优化，市场口碑迅速提升。

2. 消费金融公司：发展潜力可期

消费金融公司主攻腰部客群，背靠大股东和牌照优势，借助外部平台和数据。截至 2022 年年底，全国 30 家消费金融公司（不含建信消金）总资产规模及贷款余额分

别达到 8 844 亿元和 8 349 亿元，同比增长均为 17.5%；截至 2022 年年底，消费金融公司累计服务客户总人数已达到 3.38 亿人次，同比增长 18.4%，但与 2021 年相比，增速均已放缓。

消费金融公司的股东结构一般采取"资金方+场景方"的组合，目前绝大部分消费金融公司都有银行股东背景，其中招联消费金融股份有限公司、马上消费金融股份有限公司、兴业消费金融股份公司等银行系消费金融公司凭借较好的业绩排名靠前。湖北消费金融股份有限公司由湖北银行股份有限公司联合 TCL 科技集团股份有限公司、武商集团股份有限公司发起设立，注册资本 9.4 亿元。该公司坚持双产品线（线上、线下）并驾齐驱的发展路线，具体产品包括乡村消费贷、菁英循环贷、抵押贷、小鱼福卡等，截至 2021 年年底，该公司消费贷款余额 84.2 亿元（线上 40.7 亿元、线下 43.5 亿元），综合排名在 30 家消费金融公司中保持中部序列。

3. 商业银行：增长相对平稳

商业银行传统上通常倾向于锁定中高净值客群。依托综合金融服务实力，商业银行作为最早开展个人消费者贷款业务的金融机构，凭借低资金成本、低贷款利率与较高贷款额度、丰富的金融资源与风控经验等优势，在服务对象上选择相对优质的客群，占据一定的市场份额。

其中，国有商业银行个人消费贷款在产品设计、客群选择、授信额度、利率水平、办理流程、营销推广等方面差异不大。截至 2023 年年底，中国建设银行消费贷款余额 4 216 亿元，在同业中排名第一。与之相对，股份制商业银行在个人消费者贷款领域善于创新，组织架构灵活。专栏 9.2 介绍了平安银行通过内部数据协同，打造零售贷款业务新生态的典型案例。

为了应对来自股份制商业银行、消费信贷公司以及互联网平台公司的挑战，当前国有商业银行在个人消费者贷款业务上也正在进行积极布局，推进数字化营销，业务发展各具特色。以建设银行为例，在产品创新方面，建设银行推出线上线下结合的个人消费贷款，主抓优质客户进行营销；同时面向非代工优质单位（如华为技术有限公司）推出专属员工快贷，实现了有效的客户拓展。在营销触达方面，建设银行充分利用传统媒体与第三方新媒体平台（包括抖音和腾讯等）加强线上消费贷款的宣传推广；创新推出即时互动工具箱赋能客户经理对外营销，推行员工发起裂变、客户中转裂变、企业内部裂变的快贷业务三级裂变营销模式，并围绕客户旅程配置相应的客户权益；同时还与当地公积金中心直连，通过公私联动，主动上门地推，加大同业竞争优势。截至 2022 年 3 月 21 日，分行公积金快贷余额约 110 亿元。湖南分行将"湘家和"个人线下消费贷款产品作为抓优质企事业单位的钩子产品，公司部、机构部牵头主动上门进行高层营销，个人客户经理做好具体贷款落地事宜。在组织架构方面，建设银行成立个人消费贷款直营团队，从数据分析、产品配备、营销组织推动到各阶段主营产品均设置专人专岗；同时还将个贷客户经理下沉至基层网点，向客户提供以个人贷款业务为主的个人金融服务。

> **专栏 9.2**
>
> **内部数据协同：平安银行打造零售贷款业务新生态**
>
> 中国平安保险（集团）股份有限公司（简称"中国平安"）是一家综合金融集团，业务涵盖保险、银行、资产管理等多个领域。平安银行股份有限公司（简称"平安银行"）是其旗下的重要子公司，专注于商业银行服务。在数字化转型的浪潮中，平安银行依托集团的资源和专业优势，通过打通集团内部的数据连接，加强集团内部的数据要素协同，借助数字技术的科技力量，建立直营专职经理团队，有效促进了零售贷款业务，尤其是消费信贷的快速发展。
>
> **1. 集团内部数据要素的整合与协同**
>
> 平安银行依托集团的深厚背景，积极整合集团内部各业务领域和条线的数据要素资源，致力于消除信息孤岛，实现数据的互联互通。这一战略行动不仅显著提高了银行的内部运营效率，而且为零售贷款业务的精细化管理注入了大数据动力。通过这种数据要素驱动的创新，平安银行能够更精准洞察客户需求，提供个性化服务，从而在竞争激烈的金融市场中居于领先地位。
>
> **2. 数字化精准营销**
>
> 平安银行充分汲取了集团在金融科技领域的创新成果，如大数据分析、云计算、人工智能等前沿数字技术。这些数字技术的应用，赋予平安银行更深层次的客户洞察力，使其能够更加精准地进行客户画像并进行有效预测，捕捉并满足客户的个性化需求，提供定制化的金融产品和服务。通过数字技术的赋能，平安银行得以不断优化客户体验，推动金融服务向更智能、更便捷的方向发展。
>
> **3. 直营专职经理团队**
>
> 平安银行精心打造了一支直营专职经理团队。这些经理不仅精通金融业务，更对数字技术的应用有着深刻的理解和实践经验。他们以一对一的专属服务模式，直接与客户建立联系，提供量身定制的解决方案，从而显著提升了客户的体验质量和满意度。这支团队的专业化和个性化服务，是平安银行在金融服务领域保持竞争力的关键所在。
>
> **4. 智能化风险管理**
>
> 平安银行借助大数据和人工智能等数字技术，构建了一个高度智能化的风险控制体系。这一体系的建立，不仅显著提升了风险识别与预警的精确度，更在根本上强化了银行对潜在风险的预防和应对能力。通过数字技术的加持，平安银行在保障金融安全的同时，也为稳健经营和持续发展奠定了坚实的基础。

5. 零售业务的数字化转型

在前沿数字技术和内部数据协同的支撑下，平安银行的零售业务实现了数字化转型。通过线上渠道，如手机银行 App 和网上银行，客户可以便捷地完成各种金融交易和服务申请。同时，线下网点也通过数字化改造，提供了更加智能化的服务。得益于上述措施，平安银行零售业务实现了持续增长，客户基础不断扩大，产品服务体系日益完善，市场份额稳步提升，成为行业内的佼佼者。

不仅如此，平安银行为满足客户多样化的需求，不断创新金融产品和服务。例如，平安银行推出了基于场景的金融产品，如教育贷款、汽车贷款等，以及结合健康管理的保险产品，为客户提供了全方位的金融解决方案。同时，平安银行通过数字技术手段，对客户体验进行了持续优化。利用大数据和人工智能分析，银行能够实时监控服务质量，快速响应客户反馈，不断改进服务流程。

综上所述，平安银行的实践经验表明，以"大数据＋人工智能"为代表的数字技术，是推动银行零售业务转型发展的重要力量。通过依托数字技术、整合内部数据、建立专职经理团队，平安银行成功打造了一个以客户为中心的零售业务新生态。

资料来源：作者整理。

四、商业银行零售业务发展的挑战与机遇

（一）零售业务面临的外部竞争压力

1. 互联网金融异军突起

近年来，互联网金融的兴起使得客户可以通过网络进行交易支付与结算，无须前往银行网点，这种变化使得网点流量减少，客户流失严重。同时，互联网企业凭借自身操作便捷、数据信息完善的优势，开发线上存贷款产品，踏足原商业银行的存贷款业务领域。此外，互联网企业还创新性地开发出贷款产品，如花呗、京东白条等，允许客户在信用额度内直接进行消费，吸引了众多零售客户，对商业银行在存贷款业务领域的支配地位产生了影响。

2. 银行间竞争激烈，零售产品面临同质化困境

面对互联网金融挤压传统商业银行生存空间的现状，行业内部竞争愈发激烈。在商业银行零售业务板块，当前的盈利方式主要分为两种：一是利差获利，二是中间业务获利。两者都依赖于大量的客户资源。通常而言，零售客户对银行的依存度远不如公司客户，零售客户会在多家银行间进行比较，选择对自己最有利的产品。目前，各大商业银行的服务项目基本类似，产品不存在门槛，同行可以轻易复制。这样，一旦

出现受到客户喜爱的较为出彩的产品，其他同行很快会进行复制，以防止客户流失。长此以往，商业银行零售产品的研发思路呈现出高度的相似性，会出现产品同质化严重的问题，最终，高度相似的产品无法脱颖而出陷入降价的恶性竞争当中，损害了金融业的创造活力。

（二）零售业务面临的内部制约

1. 业务办理流程割裂，服务效率亟待提升

在银行的传统业务模式中，零售业务往往涉及多个部门与环节，如客户咨询、材料审核、贷款审批和放款等。这些环节由不同的部门负责，而部门时间与空间的阻隔会导致整个业务流程被割裂成多个部分。客户在办理业务时需要在不同的部门之间来回奔波，不仅消耗了大量的时间和精力，还会因各部门之间信息沟通不畅出现延误或差错。这些问题给银行发展零售业务带来了较大的负面影响。一方面，客户对银行的满意度下降，可能导致客户流失和市场份额减少；另一方面，服务效率低下增加了银行的运营成本，削弱了银行的盈利能力。

2. 专业人才缺口显现，管理与技术人员协同不足

近年来，乘着数字化转型的东风，商业银行零售业务发展迅猛，但是快速发展使得银行出现专业人才储备不足的问题。银行专业人才的缺乏主要体现在两个方面。一是随着数字化转型的推进，银行对于具备数字化技术、数据分析、信息安全等方面专业技能的人才需求显著增加。然而，目前市场上这类专业人才相对稀缺，导致银行在招聘和选拔合适人才时面临困难。二是一些商业银行在人才培养方面投入不足，导致现有员工技能水平无法满足数字化转型的需求。缺乏系统的培训计划和职业发展路径，使得员工难以提升自身能力，进一步加大了人才缺口，这导致银行在开发新零售产品、制定市场策略、提供个性化服务等方面存在不足。此外，在传统的银行组织架构中，管理人员和技术人员往往相互独立，这在一定程度上导致银行内部沟通和协作不畅。管理人员缺乏对技术的深入了解，无法充分利用技术手段提升零售的效率和质量，造成资源浪费；技术人员只注重技术和产品研发而忽略了实际业务需求，同样会导致效率损失。

3. 客户管理面临瓶颈

商业银行虽然积累了大量客户群体，但也存在很多僵尸客户或者睡眠客户，同时又面临着活跃的客户群被新金融机构挖走的危机。传统的银行客户管理模式遵循"二八定律"，把主要的人力、财力投放在高净值客户上，缺少精准、高效、低成本的营销管理技术来管理80%的长尾小微客户群体。商业银行对海量客户数据的深度挖掘和利用，与互联网金融企业相比还有很大差距，商业银行亟待提升对零售客户的精细化管理，深度挖掘零售个人客户的价值。

同时客户对商业银行零售产品的黏性不高。客户选择具体产品主要考量的是产品

获取便捷程度，商业银行的传统营销手段往往针对众多场景的客群进行大范围推广，难以做到让客户全面认识产品特点，客户也往往因对产品认识不够，而最终选择放弃该产品。

（三）零售业务转型的机遇

党的二十大报告指出，高质量发展是全面建设社会主义现代化国家的首要任务。作为中国金融体系中体量最大的银行业，不仅面临着经济结构调整、利率市场化的传统动因，还面临着供给侧结构性改革深入推进、新旧动能快速转化、数字技术飞速发展的新动因。随着数字普惠金融对银行业的深度赋能，传统零售业务正在经历从业务到管理全流程数字化改造、智能化升级的加速变革。

1. 中国金融进入强监管时代

自 2017 年中国银行业"强监管元年"以来，银行业监管部门先后出台一系列严监管规定，意在整治银行业市场乱象，遏制资金"脱实向虚"，防范金融风险，监管升级成为商业银行转型的助推器。另外，更加严格的《巴塞尔协议Ⅲ》已经正式实施，银行业的监管资本标准提高，这意味着传统的规模扩张的业务发展模式将消耗更多的资本，银行需要调整业务结构并增强自身造血能力以节约资本。零售银行的信贷业务具有低风险和低资本消耗的特点，零售银行的加速转型，将使商业银行的资本尽其所能、安全精准投放，符合监管当局的资本监管要求。

2. 国家政策的导向要求金融回归服务客户、服务实体经济的本源

中美贸易摩擦导致经济发展不确定性增加，加之供给侧结构性改革的深化、金融去杠杆的重磅推进，中国经济面临较大的下行压力。随之出台了很多支持小微企业发展的金融政策，监管部门要求金融回归服务经济实体。因此，促进零售银行业务的转型，向小微企业和个人金融服务倾斜，既符合国家政策导向，也符合国际银行业的经营规律，是保持银行低风险和稳定利润来源的有效途径。

3. 数字技术为零售贷款业务拓展新渠道

基于互联网技术的新兴金融模式，凭借其便捷性、普惠性、开放性和共享性的核心经营理念，赢得了广大消费者的青睐，尤其是为传统金融服务覆盖不足的草根阶层和小微企业提供了全新的金融服务体验。以大数据、云计算、区块链、人工智能为代表的新科技更是助力商业银行的资源有效整合升级，对数据资源进行深度挖掘利用，以颠覆传统商业银行之势带来整个行业的变革。

随着移动互联技术的深度普及，商业银行的渠道建设战略已经从物理渠道、电子渠道的简单并行，升级到"数据驱动"的全渠道并行，为客户的跨渠道交易提供无缝对接、充分一致的良好服务体验。

在新科技的助力下，商业银行的变革不仅体现在资源整合与渠道建设方面，还深入业务模式的各个层面，包括前台业务、网点布局以及风险控制等领域。这种全方位

的变革将重塑商业银行的服务模式和运营策略。

（1）前台业务智能化。数字技术在商业银行的深度应用，使得银行物理网点前台的人工服务大量转向物理与电子渠道组合，线上平台、智能自助机和远程服务模式组合，行内+行外联动的渠道矩阵，实现以智能化、数据化为核心的全渠道服务模式，节约下来的宝贵人力资本将转向更加复杂、专业和无法智能化的岗位。

（2）网点轻型化。随着客户触网、脱媒的趋势加剧，大银行过去以网点多吸引大量客户资源的优势将逐渐丧失，取而代之的轻型化网点将大量降低运维成本，提高物理网点的投入产出效率。中小银行通过网点轻型化，能够弥补过去网点不足、无法覆盖足够的客户群体的弱势，借助转型进行差异化经营。

（3）精准预测与智能风控。随着机器学习技术的不断发展，机器学习算法在银行业的应用越来越广，机器学习在银行的零售贷款业务中扮演着关键角色。首先，机器学习通过分析大量的客户数据和信用历史，能够建立更准确、更精细化的信用评分模型，帮助银行更好地评估客户的信用风险，为信贷决策提供更可靠的依据。其次，机器学习还可以根据客户的历史交易数据、行为数据和个人偏好，实现个性化推荐，向客户推送符合其需求的贷款产品和服务，提高销售转化率和客户满意度。再次，机器学习还能在欺诈检测方面发挥着重要作用，通过分析客户的交易行为和模式，识别出异常交易模式和潜在的欺诈行为，帮助银行降低风险并保护客户利益。最后，机器学习还可以实现智能客服和智能助手运用，提升客户服务水平，使银行能够更好地满足客户需求，提升竞争力。

第四节 大数据和人工智能的新范式

数字技术，尤其是大数据和人工智能技术的广泛应用，深刻推动中国商业银行在服务方式和服务对象上发生巨大变革。银行不再"嫌贫爱富"，而是向零售业务和财富管理业务转型。作为人工智能的一个子集，机器学习其实早在1959年就被提出，但真正的大规模应用是在大数据出现之后。大数据拥有海量特性且形式复杂多样，既有结构化数据，又有非结构化数据，因此仅依靠人工是无法进行大数据分析的。机器学习是一种分析大数据的人工智能技术，由于云计算的出现而在实际中获得了广泛应用。具体地说，机器学习利用计算机算法程序自动分析大数据，并基于大数据进行样本外预测和分类。

一、新范式在银行的应用场景

（一）在银行业风险管理中的应用

在数字技术时代,"大数据+人工智能"的新范式现已成为银行数字化转型中的最强利器。数字化转型推动中国商业银行的服务方式和服务对象都发生了巨大转变,使其向零售业务转型。虽然零售贷款业务一直是银行业务的重要组成部分,但在传统模式下,这一业务常常受到信息不对称所带来的种种风险的困扰。为了应对这些挑战,银行可以利用"大数据+人工智能"的数字技术,通过分析预测来实现客户拓展和风险控制。

"大数据+人工智能"模式下的商业银行零售贷款业务的典型评估流程如图9.3所示。

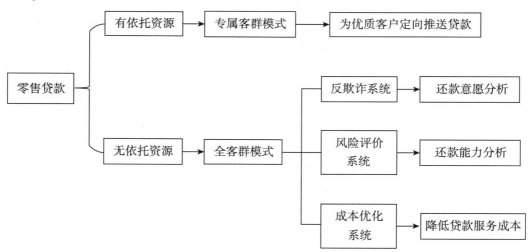

图9.3 银行零售贷款业务的典型评估流程

资料来源:作者整理。

1. 有依托资源零售贷款

银行在有依托资源的情况下,可以借助先进的大数据技术建立专属客群模式,这种模式使得银行能够更好地了解客户、满足客户需求,并提供个性化的贷款服务。银行通过大数据技术获取海量数据,这些数据涵盖客户的各种行为、偏好和历史记录,包括但不限于交易数据、消费行为、社交活动等。通过分析这些数据,银行可以建立全面且多维度的信息库,从而深入了解客户的特点、生活方式、风险偏好等。这种信息库不仅有客户的基本信息,还包括了客户的社会背景、家庭状况、职业情况等多方面信息,为银行提供了更为全面的客户画像。有了这样的信息库,银行可以根据客户的特点和需求,精准地定向推送贷款服务。

通过分析客户的消费行为和生活方式，银行可以了解客户的资金需求和贷款偏好，从而为客户提供个性化的贷款产品和服务。例如，对于热衷于旅游的客户，银行可以推送旅游分期贷款服务；对于有购房需求的客户，银行可以提供住房贷款方案；对于有创业意向的客户，银行可以推出创业贷款产品等。这种个性化的贷款服务不仅能够满足客户的需求，还能够提高客户的满意度和忠诚度，从而提高业务收入和盈利能力。

2. 无依托资源零售贷款

在无依托资源的情况下，银行可以采取一系列措施来实现全客群模式，并利用大数据和机器学习技术来提升风险控制能力和降低贷款服务成本。

首先，银行可以建立反欺诈系统，利用大数据和机器学习技术对客户的还款意愿进行分析和预测。通过分析客户的行为数据、交易模式以及其他相关信息，系统可以识别出潜在的欺诈行为，并采取相应的措施来防止损失。

其次，银行可以利用风险评价系统对客户的还款能力进行分析和预测。通过分析客户的信用历史、收入情况、资产负债情况等数据，系统可以准确地评估客户的还款能力，并据此制定相应的贷款方案和额度。

最后，银行可以利用成本优化系统来降低贷款服务成本。通过优化业务流程、提高运营效率，以及采用自动化技术和数字化工具，银行可以降低贷款服务的成本，并提高盈利能力。在数字技术的支持下，银行的贷款风险和贷款成本能够得到有效的控制。

（二）在银行业精准营销中的应用

机器学习还可以与大数据结合，完善用户画像，开展精准营销。

首先，大数据技术使银行能够收集和存储大量的客户数据，包括交易记录、社交媒体活动、在线搜索行为等。这些数据的积累为机器学习算法提供了丰富的训练样本，从而能够更准确地预测客户的行为和偏好。

其次，机器学习算法可以利用大数据进行客户细分和特征提取。通过分析客户的历史交易数据、行为数据和个人特征，机器学习模型可以识别出不同群体的特征和需求，并据此进行精准的营销推荐。例如，银行可以针对不同群体的客户制定个性化的营销方案，从而优化营销效果，提高客户满意度。

此外，大数据与机器学习的结合还可以帮助银行优化营销活动的策略和执行方式。通过分析客户的反馈数据，了解客户对产品和服务的满意度和需求，银行可以及时调整产品和服务策略，提高客户的满意度和忠诚度。同时，银行还可以利用机器学习算法进行个性化推荐，向客户推送符合其需求的产品和服务，提高销售转化率。

（三）在银行业智能客服中的应用

1. 智能问答系统

银行智能客服系统的一个关键组成部分是智能问答系统。这个系统利用先进的机器学习算法和自然语言处理技术，为客户提供快速、准确的解答和查询服务。通过这个系统，客户不必等待人工客服就可以获取信息，从而大大提高了客户服务的效率。当客户提出问题或查询时，智能问答系统会立即分析并理解问题的意图，并从银行的知识库中检索相关信息和答案，给出相应的回复或建议。如果问题过于复杂或超出了系统的能力范围，系统可以将问题转交给人工客服处理，以确保客户获得满意的解决方案。通过智能问答系统，银行能够实现全天候的客户服务，并在节省成本的同时提高客户满意度。

2. 语音识别技术

大数据和机器学习技术还可以使客户通过语音与智能客服进行交流，从而获得更加便捷的服务体验。

语音识别技术通过大数据的支持，可以建立起庞大的语音数据库，其中包含了各种语音样本和语音特征。这些数据对于机器学习算法的训练至关重要，能够帮助系统更准确地识别和理解不同说话人的语音信息。

语音识别技术依赖机器学习算法，如深度学习神经网络，还可以对语音信号进行分析和处理。这些算法能够自动提取语音中的特征，并将其转换为文字或命令。通过不断的学习和优化，系统可以逐渐提高识别准确率，使得客户的语音交流更加顺畅和自然。在客户使用语音与智能客服交流时，语音识别技术能够迅速将客户的语音信息转换为文字，并理解其中的意图和需求。然后，系统可以根据客户的要求提供相应的服务或回答问题，实现即时的互动和反馈。

3. 情感分析

情感分析是一种利用自然语言处理技术，帮助银行了解客户在书面交流中所表达的情绪和态度的方法。

银行利用情感分析技术的第一步是利用大数据收集和整理客户的文本信息，这可能包括客户在网站、社交媒体或客服平台上留下的评论、反馈、投诉等。然后，通过自然语言处理技术，银行可以对这些文本信息进行分析和处理，以识别出其中所蕴含的情感。

情感分析技术通常基于机器学习算法，如情感词典、深度学习模型等，来自动识别和分类文本中的情感。这些算法能够识别出文本中的情感词汇，并根据其上下文和语境，判断出文本所表达的情感类型和强度。例如，一段文字中出现了诸如"满意""感谢"等带有积极情绪的词汇，系统就可以判断出客户的态度是积极的；而出现了诸如"不满""失望"等带有消极情绪的词汇，则意味着客户可能存在不满或抱怨。

银行一旦识别出客户的情感倾向，就能够及时作出相应的响应和调整。对于满意或积极的情绪，银行可以采取措施加强与客户的互动，提供更优质的服务和支持，以增强客户的忠诚度。而对于不满或消极的情绪，银行则可以立即采取行动解决客户的问题，避免进一步的投诉或负面影响。

二、未来发展方向：具有可解释性的大模型

（一）因果关系可能不再重要

因果关系在社会生活和科学研究中，具有非常重要的价值，但是，大数据和机器学习的新范式使得在某些情形下，并不是非要识别出因果关系才能具有应用场景和价值。首先，在很多决策问题当中，并不是非要知道因果关系，有时候只需要预测出一个结果。其次，当要研究某些重要的经济社会问题而又缺乏直接的数据时，有时候放弃对因果效应的执着，改为只关注经济社会变量的相关关系，会为我们开辟一个新的思路。例如，利用手机使用习惯可能可以预测信贷违约情况，不能认为手机使用习惯"导致"了该个体的信用状况，但又不能否认这种基于大数据征信预测的威力。在大数据中通过预测、分类等手段得出的结论，即便不是因果关系，也往往具有很高的应用价值。

以文本为例，文本大数据的一个鲜明特征是其为非结构化的高维数据。在因果识别中，不论文本数据是处理变量还是结果变量，都需要将文本数据通过某种人工和机器学习的方法，映射到一个低维的结构化数据上，例如将一段文本数据映射到它体现的政治态度、情感或主题上。由于这种映射函数并不是唯一的，因此可能会产生识别问题或过拟合问题。而产生过拟合的原因则主要是，为了更好地获得处理变量和结果变量之间的关系，在映射函数的选择设计上，可能会穷尽训练集数据中的各种细节和噪声，从而使在训练集得到的处理变量和结果变量之间的关系，无法泛化到一般化的情形当中，从而产生虚假的因果关系。

（二）机器学习算法需要可解释性

机器学习算法存在可解释性差的问题。具体而言，为了提高预测能力，机器学习方法的很多创新，在社会科学研究者看来都是难以理解和接受的，如神经网络，其计算过程类似一个"黑箱"，可解释性很差，这给因果关系识别带来很大干扰。学者们仅知道"黑箱"的输入和输出，而"黑箱"内部的运算是如何进行的，往往不得而知，这是很多研究者对机器学习方法持批判态度的一大原因。

因此在未来发展中，具有可解释性在大型机器学习模型中可能会变得越来越重要。尤其是随着机器学习模型在金融领域的应用越来越广泛，模型的决策过程需要对用户和监管机构越来越透明。金融消费者和利益相关者也更倾向于信任那些能够提供清晰解释的模型，这有助于建立对技术的信任，同时会要求算法应用过程具有可解释性，以确保符合隐私和数据保护法规。而且，通过理解模型的工作原理，可以更容易地识别和纠正可能导致不公平或偏见的因素。随着对人工智能伦理和社会责任的讨论日益

增多，可解释性被视为确保技术对社会产生积极影响的关键因素。

当前，可解释的人工智能、注意力机制、特征重要性评分等新技术，正在被开发以提高模型的可解释性。在金融领域发展可解释的大模型是一个复杂的过程，需要跨学科的合作，包括经济学家、计算机科学家、数据科学家等共同努力以实现这一目标。随着技术的进步和对可解释性需求的增加，预计未来会有更多创新的方法和工具来支持这一领域的发展。

（三）中国银行业在金融大模型上的探索

随着数字技术的不断发展和加速迭代，特别是以 ChatGPT 为代表的大模型时代的到来，金融大模型的开发及应用开始成为商业银行数字化转型的重要方向。例如，根据其 2024 年年报，建设银行已经从 2023 年开始实施"方舟计划"，以推进金融大模型的建设工作，旨在进一步提升客户体验和为员工赋能减负。

通过金融大模型的开发和应用，建设银行致力于实现三大目标：金融大模型在业务场景的应用落地、促进员工工作模式的转变以及在人工智能时代建立竞争优势。为此，在基础能力建设方面，金融大模型已具备七方面核心能力：信息总结、信息推断、信息扩展、文本转换、安全与价值观树立、复杂推理以及金融知识掌握。在基础应用建设方面，建设银行已经推出了"方舟"助手、"方舟"工具箱以及向量知识库等金融大模型的基础应用。

在业务场景建设方面，截至 2023 年年末，建设银行已经实现了包括生成智能客服工单、自动化生成营销创意内容和文案、快速生成投研报告摘要和点评、录入语音自动生成拜访记录、输入提示词与关键参数自动生成图片以及自动生成上市公司类客户调查报告等在内的 25 项场景应用，显著提升了员工内容生成工作的专业水平和效率。值得一提的是，智能客服工单生成功能平均每单可节约客服工作时间 15—20 秒，使用率达到 82%，一致性达到 80%，该项目荣获中国银行业协会"2023 年客服中心与远程银行数智化创新应用大赛"其他类赛道冠军。

第五节 大数据从哪里来

一、高频非金融生活场景生成大数据

银行传统业务的发生频率较低，因此难以形成大数据。相比之下，高频场景更容易生成大数据。这些场景通常包括日常生活中的各种活动，如购买电影票、购买咖啡、使用社交媒体和电商平台等。例如，回想一下你上次进行以下活动是在什么时候：

①去银行网点办理业务。这可能发生在几个月前,甚至更久,因为大部分银行业务现在可以在线完成。②购买电影票。这可能是在上周末或者更久之前。③购买咖啡。这可能是昨天或今天早上,因为咖啡是许多人日常生活的一部分。④打开微信。这很可能是今天,甚至是几分钟前,因为微信是目前被高频使用的即时通信工具。⑤打开拼多多、京东或者淘宝。这可能是今天,也可能是上周,或者在你需要购买某些商品的时候。⑥打开抖音或者小红书。这可能是今天,因为抖音和小红书都是被高频使用的娱乐生活应用。

正是一些高频率的日常生活场景,使得相关数据得以迅速积累,形成大数据。这些高频场景通常包括:社交媒体和通信应用,如微信,因为用户会每天多次登录和使用;电商平台,如拼多多、京东和淘宝,用户频繁浏览和购物;短视频平台,如抖音,用户频繁观看和互动;社交电商平台,如小红书,因为用户可能会每天在上面浏览和分享内容。

当然,金融服务的高频场景也能生成大数据,但这些往往是在线或移动端的交易和交互,如移动支付、在线理财和互联网金融服务。这些高频率的非传统金融场景和行为,能够积累大量的数据,为金融服务的改进和创新提供基础。因此,要形成大数据,高频率的用户交互是关键,这不限于金融领域,而是包括了广泛的日常生活和消费场景。

专栏 9.3 介绍了建设银行零售数字化转型"双子星"战略:以"建生态、搭场景、扩用户"为零售业务数字化经营的基本逻辑,构建两个主要的数字平台——"建设银行"App 和"建行生活"App。其中,"建设银行"App 提供全面的金融服务,"建行生活"App 则侧重于生活服务领域,将金融服务与用户的高频日常生活紧密结合,提升用户体验的同时,构建一个高效获客和服务体系。

专栏 9.3

"双子星"战略:中国建设银行的零售数字化转型

中国建设银行于 2017 年提出"住房租赁""普惠金融""金融科技"三大战略,开启了数字化和零售业务转型之路。同年,建设银行还提出"零售优先",重点支持消费金融业务发展。截至 2021 年年末,建设银行的零售贷款规模达 7.98 万亿元,为国内第一大零售贷款行;零售业务利润总额的绝对规模达 2 147.09 亿元,位列国内银行之首,是唯一一家零售利润超 2 000 亿元的银行;零售业务对全行业绩贡献度不断提升,利润总额贡献度达 56.7%,位居六大行榜首;存量零售贷款/总贷款提升至 42.5%,位列六大行第二。总体而言,建设银行的零售战略转型成效显著,零售业务规模已居六大行前列。

1. 从"建设银行"App 到"建行生活"App

建设银行的数字化零售转型依托于"大数据+人工智能"的新范式。在三大战略的指引下,建设银行在金融科技方面的投入显著,数字化平台建设取得了积极进展。根据建设银行2022年年度报告,金融科技人员数量达到15 811人,占集团总人数的4.20%;金融科技投入高达232.90亿元,占营业收入的2.83%。这些投入显著改善了"建设银行"App 的功能和服务,通过不断的迭代升级,提供了更加简化和智能化的服务体验。产品和服务的创新不仅提升了用户体验,也使得用户规模持续扩大,从而推动了业务的快速增长。

那么,数字化平台上的大数据从何而来呢?俗话说:"巧妇难为无米之炊。"在数据爆炸式增长的当下,蕴含可观价值信息的非结构化数据,逐渐成为银行数据要素增长的主力。银行传统业务属于低频场景,难以形成大数据。因此,建设银行不仅在金融场景下收集非结构化数据,如客户在办理业务时产生的身份核查信息、业务凭证影像,以及客户在购买理财产品、远程开户时按监管要求进行的"双录"产生的音频和视频,还有银行系统内记录的日志文件,而且也打通了从非金融场景获取非结构化数据的渠道。

建设银行还实施了"双子星"战略,通过"建设银行"App 和"建行生活"App 的协同发展,实现了高频非金融场景大数据向金融价值的转化。通过打造"建行生活"App,建设银行以非金融服务为切入点,为用户提供美食、外卖、商超、充值、电影票等高频本地生活场景服务,进而与用户建立生态连接,聚集用户流量,提升用户活跃度(见表9.5)。

表9.5 "建行生活"App 场景服务功能

场景	应用
生活缴费	手机电话费、电费、水费、燃气费、供暖费、房租、宽带费等
美食娱乐	演出票务、电影票、盒马鲜生、美团外卖、叮咚买菜等
交通出行	青桔单车、交通罚款、ETC 服务、无感支付、飞机票、火车票等
政务便民	社保公积金、境外退税、国税地税、电子社保卡、个人信用报告等
医疗健康	保险、体检预约、疫苗预约、银医服务等
学校教育	培训费、学杂费、幼儿园缴费、餐费、服装费等

资料来源:作者整理。

2. "建行生活"App 的发展历程

在浙江省成功试点后,"建行生活"App 自2021年7月起正式启动全国规模化推广,迅速扩大了其市场影响力。随着2021年年底"建行生活"完成全国开城和全面面客,App 的升级成了项目推进的关键挑战:一方面,需要快速解决用户在使用过程中遇到的流程和体验问题；另一方面，需要明确 App 的定位——什么样的 App 才能成为一个真正的互联网 App，以及如何打造一个优秀的高频非金融生活场景 App。为了突破这一瓶颈，建设银行选择与一家在本地生活领域具有领导地位的大厂合作，成功提出了 2.0 版本的"美好生活指南"全新定位，并基于消费场景为用户提供"花钱省钱借钱赚钱"的服务逻辑功能规划。

2022 年 7 月，"建行生活" App2.0 版完成了全国推广。同年 7 月 17 日，为庆祝"建行生活" App 推出一周年，"717 美好生活节"站庆活动首次联合十家知名品牌，在全国范围开展了线上线下立体式营销宣传，刷新了平台交易峰值。活动之后，更多品牌优质商户主动寻求与"建行生活" App 建立合作。截至 2023 年 10 月，"建行生活" App 注册用户数达 1.21 亿户，承接 181 个城市超 13 亿元政府消费券资金发放，拉动民生消费近 47 亿元。

"建行生活" App 作为一个免佣的商家公域线上经营平台，能够为数十万家入驻商户门店提供日均百万量级的订单。在交易平台基本能力完成搭建的基础上，"建行生活" App 也正沿着移动互联网的视频号发展趋势，继续向 2.N 甚至 3.0 版本持续探索和迈进。"建行生活" App 的目标并非成为一个高盈利 App，而是成为一个深入了解客户生活需求的平台专家。

3. 建设银行"双子星"助力零售业务数字化经营

建设银行的"双子星"分别从金融和生活两个维度，形成了犄角之势，同时又和高频社交媒体一起，构成了建设银行零售获客"流量三角"，形成了建设银行独具特色的线上服务"网"。"流量三角"是建设银行零售营销运营架构方法论。三角形的两个底角是"建设银行" App 和"建行生活" App，顶角是建设银行的微信等高频流量生态。微信流量生态包括两部分：一是由总行分行的公众号与视频号共同构成的微信矩阵公域流量；二是由建设银行员工、裂变种子客户共同构成的私域流量。

在这样的流量架构下，建设银行配套一系列规划严密、丰富有趣、符合线上用户体验习惯的大型数字营销活动，不断降低金融服务的门槛，提升数字服务的获得感。来自社交媒体的、基于场景生态的外部流量，不管是公域，还是私域，都能够通过有标准、有节奏、有侧重、有规模的数字化营销运营的体系对用户流量进行统筹运营，既发挥了银行总部的企业级行动能力，又不断释放全国分支网络的个性化经营能力，最终将流量源源不断地导向"双子星"，从而完成体系化的获客。

综上所述，建设银行以"双子星"战略，实践"建生态、搭场景、扩用户"的零售业务数字化经营的基本逻辑，通过贴近客户生产、生活场景，与客户保持黏性和良好连接，在"大数据＋人工智能"的新模式下，实现了良好的获客、活客、留客效果。

资料来源：作者整理。

二、银行自身也拥有非结构化大数据的金矿

在现代银行业务中,客户体验数据是一座尚未被完全开发的非结构化大数据金矿。银行可以通过分析这些数据,深入了解客户需求,提升服务质量,并保持市场竞争力。非结构化数据源涵盖了银行内部和外部的多种渠道,形式多样,包括文本和语音等。

(一) 交互产生客户体验的非结构化大数据

银行内部的非结构化数据主要来源于多种客户交互渠道。首先,内部通信与服务渠道生成大量文本数据,包括微信、网上银行、手机银行、智能客服系统以及问卷反馈。例如,客户通过微信与银行客服进行的对话,使用网上银行和手机银行服务时留下的反馈,以及在问卷中提出的意见和建议,这些文本数据都是宝贵的信息源。此外,语音识别技术通过将客户与银行电话热线交互的语音记录转换为文本,也提供了大量可分析的客户体验数据。

根据 2022 年 3 月建设银行报的报道,建设银行每月通过在线客服收集约 30 万条人工文本,通过电话银行接收约 700 万通电话,通过智能客服处理约 1.03 亿次客户交互。这些数据反映了客户与银行互动的频率和内容,是银行了解客户需求和体验的重要资源。

通过对这些非结构化数据进行分析,银行可以获得宝贵的客户体验洞察。例如,通过自然语言处理技术进行情感分析,银行可以识别客户反馈中的情感倾向,了解客户的满意度和不满点。主题提取技术可以识别客户反馈中反复出现的主题和问题,帮助银行改进服务流程和产品。利用机器学习模型进行行为预测,银行可以预测客户的行为和需求,从而提供个性化服务。

当然,除了内部渠道,银行还可以从外部媒体平台收集客户体验数据。社交媒体平台如微信、微博、头条和抖音上,用户频繁讨论和分享他们的银行服务体验,这些讨论和评论是了解客户真实感受的重要资源。网络论坛和评论网站上,用户对银行服务的讨论同样提供了丰富的非结构化数据,反映了广泛的客户意见和建议。

(二) *客户之声大数据赋能数字化客户全生命周期经营*

在数字化转型过程中,利用客户之声的大数据可以显著提升银行在客户全生命周期管理中的能力,使银行能够精准定位客户需求,优化客户体验,增加客户黏性,实现业务增长。

1. 利用客户群体标签,精准营销获客

客户群体标签可以帮助银行识别不同类型的客户,如首次购房者和投资型房贷客户。基于客户之声数据,银行可以分析客户的需求和偏好,发现客户在房贷方面的具体需求。通过分析客户反馈,银行可以了解客户选择房贷产品的原因,包括利率、服

务质量和贷款额度等方面。利用大数据技术，银行可以为不同客户群体设计个性化的营销策略，通过精准推送优惠和服务信息，提高获客效率。

2. 线上线下联动，维护活跃客户

通过客户行为数据分析，银行可以识别客户的活跃时间段，了解客户在何时最常使用银行服务。线上线下联动的方式包括在客户常访问的线上平台（如手机银行、网上银行）和线下网点提供一致的优质服务。银行可以通过大数据分析制定跨渠道的服务策略，例如在客户经常使用的线上渠道提供实时服务，并在线下网点进行个性化跟进，确保客户在不同渠道的体验一致，增强客户黏性。

3. 情绪数据生成，发现挽留客户

情绪数据分析能够帮助银行识别出潜在流失的客户群体，这些客户通常表现出对服务不满或频繁抱怨。分析客户情绪数据可以帮助银行了解客户流失的原因，如对服务质量不满或产品不符合预期。银行可以利用这些情绪数据设计针对性的挽留措施，如提供特别优惠、改善服务流程等。通过情绪数据生成和分析，银行可以实施自动化的客户挽留策略，如在系统检测到客户负面情绪时，自动触发客服人员介入，进行一对一沟通和问题解决，从而提升客户满意度，降低流失率。

（三）利用客户之声大数据提升客户体验，终结"上线即终点"

在银行业的数字化转型过程中，利用客户之声大数据来提升客户体验至关重要。通过建立一个闭环路径，银行可以持续改进产品和服务，避免出现"上线即终点"的现象，实现不断优化与创新。

第一，基于本行产品的建议及诉求，改进产品、服务及流程。银行可以通过大数据分析，系统收集和分析客户对现有产品的建议和诉求。这些数据来源于多个渠道，包括客户反馈表、在线评论、客服记录以及社交媒体互动。通过对这些非结构化数据进行情感分析和主题提取，银行可以识别出客户对特定产品和服务的具体需求和不满点。

一旦识别出这些关键问题，银行就可以有针对性地进行产品改进和流程优化。例如，如果客户反映某一贷款产品的申请流程过于复杂，那么银行可以简化流程、优化用户界面，甚至引入人工智能客服来提升效率。此外，银行还可以利用这些反馈数据进行服务培训，提高员工的服务质量，最终提升整体客户满意度。

第二，基于同行主推、新推产品的客户评价，寻找灵感，提出需求，进行研发，展开推广。除了内部数据，银行还可以通过大数据技术分析同行业竞争者的新产品及其客户评价。这些评价数据通常来自公开的社交媒体评论、专业评测文章以及行业报告。通过深入分析这些外部数据，银行可以获取同行在新产品研发和市场推广方面的成功经验和失败教训。

这种分析不仅可以帮助银行寻找灵感，还能提出新的需求，推动自主研发。例如，如果发现某家银行新推出的理财产品受到广泛好评,且客户评价集中在高收益和灵活性上,那么银行可以据此设计出类似但具有差异化优势的理财产品。同时,在推广阶段,银行可以借鉴同行业有效的市场营销策略,结合自身特色,展开更为精准的推广活动。

(四)利用客户之声的舆情监测建立金融风险防范和化解机制

在金融行业,客户之声的舆情监测对于建立金融风险防范和化解机制至关重要。为了有效应对各种风险,银行可以采取以下措施:

1. 建立针对不同风险种类的词库

针对不同风险种类,银行可以建立相应的词库,包括名词库、动词库和语境库等。这些词库可以涵盖各种可能导致金融风险的因素,如欺诈、违规、资金流失等。通过词库的建立,银行可以实时监测舆情中涉及这些关键词汇的信息,及时发现潜在风险。

2. 建立常态化负面信息监测机制

针对不同信息渠道,银行应建立常态化负面信息监测机制,包括银行内部投诉、新闻媒体投诉、政府监管投诉等。这些监测机制应该具有全面性和多样性,覆盖多种信息来源,以确保对负面舆情的及时感知和有效应对。通过监测机制,银行可以迅速发现并处理与其业务相关的负面舆情,及时采取措施化解潜在风险。

3. 建立应急处置与长效管理机制

针对不同舆情性质和程度,银行应建立应急处置与长效管理机制。对于突发性事件和严重负面舆情,银行需要迅速启动应急处置机制,采取有效措施控制风险扩散,并进行危机公关和舆情回应。同时,银行还应建立长效管理机制,对负面舆情的产生原因进行深入分析,改进相关业务流程,提升服务品质,从根本上化解潜在风险,提升客户满意度。

三、互联网平台公司的大数据优势

(一)互联网平台公司进军零售贷款业务

微信和抖音等互联网社交平台纷纷进军零售贷款业务(见表9.6),其背后的核心逻辑即是基于庞大用户基础的高频大数据。这些互联网社交平台拥有数以亿计的活跃用户,为零售贷款业务提供了巨大的潜在客户群。同时,这些互联网社交平台不仅用户基础庞大,而且日常活跃度非常高,为收集用户行为数据提供了丰富的来源。互联网社交平台积累了大量用户的包括社交行为、兴趣爱好、消费习惯等方面的大量数据。这些大数据不仅有助于更准确地评估用户的信用风险,而且可以用于信用评分和个性化贷款产品设计。这些互联网社交平台公司还通常具备强大的大数据处理和分析能力,能够利用机器学习和人工智能技术,提高贷款业务的效率和风险控制能力。随着以数字技术为代表的金融科技 3.0 的快速发展，不仅传统的银行金融服务正在经历数字化转型，互联网社交平台公司也通过提供贷款服务，开始涉足零售贷款，拓展业务范围。

除了微信和抖音这样的社交平台，阿里巴巴和京东等电商平台也纷纷进军零售贷款业务。它们的主要优势如下：①庞大的用户基础。电商平台拥有庞大的用户群体，这为零售贷款业务提供了丰富的潜在客户资源。②高频交易数据。电商平台上的频繁交易积累了大量的用户交易数据，这些数据有助于评估用户的信用状况和贷款需求。③用户行为分析。电商平台可以借助交易大数据，分析用户的购物行为、搜索习惯、购买偏好等，从而提供个性化的贷款产品和服务。④信用风险管理。电商平台可以基于用户在平台上的行为数据，借助人工智能技术，更加准确地评估贷款风险，提高风险管理能力。

表 9.6　代表性互联网平台进军零售贷款业务的大事记

	微信
2011 年	腾讯公司推出微信，最初作为一个社交通信工具
2013 年	微信推出支付功能，即"微信支付"，开始进入移动支付市场
2014 年	微信春节推出"微信红包"功能，极大地推动了微信支付的普及
2015 年	微信推出"理财通"，正式进入金融服务领域
2015 年	微信与微众银行合作，推出"微粒贷"个人消费贷款产品
2017 年	微信小程序正式上线，金融机构可以通过小程序提供贷款服务
	抖音
2016 年	字节跳动公司推出抖音，这是一个专注于短视频分享的社交平台
2018 年	抖音开始探索电商功能，允许用户在短视频中直接购买商品
2019 年	抖音与多家金融机构合作，在其平台上推广贷款产品
2020 年	抖音加强了对金融科技领域的投入，利用其庞大的用户数据提供信用评估服务
2021 年	抖音继续扩大其金融服务范围，包括个人消费贷款和小微企业贷款
	阿里巴巴
2004 年	支付宝作为淘宝网的交易担保平台被推出，这是阿里巴巴进军金融领域的起点
2011 年	支付宝获得中国人民银行颁发的支付业务许可证，正式成为合法的第三方支付机构
2013 年	阿里巴巴与天弘基金合作推出余额宝，为用户提供货币市场基金在线理财服务
2014 年	阿里巴巴成立蚂蚁金服，整合支付宝等金融业务，正式进入金融服务领域
2015 年	蚂蚁金服推出花呗和借呗，分别为消费者提供信用支付和现金贷款服务
2021 年	蚂蚁集团启动整改以满足监管要求，包括成立个人信用评分公司和调整贷款业务，并拓展区块链、跨境支付等领域的金融科技服务
	京东
2007 年	京东开始自建物流系统，为后续金融服务打下基础
2012 年	京东推出供应链金融服务，为供应商提供融资服务

(续表)

2013 年	京东金融集团成立，开始独立运营金融业务
2014 年	京东推出京东白条，为用户提供信用支付服务
2015 年	京东金融推出京东金条，为消费者提供现金贷款服务
2022 年	京东科技成立，推进区块链、大数据、云计算等领域的金融科技服务

资料来源：作者根据公开信息整理。

（二）互联网平台拥有高频非金融场景大数据

如表9.7所示，微信、抖音、阿里巴巴和京东等互联网平台在开展零售贷款业务时，均利用了它们在各自领域积累的大数据资源。例如，微信作为社交平台，拥有用户的社交网络和通信记录，可以分析用户的社交行为和人际关系网。而且，微信小程序为用户提供了多样的服务，包括购物、出行、娱乐等，使得微信可以收集用户的使用习惯和偏好。用户与公众号的互动，如阅读、点赞、分享等，则为微信提供了用户的兴趣爱好数据。不仅如此，用户的注册信息，如年龄、性别、地区等，为微信提供了用户的基本信息。通过微信支付，微信还能够收集用户的交易记录，包括支付金额、频率和商家类型等。

表9.7 互联网平台的非金融场景高频大数据

平台	数据类型	获取信息
微信	微信社交数据	用户社交行为和人际关系网
	微信支付数据	交易记录、支付金额和频率
	小程序使用数据	用户服务使用习惯和偏好
	用户资料数据	基本信息如年龄、性别、地区
	公众号互动数据	用户的兴趣爱好
抖音	用户行为数据	观看、搜索、点赞、评论和分享
	内容偏好数据	视频观看历史分析
	用户互动数据	私信、关注、搜索等社交行为
	地理位置数据	用户消费能力和区域市场特征
	用户资料	个人资料和设备信息
阿里巴巴	电商交易数据	购物历史、商品偏好、消费能力
	支付宝支付数据	支付习惯、信用记录和交易行为
	物流数据	根据物流信息分析购物频率和模式
	用户评价数据	用户满意度和商品质量
	搜索数据	用户购物意图和需求
	客服数据	产品特点、用户偏好等

(续表)

平台	数据类型	获取信息
京东	购物数据	交易记录、购买商品类型和频率
	用户行为数据	浏览、搜索、收藏和购买行为
	物流数据	根据配送信息分析收货地址和习惯
	支付等金融数据	贷款、理财和保险服务数据
	用户评价数据	商品和服务的评价
	客服数据	产品特点、用户偏好等

资料来源：作者根据公开信息整理。

同样地，抖音（字节跳动）短视频大量收集了用户在平台上的观看、搜索、点赞、评论和分享等行为数据。通过分析用户的视频观看历史，抖音可以了解用户的内容偏好。用户在平台上的互动行为，如私信、关注、搜索等，为抖音提供了用户社交行为的数据。用户的地理位置信息，有利于抖音分析用户的消费能力和区域市场特征。用户的注册信息，包括个人资料和设备信息，为抖音提供了用户的基本信息。

相较于微信和抖音等社交平台，阿里巴巴（蚂蚁集团）和京东则通过电商平台掌握了大量用户的消费相关数据，如淘宝和天猫的电商交易记录，包括购物历史、商品偏好、消费能力以及履约违约等。伴随着电商消费，利用旗下的物流平台菜鸟网络提供的物流信息，阿里巴巴可以分析用户的购物频率和消费模式。通过支付宝的支付数据，阿里巴巴还能够收集用户的支付习惯、信用记录和交易行为。用户在淘宝等平台上的评价和反馈，为阿里巴巴提供了用户满意度和商品质量的数据。不仅如此，用户的搜索记录，还可以充分揭示用户的购物意图和需求。类似于阿里巴巴，京东也通过京东商城的交易记录、物流、支付、用户评价与反馈等，掌握了大量的用户信息。

以上这些通过互联网平台所掌握的大数据，结合机器学习和人工智能的分析方法，能够更准确地评估用户的信用风险，设计个性化的贷款产品，并提供精准的营销服务。但是，值得注意的是，这些互联网平台也面临着数据安全和隐私保护的挑战。它们需要在利用数据的同时，确保用户信息的安全性和合规性。这些需求进一步催生了隐私计算等新兴技术在金融领域的开发和应用。

本章小结

本章通过系统分析数字技术对商业银行普惠金融及零售业务的革新路径与实践意义，阐明了银行零售业务数字化转型的必要性与紧迫性，并探讨了数字化转型对商业银行的深远影响。首先，基于普惠金融的内涵与发展现状，本章阐述了商业银行为什么要走数字普惠的高质量发展之路，以及如何通过构建普惠金融创新发展模式。其次，本章聚焦数字技术对小微企业供应链金融的赋能，剖析了如何通过数据驱动的信任网络破解传统供应链金融中的信息不对称问题。再次，本章在介绍商业银行零售贷款业务发展现状的基础上，进一步阐释了大数据与人工智能技术如何在外部压力与内部制约下重塑零售业务，并强调了技术范式变革对银行业务模式的颠覆性影响。最后，本章通过解析高频非金融生活场景作为商业银行零售业务大数据主要来源的底层逻辑，阐明了数据生态的构建是驱动银行零售业务数字化的基石。

思考题

1. 商业银行为什么要走数字普惠之路？
2. 如何利用数字技术构建小微企业的供应链金融网络？
3. 为什么传统上银行更愿意服务大客户，而不愿意服务零售客户？
4. 为什么银行在数字化转型的同时也开始向零售业务转型？
5. 请列举商业银行在零售数字化转型中主要利用了哪些数字技术。
6. 数字技术在商业银行零售业务中有哪些重要的应用场景？
7. 数字化零售贷款业务的基本技术原理是什么？
8. 数字技术是如何帮助银行实现低成本客户拓展和风险控制的？
9. 数字化零售业务的大数据从哪里来？

关键词

普惠金融；金融包容性；信贷可得性；金融消费者保护；金融健康；金融能力建设；金融消费者投诉；金融素养；数字技术；数字普惠；数字化转型；零售业务；供应链金融；小微企业；信任关系；行动者网络理论；人工智能；机器学习；可解释性；金融大模型；数字化平台；数字化经营；精准营销；用户画像；风险管理；预测；自然语言处理；非结构化大数据；移动支付；网上银行；手机银行；智能客服；语音识别；情感分析；高频；非金融场景；客户之声；互联网平台公司

第十章
数字化助力银行对公业务关联协同

学习目标

【知识目标】 掌握商业银行对公业务的基本概念,熟悉数字化技术在商业银行对公业务中不同的应用场景。

【能力目标】 能够分析数字化技术如何改变传统银行业务模式,特别是在对公业务领域。掌握如何将数字化技术应用到具体的银行业务场景中,以提高效率和服务质量。

【素养目标】 增强对金融产品和服务的理解,特别是对公业务中的金融产品和服务,提高金融素养。提高对数字化工具和平台的熟悉度,能够在数字经济时代中有效地使用这些工具,提高数字素养。

导言:在这一章中,我们将探讨数字化技术如何在商业银行对公业务中提高效率和服务质量。数字化转型不仅关系到银行业务的效率和成本,更直接影响银行在激烈市场竞争中的立足之地。本章将基于现有的理论和模型,结合具体的行业案例,详细分析数字化如何助力银行业务的优化和创新。

本章主要内容围绕"数字化技术在商业银行对公业务中的应用"展开,我们将详细探讨两个核心问题:一是商业银行对公业务的内涵、特点和重要性是什么,二是数字化技术在商业银行对公业务中的具体应用有哪些。通过这些讨论,读者能够更全面地理解数字化技术在现代银行业务中的重要作用和实际应用。

第一节 商业银行对公业务概述

一、对公业务的定义、特点和重要性

（一）定义

对公业务，也称公司业务或批发业务，主要面向企事业单位、社会组织和其他团体。这类业务的客户主体是企业和机构，其交易规模通常较大，过程复杂，信用风险较高。商业银行在对公业务方面需要采取高度风险防范管理措施，以确保资金的安全和稳定。

与对公业务不同，零售业务则主要面向个人、家庭和小微企业等提供金融服务。零售业务的客户群体广泛，包括储蓄存款人、贷款借款人、信用卡用户等。这部分客户数量庞大，需求差异较大。零售业务的服务形式多样，通过柜面业务、电话银行、网上银行、手机银行等多种渠道提供金融服务。零售业务的产品丰富多样，可以满足客户的日常资金存取、消费贷款、投资理财等需求。

商业银行的对公业务和零售业务在客户对象、业务范围、服务形式、产品特点、风险与收益等方面均存在明显的区别。对公业务主要关注大型企业和机构，交易规模大、风险高、收益高；而零售业务则主要面向个人和小微企业，客户群体广泛，服务形式多样，产品丰富，风险较低。

（二）特点

对公业务的特点主要体现在以下几个方面：

1. 客户群体特定

对公业务的客户群体主要是各种企业、社会组织以及其他团体，包括机构客户。这些机构在办理业务时往往具有一定的稳定性。

2. 业务规模和额度大

对公业务的产品和服务规模较大，具有金额多、频率高的特点。对公客户虽然数量相对较少，但单一客户的业务量大，且交易金额通常较大。

3. 业务办理程序复杂

由于对公业务涉及的资金规模较大，因此其业务办理的程序相对较多，较为复杂。例如，对公贷款的申请流程如下：

（1）贷前咨询：企业与银行进行初步沟通，了解贷款产品的特点、利率、还款方式等信息。

（2）提交申请：企业向银行提交贷款申请及相关财务资料、营业执照、法人身份证等材料。

（3）银行审批：银行对企业的信用状况、财务状况、经营状况等进行审查，决定是否批准贷款。

（4）签订合同：若申请获批，则双方签订贷款合同，明确贷款金额、利率、还款期限、担保方式等条款。

（5）放款：签订合同后，银行将贷款资金划拨到企业指定的账户。

（6）贷后管理：银行对企业进行贷后跟踪，确保贷款资金按合同规定用途使用，企业按期还款。

4. 服务多样化

对公业务提供的服务种类丰富，包括存款和贷款业务、外币汇兑业务、融资租赁、金融咨询服务等，业务面覆盖银行资产业务、负债业务、中间业务的不同方向。

5. 客户关系管理全面且系统化

商业银行在对公业务客户关系管理上投入巨大，通过客户关系管理系统全面掌握客户的基本信息和交易流水情况，使客户经理在客户关系管理过程中行为高度系统化。

（三）重要性

对公业务的重要性主要体现在以下几个方面：

1. 对公业务是商业银行利润的主要来源

对公业务涉及大量的资金流动和复杂的金融服务需求，因此产生的收益相对较高。商业银行通过对公业务可以获得利差收入，以及手续费、顾问费等中间业务收入，这些收入是银行盈利的重要组成部分。

2. 对公业务对于支持实体经济发展具有关键作用

银行通过为企业提供融资、结算、理财等对公业务服务，可以帮助企业扩大生产规模、提高经营效率，进而推动实体经济的发展。这些服务不仅有助于企业的成长，也对整个经济体系的稳定和发展起到了积极的促进作用。

3. 对公业务的发展有助于推动经济结构和产业结构的转型升级

随着经济的发展和产业结构的调整，企业对金融服务的需求也在不断变化。商业银行通过发展对公业务，可以更好地满足企业的金融服务需求，推动经济向高质量、可持续的方向发展。

4. 对公业务是银行与客户建立长期合作关系的重要基础

通过为企业提供全面的金融服务，银行可以深入了解企业的经营状况和未来发展计划，从而为企业提供更加精准、个性化的服务。这种长期合作关系不仅有助于银行稳定客户群体、提高市场份额，也有助于提升银行的品牌形象和市场竞争力。

综上所述，对公业务对于商业银行的盈利、实体经济的发展、经济结构的转型升级以及银行与客户关系的建立都具有重要的意义。因此，商业银行应该高度重视对公业务的发展，不断优化服务流程、提升服务质量，以满足客户的需求并推动自身的发展。

二、数字化技术在商业银行对公业务中的应用背景和意义

2020年4月，中共中央、国务院联合发布《关于构建更加完善的要素市场化配置体制机制的意见》，首次将"数据"列为第五大生产要素，具有鲜明的时代背景和深远意义。2021年12月，中国人民银行印发《金融科技发展规划（2022—2025年）》，提出了新时期金融科技发展指导意见，明确了金融数字化转型的总体思路、发展目标、重点任务和实施保障。2022年1月，中国银保监会发布《关于银行业保险业数字化转型的指导意见》，明确提出"积极发展产业数字金融"。在以数据为新型生产要素的大数据时代里，重塑、再造、优化、提升对公业务的发展模式，是商业银行强化核心竞争力和差异化竞争优势的重要方式。① 2018—2023年《政府工作报告》在关数字经济主要论述如图10.1所示。

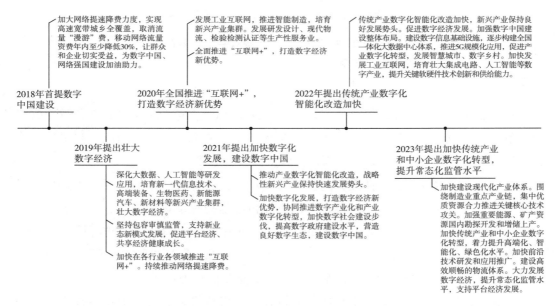

图 10.1　2018—2023 年《政府工作报告》数字经济主要论述

资料来源：作者整理。

当前全球经济呈现"三低两高"② 态势，我国经济发展方式、发展结构、增长动能进入转型升级攻坚期。同时，作为构建现代化经济体系的重要引擎，数字经济正在成为重组全球要素资源、重塑全球经济结构、改变全球竞争格局的关键力量，全球范围

---

① 邮储银行陈伟：大数据时代商业银行对公业务的重塑与再造[EB/OL].（2022-04-06）[2024-12-13]. https://www.sohu.com/a/535620542_121123919.
② 具体指低增长、低通胀、低利率和高债务、高收入分配失衡。

内数字经济发展迅速。"十四五"时期，我国数字经济转向深化应用、规范发展、普惠共享的新阶段。图 10.2 展现了 2017—2022 年中国数字经济总体规模情况。

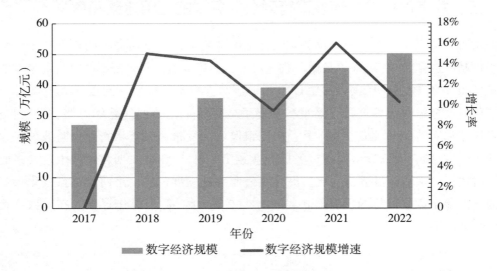

图 10.2　2017—2022 年中国数字经济情况

注：左轴是中国数字经济总体规模，右轴是中国数字经济总体规模的年增长率。
资料来源：作者整理。

对公业务作为商业银行的重要组成部分，面临着日益复杂的客户需求和激烈的市场竞争。传统的对公业务模式已经无法满足现代企业的金融需求，因此，利用数字化技术推动对公业务的创新和发展成为银行的重要战略选择。

此外，数字化技术也为商业银行提供了更广阔的业务发展空间。通过大数据、云计算、人工智能等技术的应用，银行可以更加精准地把握市场趋势和客户需求，开发出更加符合市场需求的对公业务产品和服务，从而拓展业务领域，提升盈利能力。

数字化技术在商业银行对公业务中具有重要的意义，主要体现在以下几个方面：

1. 数字化技术极大地提升了商业银行对公业务的处理效率

借助大数据、云计算、人工智能等先进技术，银行可以实现自动化、智能化的对公业务处理，减少人工操作，缩短业务流程，从而显著提高业务处理的速度和准确性。

2. 数字化技术有助于优化对公业务的服务质量

通过对客户数据的深度挖掘和分析，银行可以更精准地把握客户需求，为客户提供更加个性化、差异化的服务。同时，数字化技术也可以提升客户体验，例如通过线上渠道提供便捷的服务，节省客户的时间和成本。

3. 数字化技术为商业银行对公业务的创新提供了强大的支持

银行可以利用数字化技术开发出更加符合市场需求的对公业务产品和服务，如供应链金融、跨境金融等，从而拓展业务领域，提升市场竞争力。

4. 数字化技术有助于降低商业银行对公业务的运营成本

通过自动化和智能化的处理，银行可以减少人力资源的投入，降低运营成本。同时，数字化技术还可以提高风险管理水平，减少人为因素导致的风险损失。

5. 数字化技术是商业银行应对市场竞争和客户需求变化的重要手段

随着数字化技术的不断发展和普及，越来越多的客户和企业开始倾向于选择数字化程度高的银行进行合作。因此，商业银行需要积极拥抱数字化技术，提升对公业务的数字化水平，以赢得客户的信任和市场的认可。

综上所述，数字化技术在商业银行对公业务中具有重要的意义，是银行提升效率、优化服务、拓展业务、降低成本和应对市场变化的重要手段。

第二节　数字化技术在商业银行对公业务中的应用

随着国家数字化转型系列政策的出台及前沿技术在金融服务领域应用的逐步成熟，银行数字化转型已经成为国内商业银行发展的趋势。近年国内银行业在 IT 建设与服务领域的资金投入规模逐年递增，自 2019 年起银行业 IT 投入规模以 24% 的复合增长率稳定高速增长，在 2022 年突破 3 000 亿元（见图 10.3），预计未来国内银行业 IT 投入规模仍将以约 24.6% 的复合增长率保持高速增长态势，于 2025 年达到接近 6 000 亿元的规模投入。[①]

数字化技术是指将各种物质形态的信息资料转化为数字信号，经过编码、处理、存储与传输，以数字化的形式记录、处理、传达、存储和复制信息的技术。简而言之，数字化技术就是用数字的方式记录和处理信息。数字化技术主要包含大数据、云计算、人工智能以及区块链技术，通常概括为 ABCD：A——人工智能（Artificial Intelligence）；B——区块链（Block Chain）；C——云计算（Cloud）；D——大数据（Big Data）。下面分别从这四个方面对数字化技术在商业银行对公业务中的应用进行梳理。

---

① 艾瑞咨询. 2023 年中国银行业数字化转型研究报告［EB/OL］.（2023 – 06 – 27）［2024 – 10 – 29］. https://finance.sina.com.cn/tech/roll/2023 – 06 – 27/doc – imyysaay3696555.shtml.

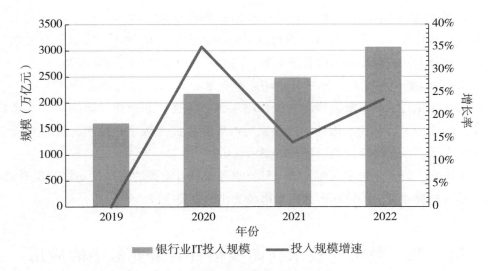

图 10.3　2019—2022 年中国银行业 IT 投入规模

注：左轴是银行业 IT 投入规模，右轴是银行业 IT 投入规模的年增长率。

资料来源：艾瑞咨询. 2023 年中国银行业数字化转型研究报告［EB/OL］.（2023 – 06 – 27）［2024 – 10 – 29］. https://finance.sina.com.cn/tech/roll/2023 – 06 – 27/doc – imyysaay3696555.shtml.

一、人工智能在商业银行对公业务中的应用

人工智能一词起源于 1956 年美国达特茅斯人工智能夏季研讨会，随后人工智能领域经历了三次发展高峰，伴随着人工智能两大派系此起彼伏的交叠发展——一派试图模拟人的心智，而另一派试图模拟生物神经系统。与其他行业相比，银行业拥有海量稳定的数据信息，以及迫切的自动化和智能化需求，是人工智能技术应用的沃土。

人工智能在商业银行的应用及效应主要体现在以下几个方面：

（一）提升业务效率

人工智能作为新兴技术代表，推动了商业银行的业务效率显著提升。以浦发银行"网贷通"、招商银行"闪电贷"、民生银行"小微宝"等针对个人、小微企业的在线信用贷款产品为例。这些产品以银行内部数据为基础，融合 POS 机流水记录、个人征信、诉讼、税务等第三方机构数据，充分运用信用评分模型、决策系统等大数据处理和专家系统技术，实现了对客户的综合信用评价与差异化风险定价，从客户提出申请到审批完成贷款只需几分钟，依托人工智能和大数据处理技术，极大提高了银行贷款审批的效率，提升了银行客户办理业务的体验。

（二）优化成本控制

1. 人力成本

采用智能机器人、智能客服、智能发卡机等技术，银行可有效替代简单销售、客

服、基础营销等岗位，减少基础岗位人员需求，逐步降低人力成本。根据波士顿咨询公司的报告，到2025年，银行业受人工智能技术应用的影响，岗位将削减23%。

2. 运营成本

通过引入人脸识别、语音识别和智能机器人等技术，采用实时电子照片、电子签名和电子凭证等方式，银行在业务处理过程中减少了对纸质材料的需求以及纸质凭证的输出，有效控制了银行运营成本。

3. 客户成本

银行推出的在线信用贷款产品，采用在线申请、在线提贷以及在线还款的全流程在线模式，打破了时间和空间限制，提高了为客户办理业务的效率，节省了客户的时间和人力成本。

（三）完善风控体系

1. 针对贷款服务客户，构建立体化的智能风控体系

在企业风控领域，银行可以借助大数据和知识图谱等技术，充分整合企业工商信息、法院诉讼信息、工商税务信息、关联企业风险等数据，优化企业信用评估模型，及时准确地把控企业的经营状况和潜在风险。

2. 针对贷款业务流程，构建全流程的智能风控体系

依托人工智能等技术，银行在选取客户、综合审批和贷后跟踪等各环节可以采取恰当的风险应对措施。在选取客户环节，利用多维分析和知识图谱技术，对客户进行精准画像，全面评估客户风险状况，建立客户黑名单，为选取客户提供科学依据。在综合审批环节，借助神经网络和深度学习等方法建立综合信用评分模型，完成客户信用评分，并根据评分结果实时提供审批策略，确定贷款额度，有效规避信贷审批过程中的主观因素，降低人工操作失误风险。在贷后跟踪环节，依托内外部数据对客户经营和消费等行为进行实时或准实时分析，捕捉并挖掘客户行为的潜在相关性，把控客户信用风险变化，提升应急处置效率，有效降低资金风险。

3. 针对风险管理领域，构建全场景的智能风控体系

银行应充分识别和评估信用风险、操作风险、欺诈风险等各类风险，并提供应对措施。在信用风险方面，凭借客户画像、专家系统等技术和方法，消除信息不对称，保证决策的正确性。在操作风险方面，利用大数据采集处理技术及机器学习技术对银行内部员工的经营行为进行监测分析，揭示相应风险并提前防范化解。在欺诈风险方面，凭借银行内外部多种数据及数据分析方法，挖掘用户行为特征、用户关联特征等方面的异常事件，结合手机唯一识别码、手机卡信息、GPS定位等多维度分析潜在欺诈风险，有效提高银行反欺诈效率。

（四）推动产品创新

依托POS机流水、工商、税务、法院诉讼信息，结合银行内部数据，借助信用评

分模型和决策系统等智能化分析手段,各银行不断推出在线信用贷款产品。通过在线信用贷款的方式,银行为客户提供了便利,有效降低了客户融资成本。①

二、区块链在商业银行对公业务中的应用

区块链是一种块链式存储、不可篡改、安全可信的去中心化分布式账本,它结合了分布式存储、点对点传输、共识机制、密码学等技术,通过不断增长的数据块链记录交易和信息,确保数据的安全和透明性。

区块链的核心思想是将数据分散存储在多个节点上,通过加密算法和共识机制保证数据的安全性和可信度。它没有单一的控制中心,每个节点都有数据的拷贝,并可以进行验证和更新,这使得区块链成为一种去中心化的、公开的、安全的和可追溯的数据库。区块链不仅可以用于存储数据、验证身份、执行智能合约和管理数字资产等应用场景,还可以为商业银行对公业务中的跨境支付与清算、供应链金融、贸易金融等领域提供解决方案,帮助提高交易效率、降低风险并增强信任。

区块链在商业银行对公业务中的应用主要体现在以下几个方面:

(一) 跨境支付与清算

区块链技术为商业银行提供了更快速、安全和成本效益高的跨境支付和清算服务。首先,传统的跨境支付涉及多个中介机构和复杂的流程,导致效率低下和成本高昂。而区块链的去中心化特性使得交易可以点对点进行,无须经过多个中介机构,从而大大简化了流程,提高了效率。其次,区块链技术通过加密算法和分布式账本,保证了交易数据的安全性和可信度,这可以有效防止数据篡改和信息泄露的风险,降低潜在的欺诈和信用风险。最后,传统跨境支付可能需要经过多个银行间的清算与结算,耗费时间较长。而区块链技术可以实现实时的清算与结算,大幅缩短了跨境支付的处理时间,提高了资金流动性。表10.1是关于传统跨境支付和区块链跨境支付的对比。

表10.1 传统跨境支付和区块链跨境支付对比

维度	传统跨境支付	区块链跨境支付	备注
时效性	10分钟到几天	几乎实时,秒级别	取决于网络和算力,但使用区块链技术会大大加快处理速度
便捷性	有时间窗口,T+1	7×24小时无限制	传统跨境支付的时间窗口取决于清算系统,一般是T+1

---

① 冯一洲. 人工智能技术在商业银行的应用探讨[J]. 金融电子化, 2019(9): 73-74.

(续表)

维度	传统跨境支付	区块链跨境支付	备注
安全性	有风险	全程记录，个人信息保护	区块链记录不可更改，使得跨境汇款的各参与方有实时、可信的信息验证渠道，汇款有迹可循，更加安全，用户的隐私信息能得到更全面的保障
透明性	监管复杂，需要多方支持	实时更新对应信息	区块链技术还能降低风险，使跨境汇款实现更透明的监管和更高效的风控。监管机构可以对个人跨境汇款链路进行实时、全程监测，极大提高时效性和有效性
成本	汇率和手续费较高	汇率和手续费较低	由于实时性和中介减少，区块链技术降低了金融机构的操作、合规、对账成本，让资金运营效率得到了提高，同时，实时性降低了由交易时间差带来的汇率波动损失

资料来源：作者整理。

可以看到，区块链技术的突出优势有：

第一，显著提高交易速度。传统跨境支付模式中存在大量人工对账操作，银行在日终进行交易的批量处理，通常一笔交易需要至少24小时才能完成。而应用区块链技术的跨境支付可提供7×24小时不间断服务，并且减少流程中的人工处理环节，大幅缩短清结算时间。比如使用Ripple分布式金融解决方案，只需要几秒就能完成传统模式下需要2到6个工作日完成的工作。

第二，有效降低交易成本。麦肯锡报告数据显示，通过代理行模式完成一笔跨境支付的平均成本高达数美元，是完成一笔国内支付成本的10倍以上。传统跨境支付模式中存在支付处理、接收、财务运营和对账等成本。而区块链技术的应用，可以削弱交易流程中的中介机构作用，提高资金流动性，实现实时确认和监控，有效降低交易各环节中的直接和间接成本。

（二）供应链金融

供应链金融是把金融服务在整个供应链链条铺开，银行基于对供应链上核心企业的信任，给予上游供应商以应收账款融资、下游经销商以应付账款融资服务，以及其他相关金融服务。供应链上下游企业获得的授信正是通过核心企业雄厚的授信条件和较强的信息整合能力实现的。在整个供应链条上开展金融服务是商业银行业务和产品创新的一个重要方向。

供应链金融从本质上讲对中小企业更加包容和开放，它为解决中小企业的融资问题提供了一个很好的思路。供应链金融自提出以来就被各方看好，从风险控制方面讲，它把核心企业与配套的上下游企业作为一个整体，把单个企业的不可控风险转化成整体可控的风险。这种风险控制方法的创新，既增加了商业银行的业务规模，又解决了中小企业的流动资金需求,践行了金融服务实体经济的宗旨。

根据艾瑞统计测算,2023年,不同类型参与者进行供应链数字化服务的收入约为3.6万亿元人民币,同比增速11.0%,受宏观经济波动等不稳定因素影响,行业增速较之前两年呈下降趋势。按照供应链"三流"(物流、信息流、资金流)服务进行拆分,物流环节供应链数字化服务占最大比重,但信息流和资金流的供应链数字化服务具备更强的增长性。其中物流包括工业物流、电子商务、冷链运输、跨境运输等领域,信息流包括各类软件服务商为企业直接提供的采购、制造、流通、销售等全供应链链条或单点环节信息化改造相关的软件应用等,资金流是由传统金融机构和支付机构共同提供的,为不同行业、不同体量的企业提供供应链金融、产业支付、线下收单等多种金融及支付服务。

区块链技术可以应用于供应链金融领域,帮助商业银行追踪产品的来源和去向,确保供应链的可信度和透明度。通过区块链,银行可以实时获取供应链上的各种信息,包括交易数据、物流信息等,从而更准确地评估风险并作出决策。此外,区块链还可以提供智能合约功能,实现自动化交付和支付,降低风险和操作成本。可以说,区块链技术为供应链金融的应用发展提供了新思路,具体有以下四个方面:

1. 数据共享

区块链可通过分布式账本技术形成数据共享。在供应链金融中的各级供应商和经销商可以从传统的一对一业务模式转变为团队协同参与模式,继而使供应链更加透明,最终达到快速共享应付账款数据和相关交易数据的目的。

2. 数据存证

区块链技术可以通过加密形成不可篡改的文档,通过协商机制和对参与者的联合确认,避免对参与者的欺诈。同时,不可篡改的文档会大大降低管理成本,通过区块链处理的账单和文档无须层层审查,因此可以大大降低运营成本。在数据的多维交叉验证下,数据的可信度和企业信用评级还可以进一步提高。

3. 智能合约

智能合约是指将所有参与方同意的债权关系写入区块链。当约定的条件达成后,条款将自动执行,具有自动性和强制性。根据智能合约的处理方式,银行可以在不受人为干预的情况下快速完成多个供应商之间的资金清算,取代了供应链中大量的人工审计和操作,可以有效避免和防止人为造成的错误和欺诈。

4. 价值转移

在目前区块链的应用场景中,需要对一级供应商的应收款逐一进行登记和确权,并以区块链作为支付凭证进行分割,直接确保供应链的各级供应商均可得到信用背书,对资金池进行有效盘活,从某种程度上提高全局供应链的融资效率。

> 专栏 10.1
>
> **浙商银行：基于区块链技术的企业"应收款链平台"**
>
> 　　浙商银行针对供应链条内中小企业现金短缺、融资难等问题独辟蹊径，于 2017 年 8 月 16 日推出业内首款基于区块链技术的企业"应收款链平台"，采用金融科技新手段，解决企业应收账款的真实性确认、快速流转等问题。浙商银行"应收款链平台"的运营模式如图 10.4 所示。
>
>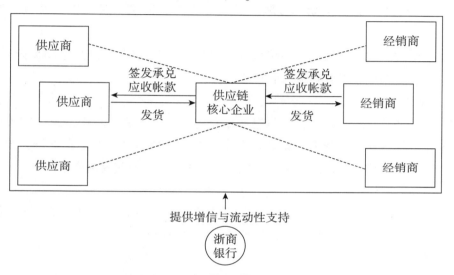
>
> **图 10.4　浙商银行"应收款链平台"的运营模式**
>
> 　　为解决企业应收账款的痛点和难点，浙商银行创新开发了一个采用区块链技术的企业与银行合作平台，专门用于企业应收账款的发行、承兑、支付、质押、履约等模块，最终实现了无资金交易，降低了整体供应链及产业链的成本。
>
> 　　浙商银行在应收款链平台中，首次运用了区块链技术。交易数据在区块链上一经密钥生成后不能更改，任何第三方均无法篡改应收款交易信息。而且区块链采用分布式账本技术记录应收款信息，改变了传统应收款依赖于纸质或电子数据的情况，从而最大程度地保证了应收款信息安全。此外，企业可以通过应收账款链平台发行和接收应收账款，将账面上的应收账款转化为安全、高效的支付结算工具，从而活跃应收账款，减少外部负债。在产业链周围，银行机构为应收账款流通提供信贷支持：上游企业在收到应收账款后，可以直接支付在平台上购买商品的款项，也可以将应收账款进行转让或质押，激活资金，方便企业对外支付和融资。
>
> 　　资料来源：李佳佳，王正位. 基于区块链技术的供应链金融应用模式、风险挑战与政策建议［J］. 新金融，2021（1）：48-55.

（三）贸易金融

贸易金融是指商业银行在贸易双方债权债务关系的基础上，为国内或跨国的商品和服务贸易提供的贯穿贸易活动整个价值链、全程全面性的综合金融服务。伴随全球化的进程，全球贸易量显著增长。WTO 数据显示，2018 年全球贸易规模达 19.7 万亿美元，这使得能够降低贸易风险的贸易金融服务越来越受进出口商的青睐。随着新冠疫情在全球蔓延，国际贸易大幅萎缩，部分产业链受阻甚至中断。疫情环境下，贸易方为缓解风险，对贸易金融产品有了更大的需求，对跟单贸易金融的需求也显著增长。

在贸易金融的发展过程中，传统贸易金融模式在各场景中都遇到了瓶颈，主要是由于传统贸易金融模式尚未解决以下问题：

1. 数据孤岛

贸易流程涉及众多交易方，其信息数据化程度参差不齐，不同系统之间难以互联互通，使得数据传递效率低下。尤其是中小企业往往缺少足够的信息支持，致使金融机构不得不提高授信门槛以降低风险，这增加了中小企业的贸易融资成本。

2. 信息真实性难证实

跨国贸易受地域、文化等限制，信息严重不透明、不对称，使得虚假信息排查难度大、成本高，金融机构难以对贸易信息的真实性进行证实。

3. 信用难以传递

金融机构对链条上的一家企业进行评估授信后，该信用难以随着贸易链条进行传递。而跨境贸易涉及的贸易链条往往长且复杂，导致金融机构无法触达链条两端更多的参与者。

4. 对账成本高

供应链中的资金流、物流、信息流均需要定期对账，以降低供应链整体的风险。但是传统贸易金融模式的对账成本较高，且对账操作较为困难。

目前，区块链技术已被列为需要加快培育和跨界融合的颠覆性技术及战略前沿技术，其特有的技术能力和治理机制能够为贸易金融行业带来颠覆式创新，形成新的价值网络。具体体现在，区块链技术构建了区块链驱动发展的创新能力系统、激发需求与活力的创新动力系统、支撑再造创新能力和创新动力的创新生态系统这三大系统，并实现了创新能力系统、创新动力系统、创新生态系统三大要素的协同，形成了"三位一体"框架（见图10.5）。

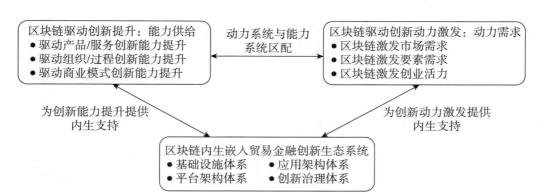

图 10.5　区块链促进贸易金融发展的"三位一体"框架

资料来源：周伟华，徐薇洁，胡潇. 区块链技术驱动贸易金融发展路径研究：以中国人民银行贸易金融区块链平台为例［J］. 创新科技，2022（22）：48-55.

> **专栏 10.2**
>
> ### 贸易金融区块链平台
>
> 为了解决当前贸易金融体系中存在的"协作水平低、金融服务增值弱、监管与风控难"等问题，防止金融欺诈，防范金融风险，落实"放管服"的具体要求，降低企业融资成本，提高融资效率，中国人民银行数字货币研究所于 2018 年 9 月推出贸易金融区块链平台（以下简称"贸金平台"），旨在借助区块链等新兴的数字技术创新贸易金融产品形态，切实解决中小企业"融资难、融资贵"的问题，同时将数字化监管贯穿业务始终，让信息更互通、信任更彻底、监管更智能，以实现贸易金融数字化从 2.0 平台阶段向 3.0 生态阶段的转变，打破平台之间的"数据孤岛"，打造跨链生态。
>
> 当前，贸金平台已经上线并运行了供应链多级应收账款融资、央行再贴现快速通道（微票通）、税务备案服务贸易便利化、跨境贸易融资、国际贸易货款监管等多项业务场景。其典型应用在于多级应收账款融资：重构供应链信用体系，多级传导核心企业信用。
>
> 传统供应链应收账款融资模式的痛点一是链上信息不透明造成的信用问题，应收账款的真实性难以确认；二是传统票据不可拆分导致融资局限于一级供应商，二级及以上供应商融资困难。
>
> 区块链技术和供应链的融合，创新了传统的供应链金融模式，发展出了双链金融模式，具有数据可信、可穿透监管的特点。贸金平台的多级应收账款融资业务即双链金融的典型应用，通过区块链技术赋能，将核心企业授信额度通证化、应收账款信息上链，解决了应收账款的确权、信用分割和传递问题。

在贸易金融领域，区块链技术可以帮助商业银行解决信用证交易中存在的信息不对称和欺诈问题。通过将信用证信息上链，银行可以实时验证交易的真实性和合法性，减少欺诈风险。同时，区块链的智能合约功能还可以自动执行合同条款，减少人工操作成本和误差。

贸金平台的多级应收账款融资业务流程如图10.6所示。

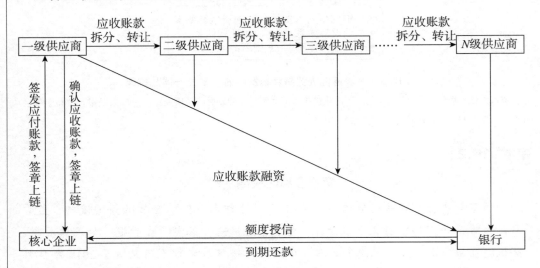

图10.6 贸金平台多级应收账款融资业务流程

供应链上的核心企业在银行拥有授信额度，由核心企业填写应付账款的签发信息，对应付账款确认函文件进行客户签章，贸金平台将签章上链，完成核心企业对供应商的应付账款签发过程；供应商在贸金平台上收到该笔应付账款签发信息后，填写应收账款信息，进行客户签章，完成该笔应收账款的确认，同时由贸金平台将签章上链。一级供应商直接从核心企业处获得应收账款后，可以对应收账款进行拆分，转让部分账款给二级供应商，以此类推，每一级供应商都可以把自己收到的应收账款拆分、继续转让，也可以通过应收账款向银行发起融资申请，在银行受理且审批通过后，由核心企业到期还款。

借助该业务，中小企业能快速获得融资，核心企业的应付账款账期得以延长，银行可以降低贸易信息审核成本、拓宽客户范围，监管部门能够全程监控、及时干预。

对于中小企业而言，该业务将核心企业的融资信用逐级传导到末端的N级供应商，解决了供应链上中小企业融资过程中信用不足的问题；原本达不到银行融资标准的企业，也能利用核心企业的信用获得贷款。与独立融资相比，该业务大幅提升了融资效率，降低了融资成本。

对于核心企业而言,该业务重构了供应链的信用体系,降低了供应链整体融资成本,提升了供应链资金周转效率;同时核心企业可以与供应商协商延长账期,获得更多利润。

对于银行而言,业务办理过程中信息签章上链保证了数据的真实性,降低了银行的数据审核成本;通过分布式账本将节点的数据备份,使银行间的授信、用信情况相互透明,避免了一单多融的情况;加入贸金平台还能帮助银行扩大客户受众面,增加获客渠道。

对于监管部门而言,借助贸金平台,监管部门能够监控签章上链等业务全过程,实现对异常数据、存疑数据的自动预警,及时干预业务的进行。

资料来源:周伟华,徐薇洁,胡潇. 区块链技术驱动贸易金融发展路径研究:以中国人民银行贸易金融区块链平台为例[J]. 创新科技,2022(22):48-55.

(四) 数字票据

票据是金融市场中一种重要的金融产品,它具备支付和融资的双重功能,具有价值高、承担银行信用或商业信用等特点。票据一经开立,其票面金额、日期等重要信息不得更改。票据还具备流通属性,在特定生命周期内可进行承兑、背书、贴现、转贴现、托收等交易,交易行为一旦完成,交易就不可被撤销。票据在流通上有两个特点:一是票据流通主要发生在银行承兑汇票上,商业承兑汇票的数量和流通量都较少;二是由各银行独立对票据业务进行授信和风险控制,单个银行的风控结果可能会影响到票据市场交易链条上的其他参与者。票据的特点决定了其票面信息和交易信息必须具备完整性和不可篡改性。与一般的金融交易相比,票据交易金额一般较大,因此安全性要求更高。区块链通过密码学提供的安全性、完整性和不可篡改性的特性,可在一定程度上满足票据交易的这些需求,从而有助于在技术层面上防控票据业务风险。

区块链作为一种新兴技术,如何将理论上的可行性转化为实践,将其应用于票据业务场景,给票据市场带来技术上的变革和业务上的创新,是票据领域金融科技的一项重要课题。2016年,在中国人民银行总行领导下,票据交易所会同中国人民银行数字货币研究所,组织中钞信用卡公司和试点商业银行进行了基于区块链的数字票据的全生命周期登记流转的研究,当年12月15日实现原型系统并在模拟运行环境上试运行成功。2017年,票据交易所和人民银行数字货币研究所继续牵头,在原型系统上进一步开展工作,积极推动数字票据交易平台实验性生产系统的研发和投产上线。该系统于2018年1月25日投入生产环境并成功运行。①

---

① 宋汉光. 区块链在数字票据中的应用[J]. 中国金融,2018(10):42-43.

数字票据交易平台将市面上对纸质票据进行托管的作业模式由线下转为线上，其好处就是能够使被托管的纸质票据顺利转成电子票据，行使和电子票据一样的功能，方便查询、交易和监督。区块链技术让票据市场变得更加值得信任。票据托管方在区块链中发布一条包含票据所有信息的区块，并需委托方对票据的真实性和所有权进行声明确认。这个节点先对交易的数据进行记账，然后在委托方所在的节点下增加该笔票据资产，最后纸质票据就能转换成电子票据被使用和流通了。相关监管部门（如金融监管机构）加入该平台，也成为区块链票据网络中的一部分。监管部门可实时获取区块链中票据交易过程中的细节，通过公共账本了解相关票据的发售、托管及评估等信息，从而对票据作业进行有效的监督和管理。这样不仅提高了票据交易的效率，还推进了票据市场或整个供应链条向更好的方向发展。数字票据交易平台技术架构介绍如图 10.7 所示。

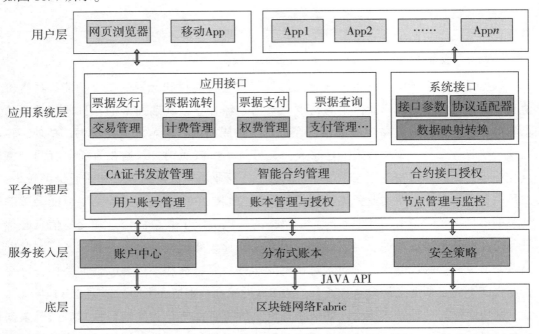

注：用户层：用于各级用户管理区块链平台和业务操作，支持提供多种前端交互，包括 PC、平板、移动终端等。

应用系统层：为数据服务交易涉及的各环节提供业务数据上传、提交、关联、查询、统计等数据管理与服务，并基于数据实现业务处理与管理。

平台管理层：为上层应用提供用户账号、资源目录、基础配置、权限管理等应用支撑。

服务接入层：供外部调用区块链接口的业务服务封装组件，主要包括账户、分布式账本、策略管理三大类功能服务，数据操作层面包含数据提交与数据查询两种方法。

底层：票据平台的核心，实现数据共享、规则开放、高效执行、建立信任、共识机制等。

图 10.7 数字票据交易平台技术架构介绍

资料来源：张涛. 基于区块链技术的数字票据平台研究[J]. 现代计算机, 2021(29): 85-90.

数字票据交易平台核心的功能主要包括：

1. 凭证档案柜功能

平台将最基础的交易信息保存在区块链中，该平台由于是针对票据问题提出的解决方案，因此必然涉及企业会计。在会计行业中最基础的信息均来自会计凭证，在这些会计凭证的基础上进一步汇总分析和整理，可制定出总账、分账等，因此平台便具备了凭证档案柜的功能。区块链技术可以使信息记录时序统一、区块编号无法被篡改，这与装订凭证本时所强调的及时性和序号连续性相契合。在会计行业中，为了避免事后人为篡改，需要用账绳将会计凭证及时装订成册，而使用区块链技术能够达到和使用账绳串联成册同样的效果，甚至更安全。

2. 凭证流转

通常票据作业中票据转让会采用"背书转让"的方式，需要票据权利人（被背书人）在票据背面签名的同时对背书人进行指定，即表示当期权利人同意且确认权利流转，保证交易的安全。平台正是参考了"背书转让"的思路，借助密码学将权利人签名和背书人指定流程以非对称加密的形式展现出来，使自身具备了一般凭证的流转形式，而且保证了交易记录的统一性和安全性。

3. 作业流数据同步存储

区块链网络中每个区块上的数据信息并不是在一个节点中产生的，而是通过多个节点之间的交换传递、相互对比及计算得到的。利用网络进行通信的时候，总是不可避免地会遇到一些突发事件，如网络故障或网络攻击等。为了避免此类情况，保障作业流能够正常运行，平台采用了一种科学的共识机制，保障在异常情况下仍能使交易信息相互吻合，并且拥有相同的时序，让平台具有统一凭证的功能。

4. 全程记录

平台底层采用区块链技术及相应网络，基于区块链的分布式账本机制，在该网络中的每一个节点都有一份平台交易的完整副本。平台通过独特的算法程序对交易数据自动记录，并随着时间的不断增加，将交易的全生命周期数据都完完整整地记录下来，无人可以删改。这样数据信息的可信度和有效性便得到了强有力的保证，数据信息也具有了全程性和唯一性。①

数字票据交易平台是区块链技术应用于金融市场基础设施的一项重要举措。实验性生产系统的成功上线试运行实现了数字票据的突破性进展，对于票据市场发展具有里程碑意义。

三、云计算在商业银行对公业务中的应用

云计算基于在线云，将原本复杂且体量巨大的总计算分割成众多独立计算的小计

---

① 张涛. 基于区块链技术的数字票据平台研究[J]. 现代计算机, 2021(29):85-90.

算程序，最终将多个独立计算的小程序进行汇总，从而得到计算结果，其本质是一种分布式计算方式。云计算拥有强大的自我管理和维护能力，从而能够实现庞大的数据资源的自我管理，有序计算汇总。往往在数据体量巨大、整体逻辑性紧密或公式极复杂的计算中，需要应用云计算。

云计算的可贵之处在于其高灵活性、可扩展性和高性价比等。与传统的网络应用模式相比，它具有如下优势与特点：

1. 虚拟化技术

虚拟化突破了时间、空间的界限，是云计算最为显著的特点。虚拟化技术包括应用虚拟和资源虚拟两种。众所周知，物理平台与应用部署的环境在空间上是没有任何联系的，要通过虚拟平台对相应终端操作完成数据备份、迁移和扩展等。

2. 动态可扩展

云计算具有高效的运算能力，在原有服务器基础上增加云计算功能能够使计算速度迅速提高，最终实现动态扩展虚拟化的层次，达到对应用进行扩展的目的。

3. 按需部署

计算机包含了许多应用、程序软件等，不同的应用对应的数据资源库不同，所以用户运行不同的应用需要较强的计算能力对资源进行部署，而云计算平台能够根据用户的需求快速配备计算能力及资源。

4. 灵活性强

目前市场上大多数软、硬件都支持虚拟化。虚拟化要素被统一放在云系统资源虚拟池当中进行管理。云计算展现出了极强的灵活性，它不仅能够适配低配置的机器和不同厂商的硬件产品，还能使外部设备获得更强大的计算能力。

5. 可靠性高

应用云计算技术，倘若服务器出现故障，计算与应用的正常运行也不会受到影响。因为如果单点服务器出现故障，可以通过虚拟化技术对分布在不同物理服务器上的应用进行恢复，或利用动态扩展功能部署新的服务器进行计算。

6. 性价比高

将资源放在虚拟资源池中统一管理在一定程度上优化了物理资源，用户不再需要昂贵、存储空间大的主机，而是可以选择相对廉价的 PC 组成云，一方面减少费用，另一方面其计算性能不逊于大型主机。

7. 可扩展性强

用户可以利用应用软件的快速部署条件，简单快捷地将已有业务以及新业务进行扩展。例如，计算机出现设备故障，对于用户来说，无论是在计算机层面上，还是在具体运用上均不会受到影响，因为他们可以利用计算机云计算具有的动态扩展功能来对其他服务器进行有效扩展。这样一来就能够确保任务得以有序完成。虚拟化资源的动态扩展能力使得应用程序能够高效扩展,从而提升了云计算操作的性能和水平。[①]

通常,云计算的服务类型分为三类,即基础设施即服务(IaaS)、平台即服务(PaaS)和软件即服务(SaaS)。这三类云计算服务有时被称为云计算堆栈,它们相互构建和依赖。以下是这三种服务的概述:

基础设施即服务(IaaS)是云计算主要的服务类别之一,它向使用云计算服务的终端用户提供虚拟化计算资源,如虚拟机、存储、网络和操作系统。

平台即服务(PaaS)为开发人员提供通过全球互联网构建应用程序和服务的平台,为开发、测试和管理软件应用程序提供按需开发环境。

软件即服务(SaaS)通过互联网提供按需付费的软件应用程序。在这种模式下,云计算提供商负责托管和管理这些软件应用程序,同时允许用户通过网络连接并访问这些应用程序,用户使用起来就像访问在线服务一样便捷。[②]

在数字经济中,云计算是数字基础设施,在金融数字化中起到了关键的底座功能。云计算的核心竞争力在于其在部署、运维上的成本优势和更好的拓展性,同时符合行业大容量、高并发、快速变化的业务趋势。表10.2列出了关于云计算在金融业应用的主要政策。

表10.2 金融云主要政策规范

时间	政策文件	主要内容
2016年	《中国银行业信息科技发展"十三五"规划监管指导意见(征求意见稿)》	到2020年年底,银行业面向互联网场景的重要信息系统要全部迁移至云计算架构平台,其他系统迁移比例不低于60%
2019年	《金融科技(FinTech)发展规划(2019—2021年)》	合理布局云计算,引导金融机构探索云计算解决方案,搭建安全可控的金融行业云服务平台,构建集中式与分布式协调发展的信息基础设施架构,强化云计算安全技术研究与应用
2021年	《金融云备案管理办法(试行)征求意见稿》	任何金融机构和个人,未经备案不得从事或变相从事金融云服务业务,金融机构不得使用未经备案的金融云产品
2022年	《金融科技发展规划(2022—2025年)》	加快云计算技术规范应用,稳妥推进信息系统向多节点并行运行、数据分布存储、动态负载均衡的分布式架构转型,为金融业务提供跨地域数据中心资源高效管理、弹性供给、云网联动、多地多活部署能力,实现敏态与稳态双模并存,分布式与集中式互相融合

资料来源:厚雪研究。

随着政策的逐步明确,从2016年起,以大型银行为代表,金融机构开始加速投入

---

① 李文军. 计算机云计算及其实现技术分析[J]. 军民两用技术与产品,2018(22):57-58.
② 王雄. 云计算的历史和优势[J]. 计算机与网络,2019(2):44.

云平台建设。阿里云、腾讯云、华为云、百度云等基于金融机构的需求，陆续推出金融云的解决方案。

专栏 10.3

"工银 e 政务"综合服务平台

"工银 e 政务"综合服务平台是工商银行在党和国家机构改革和财政收支电子化改革的背景下，围绕政府服务改革，向各级政府机构、广大预算单位和面向社会大众提供"一站式、全方位、定制化"智能化政务综合服务的平台。平台主要具有金融和非金融两大方面的功能。金融功能为面向财政部门、各级预算单位及执收单位量身打造的集资金存管、收支管理和资金动态监控为一体的"五智"（智付、智缴、智存、智管、智融）服务。非金融功能通过金融生态云服务，进一步拓展政府政务服务渠道，实现客户对日常所有场景的智慧服务全面提升，主要包括云采购、云差旅、云物业、云人力、云停车、云食堂、云党建、云出行、财务报销、融安 e 信等服务。

资料来源：作者整理.

四、大数据在商业银行对公业务中的应用

大数据指高速涌现的大量多样化的数据，其特性可简单概括为 3V。

大量（Volume）：大数据的"大"首先体现在数据量上。海量、低密度的非结构化数据的价值可能是未知的，如 Twitter 数据流、网页或移动应用点击流，以及设备传感器所捕获的数据等。在实际应用中，大数据的数据量通常高达数十 TB，甚至数百 PB。

高速（Velocity）：大数据的高速指高速接收及处理数据——数据通常直接流入内存而非写入磁盘。在实际应用中，某些联网的智能产品需要实时或近乎实时地运行，要求基于数据进行实时评估和操作，而大数据只有具备高速特性才能满足这些要求。

多样化（Variety）：多样化是指数据类型众多。通常来说，传统数据属于结构化数据，能够整齐地纳入关系数据库。随着大数据的兴起，各种新的非结构化数据类型不断涌现，如文本、音频和视频等，它们需要经过额外的预处理操作才能提供有价值的洞察和支持性元数据。

简而言之，大数据指非常庞大、复杂的数据集，特别是来自新数据源的数据集，其规模之大令传统数据处理软件束手无策，却能帮助我们解决以往非常棘手的业务难题。大数据在商业银行对公业务中的应用主要体现在以下几个方面：

（一）大数据风控应用

大数据风控应用是指利用大数据技术对企业的信用、资产、负债、现金流等数据进行分析和建模，辅助商业银行对对公业务的风险管理和控制。商业银行需要运用大数据风控对企业的交易数据、财务数据等进行采集和清洗，以确保数据的准确性和完整性；利用大数据技术对采集的数据进行分析和挖掘，以了解企业的经营状况、财务状况等，提供风险预警和控制。此外，商业银行还可以根据分析和挖掘得到的数据，建立风险模型，通过对模型的分析和计算，提供客户信用评估、贷款风险评估等服务，加强对公业务的风险控制和防范。

（二）大数据营销应用

大数据营销应用是指利用大数据技术对企业的客户需求、行业特点、市场环境等数据进行分析和挖掘，辅助商业银行开展对对公客户的精准营销和服务。除此之外，大数据技术的营销应用还体现在可以对对公客户进行分类和细分，以了解不同客户的需求和特点，制定更为精准的营销策略，如推荐适合的产品、制定个性化的利率和还款计划等。同时，商业银行需要利用大数据技术对营销效果进行监控和评估，调整和优化营销策略。

（三）大数据客户服务应用

大数据客户服务应用是指利用大数据技术对企业的客户数据进行分析和挖掘，辅助商业银行提供更为个性化的客户服务。商业银行需要利用大数据技术对企业的资金流量进行分析和挖掘，以了解企业的资金状况，为客户提供资金管理建议和服务；利用大数据技术为客户提供资金管理服务，如现金池管理、结算服务等，帮助客户实现资金的集中管理和高效运作；利用大数据技术为客户提供集中支付服务，如供应链金融服务、跨境支付服务等，帮助客户降低支付成本和风险，提高支付效率。

（四）大数据业务流程优化应用

大数据业务流程优化应用是指利用大数据技术对企业的业务流程数据进行分析和挖掘，辅助商业银行优化业务流程，提高对公业务处理的效率和准确性；利用大数据技术对对公业务处理的流程进行自动化处理，如利用机器学习和自然语言处理技术，实现对对公客户需求的智能识别和处理，提高处理效率和准确性；利用大数据技术对对公业务处理的流程进行数据可视化处理和监控，如建立实时监控和预警系统，发现和解决潜在问题，提高业务处理的安全性和可靠性。

（五）大数据反欺诈应用

大数据反欺诈应用是指利用大数据技术对企业的客户和交易数据进行分析和挖掘，辅助商业银行预防和打击欺诈行为。商业银行需要利用分析和挖掘得到的数据，建立反欺诈模型，通过对模型的分析和计算，识别并预测潜在的欺诈行为，提高反欺诈的准确性和效率；利用大数据技术对客户的信用记录、资产负债情况等进行风险评估，对欺诈行为进行预防和打击；还可以利用大数据技术建立实时监控和预警系统，监测交易流程中的异常情况和潜在欺诈行为，及时预警和采取措施，提升反欺诈的及时性和效果。[1]

第三节　数字化助力商业银行对公业务实践案例[2]

招商银行的"薪福通"平台是一个典型的数字化助力商业银行对公业务关联协同的实践案例。以下是对这一案例的拓展描述：

1. 平台概述

招商银行"薪福通"平台是一个一站式人财事数字开放平台，它能精准洞察企业在"人、财、事"三大方向的数字化管理需求，基于"薪税代发、人事服务、财务费控、团体福利、协同办公"五大版块提供全场景解决方案。该平台以全面的开放及集成能力支持更多个性化配置服务，助力不同行业、不同规模、不同地域的企业加速数字化转型，赢取商业成功。

2. 功能与服务

薪金代发：提供安全高效的发薪体验，支持线上批量开卡、卡号校验等功能，可预约 30 天内任意时间发薪，提供多种付款身份校验方式，确保资金安全、数据安全。

智能算薪：企业可根据不同的薪资规则及计薪方式创建多个薪资组，分别计算薪资，准确算薪的同时保证权限隔离。

个税服务：为企业提供多税局算税、多批次算税、个税算报缴等个税功能，可批量管理多地、多个公司的税号，无须切换各地扣缴端，即可一站完成个税申报全流程。

电子工资单：企业可上传自有工资表，系统智能识别工资项，一键极速发送工资单；员工可在招商银行 App 中随时查看工资单，并确认或反馈问题。

人事服务：提供员工入转调离全流程管理功能，支持员工扫码入职，信息自动同步员工花名册；支持电子合同签约，实现员工合同无纸化管理。

假勤管理：打造灵活智能的考勤管理体验，对接多种考勤机，支持 GPS、WiFi 移动打卡和分段打卡，实现企业一天内多种班次打卡统计。

3. 客户反馈与市场表现

截至 2022 年 11 月，招商银行"薪福通"平台已建立起覆盖全国 1 900 家营业网点

---

[1] 郭晶. 大数据时代商业银行对公业务精准数字化发展研究[J]. 今日财富（中国知识产权），2023（8）：29-31.
[2] 如约而至！招商银行薪福通来了！[EB/OL]. (2023-11-23) [2024-10-22]. https://xft–global.cmbchina.com/new/BPI20231112302362.html.

以及 12 000 + 客户经理的庞大线下数字化服务体系，并发挥 AI 能力，以机器人 + 人工的融合模式提供 24 小时线上数字化顾问服务。客户反馈显示，薪福通在很大程度上提高了工作效率，解放了企业人力，客户对其强大的技术实力和金牌服务非常信任。

4. 行业影响

"薪福通"平台通过创新持续丰富产品的功能和个性化应用：在 3.0 阶段，鼓励分行基于本地客户特征，在平台上搭建个性化及垂直类应用；到 4.0 阶段，更是提出"产品适应企业"的理念，通过开放数字化平台能力和业务能力，"非侵入"地融入企业数字化场景，更好地与企业原有系统生态融合连接。

5. 数字化转型推动力

在数字化转型的大潮中，推出"薪福通"平台是招商银行响应企业数字化管理需求的重要举措。通过整合企业财务、人力资源管理、税务处理等多个领域的服务，该平台为企业提供了一个全面的数字化解决方案，帮助企业降低运营成本，提高管理效率，增强竞争力。

6. 技术创新与用户体验

"薪福通"平台的技术创新体现在对大数据、云计算、人工智能等前沿技术的应用上。平台通过智能算法优化薪酬计算流程，减少人为错误，提升数据处理的准确性和效率。同时，平台的用户界面设计简洁直观，操作流程便捷，极大提升了用户体验。

7. 安全性与合规性

在金融服务领域，安全性和合规性是至关重要的。"薪福通"平台采用业界领先的安全技术，包括数据加密、身份验证和访问控制等，确保企业数据的安全性。同时，平台严格遵守国家税务法规和财务标准，确保企业在使用过程中的合规性。

8. 定制化服务

"薪福通"平台的一大特色是其优秀的定制化服务能力。企业可以根据自身的具体需求，选择不同的服务模块，实现个性化的财务管理和人力资源管理。这种灵活性使得平台能够适应不同规模、不同行业的企业需求。

9. 企业生态圈的构建

"薪福通"平台不仅是一个服务提供平台，更是一个企业生态圈的构建者。通过与企业内部系统的深度集成，平台促进了企业内部信息流、资金流的高效流转，加强了企业与供应商、客户之间的协同合作，构建了一个更加紧密的企业生态圈。

10. 行业示范效应

"薪福通"平台的成功实践，为同行业提供了一个数字化转型的示范。它证明了通过技术创新和优质服务，商业银行可以为企业客户提供更加全面、高效的服务，同时也能为银行自身带来新的业务增长点。

11. 未来展望

随着技术的不断进步和市场需求的变化，"薪福通"平台将继续升级和完善，引入更多创新技术，如区块链、物联网等，以满足企业更高层次的数字化需求。同时，平台也将探索更多跨界合作，如与政府机构、行业协会等合作，共同推进企业数字化转型。

本章小结

本章深入探讨了数字化技术如何助力商业银行对公业务的转型与升级。通过分析对公业务的核心特点和重要性，以及数字化技术在银行业务中的应用案例，本章强调了数字化转型对于提升银行业务效率、服务质量和市场竞争力的重要性。同时，本章也提出了数字化转型的实践路径，为商业银行在数字经济时代的业务发展提供了指导和参考。

首先，本章定义了对公业务并探讨了其特点和重要性。对公业务的主要服务对象为企事业单位、社会组织等团体，其特点包括客户群体特定、业务规模和额度大、业务办理程序复杂、服务多样化以及客户关系管理全面且系统化。对公业务对商业银行具有重要意义，是银行利润的主要来源，对支持实体经济发展、经济结构转型升级以及建立长期合作关系起到关键作用。

其次，本章探讨了数字化技术应用背景。随着数字经济的发展和国家政策的支持，数字化转型成为商业银行提升核心竞争力的重要方式。数字化技术包括人工智能（AI）、区块链（Block Chain）、云计算（Cloud Computing）和大数据（Big Data），即ABCD技术，对商业银行对公业务的创新和发展具有深远影响。

最后，本章以招商银行为例探讨了数字化对商业银行对公业务的应用，招商银行通过数字化，实现全流程线上化服务，搭建多维数字化服务矩阵，推动"人+数字化"立体式服务，深度连接企业经营场景，提供全场景生态服务。

思 考 题

1. 对公业务有哪些特点？重要性体现在哪些方面？
2. 数字化技术在对公业务中的具体应用有哪些？

关 键 词

对公业务；数字化转型；商业银行；企业客户；风险管理；金融服务；金融科技；人工智能；区块链；云计算；大数据；数据安全；供应链金融；跨境支付；贸易金融；信用评估；智能合约；实时监控；反欺诈；虚拟化技术；动态可扩展；按需部署；金融云服务；数字票据

第十一章
数字化与银行业 ESG 实践

学习目标

【知识目标】学习 ESG（环境、社会和治理）的基本概念，以及它们如何与银行业务活动相互关联，解析数字化如何促进银行业在这三个维度上的可持续实践。

【能力目标】理解 ESG 与数字化的理论框架，能够分析这些理论如何具体在银行业实施，能够通过案例分析和讨论培养批判性思维，独立评估 ESG 实践中的利与弊。

【素养目标】认识到在金融决策中考虑环境和社会因素的重要性，并提升作为未来金融专业人士的责任意识和道德判断能力。

导言：气候变化深刻影响着人类的生存与发展，已成为全球经济社会可持续发展的重大议题和重要挑战。我国提出"双碳"目标，并陆续推出"1+N"低碳转型政策体系，在此背景下，金融机构如何在提升自身 ESG 表现的同时，将 ESG 融入决策流程，做好 ESG 信息披露，充分发挥金融导向作用，助力全球经济社会可持续发展，成为全球金融机构需携手解决的重要课题。

第一节 ESG 概念

一、什么是 ESG

ESG［环境（Environmental）、社会（Social）和治理（Governance）］领域已形成了一套可测量的框架，用于评估企业在日常经营及投资决策过程中，平衡环境、社会和治理方面的因素，以实现可持续发展的能力。这个概念最早在 2004 年联合国全球契约（UN Global Compact）中被提出。

其中，E 指环境，强调能源消耗、碳排放及自然资源消耗等可能对地球环境产生影响的因素；S 指社会，关注企业、社区及员工之间的关系，如参与慈善活动、关注员工职业发展与健康、为社会作出贡献等；G 指治理，主要考察企业行政管理效率，如企业是否及时、全面地披露信息，此外还包括内部治理、管理层架构的多样性及公平度等。

二、金融机构 ESG 的重要性

金融机构是现代金融体系的重要组成部分，在服务社会绿色转型、助力实现碳达峰与碳中和过程中扮演着关键角色。

第一，提供信贷支持。我国正处于工业化中后期，能源消耗尚未达峰，产业转型任重道远。金融机构主要从两个方面推动产业转型：一是支持绿色低碳产业发展壮大，二是帮助高碳排放产业提升效率、降低排放。

第二，创新服务手段。为了解决绿色资金供给不足、手段单一等问题，金融业坚守服务实体经济初心，积极开展全方位金融创新。金融机构稳健开展绿色金融产品创新，形成了包括绿色股权、绿色债券、绿色保险、绿色基金在内的多层次绿色金融工具体系。

第三，推动安全降碳。近年来，金融机构坚持有扶有控的信贷政策，稳妥有序退出"两高"领域和"僵尸企业"，把腾挪出来的金融资源更多地投向经济重点领域和薄弱环节。同时，大型金融机构也在逐步强化信息报告和披露，六家国有大型商业银行均出具了独立的社会责任报告，对 ESG 进行披露并增加应对气候变化风险的相关信息，报告绿色信贷的资金使用情况和投向。

第二节 商业银行 ESG 理念与实践

一、商业银行 ESG 相关政策

为进一步促进金融机构细化落实联合国 2030 可持续发展目标（Sustainable Development Goals，SDGs）和《巴黎协定》，联合国环境规划署分别于 2012 年和 2019 年相继发布针对保险业金融机构、银行业金融机构和证券业金融机构的 ESG 实践原则。

对于银行业金融机构，《负责任银行原则》（Principles for Responsible Banking，PRB）要求银行确保其业务战略与 SDGs 和《巴黎协定》保持一致，在目标层面要求银行不断产生正面影响，减少自身业务活动、产品和服务对人类和环境造成的负面影响，在客户、利益相关方、公司治理维度规范银行行为，要求银行定期评估个体和整体对原则的履行情况，公开披露银行的正面和负面影响以及对社会目标的贡献，并对相关影响负责。

我国也积极响应，在绿色金融、普惠金融、金融监管等方面出台多项政策，涉及战略规划、监管要求、指导原则、标准制定、工具提供、实施措施等各方面，如表11.1所示。

表11.1 商业银行ESG相关政策

发布时间	发布机构	文件名称	ESG相关影响
2016年	中国人民银行等	《关于构建绿色金融体系的指导意见》	明确绿色金融体系建设
2020年	银保监会	《关于推动银行业和保险业高质量发展的指导意见》	明确银行业要健全环境与社会风险管理体系，将ESG要求纳入授信全流程
2021年	十三届全国人大四次会议	《中华人民共和国国民经济和社会发展第十四个五年规划和2035年远景目标纲要》	将双碳工作列为年度重点任务
2021年	国务院	《2030年前碳达峰行动方案》	明确提出实现2030年前碳达峰目标
2021年	国务院	《关于加快建立健全绿色低碳循环发展经济体系的指导意见》	明确提出绿色低碳转型目标
2021年	中国人民银行	《金融机构环境信息披露指南》	对金融机构环境信息披露提出明确要求
2022年	中国人民银行等	《金融标准化"十四五"发展规划》	对标准化辅助现代金融管理、标准化助力健全金融市场体系等方面作出明确部署
2022年	银保监会	《银行业保险业绿色金融指引》	要求银行业将绿色金融纳入战略规划，并将ESG要求纳入管理流程和全面风险管理体系
2022年	银保监会	《银行业保险机构公司治理监管评估办法》修订版	重点对评估对象、评估机制、评估指标、评估结果应用等方面进行完善

资料来源：根据公开资料整理。

2022年6月，银保监会发布了《银行业保险业绿色金融指引》（以下简称《指引》），对我国银行业保险业绿色金融发展提出了更加系统全面的要求。这对加强绿色金融监管，推动银保机构自身及利益相关方高质量、可持续发展具有里程碑式意义。《指引》在组织管理、政策制度及能力建设、投融资流程管理、内控管理与信息披露、监督管理五方面提出了明确要求，具体如图11.1所示。

组织管理	政策制度及能力建设	投融资流程管理	内控管理与信息披露	监督管理
• 提出"董事会或理事会—高级管理层—专门委员会—绿色金融部门和负责人"的治理架构 • 鼓励银行保险机构在依法合规、风险可控的前提下开展绿色金融体制机制创新	• 完善ESG风险管理的政策、制度和流程，明确绿色金融的支持方向和重点领域 • 完善信贷政策和投资政策，积极支持清洁低碳能源体系建设	• 完善投融资流程管理，加强授信和投资尽职调查、合规审查、审批管理、资金拨付管理、贷后和投后管理 • 积极运用科技手段，提升绿色金融管理水平，优化对小微企业融资等业务的环境、社会和治理风险管理	• 公开绿色金融战略和政策，充分披露绿色金融发展情况 • 建立有效的绿色金融评价体系和奖惩机制，落实激励约束措施，完善尽职免责机制，确保绿色金融持续有效开展	• 明确（原）银保监会及其派出机构的绿色金融监管职责，加强对银行保险机构绿色金融业务的指导和评估

图11.1　《银行业保险业绿色金融指引》具体内容

近年来，商业银行积极响应ESG相关政策，从部分银行的ESG报告或社会责任报告可知，2022年我国大型商业银行ESG建设初有成效，大部分银行已制定绿色金融发展战略，初步建立起ESG治理架构。根据中国银行保险传媒股份有限公司发布的《银行业ESG发展报告（2023）》，我国基本形成了较为完善的银行业ESG政策体系，在相关政策的指引下，我国银行业ESG总体发展水平处于进取阶段，ESG平均表现处于中上等水平，能够有效管控重大ESG风险。其中，上市银行ESG发展已进入优秀阶段，整体的ESG风险机遇管理能力较强。

二、商业银行ESG评级

ESG评价体系又称ESG评级（ESG Ratings），是由商业和非营利组织创建的，以评估企业的承诺、业绩、商业模式和结构如何与可持续发展目标相一致为目的，即第三方机构对一家公司的ESG所披露的信息及表现进行打分评级。

虽然ESG评级标准各有差异，但评级结果相差并不大，通过对表11.2中代表性商业银行2022—2023年MCSI ESG评级结果进行对比发现，我国大型商业银行ESG评级近年来总体呈稳步提升趋势。2022年，六家国有大行的ESG评级均已达A级；2023年，工商银行、农业银行、建设银行、兴业银行、民生银行的ESG评级上升至AA级，在全球大型商业银行同业中较为领先；招商银行、邮储银行、浦发银行稳定维持在A级。城商行、农商行ESG表现略差，城商行尚不及头部农商行。

表 11.2 2022—2023 年商业银行 ESG 评级

银行	MSCI 2023	Wind 2023	华证 2023	商道 2023	MSCI 2022	Wind 2022	华证 2022	商道 2022
工商银行	AA	BBB	A	B+	A	BBB	BBB	A-
建设银行	AA	BBB	BBB	B+	A	BBB	BBB	A-
农业银行	AA	A	BBB	A-	A	BBB	BBB	A-
中国银行	A	BBB	BBB	B+	A	A	A	B+
交通银行	BBB	BBB	A	A-	A	A	A	B+
邮储银行	A	BBB	BBB	B+	A	BB	BBB	B+
兴业银行	AA	A	A	B+	A	BBB	A	B+
光大银行	A	BBB	A	B+	BBB	BB	BBB	B+
中信银行	BBB	BBB	A	B+	BBB	BB	BBB	B+
招商银行	A	A	A	A-	A	A	A	A-
民生银行	AA	A	A	A-	BBB	A	BBB	A-
华夏银行	BBB	BBB	A	B+	BBB	BB	BBB	B
浦发银行	A	BBB	A	B	A	BBB	A	B+
平安银行	BBB	BBB	A	A-	BBB	A	BBB	B+
宁波银行	BBB	BB			BBB			
江苏银行	BB	BB			BB			
北京银行	BB	BB			BBB			
华夏银行	BBB	BBB			BB			
上海银行	BB	BBB			BBB			
南京银行	BB	A			A			
浙商银行	A	A			A			
杭州银行	BB	BBB			BB			
沪农商行	A	BBB			A			
成都银行	B	BB			BB			
渝农商行	BBB	BBB			A			

资料来源：根据 Wind 等公开数据整理。

三、商业银行 ESG 理念

在环境方面，大部分银行强调绿色金融，支持企业进行低碳转型。绿色金融业务体量较大且增速快，各商业银行已制定绿色金融战略和目标，推出绿色金融产品和服务来支持可持续发展，包括绿色债券、绿色贷款、绿色基金等，并进行相应气候与环境风险管理。例如，工商银行明确提出要建设"践行绿色发展的领先银行"，并将"加强绿色金融与 ESG 体系建设"作为具体举措推进实施。

在社会方面，银行业重视数据安全与客户隐私保护、金融消费者权益保护、普惠金融等方面的管理实践,有效发挥金融助力实体经济、国家重点新兴领域发展的作用,促进经济社会可持续发展。

在治理方面,我国大型商业银行关注股东分红、风险管理、反洗钱和金融科技四个议题,在相关政策的指引下重视搭建 ESG 治理架构,并在管理层下设绿色金融工作委员会、消费者权益保护工作委员会等机构,负责 ESG 相关事宜。

此外,为了提高透明度并向公众展示其 ESG 承诺的实际成效,越来越多的商业银行开始发布年度 ESG 报告,在报告中详细说明银行在环境保护、社会责任和公司治理方面的政策、实践和成果。

四、商业银行 ESG 实践

(一) 环境

1. 绿色投融资

近年来,各大商业银行深入挖掘和培育绿色信贷市场,全面推进绿色贷款、绿色债券、绿色理财等绿色投融资业务发展。

绿色信贷(Green-credit Policy)来源于绿色金融。绿色金融指的是为支持"环境改善、应对气候变化、资源节约和高效利用"而开展的金融活动,即对环保、节能、清洁能源、绿色交通、绿色建筑等领域的项目提供的金融服务。提出这个概念,是为了引导金融资源从高污染、高能耗的行业转而流入节能环保、技术先进的产业。而绿色信贷就是绿色金融的具体产品。

据中国人民银行披露的数据,2023 年年末,本外币绿色贷款余额达 30.08 万亿元,同比增长 36.5%,高出各项贷款增速 26.4 个百分点,比年初增加 8.48 万亿元。截至 2023 年年末,六家国有大行及招商银行、中信银行、光大银行、民生银行、兴业银行、平安银行、浙商银行、恒丰银行八家全国性股份制银行绿色贷款余额合计 20.59 万亿元,增幅超过 40%,具体见图 11.2 和图 11.3。

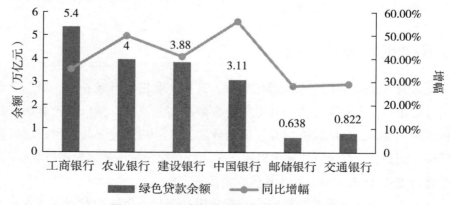

图 11.2 2023 年国有商业银行绿色贷款余额

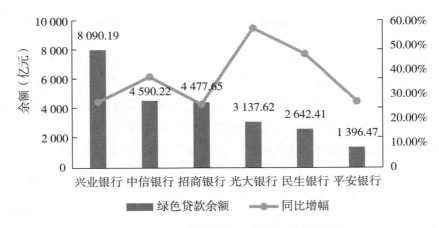

图 11.3　2023 年股份制商业银行绿色贷款余额

资料来源：根据各银行 ESG 报告整理。

商业银行的绿色信贷投放领域主要集中在生态保护、节能减排、循环经济、清洁能源、绿色交通和污染防治六大领域，其中节能减排领域是绿色信贷投放最多的领域。部分商业银行在绿色信贷业务中逐渐形成了鲜明的业务特色。例如，工商银行计划将低碳要素全面纳入标准制定、产品创新、业务流程、业务考核、前瞻性研究等领域，并持续扩大绿色信贷、绿色债券等绿色投融资规模，为碳达峰、碳中和目标的实现提供有力的金融服务；作为国内首家赤道银行，兴业银行立足全市场一流绿色金融综合服务供应商的定位，践行 ESG 理念，不断扩展绿色金融体系的外延，围绕从城市更新到乡村振兴的不断扩展的绿色场景，完善绿色金融供给体系，特别是以碳达峰、碳中和率先达标为核心，以"融资+融智"为载体，以"交易+做市"为抓手，以"碳权+碳汇"为标的，全面占据碳金融制高点。

在传统绿色信贷增速提升的同时，包括绿色债券、绿色理财产品等在内的绿色金融产品谱系也在不断丰富。

国有银行方面，工商银行运用信贷、债券、股权、租赁、基金等多种方式，不断丰富绿色金融"工具箱"，构建多元化绿色金融服务体系，创新发行该行首只全球多币种"碳中和"主题境外绿色债券、境内首单商业银行碳中和绿色金融债，此外，创新推出 ESG 主题理财产品，发行多只投向生态环境、ESG、碳中和等领域的绿色基金产品。中国银行则锚定"绿色金融服务首选银行"目标，升级完善"中银绿色+"产品与服务体系（见图 11.4），提升客户 ESG 风险管理水平。在"绿色+信贷"方面，2023年，中国银行上海市分行为中远海运能源运输股份有限公司成功筹组了 15 亿元人民币可持续发展挂钩银团贷款，这是中国航运业首笔与可持续发展挂钩的银团贷款。在"绿色+债券"方面，中国银行承销全国首只挂钩地方碳市场交易的非金融企业债务融资工具；支持新能源车企发行绿色资产证券化产品，落地全国新能源商用车领域首单绿色债券，支持企业新能源商用车制造，助推节能减排。在"绿色+消费"方面，中国银行从消费端创新绿色金融产品，引导、鼓励消费者增加低碳行为、选择绿色产品，推动个人消费向绿色低碳转型。农业银行创新推出绿色普惠贷、海洋牧场贷、和美乡村贷等区域特色产品，推广应用乡村人居环境贷、绿水青山贷、生态共富贷、森（竹）林碳汇贷等产品。邮储银行累计成立碳中和支行、绿色支行和绿色金融部门等绿色金融机构数十家，持续提升绿色金融服务低碳转型质效；发放全国首笔公正转型贷款，落地全国首笔"碳减排支持工具+可持续发展挂钩+数字人民币"贷款场景业务，打造绿色金融服务新样板。

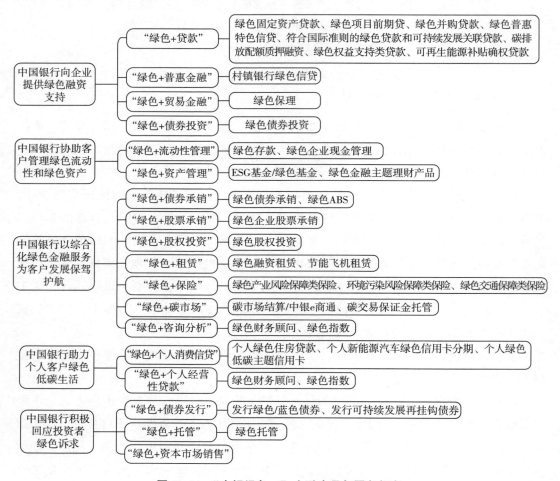

图11.4 "中银绿色+"金融产品与服务超市

资料来源：中国银行ESG报告。

股份制银行方面，中信银行在2022年发行绿色低碳主题借记卡"低碳财富卡"，并在业内率先上线个人碳减排账户——"中信碳账户"，引导公民的绿色消费转型。兴业银行落地多笔首单、首创绿色金融创新产品，包括全国温室气体自愿减排交易市场（全国CCER市场）重启后全国首批CCER项目开发挂钩贷款、全国碳市场首批跨履约周期碳排放权质押融资业务等。

2. 绿色金融战略

国有银行方面，六大行都发布了绿色金融专项规划或金融服务碳达峰碳中和行动方案，将绿色金融的战略高度再次升级。其中，中国银行、建设银行、交通银行和邮储银行均设置了绿色消费信贷和绿色普惠等方面具体的绿色金融目标。建设银行、交通银行和邮储银行则设置了运营和投融资活动的能耗和碳排放阶段目标。

股份制银行方面，越来越多的股份制银行围绕"双碳"目标出台或更新绿色金融战略规划。其中，兴业银行较早涉足绿色金融业务，在践行绿色金融理念方面具有先发优势。在设置绿色金融业务目标方面，兴业银行提出 2025 年实现绿色金融融资余额 2 万亿元和绿色金融企业客户数 5.5 万户的目标。在碳中和运营方面，兴业银行根据银行经营现状，提出了 2025 年碳排放比 2020 年下降 20%、2030 年前实现运营活动碳中和、2035 年前实现全行上下游活动碳中和的分阶段目标。

3. 绿色低碳运营

银行虽然不是碳排放最主要的市场主体，但也应以身作则，践行节能降碳理念。近年来，银行业金融机构将可持续发展理念融入日常运营过程，积极探索对办公大楼、网点等建筑进行绿色建造及运营维护，通过绿色办公、绿色采购等行动节能降耗，改造优化绿色信贷管理等 IT 系统，通过购买碳排放配额等多种措施，争取尽快实现自身在运营层面的"碳中和"。

一方面，商业银行对新建办公建筑积极推广绿色低碳建材和绿色建造方式，进行绿色运营维护。例如，北京中信大厦为中国中信集团及中信银行总部大楼，建成于 2019 年，自建成以来先后获得了美国绿色建筑认证 LEED – CS 金级认证（2020 年）、健康建筑标准 WELL 铂金级认证（2021 年）、中国绿色建筑评估标准中的最高级别三星级绿色建筑标识（2021 年），在建筑建造、设计、运营以及节能减排、可持续发展方面树立了标杆。

另一方面，银行对自身既有建筑的绿色运营也是 ESG 实践的重要内容之一，常见的做法是通过绿色办公、绿色采购等行动降低能耗。以兴业银行为例，该行自 2013 年开始对办公场所进行节能改造，通过推广 LED 灯具、建设机房精密空调系统等，持续降低能耗，减少银行自身运营的碳排放；在供应链企业筛选上，兴业银行坚持在采购过程中对供应商在环保认证、安全生产、劳工保障等方面开展相应审查，将供应商的环境与社会绩效等作为采购参考标准。

此外，银行营业网点众多，同样面临建筑领域的减碳约束。目前全国多地银行开展了"零碳网点"建设，主要通过购买减排量指标或碳配额指标，以及节能减排等绿色运营方式，来抵消自身运营产生的碳排放量。上述举措有助于实现网点的可持续运营，降低银行经营风险。以中国建设银行中山市分行为例，该行秉承"先试点再推广"的创建思路，内外联动，合力打造"零碳网点"样板：从"外"，从碳市场购买碳排放配额，实现网点装修建设施工的碳中和；从"内"，将节约、环保、可持续等绿色发展理念融入日常经营，在实现自身运营的碳中和的同时，发挥示范作用，积极引导客户全面实现碳中和。

4. 绿色治理组织架构

随着绿色金融业务的逐步拓展，国内商业银行开始把可持续发展的理念融入治理体系之中，形成与绿色金融业务相关的绿色治理组织架构。很多银行为有序开展绿色金融业务，通过在董事会、管理层加入绿色金融的职责设定，或设立由银行高管和专家组成的决策咨询团队，如绿色金融领导小组等，完善治理体系和组织架构，在体制和机制上将绿色金融纳入长远考虑。部分商业银行绿色治理组织架构如表 11.3 所示。

表 11.3　商业银行绿色治理组织架构

银行	部门	职责
工商银行	社会责任与消费者权益保护委员会	对本行在环境、社会、治理以及精准扶贫、企业文化等方面履行社会责任的情况，本行消费者权益保护工作战略、政策和目标，本行绿色金融战略，本行普惠金融业务的发展规划、基本制度、年度经营计划、考核评价办法等事项进行研究审议，并向董事会提出建议
	战略委员会	对战略发展规划、重大全局性战略风险事项（如 ESG 风险、气候风险）、年度社会责任报告（ESG 报告）等进行审议，向董事会提出建议
	绿色金融（ESG 与可持续金融）委员会	总行管理层于 2020 年设立绿色金融委员会。2022 年，总行层面设立绿色金融（ESG 与可持续金融）委员会，印发《绿色金融（ESG 与可持续金融）委员会工作规则（2022 年版）》，在原绿色金融委员会基础上加挂 ESG 与可持续金融职能，按照绿色金融、ESG 与可持续金融职能分别划分相关委员部门、配备双秘书处，明确了委员会的组织机构、工作职责及工作规则
农业银行	绿色金融/碳达峰碳中和工作委员会	协调落实董事会有关绿色金融/碳达峰碳中和工作的战略决策和整体部署，审议绿色金融/碳达峰碳中和工作重大政策措施
招商银行	董事会	通过定期审议与环境及绿色金融相关的可持续发展报告、战略执行评估报告、业绩报告、风险管理报告等议案的方式，加强对绿色金融战略及其落实成效的指导与监督
	董事会战略委员会	增加绿色金融发展相关职责，负责确定绿色金融发展战略和规划，审批高级管理层制定的绿色金融目标和提交的绿色金融报告，监督、评估绿色金融发展战略执行情况，以及审议监管要求的其他绿色金融事项
	绿色金融业务发展委员会	由行领导担任委员会主任，统筹全行绿色金融业务发展。下设 5 个项目小组，组织全集团各单位落实绿色金融相关工作

(续表)

银行	部门	职责
中信银行	战略与可持续发展委员会	审议绿色金融发展战略、目标和报告，监督、评估本行绿色金融执行情况
	绿色金融领导小组	由行长担任组长，统筹规划全行绿色金融业务管理和推动，制定绿色金融业务发展战略和目标，指导绿色金融工作的实施执行

资料来源：根据银行 ESG 报告整理。

总体来看，为应对越来越严峻的全球气候形势，国内上市银行基本上都将绿色金融发展提升至企业战略层面，制定具体的绿色金融战略，并在实践过程中进行持续迭代和优化。

（二）社会

1. 普惠金融

小微企业是国民经济和社会发展的重要基础。融资难、融资贵一直是困扰小微企业发展的重大难题，普惠型小微企业贷款在助力缓解小微压力、降低融资成本方面尤为重要。

2023 年我国主要商业银行小微企业贷款余额规模如图 11.5 所示。增速方面，13 家银行中普惠型小微企业贷款余额均同比增长。工商银行、中国银行均有 40% 以上的涨幅，分别同比增长 43.70%、43.17%。农业银行相比去年同期有 39% 的涨幅，建设银行、交通银行则分别有 29.40%、29.38% 的涨幅。"融资贵"也是重要问题，降低小微

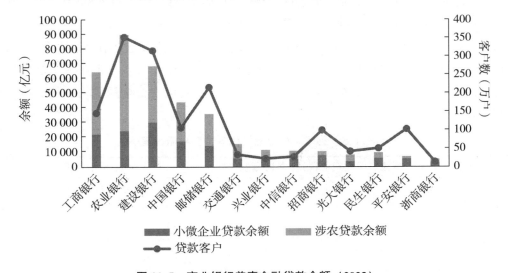

图 11.5　商业银行普惠金融贷款余额（2023）

资料来源：根据银行 ESG 报告整理。

企业等经营主体获取金融服务的成本十分重要。从公布的 2023 年新发放普惠型小微企业贷款平均利率（见表 11.4）来看，国有行发挥支持小微企业"排头雁"作用，新发放普惠型小微企业贷款平均利率普遍比股份制银行低。

表 11.4　商业银行发放普惠型小微企业贷款情况

银行	新发放普惠型小微企业贷款平均利率（%）	变动幅度（百分点）
工商银行	3.55	-0.29
农业银行	3.67	-0.23
建设银行	3.75	-0.25
中国银行	3.54	-0.27
邮储银行	4.61	-0.24
交通银行	3.43	-0.32
兴业银行	3.87	-0.27
招商银行	4.48	-0.67
光大银行	3.97	-0.47
民生银行	4.65	-0.12

资料来源：根据各银行 ESG 报告整理。

让金融"活水"流入田间，是金融机构推进普惠金融高质量发展的重要举措。国有大行是金融支农的"主力军"，涉农贷款规模比股份制银行大。农业银行 2023 年涉农贷款余额最高，为 65 500.00 亿元，同比增长 18.40%。股份制银行中，2023 年涉农贷款余额排名前三的是兴业银行、中信银行和光大银行，分别为 6 647.60 亿元、5 604.46 亿元和 4 501.49 亿元，分别同比增长 21.59%、15.10% 和 8.55%。

同时，各地农商行、农村信用社等金融机构组成了具有显著影响力的"县域金融力量"，成为支持乡村振兴的基层实施者。各类农村金融机构充分结合地方资源特色，强化互动合作，构建共同发展模式，不断面向农户、合作社、涉农企业等主体提供有针对性的金融服务，多维度支持乡村经济发展。一些县域农村金融机构支持乡村振兴的案例如表 11.5 所示。

表 11.5　县域农村金融机构支持乡村振兴案例

地区	特色农业或产业资源	县域金融机构	金融产品/服务
河南省西峡县	香菇	西峡农商银行	针对香菇产业不同环节推出"菌货通""购菌通""储菌通""企菌通""销菌通"信贷产品
江西省铜鼓县（"中国黄精之乡"）	黄精	铜鼓农商银行	推出"黄精贷"产品，贷款期限匹配黄精生长周期
广东省平远县	梅州八大地方历史茶之一：锅㕩茶	平远农商银行	对接茶企、茶农，助力企业发展"采茶+制茶+观光+民宿"模式发展

资料来源：根据公开资料整理。

在金融支持乡村振兴过程中，商业银行不断加强模式创新，探索新型服务路径，强化风险管理效果，推出了一系列具有普及推广价值的服务模式。

供应链金融通过经营关联化与农户集中化为金融机构降低风险监督成本、契约执行成本创造了有利条件，可以助力涉农金融机构实现规模化经营。同时，供应链金融以"链式信用"取代孤点信用，令优质主体的盈余信用链式传播覆盖产业链整体，提升了信用不足主体的金融可获得性。越来越多的商业银行在支持乡村发展过程中积极探索供应链金融模式，因地制宜推出个性化金融产品，为链上主体提供综合解决方案，促进全产业链均衡增值。例如，西峡农商银行基于西峡地区香菇产业资源优势，针对香菇种植、收购、仓储、加工、销售等环节，分别推出了"菌货通""购菌通""储菌通""企菌通""销菌通"等信贷产品，成为推动西峡香菇产业形成百亿级大产业的"链式金融"力量。

平台金融模式为乡村振兴提供全方位金融支持。平台金融模式在降低信息不对称程度、提高交易履约效率、助力形成规模化经营方面发挥了重要作用。例如，厦门国际银行依托福建省金融服务云平台，借助省级政策性优惠贷款风险分担补偿增信手段，通过"快服贷"产品为符合条件的农业企业、农民合作社、家庭农场等中小微主体提供"茶商贷""茶厂贷"等"乡村振兴贷"系列普惠产品。

融入 ESG 理念，推动绿色金融发展，走"乡村振兴＋绿色发展"之路已成为众多商业银行的特色服务。随着我国"双碳"目标的确立和推进，金融支持绿色发展的步伐加快，融合了绿色发展理念的乡村振兴模式不断创新，推动乡村朝着绿色、环保和可持续的方向发展。例如，2022 年，农业银行在山东省高青县推出"黑牛养殖＋光伏发电""鱼虾养殖＋光伏发电"服务，为实现农业产业绿色发展提供了支持。

以金融服务为基础，进一步提供消费帮扶和产业帮扶，金融支持乡村振兴的内涵不断扩大。消费帮扶助力农产品销售，以平台为链接，结合线下销售和线上直播等多种形式解决农产品销售难、收益低的问题。产业帮扶为乡村振兴注入长效机制，从单一的金融帮扶延伸至乡村经济社会发展的多个层面。例如，光大银行通过"光大财精彩"平台开展助农"直播带货"，上线多款助农商品，为原国家级贫困县的多家企业提供了产业帮扶。

此外，针对我国社会老龄化程度进一步加深的现状，商业银行依托网点广覆盖的优势和核心金融机构的地位等，逐步构建"养老金托管→养老普惠产品→养老产融"的金融生态圈。伴随企业年金的发展和个人养老政策的加快推进，国内商业银行的养老金融业务也从之前更多地承办企业年金业务，逐步形成以企业年金为核心，以养老理财、薪酬福利为辅的业务体系，银行所扮演的角色从之前单纯的资金托管机构逐步拓展到养老理财、养老贷款、养老卡、养老网点等多项综合化服务提供者。此外，一些商业银行还尝试通过养老学院、养老俱乐部、医疗专家预约陪诊、法律咨询等形式，提供场景式增值服务，将金融服务深入渗透至养老产业链，提升客户黏性。在传统商业银行业务的基础上，大中型银行也通过子公司进行综合化布局，实现养老金融产品体系的搭建。

2. 消费者合法权益保护

随着我国市场经济体系的不断完善，金融消费者总量不断增加，结构不断丰富化，伴随而来的是近年来消费者投诉事件频发，我国金融消费者权益保护监管日益严格。法律层面，1993年10月，《中华人民共和国消费者权益保护法》颁布，以立法形式全面确认消费者的权利。2015年11月，《国务院办公厅关于加强金融消费者权益保护工作的指导意见》从国家层面对金融消费者权益保护进行部署。在2022年全国两会期间，时任中国人民银行副行长刘桂平建议制定金融消费者权益保护法，以加快补齐制度短板，统一监管标准，切实保护金融消费者的长远和根本利益。

政策层面，《中华人民共和国国民经济和社会发展第十四个五年规划和2035年远景目标纲要》和2022年《政府工作报告》均强调强化消费者权益保护；2020年5月，《中共中央 国务院关于新时代加快完善社会主义市场经济体制的意见》提出建立健全金融消费者保护基本制度的要求。近年来，国家重要会议与政策多次强调强化消费者权益保护、加快金融消费者权益保护制度机制建设，足见我国对消费者权益保护的重视程度。

商业银行对消费者保护工作的重视程度因此持续提升，工作力度不断加大，在消费者保护体系建设和治理能力提升等方面积极探索创新。

一是着力强化高层统筹规划，将保护消费者权益作为公司治理的重要目标和管理要求。例如，工商银行于2019年在董事会下设社会责任与消费者权益保护委员会，制定消费者保护工作战略目标和政策要求，2022年在高管层设立消费者权益保护工作委员会，进一步完善消费者保护工作体制机制。董事会、监事会、高管层定期听取消费者保护工作情况汇报，及时召开专题会议，统筹协调推动消费者保护重点工作。

二是充分发挥前、中、后台三道防线合力，建立健全总分支上下贯通联动的消费者保护管理机制，为保护消费者权益筑起安全屏障。具体来看，前台业务部门在产品创新、流程设计、系统研发、信息披露等各关键环节采取针对性措施保护消费者权益，严格落实第一道防线。牵头管理部门强化考核激励和约束督导，加强消费者意见监测分析与风险提示，坚决守住第二道防线。内部审计部门开展消费者保护专项审计，发挥独立监督作用，筑牢第三道防线。同时，在分支机构设立行级领导参加的消费者权益保护工作委员会或相关领导小组，研究解决该领域重点问题，确保各项管理要求落地执行。

三是推动消费者保护理念深度融入产品服务全流程。各大银行纷纷出台消费者权益保护审查制度，并将消费者保护审查纳入全行风险管理和内部控制体系，从产品和服务前端，精准提示消费者保护关注点和风险控制措施，推动《中华人民共和国民法典》《中华人民共和国个人信息保护法》等法律法规和监管规定在营销宣传、信息披露、合作机构管理等关键业务环节落实落细。此外，还建立了新产品消费者保护准入和后评价管理机制，明确新产品的产品设计、风险评估、审批发布、变更、退出等全流程的消费者保护准入和后评价标准。

2022年银保监会处理银行业消费投诉30.28万件，其中信用卡和个贷业务是消费者投诉集中的焦点领域。这一方面是由于这两类业务面向的消费者群体庞大，业务规模可观，相应的纠纷数量也多于其他业务；另一方面也反映出商业银行需要在相关业务的产品设计、营销宣传、售后服务等各阶段各环节更加注重消费者体验，保护好消费者的合法权益。

为解决上述重点领域消费者诉求，商业银行加强消费者权益保护教育宣传，如普及安全用卡知识、提示反诈要领、倡导理性消费、鼓励合法维权等，持续提升消费者的金融素养和风险防范能力；同时畅通咨询投诉渠道，提升消费者投诉处理质效，为消费者提供满意的诉求解决体验，并通过对消费者意见的分析，发现影响服务体验的产品不足与瑕疵，开展投诉问题根源治理，推动产品和服务不断优化完善。

此外，各大银行不忘发挥"科技+创新"的乘数效应，加速推动消费者保护管理和业务系统迭代升级，工商银行将机器人流程自动化、自然语言处理、生成式人工智能等技术应用于投诉处置和管理主要环节，提高了监测分析智能化水平，并成功落地首个应用的AIGC场景，实现了大模型自动撰写投诉处理报告。

3. 隐私保护和数据安全

数据是商业银行的重要资产，是各类信息系统和基础设施正常运转的"血液"，也是信息安全防护的重要对象。对此，国家出台《中华人民共和国数据安全法》《中华人民共和国个人信息保护法》，敏感数据保护成为银行经营的合规底线。在数字化转型和金融科技创新趋势下，敏感数据主要面临三种风险。

一是外部风险，主要来自互联网上攻击者利用应用系统漏洞开展注入攻击、横向越权、撞库、拖库，或利用商业银行移动设备、智能设备、监控设备、无线网络进行渗透，或通过钓鱼邮件、病毒、木马等获取内部重要主机中的敏感数据。

二是内部风险，主要来自内部员工因安全意识薄弱、操作不当造成的数据泄露。日常办公需在办公终端使用大量数据文件，在数据收集、存储、使用、加工、传输、提供、公开全生命周期中，敏感与非敏感文件混杂、流转途径多样、使用场景复杂，极易发生高权限人员特权访问不当、业务人员权控不当、超权限访问、过度访问业务数据等风险。

三是互联网金融风险，主要由大数据、生物识别、公有云等新技术的引入导致。开源社区软件、第三方软件开发工具包、开发运维工具可能带有恶意代码并在后台开展非法数据采集和传输。在银行生态中与第三方供应链合作企业进行数据交互也可能会带来此类风险。

商业银行正快速推进开放银行的战略转型发展，构建智能化、互联化、体系化的信息安全防线。例如，民生银行通过构建"前端—中端—后端"的安全服务能力支撑，严格规范接入合作方的准入管理，加强 API 全生命周期安全管理，完善自适应的安全防护体系建设，建立智能化的安全运营监测体系，增强安全风险的态势感知和应急处置能力，提升银行的信息安全保障水平。光大银行建设全方位数据安全管理和技术防护能力，在内网主机侧、网间数据流转、数据出口侧、互联网侧、全员安全意识普及五个环节建立多重安全防护机制，多层次阻断从内到外及从外到内的数据泄露路径，如图 11.6 所示。

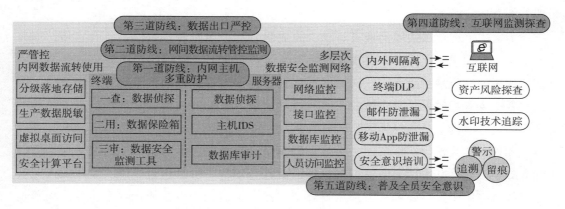

图 11.6　光大银行五道防线防护逻辑

资料来源：根据公开资料整理。

4. 人力资本发展

商业银行持续关注重点领域的人才培育和挖掘，布局银校合作新模式。以金融科技为例，2022 年，工商银行围绕"数字工行"五维布局，夯实金融科技、数据分析等人才队伍基础，以人才链打通创新链，促进金融科技和经营发展深度融合。招商银行则连续 7 年开展 FinTech（金融科技）训练营，2023 年邀请高校学生参加为期 3 天的沉浸式夏令营活动，设置研发、数据、产品三大赛道，覆盖不同专业、特长的高校毕业生，使不同细分领域的金融科技人才均享有发挥自身才能的机会。此外，招商银行还优化"梦工场"实习生计划，并与清华大学、北京大学、中国人民大学联合开展"水木""博雅""求是"专项实习计划。

银行聚焦员工对重点议题的技能重塑和持续学习，提高员工综合素质。随着社会各界对 ESG 的日益关注，各行开始重视员工在可持续领域的能力建设。例如，中国银行发布《绿色金融人才工程方案》，目标是建立 3 个层次 6 个方向共计 1 万人的绿色金融人才培养体系，通过以赛促学、评奖评优等形式，不断激励员工提升绿色金融能力与成绩，培育绿色金融人才队伍。招商银行为员工提供线下集中面授、线上直播授课等多形式的绿色金融等 ESG 相关专题培训，并将相关课程作为必修课嵌入管理类和新员工培训中。中国银行针对绿色金融、普惠金融、养老金融等培养专业人才，举办绿色金融精英人才研修班，帮助相关人员提升绿色金融政策解读、市场分析研判、重点产品推广的能力，促进绿色金融业务发展。

5. 公益活动

肩负社会责任，各大商业银行从定点帮扶、公益品牌建设以及志愿者活动等方面为公益活动添砖加瓦。2023 年，工商银行向定点帮扶的四川南江、通江、万源、金阳四县市直接投入帮扶资金 50.84 亿元（其中信贷资金 49.8 亿元），购买和帮助销售脱贫地区农产品 20 亿元，连续 21 年开展表彰乡村教师的"烛光计划"并表彰 400 名优秀乡村教师，连续 20 年开展资助困难学生的"启航工程"。2023 年农业银行、招商银行、中国银行分别对外捐赠 1.12 亿元、1.15 亿元、9 400 万元，公益捐赠项目内容涉及乡村振兴、科技、教育、救灾等不同领域。

同时，为持续深化长效公益机制，多家银行专注建设公益品牌，其中农业银行确定公益品牌名称"农银公益"，口号"农情相伴一路同行"，创新设计特色标识，以崭新形象统一全行公益行动；工商银行则以"工银光明行"为统领，接续开展主题鲜明、形式多样的公益活动，构建"公益资源共享、公益项目共建"的良好局面。

（三）治理

我国商业银行在公司治理维度关注的重要议题与国际同业相比有诸多不同。首先，我国商业银行在公司治理表现的披露中尤其重视自身党建工作进展的披露，这一特点与我国国情密不可分。国有商业银行是国家金融机构的重要支柱，不仅要发挥国有"金融重器"的作用，还是国家宏观调控的主要载体，同时在践行"两个维护"、贯彻落实党中央重大决策部署方面也理所应当成为商业银行的"领头雁"。

其次，我国商业银行在公司治理层面特别强调与党中央决策步调的一致性和与国家政策的统一性。例如，近年来，在助力实现"双碳"目标、服务乡村振兴战略、支持实体经济和民营经济等方面的举措和成效，成为我国商业银行 ESG 信息披露的重点。在中国银行 2022 年的社会责任报告中，特别有一章是关于"做国家战略的践行者"，其中分小节分别阐述了中国银行在"支持实体经济筑牢发展根基""推动普惠金融健康发展""全面服务乡村振兴""服务区域发展战略""支持高水平对外开放"等与国家大政方针相匹配的商业银行举措和成效。

最后，基于我国国情，国内商业银行对于反洗钱、反垄断、廉洁与反腐败、信访事项办理和保护知识产权等我国监管机构特别关注的银行金融机构公司治理事项的披露内容也更加详尽，且会特别强调在上述方面进行的专业团队建设、日常培训、规章制度建设等工作。

1. 完善治理及组织架构

商业银行不断优化以股东大会、董事会、监事会、高级管理层"三会一层"为核心的公司治理架构，着力推进公司治理的规范性和有效性，增强董事会在ESG方面的履职质效，深化投资者沟通与交流，提升信息披露质量和透明度，以高质量公司治理推进高质量可持续发展。

同时，董事会应注重成员多元化和专业性，董事会提名委员会在审核董事候选人并向董事会提出建议时，要综合考量董事候选人的性别、年龄、文化、教育背景、专业经验、技能、知识及服务任期等。

为不断完善可持续发展工作推进体系，共同推动实现高质量可持续发展，商业银行构建了自上而下、层次清晰、结构完善的ESG与可持续发展治理架构，各层级相互协作、齐心协力，着力打造高效协同、全面参与的ESG治理长效机制。各银行的ESG治理架构如表11.6所示。

表11.6 各银行ESG治理架构

银行	部门	下设部门	职责
工商银行	董事会	战略委员会	负责对年度社会责任报告进行审议，向董事会提出建议
		社会责任与消费者权益保护委员会	负责对本行在环境、社会、治理以及服务乡村振兴、企业文化等方面履行社会责任的情况，消费者权益保护工作战略、政策和目标，绿色金融战略，普惠金融业务的发展规划、基本管理制度、年度经营计划、考核评价办法等事项进行研究审议，并向董事会提出建议
	高级管理层	ESG与可持续金融委员会	负责贯彻落实集团ESG与可持续金融战略和目标，协调推进各机构各业务条线ESG与可持续金融相关工作，指导全行ESG与可持续金融业务发展和经营管理
农业银行	董事会	战略规划与可持续发展委员会	负责审议本行可持续发展战略和目标、本行ESG相关报告，定期评估可持续发展战略执行情况和绿色金融发展情况，并向董事会提出建议
		"三农"金融与普惠金融发展委员会	根据职责分别审议"三农"金融和普惠金融、消费者权益保护、关联交易等ESG核心议题，并向董事会提出建议
		风险管理与消费者权益保护委员会	
		关联交易控制委员会	
	高级管理层	绿色金融/碳达峰碳中和工作委员会	分别负责落实绿色金融、消费者权益保护、"三农"和普惠业务等ESG议题管理
		消费者权益保护工作委员会	
		"三农"及普惠金融事业部管理委员会	

（续表）

银行	部门	下设部门	职责
建设银行	董事会	关联交易、社会责任和消费者权益保护委员会	负责本行 ESG 整体推进工作，包括但不限于研究拟定绿色金融战略并监督、评价其执行情况，研究拟定社会责任战略和政策并监督、检查和评估其履行情况，研究拟定消费者权益保护工作战略、政策及目标并监督、评价其执行情况，监督指导管理层推进普惠金融相关工作等
		风险管理委员会	负责监督气候风险与机遇管理，指导管理层开展 ESG 风险管理、气候风险压力测试等
	管理层	碳达峰碳中和工作领导小组	由董事长担任组长，行长担任副组长，下设对公业务工作组、零售业务工作组、资本市场业务工作组、风险管理工作组、披露与宣传工作组、集团碳足迹管理工作组等 6 个工作组，以新金融行动助力实现碳达峰碳中和目标
		环境、社会和治理推进委员会	负责统筹管理 ESG 战略规划、部署及协调工作，下设环境工作组、社会责任工作组、信息披露与投资者关系工作组等，分工明确、密切配合，有效推进各项工作
		绿色金融委员会	负责统筹推进全行绿色金融发展事宜，对绿色金融业务推进过程中的重大事项进行研究决策，规划并部署全行绿色金融发展的重点方向与举措
		普惠金融发展委员会	负责全面统筹全行普惠金融战略发展，研究贯彻落实党中央、国务院及监管机构有关普惠金融工作部署和总行党委、董事会、行长办公会对推进全行普惠金融战略发展的工作要求，审议委员会职权内的重大经营管理事项
		金融科技与数字化建设委员会	负责统筹集团金融科技及数字化经营工作整体推进、协调及决策，研究全行金融科技与数字化经营战略、策略和发展方向。落实监管要求，承担相关领导小组职责，统筹协调推进征信息安全、金融基础数据统计等重要工作
		消费者权益保护委员会	统一规划、统筹部署、整体推进、督促落实消费者权益保护工作，对消费者保护工作进行专门部署，系统组织推进并持续跟踪落实
		风险内控管理委员会	将环境与气候风险、合规风险、操作风险、声誉风险等纳入全面风险管理体系，对相关部门进行专业化管理，定期召开会议跟进工作进展，部署重要事项

资料来源：根据各银行 ESG 报告整理。

2. 风险管理

商业银行持续加强市场研判，全面强化风险管理能力，积极迭代升级自身风险管理体系，压实风险管理责任。工商银行一方面密切跟踪资本市场动态，持续做好理财业务风险管控，加强养老金、私人银行等新兴业务领域风险管理，有效防范交叉性风险和保障客户权益，推进投资交易人员行为管理，防范不公平交易和利益输送；另一方面紧盯货币、债券、外汇、商品、股票五大市场，加强前瞻性监测分析，在智慧化、数字化、综合化方面持续探索、积极创新，稳步推进《巴塞尔协议Ⅲ》资本新规实施，持续优化风控模型与信息系统。建设银行主动应对风险挑战，调整优化信贷结构，加强信贷基础管理，强化风险防控，妥善化解处置，使资产质量保持平稳。

各大银行持续推进风险管理数字化转型进程，优化风险预警平台。2022年，建设银行上线企业级风险管理平台，强化智能风控体系建设，风险监控预警系统对大中型客户的预警覆盖率达98%，平均提前29个月，对小微客户预警覆盖率达87%，平均提前8个月，促进了信贷风险早发现、早管控。光大银行在阳光预警平台上线"阳光债警"和"阳光财智"两个产品，预警管理功能愈加完善。"阳光债警"利用发债主体的基本面信息与冲击面信息，刻画发债企业信用风险水平，针对重点企业建立风险预警监测机制。"阳光财智"采用财报粉饰风险分析框架，对全市场上市及发债企业财务报告质量进行持续监控，高效、准确地识别和预警企业财报舞弊与粉饰风险行为。部分银行风险管理组织架构如表11.7所示。

表11.7 风险管理组织架构（部分）

银行	部门	职责
中国银行	董事会及董事会专业委员会	承担全面风险管理的最终责任，授权董事会下设的风险政策委员会和审计委员会履行全面风险管理部分职责
	高级管理层	承担全面风险管理的实施责任，下设风险管理与内部控制委员会，履行全面风险管理和内部控制管理的职能
	业务部门	在主要业务部门建立风控中台，设立业务部门风险总监，共享各类风险信息，强化风险穿透管理能力
招商银行	董事会及其下设风险与资本管理委员会	负责监督公司高级管理层关于各类主要风险的控制情况，对公司风险政策、风险承受能力和资本管理状况等进行定期评估，提出完善公司风险管理和资本管理的意见
	高级管理层下设风险与合规管理委员会	风险与内控合规管理的议事决策机构，通过月度会议、专题会议等形式履行职责
农业银行	董事会	对风险管理负最终责任，通过下设的风险管理与消费者权益保护委员会、审计与合规管理委员会、美国区域机构风险委员会等行使风险管理相关职能

(续表)

银行	部门	职责
农业银行	监事会	负责监督检查董事会和高级管理层在风险管理方面的履责情况，将监督检查情况定期向股东大会报告，并督促董事会和高级管理层进行整改
	高级管理层	负责组织和实施具体风险管理工作

资料来源：根据各银行ESG报告整理。

3. 内控合规管理

各银行完善内控管理，强化内控制度体系建设，健全内控合规管理长效机制，推动内控有效性不断提升。农业银行修订一级分行内控评价计分表，健全内控预期性指标，优化评价体系，推动内控管理关口前移；始终坚持"风险为本、合规优先"的经营理念，持续增强境外机构及子公司关键岗位人员合规管理履职能力。工商银行从信贷领域内控管理、内控机制建设、员工异常行为监测和案件风险防控多角度加强内控管理。

同时，各银行高度重视反洗钱工作，不断提升反洗钱工作的意识和水平。2022年，工商银行成功落地"工银BRAINS"智能反洗钱系统，协助同业客户对超过3亿个人及法人客户开展反洗钱监测分析，每日监控交易超过7 000万笔，有效提升了金融市场风控水平。中信银行在制度上建立了"顶层制度＋专项制度＋条线制度"三位一体的反洗钱内控制度体系，搭建了反洗钱内外规制度库；在能力提升上，中信银行持续组织全体员工参加中国人民银行反洗钱外部培训，不断加强"线上＋线下"培训课程建设，丰富培训形式，通过面向"三新"（新入职、新转岗、新提拔）人员的反洗钱上岗培训、面向全体员工的"合规大考"等学习形式，帮助员工加深对监管政策的理解和把握，不断提升各层级人员反洗钱水平。

此外，各银行同样关注重点领域风险管控，不断强化反洗钱监督管理。建设银行对境内一级分行的反洗钱审计，重点关注了客户身份识别、交易报告、洗钱风险评估、制裁合规管理等情况，并在境外机构和子公司主要业务经营管理审计等项目中重点关注了反洗钱有关情况。光大银行重点关注客户尽职调查这一环节，制订客户尽职调查工作方案，经反洗钱工作领导小组审议后组织全行对存在较高洗钱风险的客户开展持续尽职调查工作。根据尽职调查工作中遇到的新形势、新要求和新问题，对《中国光大银行客户身份识别管理办法》进行修订完善。

五、商业银行ESG和数字化结合的具体案例

（一）招银云创——全流程的智慧化绿色融资管理解决方案

绿色金融作为服务于经济绿色发展的重要金融工具，近年来受到中央政府的重视

和支持。发展绿色金融,推动绿色低碳发展,是实现"双碳"目标的重要内容,客观上要求为绿色资产提供合规、多元、便利、高效的绿色融资服务,帮助绿色资产获得金融支持,释放绿色资产的经济和社会价值。

当前,数字化的绿色融资管理是企业绿色金融的重要发展方向。以人工智能、大数据等技术为代表的金融科技,在提升金融机构绿色金融服务效率、促进绿色金融产品的创新等方面发挥着越来越重要的作用。

自 2020 年 3 月成为招商银行企业数字化服务的载体以来,招银云创聚焦企业资金流数字化服务,践行招商银行可持续发展与 ESG 理念,将自身经营与服务社会长期发展相结合,逐步将 ESG 理念融入产品和业务之中。在绿色金融领域,招银云创致力于运用先进的金融科技,帮助绿色企业及机构提高融资管理水平,降低融资成本,帮助银行提升绿色融资服务的触达效率,优化绿色融资产品创新模式。

招银云创依托"业财融合分析 MAP"产品,以"心中有数"的精益融资管理为目标,以人工智能算法和数据模型为驱动,构建业内少有的贯穿融资前中后全流程的智慧化绿色融资管理解决方案。该方案帮助企业构建科学决策、智慧分析、动态监管的数字化融资管理体系,助推绿色企业财务价值创造。截至 2023 年第一季度末,绿色融资管理智慧大脑已覆盖融资成本分析、资金使用管理、融资风险管理、融资业务监督等子场景,并在新能源汽车、绿色城投基础设施、科技投资等多个行业落地实施。

以储能行业某动力电池企业为例,招银云创"绿色融资管理智慧大脑"帮助该企业客户实现绿色信贷、资产证券化等绿色融资前中后全流程的决策及分析,基于融资决策模型自动生成多个融资组合方案,使得企业的融资决策更多元化、更高效,降低融资成本。此外,该应用有利于推动低成本资金高效进入新能源电池领域,助力新能源车企高效配置电池资源。

未来,招银云创将继续践行可持续发展和 ESG 理念,围绕企业资金流数字化,将数字金融与绿色金融深度结合,通过绿色金融科技创新,赋能金融机构服务绿色实体产业,为"双碳"目标实现和经济社会高质量发展贡献科技力量。

(二)金融科技支持转型金融:中国银行浙江省分行转型金融过程管理工具

在碳达峰碳中和目标背景下,高碳行业和高碳经济结构被要求加快脱碳措施的执行和推广。在传统绿色金融框架下,部分高碳行业由于不属于"绿色"范畴,因此无法从现有的绿色金融体系获得支持。2022 年,G20 成员方领导人批准了《2022 年 G20 可持续金融报告》,其中包括 G20 转型金融框架,标志着国际社会就转型金融形成了原则性的共识。在此背景下,中国人民银行牵头开展了重点行业转型金融相关政策的制定工作,初期包括火电、钢铁、建筑建材和农业四个重点行业,后续还将逐渐覆盖拟纳入全国碳排放权交易市场的其他高碳排放行业。然而,转型金融作为新的业务领域,市场基础条件不足,发展初期主要面临以下四个痛点:

一是转型金融的界定标准尚未明确。目前政府机构或监管部门尚未出台全国性转型金融专门政策，无法准确界定转型金融的内容、标准、行业以及信息披露等相关要求。二是转型金融或承担较高的信用风险。传统产业转型需要一定周期，面临技术更新、市场波动、经济周期等诸多风险。高比例的高碳金融资产可能对信贷资产质量产生较大的负面影响，因此商业银行对金融支持转型经济抱审慎态度。三是转型金融缺少足够的外部政策支持。转型金融领域的政策工具尚未明确，缺乏类似"碳减排支持工具"、地方政府担保贴息等低息资金支持。此外，非金融领域的激励机制尚未形成，监管机构对转型金融的专项考核和激励政策也未出台。四是商业银行与转型金融相适应的能力建设尚不成熟。重点排放行业的转型路径、减排技术等具有专业性强、更新变化快、牵涉范围广等特点，因此商业银行对转型活动的界定与跟踪面临较大挑战以及"虚假转型"的风险。

针对以上痛点，中国银行浙江省分行探索建立转型金融配套系统，通过数字化、系统化手段，规范管理转型主体的目标、路径、进度和信息披露，并将其应用到信贷管理全流程，建立了转型金融过程管理工具与规范标准，包括转型绩效度量模型、可持续发展绩效目标等，如图11.7所示。其主要功能如下：

转型项目辅助尽调工具。用于收集企业碳排放强度、废水废气排放量等减碳降污重点指标，实施计划并管理绩效。结合银行客户分布，从高碳高污染的重点行业切入，在系统中增加基于行业研究、案例分析等方式设置的转型目标、技术路径目录清单，为客户提供切实可行的转型建议，并通过智能化提示及系统筛选功能为客户转型金融方案的设计提供参考。

转型项目信息披露（转型绩效度量）工具。在转型贷款存续期间，加强对转型项目阶段性转型绩效与目标实现进度的核验。在系统中嵌入贷后管理过程，收集并分析转型计划、转型目标、项目进展、碳排放数据、公司治理信息等关键绩效指标，披露与转型绩效度量相关的要求，为依照合同条款对照转型活动完成情况落实付款进度提供必要依据。相关系统包括驾驶舱、账户管理、操作日志、转型跟踪、企业跟踪等基础模块。

构建转型金融标准体系。围绕转型金融支持范围、管理流程、管理机制等环节，形成符合商业银行需求的转型金融业务流程，并配套政策制度、风险管理、专业能力、信息披露等一系列机制。

设置合理转型目标。转型目标设置需基于科学方法，并考虑国际共识原则。转型金融过程管理工具参考行业"双碳"目标和上市公司的示范案例，对转型目标进行设置，保证转型项目不仅具有减碳效果，而且符合国际"无重大损害"原则、"公正转型"原则，并避免碳锁定风险。

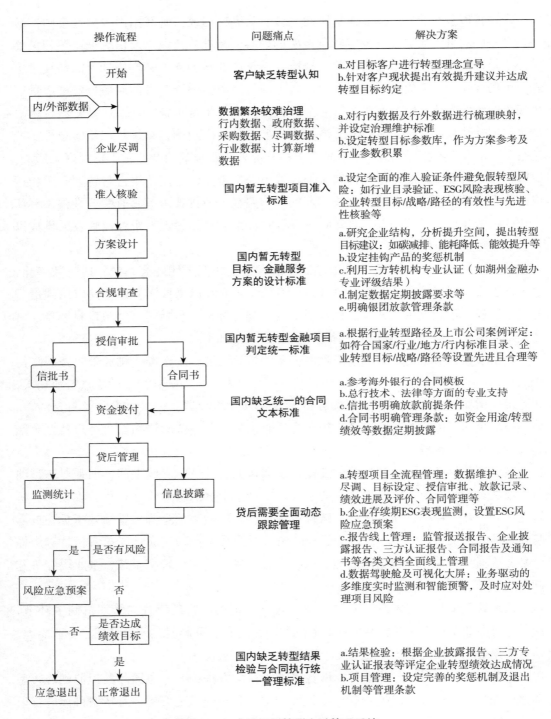

图 11.7 中国银行转型金融管理系统

转型金融管理系统的三大特点如下：

通过数字化技术构建转型金融工具。基于行内业务现状梳理转型金融业务管理流程，构建实现转型金融业务全流程管理工具，功能覆盖贷前准入、贷中信批、贷后管理、风险监测预警、报告文档线上管理等方面。同时，利用金融科技赋能提升转型金融服务效率，防范转型活动的隐藏风险。

充分利用绿色金融业务经验，为推动转型金融业务提供组织、流程和技术支持。基于相对成熟的绿色金融业务流程及管理办法，建立转型金融的战略、组织、能力建设等管理机制，节省投入成本，为新系统和流程制度的顺利上线与应用奠定基础。

明确支持的转型金融范围，并根据政策法规、技术环境变化进行动态调整。根据国内外相关政策和标准，结合地区产业特色及发展实际、行业双碳规划及减碳路径、银行业务现状及战略目标等因素，明确转型金融的支持范围，并及时根据政策法规要求、行业内外部环境变化、低碳技术革新等因素进行动态调整。

中国银行浙江省分行的转型金融工具正处于内部测试验收阶段，并在行内开展了小规模应用。预计该工具将用于行内的业务过程管理，并通过规范化的流程落实在行内系统中，在业务实施的不同阶段，探索业务特征和应用场景。此外，中国银行浙江省分行也在积极推动转型金融内部流程管理机制上升为浙江省金融学会团体标准。

在"双碳"背景下，转型金融可以为中国碳密集行业和棕色资产绿色低碳转型提供投融资渠道，而过程管理工具的研发也将提供积极价值：从国家层面，该工具有利于加快构建转型金融与绿色金融高效协同机制，可以覆盖钢铁、水泥、煤炭等碳密集行业，提供更严格的信息披露与过程管理，引导和督促棕色领域转型发展，与绿色金融形成合力，加速全社会实现"双碳"目标；从金融机构层面，该工具有利于加快金融基础设施建设，推动金融和数据融合，加快构建科学精准的转型效益核算与计量方法学，对转型主体与项目的环境效益进行有效监测，提升全面风险管理水平；从转型企业层面，该工具将建立健全碳排放数据采集、碳核算、碳账户管理和评价体系，构建相应数据库，有助于企业有效监测自身经营的碳排放，获得金融支持，精准进行工艺研发和升级改造。

未来，中国银行浙江省分行计划通过优化现有系统信息披露功能，丰富碳排放数据、公司治理及其他关键绩效指标的信息收集、披露，打造贷款存续期间企业信息披露的规范化、标准化流程，同时建立金融机构环境信息披露相关数据管理流程，支持各分支机构统计填报环境信息披露内容并生成披露模板。

中国银行浙江省分行在转型金融领域采取一系列措施，具体包括：一是将转型金融管理机制要求充分融入现有业务及政策体系。二是将企业ESG评价应用到客户评级与信贷管理等方面，提升商业银行应对转型金融风险的管理能力。三是加快创新转型金融产品与服务，如专项贷款、转型类债券和衍生品。四是关注重点高碳行业先行突破,加强与行业龙头企业合作,充分考虑当地转型路径、政策和基础设施,选择重点客户、具备转型条件的地区有序开展转型金融业务。五是增强金融科技赋能,探索利用新兴数字化技术进行运营和产品服务的创新。六是加强转型金融相关的能力建设,加强碳核算能力建设,借助第三方服务机构对环境气候风险进行评审,加强对外交流合作。七是形成可供监管机构和同业借鉴的案例,积极推广转型金融过程管理工具的优化与落地。

本章小结

ESG 框架是评估企业在日常运营中如何平衡环境、社会和治理这三个领域的重要工具。商业银行的 ESG 实践不仅展示了其社会责任承担,还反映了其在促进可持续金融方面的积极作用。

在环境方面,商业银行通过提供绿色金融产品如绿色债券和贷款等,支持可持续项目,对抗气候变化。在社会方面,银行不仅关注社会责任的直接影响,如员工福利和社区服务,还致力于通过普惠金融服务提高金融服务的可获取性。在治理方面,银行通过加强内部控制和合规,确保业务透明和公正,增强公司治理结构的有效性。

尤为重要的是,数字化正在深刻影响商业银行的 ESG 实践。借助先进的数字化工具和平台,银行能够更有效地追踪和管理其 ESG 目标的实现情况。数字化不仅优化了银行的内部运营流程,提高了其工作效率,还为银行提供了前所未有的数据洞察能力,使其能够更精确地识别和管理 ESG 相关的风险与机遇。这些数字化手段不仅改善了银行在环境、社会和治理领域的表现,也为银行向更加可持续和更高社会责任的业务模式转型提供了强大的技术支持。

思考题

1. 技术应用可能引发道德和隐私问题,在推动 ESG 目标实现的过程中,银行如何平衡技术创新与道德责任?

2. 如何评估全球性银行在不同国家应用 ESG 标准时面临的挑战?银行应如何调整其策略以适应这些地域性的差异?探讨全球统一标准与地方特色需求之间的平衡。

3. 哪些尚未被广泛应用的技术可能在未来改变 ESG 实践的方式?可以探讨如增强现实(AR)、虚拟现实(VR)、先进的机器学习算法等技术的潜在影响。

关 键 词

ESG；可持续发展；绿色金融；社会责任；治理结构；环境保护；社会影响；金融服务；普惠金融；信贷支持；金融产品创新；风险管理；内部控制；合规性；信息披露；碳足迹；碳中和；低碳经济；绿色债券；绿色贷款；绿色基金；绿色投资；可持续投资；企业社会责任；客户关系管理；数据安全；金融科技；数字化转型；消费者权益保护；绿色标准；环境风险评估；公司治理；ESG 评级；ESG 报告；气候变化；"双碳"目标

第十二章
商业银行的数字政务、新市民与养老金融服务

> **学习目标**

【知识目标】 熟悉商业银行的数字政务，以及新市民和养老金融服务的基本特征，了解数字政务平台在商业银行数据收集和社会责任承担方面的功能作用。

【能力目标】 掌握商业银行数字化平台的基本逻辑与实践前沿，理解数字技术实现 G 端链接、B 端赋能、C 端突围的商业银行经营战略。

【素养目标】 树立银行业金融服务的政治性与人民性，进一步加深对实现金融高质量发展的理解。

导言：中国数字政务的快速发展离不开商业银行的参与，无论是国有大行、股份制银行还是中小银行都纷纷参与到数字政务的建设和服务中来。那么中国银行业为什么要进行数字政务平台建设和服务？数字政务给商业银行带来了哪些机遇与挑战？商业银行又如何体现金融的政治性与人民性，大力推进新市民和养老金融服务？为了回答以上问题，本章将详细讨论数字技术与商业银行的政务服务，以及新市民和养老金融服务。

第一节　商业银行的机构业务

一、商业银行机构业务的类型

我国商业银行的客户群体主要分为三大类，即机构类、公司类和个人类。例如，地方政府、行政事业单位属于机构类客户。党的十八大以来，随着国家治理体制的不断健全，政府在市场经济发展中的角色定位越来越清晰，商业银行对政府机构客户的

服务模式也越来越规范、清晰。政府机构客户是指所有非企业法人类、非金融同业类的对公客户，及具有一定政府背景、按照企业化运作的对公客户，通常包含各级政府部门、中央国家机关、事业单位、社会团体、军队武警等组织。为这些客户提供资金储存、交易结算、现金管理、资金托管、信贷融资等基础产品及服务则属于银行政府机构业务范围。政府机构业务主要为负债业务以及带动的其他业务，其特征为资金集中度较高，资金体量巨大，对其他对公、个人业务辐射力强，综合收益大。政府机构业务还可以为商业银行带来较大的间接收益，例如，商业银行可了解到更多的信息，为公司、零售等业务打造创新与发展的基础，为整体业务发展保驾护航。

按照业务性质，政府机构业务分为：负债业务（包括吸纳存款、资金管理、账户管理等业务）、资产业务（包括贷款业务、资金融通等业务）和中间业务（包括商业银行通过提供服务赚取手续费等业务）。商业银行对政府业务主要涉及政府债券承销、信息咨询、政府项目融资以及支付结算服务等方面。商业银行通过为政府提供这些服务，满足政府的财政运作、基础设施建设、经济发展和货币政策执行等方面的需求。主要包括以下几个方面：

1. 政府存款管理

政府存款本质是财政资金收付后以账户余额形式结存的会计结果。从政府资金流向看，其中包括流向商业银行提高国库资金收益率的资金，这部分存量反映在大型和中小型银行金融信贷收支表中，科目为"银行：国库定存"。从银行负债结构看，以政府客户为主的机构客户存款是商业银行对公存款的重要组成部分，发挥着稳定器的作用。作为机构业务存款的最直接来源，以财政存款为核心的政府资金覆盖基础设施、民生保障、公共管理等各个领域，具有存量可观、增量稳定的特征。银行在为政府提供资金归集、存管、划拨、账户管理等服务的过程中，能够获得规模巨大的资金沉淀，其中包括大量优质的结算性存款。中国人民银行统计数据显示，2024年前三季度财政性存款增加7 248亿元，2024年5月，机关团体活期存款净增量同比回落11 575亿元。同时，从存量数据来看，机关团体存款存量中活期存款大约占比88%，显示了市场空间的巨大潜力。

2. 政府债券代理承销

政府债券代理承销是指商业银行利用自己的网点与专长，代政府发行债券。商业银行参与国债的承购包销，不仅可以保证国债的顺利发行和国债款项的及时到位，而且可以利用商业银行的多网点和技术含量较高的ATM、网上银行的优势，降低国债发行成本，提高国债市场的稳定性。目前，得益于商业银行资金充足、营销网点范围广泛等各方面的特点，商业银行已逐渐成为地方政府债券的主要承销商，在政府债券发行过程中扮演重要角色。

3. 信息咨询服务

信息咨询服务是以转让、出售信息和提供智力服务为主要内容的中间业务。商业银行运用自身所积累的大量信息资源,以专门的知识、技能和经验为客户提供所需信息和智力服务。其中,对工程项目进行评估可以为政府的投资决策提供科学依据,也可以为银行自身的投资性贷款提供安全保障,它是实现资源优化配置、保证工程项目实施、提高经济效益的重要手段。

4. 政府项目融资

PPP(Public Private Partnership,政府和社会资本合作)模式指政府公共部门与社会私人资本共同为消费者提供公共产品、服务等项目的一种公私合作模式。商业银行可以为政府提供投融资服务,将自有资金投资于地方政府债,为 PPP 项目主体提供表内外融资服务。在项目建设阶段,商业银行可以为项目公司提供中长期贷款,用于 PPP 项目建设及运营阶段融资需求。在项目运营阶段,商业银行可以提供短期流动资金贷款、银行承兑汇票承兑及贴现、信用证及其项下融资、保函、保理等服务。

5. 代办集资业务

代办集资是地方政府为兴办某些重点项目,经上级有关部门和中央银行批准,委托商业银行代为投资的业务。商业银行开立账户代收资金,代办到期还本付息,代理集资款项的使用与监督等事宜。

6. 支付结算服务

资金安排是围绕财政等政府机构客户的资金使用规划,为其提供存款、结算、贷款等服务,这是商业银行最基础的功能,也是银政合作的根基。在资金安排的结算服务方面,要紧跟财政资金流向脉络,打通每一个关键环节(体现为开立各类银行账户),打造银行资金结算服务的内生机制,如商业银行为财政、社保等政府部门提供的多渠道收缴和电子支付等结算服务。

综上所述,商业银行在政府业务中承担着多种任务,包括政府存款管理、政府债券代理承销、信息咨询服务、政府项目融资、代办集资业务、支付结算服务等,为政府提供全方位的金融服务支持,如表 12.1 所示。

表 12.1　商业银行的政府机构业务

业务类型	描述	具体内容
负债业务	存款吸纳、资金管理、账户管理等业务	政府存款管理:为政府提供资金归集、存管、划拨、账户管理服务,获取大量优质结算性存款 政府债券代理承销:利用网点和专长代政府发行债券,保证国债顺利发行,提高市场稳定性
资产业务	贷款业务、资金融通等业务	政府项目融资:提供中长期贷款用于 PPP 项目建设及运营,提供短期流动资金贷款、银行承兑汇票承兑及贴现、信用证及其项下融资、保函、保理等服务

(续表)

业务类型	描述	具体内容
中间业务	商业银行通过提供服务赚取手续费等业务	信息咨询服务：提供项目评估等服务，为政府投资决策提供依据，保障银行自身投资性贷款安全 代办集资业务：代为投资地方政府重点项目，代收资金、代办到期还本付息等
支付结算业务	商业银行最基础的功能，银政合作的根基	支付结算服务：提供多渠道收缴和电子支付等结算服务，打通财政资金流向关键环节，为财政、社保等政府部门提供结算服务

资料来源：作者整理。

二、商业银行机构业务的发展历史

（一）商业银行对政府业务的历史

在中国近代商业银行的历史中，政府业务的重要性尤为显著。例如，早期的金融机构如中国银行、交通银行等，在成立之初即承担了清末和民国时期政府的外汇兑换、公债发行和还本付息等职能。随着时间推移，商业银行与政府的关系在社会主义市场经济体制建立和完善的过程中发生了变化，逐步从计划经济下的行政指令型向市场化方向转变，但仍然保持了紧密的合作关系。从1994年我国取消地方政府债券开始，我国商业银行代理发行、代理兑付和承销的政府债券都是国债。1995年，我国颁布《中华人民共和国商业银行法》。该法对商业银行的经营业务范围有如下规定：商业银行可以经营包括代理发行、代理兑付、承销政府债券在内的多项业务。该法律的颁布为商业银行代理发行政府债券提供了法律依据。该法颁布之后，我国国库券的发行方式由原先的政府摊派向商业银行代理发行、承销转变。然而，结合当时《中华人民共和国预算法》对地方政府"不列赤字"的要求以及当时我国政府债券的发行情况可知，我国并没有地方政府债券，因此1995年《中华人民共和国商业银行法》中所称的政府债券主要是指国债。

直至2009年，财政部才首次尝试代发地方政府债券。在此次尝试中，地方政府发行债券被允许，但是所有的地方政府债券都必须通过财政部进行代理发行及还本付息。2011年，我国开始试点地方政府自行发债。在试点过程中，由地方政府自行完成发行过程，但还本付息仍由财政部统一代理。直至2014年，财政部制定并下发《2014年地方政府债券自发自还试点办法》，此次试点办法建立了地方政府在国务院批准的发债规模限额内，自行组织本地区政府债券发行、支付利率和偿还本金的机制。至此，地方政府自行发债在我国重新拥有合法地位，商业银行开展代理发行、代理兑付和承销的政府债券的业务范围由单一的国债扩展到包括地方政府债券在内的各种政府债券。

同时 1995 年施行的《中华人民共和国预算法》清晰地指出杜绝政府通过银行贷款和债券发行方式筹集资金，而 2014 年修订、2015 年 1 月正式施行的新版预算法许可地方政府在规定的最高借款额范围之内展开债务的发行。地方债于 2015 年均归入预算机制，采用发行债券的方式，使地方政府的财政压力大大降低。以上发展历史可总结为表 12.2。

表 12.2 商业银行对政府业务发展历史

时间	事件
清末、民国	中国银行、交通银行成立，承担政府的外汇兑换、公债发行和还本付息等职能
1994 年	取消地方政府债券，商业银行开始代理发行、代理兑付和承销国债
1995 年	《中华人民共和国商业银行法》颁布，商业银行可代理发行、代理兑付、承销政府债券；《中华人民共和国预算法》要求地方政府"不列赤字"，当时没有地方政府债券，政府债券主要指国债
2009 年	财政部首次代发地方政府债券，地方政府债券通过财政部代理发行及还本付息
2011 年	地方政府债券自行发债试点，地方政府自行完成发行过程，还本付息由财政部代理
2014 年	《2014 年地方政府债券自发自还试点办法》发布，地方政府自行组织本地区政府债券发行、支付利率和偿还本金
2015 年	地方债归入预算机制，地方政府通过发行债券方式筹集资金，降低财政压力

资料来源：作者整理。

（二）商业银行对政府业务的现状

在当前阶段，商业银行对政府业务的服务更加多元化和专业化。例如，商业银行不仅提供传统的财政资金代理结算服务，还深度参与地方政府债券市场，通过承销和投资地方债来支持公共财政支出和基础设施建设。同时，商业银行也积极响应国家政策导向，配合政府推动产业升级、普惠金融和社会保障等领域的工作。

步入 21 世纪，PPP 模式在我国逐渐发展壮大，主要用于地铁、高速公路、建筑等公共设施的建设，成为我国政府最为青睐的基建类投资模式之一，商业银行在 PPP 模式中起到保证资金充足性和稳定性的作用。商业银行聚集社会公众与企业的大量资金，拥有充足的资金来源，参与 PPP 项目可以促进资金融通，有效将储蓄资金转化为有收益资本。商业银行对于 PPP 项目最主要的支持仍是向项目公司发放贷款，即通过经营贷款、银团贷款等工具为 PPP 项目提供资金。如中国农业银行安徽池州市污水处理及市政排水设施政府购买服务项目采取的 26 年期限、4.99 亿元固定资产的贷款，其中有 1.25 亿元采用银团贷款形式，农业银行也成为该项目的银团代理行和银团份额最大的参与行。商业银行发放贷款的用途为置换借款人前期投入、建设基础设施、归还项目的负债等。随着《国务院关于加强地方政府性债务管理的意见》（国发〔2014〕43号）及随后的一系列政策出台，各级政府的投融资方式发生了明显变化，以政府性投资基金、PPP、政府购买服务为代表的新型融资模式开始越来越多地被使用。

第二节　商业银行搭建社会治理的数字化平台

一、数字化平台

（一）数字化平台的概念

数字化平台是指利用互联网、物联网、大数据等信息技术构建的一体化、网络化、智能化平台，具有生态化、高效化、灵活化特征，能为用户提供便捷、个性化的服务体验。数字化平台通常涵盖多种功能，如在线支付、数据分析、智能推荐等，旨在提高服务效率、优化用户体验，并促进商业模式创新。数字化平台，凭借其先进的数字技术，已经成为促进我国数字经济增长的关键驱动力，并在履行社会治理职责方面扮演着越来越重要的角色。

（二）数字化平台的重要性

数字化平台可以拉动数字经济规模增长。数字化平台通过改变传统的服务贸易模式、合作分工方式、价值创造与分配形式进而促进消费。在新冠疫情期间，教育、医疗企业等通过数字化平台开展了各种线上服务，以外卖为代表的本地生活服务平台更是促进了生活服务业的数字化。

数字化平台可以丰富就业形态、稳定国内就业市场。依托数字化平台出现的新就业形态为我国新增就业提供了空间，创造了大量就业岗位。而且数字化平台就业方式较为灵活、进出自由，能较为快速直接地吸纳就业，同时增加劳动者收入。尤其是在新冠疫情防控和经济恢复过程中，数字化平台在"稳就业"方面持续发挥着重要作用。

数字化平台可以实现产品服务供给与消费需求的高效对接。凭借大数据与人工智能等技术，数字化平台可以实现供需双方的精准对接以及各类资源的高效配置，进而达成供需平衡。

数字化平台可以积极发挥公共服务职能。通过对数据的掌握与分析，平台可以协助政府部门解决不确定情形下公共治理的决策难题，使政府能够作出更为有效的决策。数字化平台能够对生态体系的所有参与成员提供精准帮助，各类支持性政策能更快速、更精准地作用于平台商户，惠及整个数字平台生态体系。此外，数字化平台在精准扶贫方面也发挥了巨大作用。

2023 年 12 月发布的《商务部等 12 部门关于加快生活服务数字化赋能的指导意见》提出：强化数字化金融支撑。鼓励金融机构在依法合规、风险可控的前提下，运用数字化技术优化信贷流程和信用评价模型，加大供应链金融支持力度，改进产品服务，提高金融服务可获得性。丰富消费金融服务场景，提供多层次、多样化消费金融服务，着力提升服务水平。加强金融服务适老助残应用功能建设，积极发展非接触式金融服务，提升金融服务的便利性。

二、商业银行数字化平台的构建

受数字化、平台化经营冲击，商业银行在传统渠道上获客转化的能力被削弱。在此背景下，商业银行近年来加强网上银行、移动 App 等线上平台建设，推动经营要素平台化成为商业银行竞争的焦点。尤其是 2019 年以后，银行业愈发注重移动 App 建设，纷纷以手机银行为核心，向重点领域或非金融场景渗透。数字化平台是技术创新和商业模式创新的结合体，它突破了传统商业逻辑的效率边界和资源配置边界。依托数字化平台的力量，商业银行可以有效突破服务边界和服务能级，获得业务发展机遇与跨越式成长的机会。

数字化平台相较于传统模式有如下优势：

第一，覆盖范围更广。随着金融场景的平台化，以及银行逐步将产品服务嵌入非金融场景，银行服务不再依赖物理网点，而是通过线上平台向千家万户提供产品和服务，真正践行"服务大多数人而非少数人"的新金融理念。平台的广泛应用对商业银行意味着流量和客户，此时平台运营的关键，在于让平台从单纯的"推"转向产生"拉"的力量，进一步拓展用户规模。

第二，服务效率更高。从效率边界来看，银行传统经营客户的方式受到人力及资源的限制，而平台服务的泛在性使得服务长尾客户在成本效率上成为可能，而深耕长尾客户的精细化运营能为银行带来长期稳健的收益。同时，平台为银行提供了更加契合用户需求的线上行为数据，通过"静态+动态"数据的组合运用，银行可以获得更为立体的用户画像和更深层次的用户需求，从而可以提供精准服务。

第三，用户连接更紧。近年来，随着商业银行线上平台持续推陈出新，其在为用户提供专业金融服务的同时，更加注重与衣、食、住、行、用等生活场景相融合，渗透到社会民生的方方面面。正如建设银行推出的建设银行生活 App，更加注重低门槛和便捷性，旨在将金融服务与生活场景融合，与手机银行形成"双子星"，共同承载建设银行客户经营需要。通过运营动态调优和产品迭代更新，为用户提供深度服务、产生持续交互，是平台赖以生存的关键所在。

数字化平台的构建是一个复杂的系统工程，涉及技术、运营、文化等多个层面的改革和创新。构建有效的数字化平台，银行需要遵循以下几个关键策略：

1. 立足新发展理念

商业银行应通过数字化转型拓宽金融的范围和能力边界、重塑金融的业务模式和增长范式。近几年，商业银行尽管在数字化转型中取得了阶段性成果，但距离形成可持续的高效的商业模式仍有差距，这要求商业银行立足新发展理念，构建能够满足广大人民群众多样化的政务服务需求的数字化平台。

2. 加强技术基础设施建设

商业银行需要构建稳定可靠的技术基础设施，主要包括云计算平台、大数据中心、安全系统等。这些技术基础设施是数字化平台运行的基石，只有保证这些基础设施持续稳定高效运转，才能确保平台的高效性和安全性。

3. 提升数据管理和分析能力

传统商业银行多聚焦以账户为核心的客户体系，重点关注账户拓展与产品服务销售，而线上平台将服务前置，更加关注"用户"。衡量平台发展质量的标准大致分为用户规模、活跃程度和流量价值转化等指标维度，这就要求商业银行必须从"客户思维"转变为"用户思维"，依托线上平台为用户提供优质、便捷、超预期的体验，为用户匹配切实需要的服务和产品。而随着近年来数字化进程的加深，银行已经积累了大量的客户数据和交易数据。提升数据管理和分析能力，不仅可以更好地保护客户信息，还能通过数据分析洞察客户需求，为客户提供更加个性化的服务。

4. 创新服务模式

在技术和数据的支持下，商业银行应不断探索和创新服务模式，如开发基于人工智能的财务顾问服务，提供跨界融合服务等，以满足客户日益多样化的金融服务需求。

5. 建立平台运营人才培养体系

商业银行应在顶层设计层面抓好长远规划，提高人才工作的科学化、规范化和制度化水平。第一，建立健全平台运营人才培养体系。立足平台运营能力发展路径，建立对应模块及级别的培训及测试体系，用于人才的进阶培养。第二，建立人才共享与交流机制。根据重点项目和分行运营需求，选派人才进行实际操作，同时，在纵向和横向打通交流轮岗通道，培养员工在不同业务条线、产研运、前中后台等领域的实战能力，提升平台运营人才的系统性思维能力。上述策略可构成商业银行搭建数字平台的流程，如图 12.1 所示。

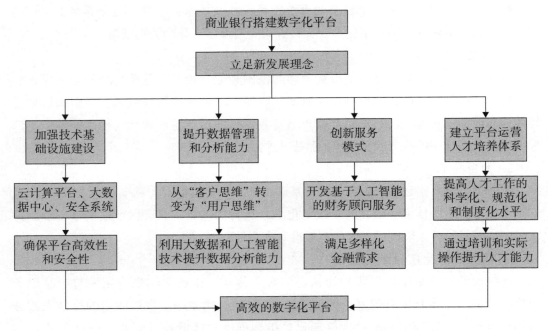

图 12.1　商业银行搭建数字化平台流程

资料来源：作者整理。

三、数字化平台上的智慧政务

（一）智慧政务

1. 智慧政务的定义

智慧政务是指利用互联网、物联网、大数据、云计算、人工智能等技术方式，实行资源管理共享，提高政务治理的智能水平，提升在服务、管理、决策等各方面的智能水平，以便打造一个高效、快捷、便民的新型政务系统。

所谓"智慧政务"金融生态圈，就是商业银行与各级政府部门、医院、学校等单位相互合作、运作业务，银行将自己的金融产品和服务融入上述单位主导的系统平台中，运用互联网、物联网、大数据、云计算、人工智能等技术手段，构建一种"互联网+政务服务+金融产品与服务"的新型服务模式，实现政务、公益服务网络化、智能化，做到"政务服务一网通办"，减少群众办事往返和等待时间，不断增强人民群众的获得感、幸福感和安全感。智慧政务金融生态圈的建设，可以让银行和各级政府部门、医院、学校等单位互惠互利，各得其所：政府部门减少或免去了与各类供应商、业务部门之间的对话、衔接等中间环节，节省了时间，提高了效率，大幅度降低了政务治理成本；银行通过与这些单位合作，创建出各类智慧平台，并与之共享大数据，进而开发出多类型应用场景，改变了与客户之间的交互方式，"获客"和"活客"都得到了扩大,从而打破了原有的经营方式所带来的局限性,形成了一种全新的业务生态链。这种业务生态链有助于开拓客源、牢固与客户的亲密度,于是新的业务增长点得到拓宽,业务不断升级,使商业银行能再次大展宏图。

2. 智慧政务的服务内容

智慧政务主要目标是解决政府堵点、社会难点、民生痛点,从服务体系、业务体系、组织体系、数据体系和环境体系五个方面深入推进。一是服务体系构建,为政府提供如手机 App、手机小程序、PC 端以及物理网点等服务渠道建设,提高业务办理的便捷性和触达度。二是业务体系升级,通过大数据、人工智能、区块链等科技手段,推动业务流程智能化、线上化、无接触化,提升政务服务工作效率,从而实现"让百姓少跑腿,让数据多跑路"。三是组织体系改革,政府在政务改革中,由于对业务流程再造,信息数据不断整合优化,从而可能整合原有政府部门或催生新的政务机构。四是数据体系驱动,以大数据分析、运维为重点,深度参与和协助政府对大数据运维,搭建不同数据场景,向城市大脑、数字城市迈进。五是环境体系优化,积极推进营商环境便利化、法治化、国际化,为国家营商环境建设提供金融科技解决方案,探索国家营商环境的评估评价报告。

3. 智慧政务的发展逻辑

智慧政务旨在准确把握金融服务与政务服务同源互补的属性,以颠覆式创新突破,打破"消失的银行"宿命,通过"G 端连接"的核心举措,自上而下牵动"B 端赋能"和"C 端突破",使银行在市场竞争力、价值创造力和社会影响力等方面都有了跨越式发展。智慧政务将助力传统银行业务不断拓展业务渠道、升级服务类型,将政务服务与公众、企业链接起来,占领用户入口,形成批量化获客优势,降低获客成本,提高客户黏性。银行将以智慧政务为纽带,提升营销效能,有效带动传统机构业务高质量发展;以智慧政务为媒介,批量拓展政府上下游对公、对私客户群体,实现"一抓一大片,一打一条线"。

(二) 商业银行的数字化政务服务

当前中国银行业同行竞争日趋激烈。产品高度同质化,网点运维成本居高不下,再加上利率市场化、资本监管严谨化、客户需求多样化、互联网金融侵蚀化等多重压力,国内商业银行如果还是继续采取传统的经营模式、不思变革,那么,不但市场竞争力会越来越低,而且还会面临着被踢出局的风险。

商业银行之间的竞争主要体现在对市场份额占有率的争夺,也就是争夺客户。客户是银行生存发展的基本条件,银行服务客户群体的数量与质量状况,往往决定该家商业银行在市场竞争中的力量,它们基本表现为一种正相关关系。传统经营模式中的客户群体已基本分配完毕,短期不会发生较大的改变,所以银行只能改变经营理念,通过寻找新的客群来进行自我转型。

政府类客群因其财政资金更具稳定性而成为当前各大银行争夺的最优质客户。例如，2018年，中国建设银行云南省分行与云南省政府进行"智慧政务"项目合作，以"智慧政务"项目为核心，充分发挥自身传统业务优势，并依托集团公司的金融科技实力，通过运用开源和交互的平台运作模式，提供综合服务。这样一来，中国建设银行云南省分行通过积极关注下沉目标客户群体，引流长尾客户群体，抢占了蓝海市场，带来了新的客户群体，开拓了新的业务增长点，从而打破了银行拓展市场的桎梏，开创出银行拓客获客新天地。

为了进一步拓展业务范围并增强市场竞争力，商业银行开始积极布局数字化政务服务领域，主要基于以下几个战略考量：

1. 银行具备提供政务服务的天然优势

商业银行尤其是国有大行在提供政务服务时具有五大优势和特色：

（1）信誉良好，助力推广。商业银行，特别是国有大行在社会、商业、产品、服务等方面具有先天性的良好信誉，这为它们提供政务服务铺好了道路，大大助长了此类业务向全社会的推广力。

（2）覆盖广阔，增强辐射。商业银行网点众多，遍布全国各地，几乎覆盖了人们的每一个生活场所。

（3）人才储备丰富，创新能力强劲。商业银行，特别是国有大行，长期以来一直重视人才的培养和引进，特别是在金融科技领域。这些银行汇聚了大量精通金融和技术的复合型人才，他们不仅具备深厚的金融知识，还掌握前沿的科技技能。这些人才的加入，为银行在金融科技创新方面提供了源源不断的动力，同时也为商业银行在政务服务领域的拓展提供了坚实的人才和技术保障。通过不断探索和实践新技术，商业银行能够推出更高效、更便捷的政务服务，满足公众对高质量政务服务的需求。

（4）服务周到，客户满意。长期以来，商业银行不断提升它们的服务质量，保证对客户的服务认真周到，让客户对银行的满意度不断提升。在提供政务服务过程中，商业银行的客户服务场景更深化、更便捷、更全面。

（5）技术创新，风控可靠。长期以来，商业银行在制度保密、风险管控措施等方面做得非常严谨，对于客户的信息、数据在安全方面拥有强大的技术管理能力，为提供政务服务提供了安全可靠的保障。

2. 数字化政务服务给银行带来竞争优势

将政务服务整合到商业银行的数字化平台，能够为银行提供独特的竞争优势，提高客户服务的质量和效率，具体表现在以下几个方面：

（1）提升客户体验。政务服务的集成提供了一站式解决方案，使得客户能够在单一平台上满足多项服务需求，如税务查询、社会保障信息更新等，大幅提升了客户体验度和满意度。

（2）加强客户身份和信息验证。通过访问政府的官方数据源，银行能够更准确地进行客户身份验证和信息审查，这对于满足反洗钱和客户尽职调查的法律要求至关重要。

（3）促进风险管理和信用评估。利用政务数据，银行能够更有效地评估客户的信用风险和贷款逾期风险。政府的财产登记、税务记录和其他相关信息为银行提供了重要的数据支持，使银行能够作出更加准确的贷款决策。

（4）支持新服务开发和政策制定。政务数据的广泛应用使得银行能够根据宏观经济数据和行业发展趋势，开发出更符合市场和客户需求的新产品和服务。同时，这些数据也支持银行在制定风险管理政策和市场策略时作出更加有根据的决策。

3. 政务服务是银行大数据的重要来源

政务数据作为一类高度有效的数据，在金融、医疗、教育等领域有丰富的应用场景。党的十九届四中全会明确指出："建立健全运用互联网、大数据、人工智能等技术手段进行行政管理的制度规则。推进数字政府建设，加强数据有序共享，依法保护个人信息。"从政务数据开放应用的历程来看，2011年9月20日，巴西、印度尼西亚、墨西哥、挪威、菲律宾、南非、英国、美国八个国家联合签署《开放数据声明》，标志着"开放政府合作伙伴"（Open Government Partnership，OGP）的正式成立。中国从2002年开始推动政府信息公开工作，2015年国务院出台《促进大数据发展行动纲要》，明确加快政府数据开放共享的任务。2018年，政府数据开放应用开始朝精细化方向迈进，地方政府纷纷制定政府数据开放的目标规划，上海、贵州、四川等地还建设了以大数据中心为主导的政府数据开放平台。而金融科技的迅猛发展，为政务数据在普惠金融等领域的应用提供了广阔空间。

政府机构在执行各种公共服务和监管职责时产生了大量数据，这些数据可以为银行业提供重要的信息支持。银行在提供政务服务时可以利用政府机构产生的这些数据来进行客户身份验证、风险评估、反欺诈等，从而提高服务效率和安全性。

政务服务涵盖了个人身份信息、企业注册信息、财产登记信息等多方面数据，这些数据对银行而言非常重要，主要体现在以下几点：

（1）身份验证和信用评估：政务信息中的个人身份信息和企业注册信息可以帮助银行验证客户的身份，这是银行提供服务前的基础步骤。此外，这些信息还可以作为信用评估的依据，尤其是在个人贷款和企业贷款领域。

（2）风险管理：通过访问政府的财产登记信息，银行可以更好地了解抵押品的价值和状态，从而在贷款过程中更准确地评估和管理风险。

（3）合规性检查：银行在提供服务的过程中需要遵守严格的法律法规，政务信息可以帮助银行进行反洗钱、反恐怖融资等方面的合规性检查。

（4）市场分析和决策支持：政务信息中的宏观经济数据、行业发展数据等可以作为银行进行市场分析和决策支持的重要数据来源，帮助银行优化产品和服务，应对市场变化。

4. 银行通过数字化平台高效赋能政务服务

作为数字中国的重要组成部分，数字政府建设近年来提速明显。2023 年《政府工作报告》指出："加快数字政府建设，90% 以上的政务服务实现网上可办，户籍证明、社保转接等 200 多项群众经常办理事项实现跨省通办。"加强数字政府建设是加快转变政府职能、推动政务数据共享、更好发挥政府作用的重要举措。商业银行凭借其独特的地位与优势，应该始终秉承新发展理念，以"优政、惠民、兴企"为目标，以新金融助力国家治理体系和治理能力现代化建设，赋能政府数字化改革，推动中国式现代化高质量发展。

在数字化转型的背景下，商业银行利用其科技领先优势和广泛的客户基础，建立了一个面向服务渠道和特定领域的智能政务服务体系，全面支持政务服务的多个方面，并通过数字金融服务推进数字政府的构建。在政府数字化改革过程中，商业银行依托系统整合与金融科技优势，通过对外赋能，推动地方政府优化业务流程、提升数据治理能力，加快构建更加协同高效的数字化履职能力体系。

一方面，商业银行打造了"互联网 + 服务网点"的政务服务模式，旨在增强政务服务的效能。随着电子政务在国内的持续进步，公众现在能够通过政府的在线门户网站获取政府信息和服务，使电子政务平台成了一个重要的办事窗口。为此，商业银行深度融入"互联网 + 政务"的发展，通过提供数字化服务，不仅实现了政务和便民服务的全面上线，还利用生物识别、人工智能、区块链等先进技术提升了服务体验和信息安全，同时增强了政务服务的公信力。此外，商业银行还通过利用其服务网点优势与政府合作，共享资源，创新"服务网点 + 政务"的服务模式，为公众和企业提供包括社保、公积金和企业注册在内的服务，实现了高效的政务服务。

另一方面，商业银行在垂直政务领域的深度合作为数字政府的建设提供了坚实支撑。在财政、社保、住建、医疗、教育和农业等关键领域，商业银行推出了综合性的服务平台。例如，在财政领域，推出了面向预算单位的一站式金融和行业服务平台；在社保领域，建立了社保综合服务平台，为社保机构和参保个体提供全面服务；在住建领域，通过银政通平台实现了住房贷款和相关服务的线上化；在医疗领域，推出了智慧医疗平台，促进了医疗服务的优化；在教育领域，根据不同客户需求，推出了针对性的智慧教育服务；在农业领域，率先推出了数字乡村服务平台，响应农村产权制度改革。这些举措不仅提高了政务服务的覆盖率和效率，也促进了政务数字化转型的深入发展。

第三节 商业银行的新市民金融服务

随着我国工业化、城镇化和农业现代化进程的深入推进，数以亿计的农村人口通过就业、就学等方式转入城镇，融入当地成为新市民。做好**新市民金融服务**（Finance Service for New Citizens），对畅通国民经济循环、构建新发展格局、实现高质量发展、推进以人为核心的新型城镇化具有重大意义，也是推进金融供给侧结构性改革、实现人民对美好生活向往、促进全体人民共同富裕的必要举措。

一、新市民金融服务

2022年3月，中国银保监会、中国人民银行发布《关于加强新市民金融服务工作的通知》（以下简称《通知》），针对新市民在创业、就业、住房、教育、医疗、养老等重点领域的金融需求，鼓励引导银行保险机构提升金融服务新市民的均等性和便利度。自此，我国开始大力发展新市民金融。2023年10月，国务院印发《关于推进普惠金融高质量发展的实施意见》，在未来五年主要目标中提到一点：农业转移人口等新市民金融服务不断深化。这或许意味着，服务新市民是整个金融行业的长久课题。

（一）什么是新市民金融服务

新市民是新市民金融的重点服务对象，因此要了解新市民金融首先要了解新市民。新市民主要是指因本人创业就业、子女上学、投靠子女等来到城镇常住，未获得当地户籍或获得当地户籍不满三年的各类群体，包括但不限于进城务工人员、新就业大中专毕业生等，截至2022年约有三亿人，占全国总人口的比重超过20%，是普惠金融服务的重要对象。

做好新市民金融服务，相关金融行业需对当前的新市民特征、变化以及在金融方面的诉求有深入的分析与了解。参考兴业研究对2017—2019年120座城市新市民规模的测算结果，从区域层面看，东部地区的发达城市数量最多，"新市民"规模也最大，达到1.3亿人，而排在第二位的华北东北地区只有0.47亿人。从城市层面看，超一线城市"新市民"规模最大，其中深圳有1 378万人，上海则以1 077万人紧随其后；一线城市的"新市民"数量大多集中在400万—500万左右，不过一线城市中相对发达的成都、东莞和杭州的"新市民"数量分别达到了939万、737万和835万，体现出了较强的城市吸引力；至于二线城市的"新市民"，规模大都在200万—300万，三线城市则在100万以内。清华大学金融科技研究院通过随机问卷抽样的方式描绘全国城市新市民画像，部分结果如图12.2所示。据《全国城市新市民金融服务报告（2022）》，新市民样本的平均年龄为 32.5 岁，主体为 80 后和 90 后。反馈问卷者的受教育程度普遍较高，最高学历基本在高中及以上（占 80%）。而 2023 年 12 月发布的一份消费金融行业新市民调研报告显示，相较于此前以初中学历为主，当前新市民的学历在不断提高，高中、中专、大专的比例在不断升高。此外，新市民人群的消费偏好、娱乐方式、生活习惯、个人投资、金融使用场景等也发生了变化。

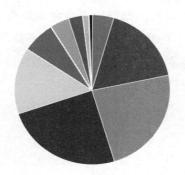
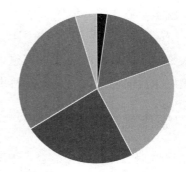

图 12.2　"新市民"群体主要构成

注：左图是截至 2022 年的估计全国"新市民"年龄分布，右图是学历分布。
资料来源：清华大学金融科技研究院。

　　新市民群体具有数量大、成长性强、金融服务需求大等特点，但不得不承认，在新市民享有的金融服务方面，仍然存在较大的缺口。新市民有着诸多的金融需求。如果把新市民这个群体按照生命周期来划分，金融服务应贯穿新市民的整个生命周期，从最前端的到城市找工作，到后面的生活消费，再到结婚生子，以及未来孩子的教育和医疗保险，金融服务遍布人生历程。然而由于新市民群体往往信用信息不全、有效抵质押物不足、消费需求小而散，传统金融服务渠道通常难以覆盖，从而无法充分满足新市民群体的金融需求。新市民在获取金融服务的过程中，往往会因为金融机构要进行风险控制而无法根据新市民具体情况进行差异化筛选，而被阻挡于服务范围之外。

（二）新市民金融服务发展现状

　　加强新市民金融服务不仅对于当前稳增长、促就业具有重大意义，也对推动新型城镇化建设、实现共同富裕具有重大意义。《通知》就金融如何加强对新市民服务提出了九个方面、二十八条具体意见，涉及新市民就业、创业、住房、保险、养老、教育等诸多方面。此后，从中央到地方、从政府到金融机构都积极行动，从信用共享、流程优化、产品创新等方面开展了积极探索，取得了初步效果。

　　根据清华大学金融科技研究院提供的全国省级新市民数字金融服务总指数，绘制全国省级新市民数字金融服务总指数图如图 12.3 所示。图 12.3 中，柱值较高的区域表示指数分值较高,即新市民数字金融服务较为优良。东南和东部沿海省份整体柱值较高,表明新市民数字金融服务指数整体上分值较高,而东北和西部地区整体柱值较低,显示该地区新市民数字金融服务指数的分值较低。可以看出,东部地区整体的数字金融服务比西部地区优良。

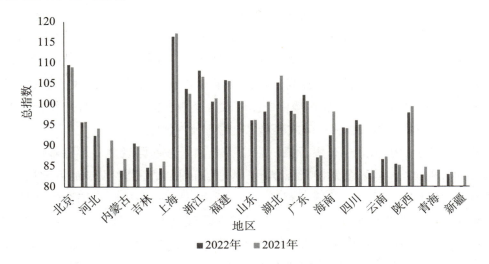

图 12.3　2021 年和 2022 年全国省级新市民数字金融服务总指数

资料来源:清华大学金融科技研究院。

金融监管部门发布《通知》以来,根植县域的金融机构,尤其是大部分农村中小金融机构都建立了针对新市民的服务机制,创新了诸多帮助新市民安居乐业的金融产品。例如,在一些县城,涉农金融机构与当地人社部门协同,针对新市民创业就业,发放贴息的低成本信用贷款。陕西省铜川市作为普惠金融服务乡村振兴改革试验区,邮储银行当地分支机构专门设立了新市民服务中心。除了为新市民提供全方位的金融服务,该行人员还主动到新市民创业就业比较集中的街区走访,深入了解新市民金融需求,为新市民群体量身定制金融产品。

二、商业银行的新市民金融

商业银行的新市民金融服务业务大致分为五个方面:创业就业、住房、教育、医疗、养老。以交通银行为例,交行表示,将根据新市民差异化需求,提供专属权益的金融产品及服务,减费让利,优化流动就业人员账户服务;提供"工程管家"服务,实行农民工工资专户管理,保障农民工合法权益;提供教育培训、养老托育、住房租赁领域资金监管服务,依托交银 e 监管平台,保障新市民资金安全;优化交行手机银行、微信小程序、云端银行及线下网点自助终端等功能体验,建立线上养老专区、"交薪通"代发专区,强化新市民线上线下一体化服务。

在促进创业就业方面，交行推出兴农 e 贷，支持高校毕业生、退役军人、返乡创业农民工等重点人群创业就业。在满足新市民住房消费需求方面，交行的各地分行将根据当地实际情况制定新市民首套住房按揭贷款准入政策，加大对新市民购房信贷支持力度，满足新市民房租支付、公共缴费、生活娱乐、购车装修等日常消费需求。在助力新市民子女教育及职业培训方面，交行的"交银慧校"服务品牌提供学费缴交、助学贷款、校园一卡通等智慧教育服务，便捷新市民子女进城入学；提供专属在职教育贷产品，根据新市民实际情况和需求匹配专属额度及利率；优化新市民子女教育金融服务，提供商业助学贷款。在提高新市民健康养老服务水平方面，交行将持续推进"一网通办"项目，为新市民就医提供便捷的就医金融支持；进一步打造"交银养老"服务品牌，为新市民客户提供一站式养老财富管理及增值服务。

构建社区金融生态圈也是银行提供新市民金融服务的路径之一。随着经济发展，个人财富快速增长，社区金融、零售金融的发展空间巨大，银行发展的方向更应该偏重做财富管理和零售业务，社区银行可以提供品种丰富的零售银行综合性产品服务，有针对性地为周边居民和小企业提供个性化产品，通过专业人员一对一的咨询，满足不同客户的特殊需求。城市化、社区化、老龄化是我国社会发展不可逆转的潮流，社区将成为广大居民和小微企业的承载主体，而社区金融服务既是商业银行未来战略发展的重点，也是其创新金融服务的源泉。在追求便民、惠民、利民的同时，如何走出"最后一公里"金融服务的异质化竞争之路才是关键中的关键。

三、商业银行新市民金融的发展历程

（一）发展背景

根据 21 世纪金融研究院 2022 年的访问调查，住房贷款、教育培训贷款和消费贷款是新市民最需要的三类金融服务，且不同年龄、学历、收入和职业的受访人群几乎一致认为新市民最需要住房贷款。从具体数据来看，71.9% 的受访者认为，住房贷款是新市民最需要的金融服务，43.7% 的人表示新市民最需要教育培训贷款，43.0% 的人表示新市民最需要消费贷款。如图 12.4 所示。

从新市民实际使用的金融服务情况来看，住房贷款、消费贷款和理财服务是新市民实际使用最多的三项金融服务。从具体数据来看，2022 年，45.6% 的受访者选择了住房贷款，40.6% 的人选择了消费贷款，30.1% 的人选择了理财服务。将新市民需要和实际使用的金融服务进行比较，会发现住房贷款、教育培训贷款、个人经营性贷款、理财、保险和金融投资者教育的需求情况和实际使用情况存在较大差距，表明上述领域的金融服务需求还有很大一部分尚未被满足。其中，住房贷款、教育培训贷款和金融投资者教育的需求和实际使用之间的缺口最为显著。如图 12.5 所示。

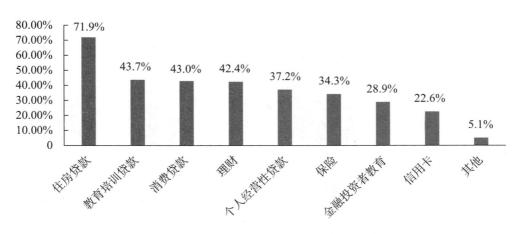

图 12.4 受访新市民最需要的金融服务（2022）

资料来源：21 世纪金融研究院。

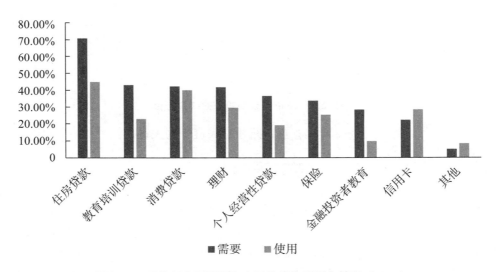

图 12.5 受访新市民需要和实际使用金融服务情况（2022）

资料来源：21 世纪金融研究院。

（二）发展历程

近年来，新市民逐渐成为我国城市建设的生力军，新市民的金融需求量也逐渐增加，然而商业银行的新市民金融服务与新市民金融需求仍存在一定缺口。由此，商业银行不断探索如何为新市民提供优质金融服务，这也是发展新市民金融的重点之一。因此，相关机构 2022 年 3 月发布《通知》为商业银行发展新市民金融提供指引，并在随后发布多个政策推动商业银行发展新市民金融服务。具体如图 12.6 所示。

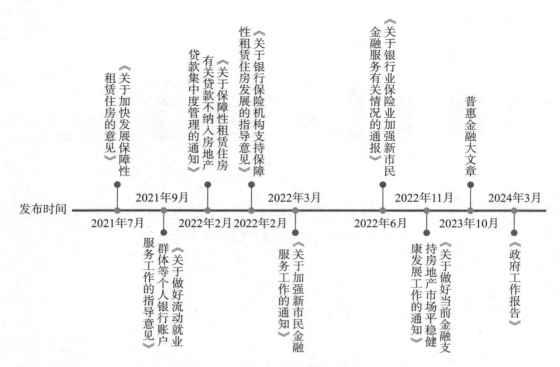

图 12.6 新市民金融服务的政策出台

资料来源：作者整理。

四、商业银行新市民金融的发展现状

随着中央金融工作会议"普惠金融大文章"的提出，新市民金融作为普惠金融的重要方面，成为多家银行业务创新的重点。多家银行聚焦新市民金融需求，进一步优化新市民金融产品与服务，从提升金融服务的灵活性、便利性、普惠性出发，助力新市民城市安居与创业就业。银行业围绕新市民服务开展了大量实践活动，基本形成了新市民客群的服务思路。

原银保监会数据显示，截至 2022 年年末，银行保险机构推出新市民专项信贷产品 2 244 个，信贷余额 1.35 万亿元，专项保险产品 1 001 个，新市民金融服务可得性不断提高，保险保障覆盖面进一步扩大。在国际形势充满挑战和国内疫情多点散发的 2022 年，取得这一成绩殊为不易。

与此同时，金融机构也在积极行动。中国银行发布了普惠金融支持新市民十条措施，工商银行推出了"1+3+X"专属金融服务体系、建设银行发布了服务新市民金融行动方案、农业银行则推出了"521"新市民综合金融服务方案等（见表 12.3）。总的来看，各家商业银行方案各有特点，但都针对新市民的急难愁盼问题，就降低融资成本、提高融资可得性、增强便利性、开设专门通道、强化科技手段运用等出台了全方位、多层次、精准定向的支持。

表 12.3 主要金融机构新市民金融服务方案

银行名称	行动方案	主要内容及特点
中国银行	普惠金融支持新市民十条措施	坚持惠民导向，整合中银集团个人金融产品、信贷服务、理财服务、保险服务等资源，全面支持新市民群体在创业、就业、住房、消费、教育、养老、保险等领域的多样化金融需求
工商银行	"1+3+X" 专属金融服务体系	以专属介质为依托，重点围绕安居、创业、医疗三大核心场景，以及养老、就业、教育和金融素养提升等 X 项延伸场景，为新市民提供优质金融服务
农业银行	"521" 新市民综合金融服务方案	以 "五大保障、双驱助力、一体化优质基础金融服务" 满足新市民群体在安居乐业等多方面的金融服务需求
建设银行	服务新市民金融行动方案	打造涵盖 "贷" "投" "租" "卡" "险" 等系列品牌产品以及资费减免、绿色通道、增值服务等多项专属权益的综合服务体系

资料来源：中国银行研究院。

建设银行聚焦新市民居住问题，持续加大住房租赁金融力度，完善集股权投资、融资支持、管理运营、房地产信托投资基金（REITs）上市于一体的"投融管退"服务闭环，支持保障性租赁住房筹集。该行探索集体土地项目、非住改住项目等多元服务模式，助力增加小户型、低租金、契合新市民需求的租赁住房供给。新市民人群由于总体收入偏低、未获得当地户籍等，申请或使用金融信贷产品可能会受到一定限制，兴业银行依托数字化技术，让信用卡业务成为新市民金融的重要突破口。该行推出新市民专属信用卡，为新市民提供消费便利和优惠促销。考虑到新市民人群的经济水平，在产品收费上，新市民信用卡重点聚焦减费让利、惠及民生，持卡客户不仅可享受核卡成功即免首年年费、任意交易满 5 笔免次年年费的优惠活动，还可享受 IC 卡工本费、金卡交易短信服务费等多项费用减免，有效降低新市民群体的持卡成本。在产品服务上，针对新市民购买家装家居家电等刚性大额消费需求，新市民信用卡提供现金分期、账单分期、大宗分期等多种消费信贷产品与分期红包手续费优惠活动。

此外，自 2022 年出台的《上海银行加强新市民金融服务方案》发布 "美好生活，有你更美" 行动计划以来，上海银行围绕新市民创业、就业、住房、教育、医疗、养老等全生命周期需求，通过差异化政策、创新型产品，不断加大专项资源投入，以新金融、新举措、新服务助力新市民迈向新生活；同时，开展了 2023 年 "新市民金融服务宣传月" 活动，重点围绕新市民改善生活需求多、基础服务获取难、金融安全意识薄、养老保障规划少等痛点，依托网点深入企业和社区，加强宣导，为新市民建设美好生活提供金融助力。

五、商业银行新市民金融服务的问题与挑战

（一）商业银行新市民金融的现存问题

金融机构向新市民提供金融服务与向老市民提供金融服务在理念和行为模式上并无根本区别，信息的透明性、对称性和抵押担保物的充分性、有效性，始终是商业银行授信决策的根本遵循。只不过相较于老市民，新市民提供的可用于资信评估的信息更加稀少、透明性更低、不对称性问题更加突出，可抵押的资产更稀缺。

1. 地域及行业分布差异大

新市民地域和行业分布差异较大，现有金融供给在空间结构、行业结构、抵押方式等与新市民需求之间存在不匹配。从地域分布看，新市民群体主要集中于人口流入规模大、产业聚集能力强的地区，北上广深及各地省会城市是新市民流入的重点地区。数据显示，2021年年末，北京市有800多万新市民，广东省的新市民数量超过了4 000万。从行业分布看，新市民群体遍布各个行业，但以服务业为主，尤其是建筑、物流、家政等行业。从金融需求看，新市民群体的金融需求主要集中于创业融资、住房购置、车辆购买、子女教育、健康及养老等。从金融机构与新市民群体金融需求对接看，新市民既无抵押物也无资产和担保且收入并不稳定，而传统银行授信则往往基于资产、抵押和担保发放贷款。总的来看，传统银行授信模式下的"三要"（要抵押、要担保、要稳定收入）与新市民的"三无"（无抵押、无担保、无稳定现金流）之间存在矛盾。

2. 新市民信用信息缺乏

新市民信用信息相对缺乏，对银行传统信用贷款难以企及。信用贷款是解决新市民群体缺少抵押和担保的重要方式，但大部分新市民缺乏相对稳定的工作和信贷记录，这使得银行很难通过收入及信用信息对其发放贷款。例如，新市民在贷款时需要向银行出示收入证明，但他们由于工作岗位经常变动、稳定性较差，平均在一个岗位的工作时长有时只有半年或者更短，难以提供有效的收入证明。缺乏有效抵押物及收入证明等，使得新市民获得信用贷款的难度加大。要解决这一问题，关键是要突破基于收入等财务指标"硬信息"的分析，逐步加大对新市民信用行为等"软信息"的分析力度，从而实现对信息的有效采集。

3. 新市民养老资金积累少、缴费不便

新市民养老资金需求缺口巨大，存在积累少、缴费不便等诸多问题。未来一段时间，我国将进入深度老龄化社会，养老资金需求缺口巨大。与户籍居民和老龄居民不同，新市民养老金融需求缺口更大，存在以下特点：一是积累少且缴费相对不便。一些新市民由于工作稳定性差，难以实现连续缴费。部分自主择业、灵活就业人士，可

能无法由单位代缴，只能自己找中介公司代缴，或者补缴。二是流转不便。一些新市民在当地参加了养老保险，但到一个新城市之后，由于在异地开户，可能出现养老金转移不便和信息查询不便等情况。三是对银行养老金融产品了解不多。不少老年人对银行养老储蓄类理财产品了解不够，认为自己存钱养老与购买银行养老保险没有区别。四是养老金融产品差异化优势不突出。一些客户认为当前养老保险除了期限较长，与其他理财产品没有明显差异。五是风险意识弱。部分老年人要么缺少养老保险、养老储蓄的保值增值意识，要么容易被各种高利诱惑，落入各种诈骗陷阱。媒体报道了不少老年人掉入名为"养老地产"、实为非法集资的诈骗项目等。

（二）商业银行新市民金融发展的改进方略

针对上述在发展新市民金融时存在的问题，商业银行需要站在推进新型城镇化、实现共同富裕的高度，去充分把握新市民群体对金融提出的需求，帮助新市民群体在融资可得性、便利性、普惠性、公平性、透明性等方面取得突破。

1. 加快数字金融发展，破除新市民地域变化带来的融资难题

新市民群体就业方式灵活，工作内容变换频繁，很难提供稳定的收入证明等材料，这使得银行对新市民进行授信存在诸多困难，新市民融资可获得性受到影响。为此，银行要根据新市民群体工作收入的特点，制定更加精准的金融支持方案，特别是要运用现代科技手段，通过大数据征信等方式，解决新市民信用信息缺失及共享问题。例如，不少大中专毕业生征信记录可能较为空白，新市民从乡村或小城镇迁往大城镇过程中信用信息还需要进一步共享等。

2. 加强产品创新，解决好现有金融供给与新市民需求之间的不匹配问题

第一，创新增信方式，提高信用贷款比例。中小企业信用信息获取难、评估难、成本高是商业银行信用贷款规模难以扩大的重要原因。商业银行可以通过获取多方数据和信息等方式对新市民进行精准画像，创新对新市民的信用评价方式，降低对抵质押物和担保公司的依赖。第二，强化信用信息共享，解决抵押物空间错配等问题。商业银行可以探索构建新市民户籍地、居住地和工作地"三地联动"机制，加强信息共享和服务协同，通过区域联动解决金融服务所在地和抵质押物所在地的空间错配问题。第三，创新抵押贷款模式，解决中小微企业缺少抵押等难题。创业企业资产构成中有不少是知识产权等软资产，这类资产在实践中很难用于抵押。近年来，我国对知识产权质押融资已进行了一定的探索与改革，但总体规模还较小。未来，银行要加强与政府部门的合作，解决知识产权抵质押过程中的评估难、风险大等问题。第四，加强供应链金融应用，满足新市民群体创业需要。商业银行应根据供应链深度融入企业采购、生产、销售等各个环节的特点，加快构建场景金融。例如，针对个体小商贩、小店主等共同的进货需求，其可能存在共同的上游供货商或市场，可加大核心企业的授信支持力度并引导其增大对中下游企业的支持力度。

3. 加大新市民养老金融支持力度，帮助新市民实现"老有所养"

与户籍居民和老龄居民不同，新市民养老金融需求存在养老金缴费不便、流转不便、社会保障参与度不高等问题，实现"老有所养"的金融缺口还很大。从银行视角看，为帮助新市民实现"老有所养"，可针对新市民在上述养老金融服务中面临的主要问题加以解决，提高其在养老金缴费、领取、查询、保值和增值等方面的满意度。例如，商业银行在缴费环节，可开展基本养老保险的代缴、发放等代理结算业务，提供基本养老及社保基金托管服务；在领取和查询环节，可配合国家政策大力推广个人电子社保卡，并提供更加便利的查询服务；在保值增值环节，可开发设计更加安全稳健的投资产品，满足老年人保值增值需求等。

六、商业银行新市民金融的未来发展

在城镇化推进过程中，要加快推进新市民金融普及教育，让更多的新市民享受到数字经济带来的教育红利，让更多新市民参与"互联网+公共教育+普惠金融"活动，确保每一位新市民分享公共文化资源，体会到普惠金融带来的数字红利、文化红利，提升新市民文化素养。

（一）数字金融助力新市民金融

数字经济作为引领经济高质量发展的新形态，正在深刻影响着人们的生产及生活方式，在数字技术的应用背景下，数字金融作为数字经济的核心，能够为人们提供更有效的金融服务。而新市民在融入城市生活的过程中产生了诸多金融服务需求，给金融机构新业务的拓展留下了极大的空间。在提供与新市民金融需求相匹配的金融产品和服务过程中，数字金融能够集合并优化传统金融的功能，提高服务新市民的能力。

1. 数字金融助力新市民信贷服务

传统金融机构大多为具有抵押担保或征信记录良好的客户提供信贷服务。然而，由于新市民进入城镇生活的时间较短，缺少固定资产等抵押物，传统商业银行贷款的准入门槛较高，因此传统贷款服务难以充分满足新市民的贷款需求。针对这一特点，数字金融运用大数据、云计算、人工智能等技术手段，对新市民长尾人群进行长期跟踪以获得数据支持，从而对传统金融业务进行改造升级。在传统征信数据的基础上，数字金融机构应努力探索更加多样的信用数据来源，如互联网支付平台支付流水、手机应用程序使用数据等，对新市民的生活状况、支付水平、消费习惯、金融需求等日常信息进行深度挖掘和计算，建立完备精准的金融数据基础，通过搭建完整有效的金融科技服务平台增强金融服务内容能力。数字金融借助数字技术优势，可拓展新市民征信数据库，减少对抵质押物的依赖，提升新市民金融服务效率，增强风险防范能力，有效识别新市民群体"征信白户"的风险，以满足广大新市民的金融服务需求。

2. 数字金融助力新市民金融理财服务

伴随着中国经济的持续、健康、稳定增长，城镇化进程不断加快，城乡居民收入水平持续提高，消费升级的速度逐渐加快，居民的金融资产也在不断积累，个人金融理财业务发展迅猛，但受多种因素的限制，目前，新市民金融理财服务中存在诸多问题。

数字金融已经逐渐渗透到新市民生活中的各个方面，面对新市民金融理财服务的困局，数字金融可以通过整合信息流、现金流等来改善新市民与金融机构的信息不对称问题，提高金融理财服务的配置效率。首先，从增强新市民理财意识、增强个人财富积累的重要性认识角度，数字金融应利用大数据和人工智能手段，以增强新市民理财需求意识为切入点，根据新市民的背景资料、消费偏好、兴趣社交等，运用数字技术加以处理和分析，通过精准推送金融理财知识，改善新市民群体金融知识匮乏的情况。其次，从满足新市民群体多层次、多样化理财需求的角度，数字金融通过促进传统金融理财业务的转型升级，能够提高对新市民群体理财需求的响应能力。新市民作为城市的新兴群体，在一定程度上也具有较强的消费能力和潜在的财富积累能力，尤其体现在创业、住房、教育、养老等领域。在数字技术不断发展的推动下，出现了如网络银行、互联网理财、移动支付等多元化的金融载体，新市民的金融理财需求可以被精准划分和整合。

（二）新市民金融与普惠金融融合创新

在城市化发展过程中，新市民群体已成为金融机构服务的重点，实现新市民金融服务与普惠金融高质量发展融合创新是金融现代化发展的重要方向。

1. 拓展普惠金融服务，实现规模创新

新市民金融服务与传统普惠金融高质量发展融合在服务水平和服务成效方面已取得积极进展。以往普惠金融政策着力于解决中小企业融资难、融资贵的问题，现如今新市民金融服务将普惠金融的客群加以拓展，全面覆盖新市民个人、创业群体，实现在普惠信贷、商业保险、非银金融、住房及养老金融、消费金融等领域的全面发展，普惠金融服务层次和服务方式得以创新。

2. 进行业态创新，巩固普惠金融成效

新市民金融服务拥有庞大的客群，在与普惠金融融合发展的过程中也促进了普惠金融服务流程优化、服务效率提升，并形成了诸多创新业态，丰富了金融服务实践。例如商业银行为提高新市民金融服务满足感，优化普惠信贷办贷手续，设立申贷、调查和审批一条龙服务，同时引入线上办结、一次通办的服务模式。一些金融机构推广面向新市民群体的纯线上贷款产品，结合"整村授信""客户经理进村""客户经理进企体验式营销"等创新服务业态不断优化业务体系。

3. 注重新市民金融教育和能力素质培育

新市民金融教育水平低下、金融风险知识储备不足、金融能力不健全的短板制约

着新市民金融服务与普惠金融的融合创新。注重新市民金融教育和能力素质培育要从以下方面入手：第一，加强普惠金融知识宣传教育。应摒弃以营销为目的的金融宣传，要通过对新市民群体的金融认知、金融理念和金融参与度的调查和测试，了解新市民最为关注的金融问题，开展金融产品、金融服务和金融风险知识宣讲，提升金融教育的实用性与针对性。第二，开展新市民金融能力评估，提升新市民金融风险应对能力。应针对新市民群体进行差异化金融能力评估并提出针对性的金融工具、信贷手段使用建议。例如提醒自控能力弱、缺乏稳定收入来源的新市民降低杠杆、拒绝高收益理财产品的诱惑；引导普通工薪阶层新市民正确参与金融保险业务、进行合理投资、端正金融消费理念，提高其金融素养。由此实现新市民金融服务与普惠金融融合过程中对高素质受众群体的创新引领。

第四节　商业银行的养老金融服务

一、养老金融的概念

养老金融（Aging Finance）是以应对人口老龄化为核心、以满足老年群体需求为出发点和落脚点，充分体现全生命周期和"积极老龄观、健康老龄观"理念的金融活动。近年来，国家推出一系列适老化政策和适老化金融服务制度，为养老金融制度化、规范化、标准化提供了根本遵循。2023年中央金融工作会议提出要做好养老金融等"五篇大文章"，为养老金融高质量发展进一步明确了方向。目前，随着人口老龄化进程的加快和居民财富的稳健增长，我国居民对养老的需求已发生质的转变，由原来"生存型养老"转向"高品质养老"。在此背景下，全力做好养老金融服务，是实施积极应对人口老龄化国家战略的重要制度安排，对于保障老年人安享晚年至关重要，这同时也是金融业服务社会民生的重大课题和应有之义。

（一）养老金融

养老金融这一概念源自英国养老金经济学教授大卫·布雷克（David Blake）提出的**养老金金融**（Pension Finance），其研究主题是养老金资产管理与保值增值。国内学者在进行养老金融概念界定时，从安排老年人晚年生活的角度出发，不仅关注其养老金储备与管理等经济安排，还重视其养老服务保障安排，对养老金金融概念进行了补充和拓展。2015年，国内学者董克用和孙博[①]对养老金融概念进行重新界定，提出养

---

① 董克用,孙博. 养老金融:概念界定、理论体系与发展趋势[M]//中国养老金融50人论坛. 中国养老金融发展报告(2016). 北京:社会科学文献出版社,2016:1-9.

老金融是一个系统的概念体系,英文名称应该是"Aging Finance"。该界定是目前国内对养老金融概念的一个比较全面和权威的表述,获得了业内的广泛认可。

养老金融是围绕社会成员的各种养老需求所进行的金融活动的总和,包括养老金金融、养老服务金融和养老产业金融三部分,如图 12.7 所示,分别为养老资产储备、养老消费需求、养老产业提供金融活动。其中,养老金金融是养老金融的基础与核心,其服务对象是养老资金,是通过制度安排积累养老资产,同时实现保值增值的目标,主要包括养老金制度安排和养老金资产管理。世界银行于 1994 年出版了《防止老龄危机——保护老年人及促进增长的政策》,提出养老金"三支柱"模式,推动世界养老金制度改革。

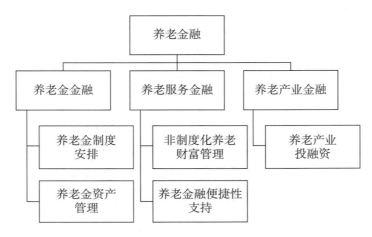

图 12.7 中国养老金融概念框架

资料来源:作者整理。

如图 12.8 所示,目前我国正努力构建以基本养老保险为基础、以企业年金和职业年金为补充、与个人储蓄性养老保险和商业养老保险相衔接的"三支柱"养老保险体系。在该体系中,第一支柱为基本养老保险,以全国社会保障基金为补充资金,分为城镇职工基本养老保险和乡村居民基本养老保险。第二支柱为年金制度,分为企业年金和职业年金。企业年金为企业根据自身情况自愿选择为本企业职工建立的补充性养老金制度,职业年金制度面向机关事业单位职工。第三支柱为个人养老金,即个人养老金制度和市场化的个人商业养老金,是自愿建立的个人养老金,以个人为主导,商业保险机构提供养老保障,主要有各类商业养老保险、养老基金、养老理财等。

随着经济社会的发展和人口老龄化的加速,第三支柱的重要性更加凸显,养老金融的发展势在必行。养老金融服务的对象是老年人,目标是满足人年老后的金融消费需求。目前的金融产品主要包括储蓄型、投资型和混合型三大品类。养老产业金融的对象是养老产业,目标是满足养老产业的各种投融资需求,其主要特点是:资金投入规模大、开发周期长,发展过程中离不开各方面的投融资支持;养老产业金融兼具社会效益和经济效益，还是养老金的重要投资领域。

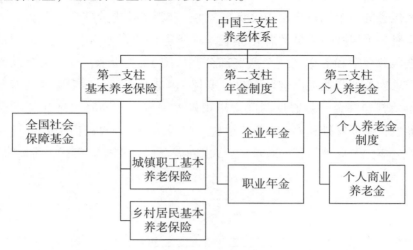

图 12.8　中国的三支柱养老体系

资料来源：作者整理。

值得关注的是，随着我国养老第三支柱下的个人养老金制度自 2022 年 11 月落地实施以来，银行机构从资金账户准备、产品准备、服务准备、队伍准备等多方面做足了功课。整体来看，个人养老金账户开立数量呈现不断增长的态势。如今，个人养老金制度和相关基础设施均得到了检验，为后续发展奠定了良好基础。

（二）商业银行的养老金融

商业银行养老金融业务是指商业银行为满足个人、企业和政府的养老需求所提供的一系列金融服务活动的总和，是商业养老金融的重要组成部分。商业银行养老金融业务起初主要围绕养老金业务展开，但随着人口老龄化趋势的显现，我国养老金可持续性欠缺、养老服务供需不匹配以及养老产业发展滞后等问题日益凸显。在现实需求的驱动下，商业银行逐步拓展在养老领域的业务，着力构建基于居民全生命周期的养老金融产品线并加大养老产业金融支持力度，不断建立和完善养老金融服务体系。

商业银行养老金融业务的主要特点包括：服务对象涉及个人、企业、政府机构，服务范围广，产品种类丰富，客户黏性强，利润增长稳定等。从发展现状来看，国内商业银行养老金融业务起步较晚，目前尚处于早期布局阶段，主要参与者包括国有大行、全国性股份制银行以及少部分扎根本土的城商行，各商业银行在养老金金融、养老服务金融、养老产业金融三大板块的业务布局各有侧重，也推出了一些不同类型和层次的养老金融服务，构成了多元化的发展格局。

二、商业银行养老金融的发展历程

（一）商业银行养老金融的发展背景

2022年9月发布的《北京市老龄事业发展报告（2021）》显示，截至2021年，北京市60岁及以上常住人口占比首次突破20%、65岁及以上常住人口占比首次突破14%，北京已进入中度老龄化社会。老龄化不可避免地给经济社会发展带来一系列压力。一方面老年人口抚养比大幅上升，居民养老负担加重；另一方面我国养老金/GDP比率、基本养老金替代率仍需追赶国际水平。而且，银行存款是居民参与养老金融的主要方式。

我国人口老龄化不断加剧。由图12.9可知，1982—2022年间，我国65岁及以上人口数量不断增加，且该年龄段人口占总人口比重不断攀升，至2022年，我国65岁及以上人口约为2.10亿人，占总人口比重为14.90%，老龄化程度进一步加深，且伴随出生率的下滑和人口寿命的拉长，近年来斜率更加陡峭。

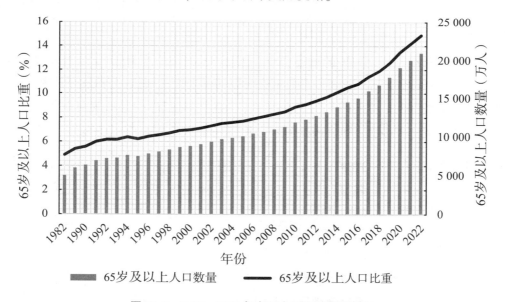

图12.9　1982—2022年中国人口老龄化趋势图

资料来源：CSMAR数据库。

按照国际通行划分标准，当一个国家或地区65岁及以上人口占比达到7%时，意味着进入老龄化，当达到14%时，则意味着进入深度老龄化阶段。海外步入老龄化阶段的时间较早，德国早在20世纪20年代，美国主要是第二次世界大战以后，日本在20世纪70—90年代较快地进入了深度老龄化阶段。我国老龄化进入时间相对较晚但进程较快，2021年已进入深度老龄化，较2000年进入老龄化仅间隔21年。我国"未富先老"的特征也较为明显，我国人均 GDP 水平相较于其他更早进入老龄化社会的国家而言，仍有较大差距，详细情况可见表 12.4。

表 12.4　各国从老龄化到深度老龄化时间及人均 GDP 情况

国家	进入老龄化社会		进入深度老龄化社会		间隔（年）
	年份	人均 GDP（美元）	年份	人均 GDP（美元）	
美国	1942 年	1 231	2014 年	55 050	72
英国	1930 年	–	1975 年	4 300	45
德国	1922 年	–	1972 年	3 810	50
法国	1850 年	–	1990 年	21 794	140
澳大利亚	1937 年	–	2013 年	68 157	76
日本	1971 年	2 272	1995 年	44 198	24
韩国	2000 年	12 257	2018 年	33 437	18
新加坡	2003 年	23 730	–	59 798（2020 年）	–
俄罗斯	1967 年	7 943	2017 年	10 720	50
中国	2000 年	959	2021 年	12 712	21

资料来源：中央财经大学绿色金融国际研究院《人口老龄化背景下商业保险参与三支柱养老体系建设进展、问题及发展建议》。

储蓄银行存款是居民养老的重要方式。如图 12.10 所示，根据《中国养老金融调查（2023）》中的调查结果，超过半数调查对象的养老投资/理财主要偏好是银行存款，其次是商业养老保险、银行理财等其他形式，风险相对较高的产品参与度不高。具体来看，调查对象养老投资/理财偏好最大的依然是银行存款，占比达到 71.20%，

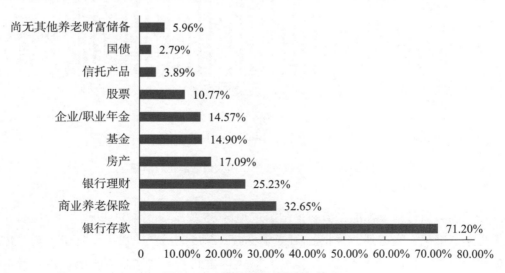

图 12.10　养老金融实际参与情况

资料来源：《中国养老金融调查（2023）》（CAFS2023）。

其次是商业养老保险（32.65%）、银行理财（25.23%）、房产（17.09%）、基金（14.90%）、企业/职业年金（14.57%）。此外，也有一些调查对象通过购买股票、信托产品、国债等进行养老财富储备，但仍有5.96%的调查对象尚未进行任何养老财富储备。

（二）商业银行养老金融的发展历程

随着2021年我国正式进入深度老龄化社会，养老金融需求增大，我国发布多个政策以发展商业银行的养老金融业务，使商业银行在养老金融领域发挥其最大作用，具体见图12.11。

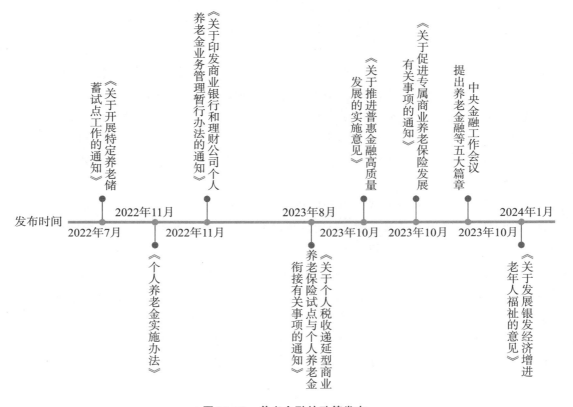

图12.11 养老金融的政策发布

资料来源：作者整理。

三、商业银行养老金融服务的现状

商业银行养老金融业务也可以划分为三大部分：一是养老金金融业务，侧重养老金的资金管理服务。我国养老体系第三支柱下的个人养老金制度在2022年11月正式落地，为商业银行养老金融业务打开新的发展空间，商业银行得以建立覆盖养老金三支柱的业务框架，具体内容是为第一支柱社保基金和基本养老保险提供托管服务，为第二支柱职业年金与企业年金提供受托、托管、账户管理服务，以及为第三支柱个人养老金提供资金账户设立、产品代销、咨询等多元服务。二是养老服务金融业务，商业银行通过提供专业化的产品或产品组合来满足个人和家庭多元化养老投资需求，目前银行业推出的典型产品包括住房反向抵押贷款以及2021年起开始运作的养老理财产品和养老储蓄产品。三是养老产业金融业务，为养老产业提供投融资等金融支持。

（一）养老金金融业务

养老储蓄试点效果明显，但仍有不足。2022年11月，工农中建交邮储等23家银行获准首批开办个人养老金业务。多家银行推出个人养老金客户开户有礼活动，例如招商银行准予个人养老金账户买入特定储蓄产品，利率较同期其他普通存款产品高，起存门槛为50元，可选择1、2、3、5年期。2022年7月，银保监会、中国人民银行印发《关于开展特定养老储蓄试点工作的通知》，启动特定养老储蓄试点。通知明确，由工农中建4家大型银行在合肥、广州、成都、西安和青岛5个城市开展特定养老储蓄试点，单家银行试点规模不超过100亿元，试点期限1年，试点开始时间为2022年11月20日。截至2023年6月末，特定养老储蓄存款已达377亿元，而政策限定的1年试点目标为400亿元。试点效果显然高于预期，预计将进一步扩展特定养老储蓄开展城市和银行范围。

然而，个人养老金资金账户虽开户数量增长迅速，但缴存、投资相对缓慢。据人力资源和社会保障部与国家金融监督管理总局披露，截至2023年3月末，全国有3 038万人开立个人养老金账户，其中900多万人完成了资金储存，占比仅31.37%；缴款总额182亿元，人均储存仅2 022元。人力资源和社会保障部发布的信息显示，截至2023年年底，全市场超5 000万人开通账户。此外，个人养老金资金账户缴存比例呈现双峰分布，随着年龄增长，满额缴存比例不断增加。从缴存金额来看，100元以下占比7%，100（含）—1 000元占比14%，1 000（含）—6 000元占比20%，6 000（含）—12 000元占比3%，12 000元满额缴存占比13%。从不同年龄段分组发现，满额缴存人群中18—30岁只占3.8%，30—40岁占比8.5%，40—50岁的占比突然提升到19.1%，50—60岁的占比继续上升到21.3%，40岁以上的人群是当前满额缴存的重点人群。投资者缴存额呈现两极分化，说明养老投资理念与素养发展不均衡。在个人养老金产品投资方面，国家社保公共服务平台显示，截至2024年11月，有23家商业银行开通了资金账户业务。截至2023年年底，个人养老金产品增加至757只，包括465只储蓄类产品、162只基金类产品（平均收益率为–4.09%）、107只保险类产品（收益率在3.5%以上）、23只理财类产品（收益率在2%上下）。

（二）养老服务金融业务

适老服务措施不断完善。2024年1月，国务院办公厅印发《关于发展银发经济增进老年人福祉的意见》提出，丰富发展养老金融产品。而一直以来，金融机构尤其是银行就围绕老年群体需要，全面推进金融产品和服务的适老化改造，加速抢滩"银发经济"。在养老服务方面，银行进行了积极探索并取得明显成效。在适老化金融服务方面，银行积极推动网点服务适老化改造。

《证券日报》记者走进多家银行支行网点发现，"银发元素"随处可见。从设立爱心窗口、绿色通道，到提供无障碍通道、老花镜、轮椅等便民设施，为老年客户提供了许多便利。进入网点后，工作人员会全程陪同指导老年客户使用手机银行、ATM、智能柜台等设备，对于不便来网点办理业务的老年客户，银行也会结合实际情况特事特办，提供上门延伸服务。另外，目前北京市还有不少"适老化"的示范性银行网点。不仅在网点推动服务升级，在移动客户端等线上端，银行也在进行适老化改造。除自助设备大字版、老年版手机银行，"一语直达""一键直达"的老年客户人工服务快捷入口外，有的银行全新升级了手机银行养老金融服务专区，率先推出养老金融全景服务视图，客户可以一键查询涵盖第一支柱社保、第二支柱年金、第三支柱个人养老金等在内的全视域养老资产情况，轻松体验银行养老金融一站式服务。在养老理财产品方面，自银行养老理财产品试点以来，养老理财产品不断上新。根据中国理财网数据统计，截至2024年1月18日，银行系理财子公司累计发行的养老理财产品为51只（包含个人养老金理财产品23只）。①

（三）养老产业金融业务

养老产业融资趋于便捷但仍存难点。根据《养老产业统计分类（2020）》，我国养老产业分为养老科技和智慧养老服务、养老教育培训和人力资源服务等12个大类以及诸多小类。这些产业普遍具有投资周期长、投资金额大等特点，亟须利用金融手段来缓解其资金问题。许多银行将养老服务业、养老产业纳入授信支持类客户，建立信贷白名单，给予优惠利率，开辟绿色通道，并依托自身科技优势，赋能养老产业和养老机构数字化转型。上海银行依据机构医保日常结算流水，推出"医保e融资"专属在线融资产品，为养老服务、护理、医疗等机构提供线上申请、随借随还的便捷融资服务。山东省农信联社创新推出以床位收费权作为新型质押方式的"养老保障贷"。建设银行构建"金融机构、政府、养老机构、养老者"一站购齐式安心养老综合服务平台，打造出社区活动场景、智慧养老赋能场景、上门服务场景、老年人入住服务场景。然而目前，我国养老产业进行细分不久，大部分的资金来源仍然是政府支出，仅有两家银行对养老产业开展贷款业务，分别是国家开发银行和中国银行，养老产业整体运营模式尚未明确，资金困难的问题仍未解决。

---

① 彭妍. 适老化改造＋理财 银行业深耕养老金融[N/OL]. 证券日报, 2024-01-19[2024-12-12]. http://finance.ce.cn/bank12/scroll/202401/19/t20240119_38872382.shtml.

四、商业银行养老金融服务的现存问题及完善

（一）商业银行养老金融服务的现存问题

1. 商业银行养老金融业务零散，积极性低

相对于拥有完整养老组织架构的保险公司而言，商业银行的养老金融业务处于"零散"发展的状态。在养老金融日常的服务中，大多数商业银行仅将其挂靠在托管业务、企业业务或者零售部门业务之下，并未将其设立为独立的业务板块来经营运作。基于其"零散"的业务现状，商业银行会出现对养老金融产品的风险识别程度不高、管理效率低下、没有动力创新和开发金融产品等问题。因此，商业银行"零散"的养老金融业务发展模式与养老金融所涉及的广泛领域、精细化管理和产品创新的需求间就产生了不匹配的现象，并制约着我国商业银行养老金融业务的健康发展。

受制于资质牌照，商业银行在养老金融业务的开展上也受到诸多限制，导致商业银行对于养老金融业务发展的参与度较低、积极性不高。截至 2024 年，以个人养老金账户试点为例，获得该资质的银行数量仅为 23 家。由于养老金融个人业务间都需要各种不同的资质牌照，鲜有商业银行能够获得养老金融业务相关的所有牌照，这与商业银行在金融市场中的核心位置不匹配，并不利于养老金融的资源优化配置。

2. 商业银行养老金融产品缺乏创新，难以满足养老需求

养老金融产品是商业银行开展养老金融业务的核心载体。首先，商业银行养老金融产品大多是传统信贷产品和已有产品的微调组合，这些产品个性化程度不高，缺乏创新性和差异化，且在数量上低于保险、信托和基金公司，这与商业银行在养老金融领域的核心位置不符。并且由于个体在不同生命阶段的需求与偏好会有所不同，老年客户相较于其他年龄的客户存在其多样和特定的需求，因此，商业银行现有的养老金融产品很难有效满足老年群体的需求。

其次，商业银行在设计养老金融产品时并未针对老年客户追求低风险和高收益的目标定制化开发养老金融产品，导致商业银行现有的养老金融产品存在风险与收益不能很好匹配的现象。一些保本型养老产品的收益率低于同类产品，而一些高收益的投资产品则需要客户承担较高的金融风险，这使得商业银行推出的养老金融产品鲜有老年客户青睐。

最后，产品的同质化问题较为严重，缺乏创新。尽管从目前来看，我国的养老金融产品种类正在不断丰富，但这些产品大多是借养老的名义，实际上仍然是传统金融产品，远未达到养老金融产品的个性化要求。

3. 商业银行养老金融业务数字化转型进展缓慢

数字化转型的目标是提高商业银行业务效率和优化客户体验，同时降低成本和风

险。因此商业银行养老金融业务的数字化发展对养老金融产品的设计、营销、风险控制等方面都会有所助力。但是，目前商业银行养老金融业务的数字化转型进展较为缓慢，仅实现了线上化和移动化，在生态化、一体化和智能化发展上存在技术上的限制。首先，商业银行养老业务的智能化发展需要有数据作为支撑，并考验着商业银行对数据的分析与处理能力，许多商业银行在数据收集、储存、处理和分析上的投资还远远不够。其次，养老金融业务需要长周期和稳健性的收益，这对商业银行的风险控制能力提出了较高的要求。在数字化转型的过程中，由于数字化本身就会带来新的风险，如数据安全与隐私保护等问题，因此商业银行在养老金融产品实现数字化的过程中更要关注风险控制的问题。最后，老年客户对数字化转型的适应过程可能慢于数字化转型的过程，老年客户存在对信息安全的担忧和对新技术学习能力的欠缺等问题，有些数字化转型成功的商业银行并未考虑适老化服务的需求。

4. 商业银行现有制度不利于支持养老产业发展

在支持养老产业健康发展的政策倾斜下，国务院印发的《关于加快发展养老服务业的若干意见》指出，要全面建成以居家为基础、社区为依托、机构为支撑的养老服务体系。政策倾斜所营造的良好外部环境是商业银行推进养老产业服务高质量发展的原动力。

养老产业涉及的领域包括但不限于医疗保健、养老社区、养老旅游等。养老产业的发展能带动上下游产业链，如医疗、建筑、机械等行业的可持续发展。但当前我国养老产业服务尚处于探索阶段，市场上的养老机构大多为公益性组织和民营企业。由于养老机构缺乏足够的抵押物，商业银行在决定是否投入资金时会更加慎重，因为商业银行投资时要确保资金的安全性与流动性，使资本充足率等指标符合监管部门的要求。因此，商业银行对于养老产业投资的高门槛使得目前我国公益性和民营性质的企业得不到相应的资金支持，商业银行也很难参与到养老产业的建设中。另外，我国养老产业缺乏完善的盈利模式和经营制度。商业银行在进行风险评估时不仅会聚焦项目本身的风险，而且会关注宏观环境风险与行业风险，这也会导致商业银行在养老产业的金融支持上显得积极性不足。相较于保险机构早已涉足和布局养老养生和养老社区等产业，商业银行在养老产业的产品开发和定制化服务上都远不及金融同业部门。

（二）商业银行养老金融服务的完善

为更好满足人民群众日益增长的养老金融需求，践行金融工作的政治性、人民性，应该以个人养老金账户发展为抓手做好养老金融这篇大文章。结合调研数据分析，在建议政府进一步统筹制度体系建设，围绕居民养老需求构建产业、服务、养老金等制度体系，以及促进资本市场和个人养老金账户共同发展的基础上，商业银行在服务养老金融发展方面仍有许多工作可以推进。

1. 提供"全生命周期产品+特色养老服务"

不同客户的年龄、学历、风险偏好、金融素养等各不相同,需要在不同阶段匹配不同的产品。个人养老金资金投资的主要目的是为养老储备,追求保值兼顾增值,因此个人养老金参与人更偏好低风险产品,如个人养老金储蓄和个人养老金保险。在老龄化程度加深、市场利率中枢下降的过程中,个人养老金储蓄是当前个人养老金参与人最偏好的投资产品。因此,建议商业银行将个人养老金储蓄作为切入点,适度提高个人养老金储蓄年化收益率,增强个人养老金业务全面放开后的行业竞争力。同时,商业银行要强化产品与服务创新,打造差异化的产品服务体系,如鼓励分支行与当地的养老院、老年大学、老年活动中心合作,为生活在不同区域的老年客户提供"产品+特色养老服务"的组合,增强对潜在客户的吸引力和存量客户的黏性。

2. 加强科技赋能,为不同人群提供养老规划服务

在个人养老金账户的发展过程中,为不同人群提供养老规划服务,培养客户养老资金储备习惯,将是未来商业银行个人养老金业务能力的重要体现。尤其是针对典型人群提供清晰的养老规划案例,有助于提升客户的养老认识、打造品牌效应,并在客户与客户经理的互动中增强客户信任感,提高客户黏性。但我们也必须清晰地认识到,"千人千面"的养老规划能力建设,需要商业银行各级机构的共同努力,更需要科技的赋能。

3. 统筹养老金融发展规划,优化营销资源配置

在面对养老金融万亿级业务蓝海时,商业银行应统筹规划养老金金融、养老服务金融、养老产业金融的发展战略,以开户、缴存、投资"三部曲"为切入点,加快业务发展。鉴于家庭持有资产的风险偏好、收入、学历、金融素养是个人养老金业务发展的显著影响因子,商业银行更应主动针对以股票、基金、理财、保险等为主要家庭资产构成的存量客户积极营销,配足专项营销资源,特别是对重点人群要叠加营销补贴,提前锁定目标客户。同时,商业银行要强化与支付宝、微信等网络平台的合作,弥补银行线上线下渠道覆盖面不足的短板,更好地服务数量大、金融素养较高的年轻群体。

五、商业银行养老金融的未来发展

(一)加强资源整合,探索养老金融盈利模式

随着我国人口老龄化加剧以及养老金融逐渐趋于成熟,作为国民经济的大动脉,商业银行应对资源进行整合和强化,不断探索养老金融业务的盈利模式,实现商业银行的转型升级以及养老金融的健康发展。在资源整合上,商业银行应利用现有的金融产品和服务进行合理化调整,对银行内部资源进行高效整合,利用成熟的风控制度和

投资经验，针对老年客户群体提供定制化养老金融产品和专业高效的养老金融服务。同时，商业银行应该联合不同行业，整合机构间资源，打通养老金融产业链上的各个环节，实现养老金融的跨行业合作，探索出可持续健康发展的盈利模式，实现养老金融业务的增长。此外，商业银行还可以通过拓展养老金融市场，实现利润的增长和业务的差异化。商业银行可以开拓更广阔的客户群体，满足不同年龄段的多样化金融需求，以提升品牌影响力和市场占有率。因此，商业银行需要加强资源整合，探索新的养老金融盈利模式，以满足养老金融市场的快速发展和变化，实现自身的可持续发展和长期盈利。

（二）以多样化、定制化、生态化为导向创新养老金融产品

随着人们养老金融意识逐渐提高和养老金融理念逐渐被社会所接受，养老金融的客户群体必然会有多样化的需求亟待满足。在此背景下，商业银行的多样化、定制化、生态化金融产品就成了满足差异化养老需求的关键。

首先，在个性化服务方面，商业银行应制定多样化的养老金融产品与服务，可以对客户的收入水平、健康状况、生活习惯等多方面信息进行完善和评估，量身定制相应的金融产品与服务。其次，在风险和收益权衡方面，商业银行可以针对客户的预期收益和风险承担能力进行甄别。针对有一定经济基础的客户，银行应推出收益稳健的产品；而针对风险承受能力较弱和生活水平不高的客户，银行应积极为其推荐风险更低的保本养老金融产品。再次，随着互联网和计算机的不断发展，在大数据和人工智能技术的不断加持下，商业银行可以通过"金融 + 科技"构建完整的养老金融生态圈，并通过与医疗单位、养老机构和保险公司等线下联合，为老年人提供更为高效便捷的金融服务，提供全方位、一体化的生活保障。最后，商业银行应以创新为导向，随着养老需求的不断发展，紧跟时代变化，充分开发与养老需求相适应的配套金融产品与服务，实现金融对实体产业和养老事业的全周期支持，并在该过程中实现商业银行自身的可持续性发展和长期盈利。

（三）推动金融科技应用于养老金融的数字化、智能化建设

金融科技的应用将为养老金融的数字化和智能化建设带来诸多优势，这也是实现我国养老金融事业提质升级的关键一步。

一方面，要充分融合科技与金融，实现养老金融在产品研发、销售和风险控制等环节的技术支持。通过大数据、人工智能等技术手段，商业银行能更好地了解客户需求，应用机器学习算法，可以预测客户的风险偏好和投资偏好并制定个性化的产品配置方案，同时可以通过自动化分析工具实现产品风险的实时监测并提出应对方案。此外，金融与科技的融合也可以帮助银行实现对养老金融产品的全流程数字化管理，提高效率和减少风险。另一方面，金融科技还可以赋能养老金融产品的智能化建设。随

着人工智能、物联网、区块链等技术的不断发展，商业银行可以探索利用这些技术手段来创新养老金融产品，如开发智能化养老助手、构建养老产业区块链技术等。通过这些创新产品的推广，商业银行可以更好地满足不同客户的需求，推动养老金融业务的快速发展。

总之，金融科技的应用可以帮助商业银行实现养老金融的数字化、智能化建设，并且推动商业银行的产品创新和生态化发展。

（四）开展多方合作，搭建金融服务平台，实现养老产业健康发展

商业银行本身肩负着服务实体经济重任，随着各项激励政策的不断出台，推动中国养老产业实现健康可持续发展，在全社会形成敬老养老爱老风气，商业银行在其中应扮演的角色越来越重要。通过搭建养老产业服务平台，商业银行正不断通过多方合作，促进养老产业的健康发展。以光大银行、华夏银行开始探索和尝试为养老产业提供信贷支持为起点，商业银行正逐步丰富贷款方式、开展同业合作，以及针对养老产业链上下游核心项目进行金融服务与资金支持。

商业银行应与养老机构和保险、基金、信托公司等展开合作，构建养老产业生态，实现资源优势互补、合作共赢。例如，与养老机构合作，推出基于养老护理的金融产品，为老年人提供更多服务。此外，商业银行可以积极参与社区服务，为老年人提供更加贴心的金融服务。例如，商业银行可以在社区开展普及金融知识、理财规划等宣传教育活动，提高老年人的金融素养，使其意识到养老金融的重要性。同时，商业银行还可以与社区医院、社区服务中心等相关机构合作，提供综合性的服务，为老年人提供全方位的保障。综上，商业银行应该加强多方合作，搭建金融服务平台，推出个性化、定制化的金融产品，实现养老产业健康发展。

第五节　数字技术与商业银行的住房租赁业务

商业银行是我国金融体系的重要组成部分，在体现金融的政治性和人民性方面扮演着关键角色。一方面，商业银行通过提供政务服务，可以直接参与到政府的社会治理和服务中，承担起相应的社会责任。另一方面，商业银行通过智慧政务等数字化平台提供便捷的金融服务，帮助新市民更好地融入城市生活，如提供住房贷款、消费贷款等；发展养老金融服务，如养老金管理、医疗保障服务等，提供全面的退休生活解决方案。新市民和老年人可能存在金融服务需求的交叉点，如住房需求和健康管理等。商业银行可以通过跨服务领域的整合，提供综合性的金融解决方案。

利用数字化技术，如移动银行、在线服务平台等，商业银行可以提高服务效率，扩大服务覆盖范围，使更多新市民和老年人享受到便捷的金融服务。尤其是近年来，

数字技术如大数据、人工智能、物联网等在多个行业内引领了深刻的变革。特别是在金融行业，这些技术的应用催生了数字支付、网络贷款、智能投资顾问等一系列新兴金融服务，促使银行业加速数字化转型，从而提升了竞争力和客户服务水平。根据《中华人民共和国国民经济和社会发展第十四个五年规划和2035年远景目标纲要》，我国已明确提出"稳妥发展金融科技，加快金融机构数字化转型"的战略目标。在这样的经济背景下，商业银行面临着数字化转型的重大挑战与机遇。

其中，住房租赁业务作为一个新兴的金融服务领域，正日益成为银行创新工作的关键方向。第一，政府出台一系列相关政策，支持商业银行发展住房租赁业务，以解决新市民和老年人的住房问题，这为商业银行提供了发展机遇。第二，商业银行可以通过住房租赁业务更好地了解新市民和老年人的居住偏好，进而开发更符合他们需求的金融产品和服务。第三，通过积极参与住房租赁市场，商业银行可以体现其对社会责任的承担，尤其是在支持普惠金融群体方面。第四，商业银行可以探索创新的住房租赁等金融服务模式，如长租公寓、共享住宅等，以适应新市民和老年人的居住需求。第五，商业银行可以利用数字技术，提高住房租赁业务的效率，如在线租赁平台、智能家居系统等，为新市民和老年人提供更便捷的居住体验。因此，商业银行不仅能够为新市民和老年人提供更好的住房解决方案，还能够通过金融创新和服务整合，增强自身的市场竞争力和社会影响力。

建设银行于2017年提出"住房租赁""普惠金融"和"金融科技"三大战略，开启数字化和零售业务转型之路。本节将以建设银行的住房租赁战略为案例，讨论商业银行如何利用住房租赁业务来支持社会治理，并实现银行自身的持续发展。本节的研究目标是探讨商业银行在数字化转型的背景下如何通过住房租赁业务助力基层新市民社会治理，同时实现自身的可持续发展。下面以建设银行的住房租赁业务为例，通过分析建设银行提出住房租赁战略的宏观经济背景、数字化零售业务转型方向，以及住房租赁业务的实施路径和发展过程，来探讨商业银行如何通过住房租赁业务的柔性化组织、平台化服务及数字化技术，助力新市民社会治理，同时促进银行自身的可持续发展。

一、建设银行的"住房租赁"战略

住房问题关系社会发展和民生福祉。当前，尤其是新市民的住房问题主要出在供给侧。一方面，长期以来我国房地产市场供给侧重售轻租，对租赁市场无专门政策支持，导致售卖一条腿长，租赁一条腿短，市场结构失衡；另一方面，在租赁市场内部，现有租赁房源大多是"私房出租、户型面积大、租金高"，缺少适合新市民需求的小户型、低租金房源。因此，把发展保障性租赁住房作为"十四五"住房建设的重点任务，一方面就是要解决新市民买不起房又租不好房的难题，另一方面要通过大幅增加与新市民需求相适应的小户型、低租金房源，有效缓解其阶段性住房困难，让他们在城市里住得体面。

随着经济水平的不断发展，我国城镇化进程明显推进，流动人口不断增多。而流动人口中的新市民多数来自经济较落后的地区，在特大城市如上海等地，他们在生活与环境适应上存在困难，尤其是高昂的房价使他们在购买或租赁住房时面临较大的经济压力，这直接影响了他们的生活质量和社会融入程度。因此，建设银行自2017年起，积极响应国家政策，推出住房租赁业务，旨在通过提供专业化、数字化的租赁服务，解决新市民的住房问题，同时促进自身业务的多元化发展。

具体而言，建设银行的住房租赁战略主要包括三个方面。

（一）数字化平台的构建

建设银行的五个互联互通、数据共享的系统，包括住房租赁监测分析系统、企业租赁服务管理系统、政府公共住房服务系统等，如图12.12所示。这些系统为政府和各住房租赁相关主体提供全流程、全时段、个性化、定制化的配套服务。

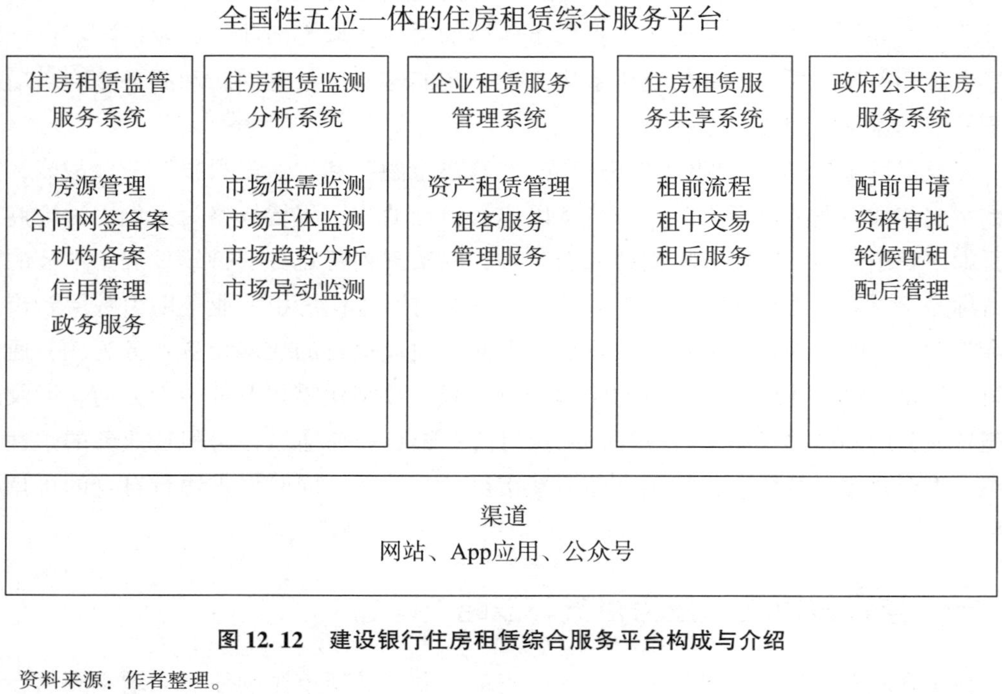

全国性五位一体的住房租赁综合服务平台

住房租赁监管服务系统	住房租赁监测分析系统	企业租赁服务管理系统	住房租赁服务共享系统	政府公共住房服务系统
房源管理 合同网签备案 机构备案 信用管理 政务服务	市场供需监测 市场主体监测 市场趋势分析 市场异动监测	资产租赁管理 租客服务 管理服务	租前流程 租中交易 租后服务	配前申请 资格审批 轮候配租 配后管理

渠道
网站、App应用、公众号

图12.12　建设银行住房租赁综合服务平台构成与介绍

资料来源：作者整理。

在此过程中，建设银行实现了感知、决策、协同和平台的一体化，通过数字平台实现市场痛点的精准定位和客户需求的有效对接，同时构建了运维专属的知识图谱和人工智能算法，提供快速准确的决策支持。

此外，建设银行还建立了共享中台，以场景化业务为中心，快速赋能业务，实现了业务的快速落地、改造和转型，达到了降本增效的目的。通过这一策略，建设银行不仅提高了组织间的效率,还通过沉淀总结,形成了"业务经营客户化""客户服务数字化""数字能力层级化"的经营方法论,实现了数字化能力的全员化,构建了一个面向未来、能够快速响应市场变化和客户需求的数字化平台。

(二) 存房模式的创新

2018年,建设银行推出"存房模式"。从成立专业的住房服务公司——建信住房服务有限责任公司,到组建住房租赁产业联盟,再到打造一批极具特色的长租社区,建设银行从总行到各地分支行,在实践中积累了大量经验,并以一系列的突破和创新,确立了从服务方式到金融产品的住房租赁发展逻辑。

推出"存房模式"是建设银行战略破冰的关键,使得住房租赁业务有了切实可操的业务逻辑。存房模式是指业主将空置、可出租的房源委托给建设银行,然后向建设银行收取长期租金的方式。通过存房模式,业主将自己的闲置房屋交付给建设银行的子公司——建信住房,后者进行为期3—8年的租金收入评估。评估后,业主与建信住房签订长期租赁协议,建信住房则一次性或分期向房主支付长期租金,并负责房屋的质量维护及租赁后管理。

这种模式对于房东来说,解决了需要不断找租客、收取租金的难题,一次性获得大额资金流入,提高了房产和资金的使用效率。从建设银行的角度来看,存房模式吸纳了市场上原本分散的房源,提高了市场房源供给的流动性,同时也提高了租赁房源的稳定性和舒适性。

该模式的核心创新在于能够快速盘活存量的闲置房源,为市场提供更多的租赁房屋。随着"存房模式"的推广,建设银行能够为高校、机构、企业等提供稳定且优质的长租房源。此外,该模式逐步演变为"住房租赁+"模式,通过与养老、乡村振兴等概念的结合,满足了特定人群和城市发展的需求。同时,建设银行通过债券、资产证券化等手段引导社会资金参与住房租赁市场,发布住房租赁价格指数,为市场提供权威的参考数据。

综上所述,建设银行的"存房模式"不仅为房东和租客提供了新的选择,而且通过一系列创新措施,促进了住房租赁市场的健康发展。这一模式的成功实施,满足了不同人群和城市发展的需求,展现了建设银行在住房租赁领域的领导力和创新能力。

(三) 平台化、柔性化的组织建设

建设银行的平台化、柔性化的组织建设是其数字化转型战略的核心部分,旨在打破传统的条块分割,实现更高效的资源配置和业务运作。通过构建业务、数据和技术三大中台,建设银行不仅优化了内部管理流程,还提升了对外服务的能力和效率。这一转型策略使得银行能够快速响应市场变化,提供更加个性化和智能化的金融服务,同时促进了金融生态系统的建设和发展。

在柔性化组织方面，建设银行通过数字化实践，实现了团队的柔性化管理。这包括通过新一代核心系统的建设，对业务流程进行企业级再造，以及推进平台化、场景化建设，将金融能力和数据以服务方式向社会开放。这种柔性化的组织模型使得建设银行能够更灵活地调整业务策略和资源分配，以适应快速变化的市场需求，同时提高了工作效率和创新能力。

平台化服务则是建设银行数字化转型的另一大支柱，通过搭建全国性住房租赁综合服务平台等举措，建设银行为政府、企业和个人客户提供了一站式、高效率的金融服务。这种服务模式不仅优化了客户体验，还为银行带来了更广泛的客户基础和更深入的市场渗透。通过平台化服务，建设银行能够更好地聚合资源、分享信息，实现业务的协同增长，从而在激烈的市场竞争中保持领先地位。

二、建设银行"住房租赁"战略的社会和经济价值

（一）住房租赁业务的数字化经营战略

建设银行作为一家大型国有商业银行，通过住房租赁业务实现G（Government，政府）端链接、B（Business，商业）端赋能、C（Consumer，消费者）端突围的数字化经营战略。

1. G 端链接

建设银行在住房租赁业务中，首先紧密结合政府政策，响应国家住房制度改革的号召。通过与政府部门的紧密合作，建设银行可以参与到公共租赁住房的建设与运营中，提供政策性贷款支持。此外，通过数字化政务服务，建设银行可以为住房租赁业务提供便捷的行政手续办理，如在线缴纳租金、申请住房补贴等，提高政府服务的透明度和效率。与此同时，数字化住房租赁平台不仅能为政府提供市场数据支持，协助政府进行市场监管和政策制定，还有利于银行实现政务数据共享，与政府部门共享租房市场数据，帮助政府更好地了解市场动态，制定相关政策的同时，也有利于银行信贷等金融服务业务的开展。

2. B 端赋能

在商业层面，建设银行通过建立与房地产开发商、物业管理公司等的合作伙伴关系，共同开发住房租赁市场。银行可以为这些商业伙伴提供全面的金融服务，包括融资、投资银行和资产管理等，以支持其业务发展和市场扩张。同时，利用数字化技术，建设银行可以为合作伙伴提供在线管理工具，提高运营效率，降低管理成本。不仅如此，数字化住房租赁平台还有利于建设银行搭建数字化经营的商业场景，开拓住房租赁之外的金融业务。

3. C 端突围

在消费者层面，建设银行通过数字化平台，为租房者提供个性化的租房推荐和金

融产品。一方面，建设银行还需不断优化在线租房平台的用户体验，提供便捷的租房搜索、预约看房和在线签约服务。另一方面，通过利用大数据分析消费者的需求和偏好，建设银行能够提供定制化的租房服务和金融解决方案，如租金贷款、租房保险等，以满足不同消费者的需求。也就是说，数字化住房租赁平台的发展，通过促进 C 端的获客与活客，有力地支持了建设银行的数字化零售业务转型。

（二）住房租赁业务的社会责任与可持续发展

建设银行的数字化住房租赁业务在 G 端、B 端和 C 端之间实现了有效链接和赋能。通过建设综合性的数字化平台，整合各方资源和服务，建设银行能够提供一站式的住房租赁解决方案，同时，利用人工智能、大数据、区块链等先进技术，提高服务效率和安全性，优化用户界面和交互设计，提升用户体验，并建立健全的风险评估和管理体系，确保业务的稳健运行。在实施数字化住房租赁战略的过程中，建设银行还勇于承担社会责任，通过普惠金融服务，为不同收入层次的人群提供支持，促进社会公平，同时，注重环境友好和可持续发展，推动绿色建筑和节能技术的应用，为建设环境友好型社会贡献力量。

建设银行的住房租赁战略不仅是其业务创新的体现，更是其社会责任的实践。通过住房租赁业务，建设银行在多个方面为社会治理和新市民服务作出了贡献。首先，建设银行通过提供多样化的租赁产品和服务，帮助许多新市民解决了住房难题，提高了他们的居住质量。其次，建设银行通过住房租赁业务的发展，提升了新市民的金融服务体验，增强了他们的获得感和幸福感。最后，建设银行的住房租赁业务为政府提供了有效的市场监管工具，帮助政府更高效地进行社会治理。综上所述，建设银行参与的住房租赁业务能够为新市民住房难题的解决作出重要贡献，带来显著且积极的社会治理效应。

（三）住房租赁业务的经济效应

但是，对于银行来说，保持其贡献与带来的社会效应，还需要为促进经济高质量发展提供有力支撑，即需要明晰建设银行住房租赁业务的经济效应及可持续性。建设银行住房租赁业务带来的经济效应可以分为直接经济效应与间接经济效应。直接经济效应主要在于建设银行参与住房租赁业务带来的直接业务收入，或者建设银行提供的综合金融服务使得企业的融资问题得到了有效解决，为建设银行带来了相应的贷款利息收入，以及企业在合作途中需要新开账户所带来的新存款。间接经济效应则主要指建设银行与各大企业以住房租赁为纽带，建立了更深一步的合作关系，有利于以后业务的发展。同时，建设银行在向企业提供服务的同时，通过提供房源、装修维护、租后管理等业务可以实现批量获客，这些客户资源的积累对于建设银行住房租赁业务的扩张有重要作用。

比起直接经济效应，建设银行更看重间接经济效应，原因不仅在于与各大企业建立长期友好合作关系，有利于以后业务发展，更在于通过住房租赁业务，建设银行可以积累大量的存量客户，进而可以向他们提供配套的如理财、结算等金融服务。新的公司用户可以为建设银行带来大量对公业务营业额的增长，而对于个人客户，当前有租赁需求的多为年轻人，这类新客户群体具有良好的发展前景，是银行未来的主力客户，建设银行笼络这类客户，实际上是将竞争的触角提前，使得自己在激烈的银行业竞争中抢占先机。可以看出，住房租赁业务正成为连接建设银行对公对私业务的纽带，并强化其差异性和综合性竞争优势，而这样的经济模式，也为建设银行住房租赁业务运行的可持续性提供了保证。

也就是说，建设银行通过住房租赁业务，重新定义并实践了数字技术时代商业银行的**范围经济**（Economies of Scope）。范围经济是一个经济学术语，传统上指的是当一个企业生产多种产品或服务时，由于共享资源、降低成本或提高效率而获得的经济优势。范围经济在多元化企业中尤为重要，它们通过利用现有的资源和能力，进入新的市场或开发新的产品线，以实现更高效的运营和更强的市场竞争力。然而，范围经济也可能带来管理上的复杂性，因此企业需要平衡多样化带来的优势和潜在的管理挑战。建设银行在住房租赁业务中，充分依托数字技术构建平台化的发展战略，进行 G 端链接、B 端赋能、C 端突围的数字化经营，实现了服务对象和服务方式的新时代范围经济。

综上所述，建设银行的住房租赁战略是商业银行服务社会、实现可持续发展的一个成功案例。通过住房租赁业务的发展，建设银行不仅解决了社会的实际问题，也为自身的转型升级开辟了新的道路。未来，随着技术的进步和市场的发展，建设银行的住房租赁业务将继续深化和完善，为更多新市民提供高质量的住房租赁服务，为社会治理和经济发展作出更大的贡献。

本章小结

本章主要介绍了商业银行如何利用数字技术构建数字化平台，以及商业银行的数字化平台在智慧政务及新市民和养老金融中所发挥的重要作用。具体而言，首先，本章介绍了商业银行的传统政务服务，即机构业务的历史沿革和发展现状。其次，本章阐释了商业银行为什么以及如何搭建社会治理的数字化平台，以及依托平台提供智慧政务服务的意义和价值。再次，本章针对新市民和老年人两大特殊的普惠金融群体，分别介绍了商业银行的新市民和养老金融服务的基本概念、现状特点以及未来发展。最后，本章以建设银行的住房租赁业务为典型案例，揭示了商业银行如何通过 G 端链接、B 端赋能、C 端突围的数字化经营战略，实现新市民和养老金融服务创新，从而产生显著的社会和经济价值。

思考题

1. 简述商业银行传统的政务服务及机构业务的历史沿革与发展现状。
2. 什么是数字化平台？商业银行如何利用信息技术构建数字化平台？数字化平台相较于传统模式有哪些优势？
3. 什么是智慧政务？商业银行在数字化政务服务中具有哪些优势？能够产生哪些益处？
4. 什么是新市民金融？商业银行的新市民金融服务具有哪些现状特点？存在哪些问题？
5. 什么是养老金融？商业银行的养老金融发展现状如何？存在哪些问题？
6. 建设银行为什么要实施住房租赁战略？该战略具有哪些显著特点？
7. 为什么建设银行的住房租赁战略能够实现显著的社会和经济价值？

关键词

数字政务；新市民服务；机构业务；社会治理；数字化平台；智慧政务；政务服务；新市民金融；普惠金融；养老金融；数字技术；数字化转型；建设银行；住房租赁；社会价值；经济价值；数字化经营；G端链接；B端赋能；C端突围；范围经济

参考文献

后 记

本书的撰写和出版得到了中南财经政法大学教务部的教材立项(JC2023004)和金融学院的大力支持。来自学校和学院的支持解决了我们的后顾之忧。同时,同事们提出了客观点评与中肯意见。在此,我们深表谢意。

我们还特别感谢中南财经政法大学的陈彩虹教授,以及曾经挂职工作过的中国建设银行的各位同事。没有你们对我们在银行经营管理经验上的指导、鼓励和支持,就不会有这本书的出版。

此外,本书的撰写和校对还得到了我们所指导的研究生们的大力支持。本书的许多内容都是基于我们共同讨论与合作的成果,而且和他们每周在一起的交流学习,更是激励我们前进的主要动力。如果没有他们的支持和帮助,我们很难完成这本书。这些研究生包括:曹一鸿、陈悦、程诺、黄思思、贾钧惠、吴青霖、吴小雪、吴燕、袁彤、张腾飞、张晏宁、庄浩。

最后,我们特别感谢北京大学出版社非常耐心和负责的编辑们,特别是裴蕾、曹月和张昕编辑对本书的辛勤付出。

作者
2024 年 5 月

教辅申请说明

　　北京大学出版社本着"教材优先、学术为本"的出版宗旨,竭诚为广大高等院校师生服务。为更有针对性地提供服务,请您按照以下步骤在微信后台提交教辅申请,我们会在1~2个工作日内将配套教辅资料,发送到您的邮箱。

◎手机扫描下方二维码,或直接微信搜索公众号"北京大学经管书苑",进行关注;

◎点击菜单栏"在线申请"—"教辅申请",出现如右下界面:

◎将表格上的信息填写准确、完整后,点击提交;

◎信息核对无误后,教辅资源会及时发送给您;如果填写有问题,工作人员会同您联系。

温馨提示:如果您不使用微信,您可以通过下方的联系方式(任选其一),将您的姓名、院校、邮箱及教材使用信息反馈给我们,工作人员会同您进一步联系。

我们的联系方式:
北京大学出版社经济与管理图书事业部
通信地址:北京市海淀区成府路205号,100871
电子邮件:em@pup.cn
电　　话:010-62767312/62757146
微　　信:北京大学经管书苑(pupembook)
网　　址:www.pup.cn